VBA로 (VisualBasicforApplication)
통계분석시스템 만들기

신봉섭 지음

도서출판 그린

저자약력

저 자	**신 봉 섭**
E-mail	bsshin@anyang.ac.kr
자 료 실	http://club.cyworld.com/sbs-book
최종학력	서울대학교 대학원 계산통계학과 이학 석사 및 박사
현 재	안양대학교 ICT융합공학부 통계데이터과학전공 교수 안양대학교 전산정보원 원장
경 력	한국통계학회 통계계산연구회 회장 한국통계학회 교육이사 한국통계학회 평의원 한국통계학회논문집 편집위원 한국데이터정보과학회 홍보이사 한국데이터정보과학회 정보이사 안양대학교 입학처장

머리말

PREFACE

통계학과 학생들에게 VBA(Visual Basic for Application)와 관련된 강의를 15년 이상 진행하면서 어려움과 함께 보람도 많았다. 가장 큰 어려움은 엑셀의 버전에 따른 차이 때문에 준비된 교재의 내용이 그리 오래 가지 않는다는 점이다. 반면에 필자에게 VBA를 배운 졸업생들 중에 상당수가 직장 생활에서도 이를 매우 유용하게 활용하고 있다는 것이다. 후자의 보람을 크게 생각하면서 최근 버전의 엑셀에 새롭게 정비된 함수와 추가된 차트를 잘 이용하는 방법을 안내할 교재를 준비하게 되었다. VBA로 이들 함수와 차트를 잘 활용한 시스템을 직접 구현해 자료의 시각화 및 통계분석에 활용하는 과정을 연습하면서 통계학의 다양한 개념들도 더 잘 이해할 수 있으며 프로그래밍 능력도 함께 키울 수 있을 것이다.

본서는 엑셀의 VBA를 이용해서 통계분석시스템을 구현하는 과정에 대한 아주 상세한 설명을 담고 있다. 기초통계학 수준의 통계학 내용과 기본적인 프로그래밍 능력을 함께 연습할 수 있도록 내용을 구성하였다. 특히, 본서에서 작성하는 프로그램은 최대한 직관적이고 간단하게 구성하려고 노력하였다. 이를 위해 전문적인 프로그래밍 언어 교육에서 다루던 방식은 과감히 버리고 엑셀의 워크시트 함수나 차트를 적극적으로 사용하여 코드의 길이를 최소화하였다. 실습을 병행하여 한 학기 정도의 강의에 적합하도록 구성하였으나 필요나 사정에 따라 일부 내용은 생략하고 대신 충분한 실습을 진행하는 방법도 고려될 수 있을 것이다.

본서에 사용된 예제는 엑셀 2016 버전에서 작성되고 테스트되었다. 차트와 관련된 특별한 몇 개의 예제를 제외하면 그보다 낮은 버전(최소한 2010 이상의 버전)에서도 문제없이 동작할 것이다. VBA를 이용한 프로그래밍에 꼭 필요한 내용들을 위주로 많은 예제들과 함께 설명하려고 노력하였다. 일부의 예제들은 통계학 강의에서 이론을 설명하기 위한 도구로 활용할 수도 있을 것이다. 필자 나름으로는 그간의 경험을 바탕으로 많은 정성과 노력도 기울였다. 하지만 막상 책으로 출판하려니 걱정과 근심이 앞선다. 아무쪼록 본서가 VBA 프로그래밍을 시도하고 통계분석시스템을 완성해보려는 많은 사람들에게 좋은 길잡이가 되길 바라며 독자들의 관심과 질책을 기대해본다.

필자가 본서를 집필하는 동안 많은 사람들의 도움이 있었다. 특히, 이번 여름방학을 필자의 연구실에서 함께 보내며 화면 캡처 및 편집, 교정 등에 정성을 다해준 안양대학교 정보통계학과 4학년 장 희수 군에게 고마움을 전하고 싶다. 또한, 집필을 핑계로 제대로 돌보지 못한 가족들, 아직도 당신들의 건강보다 아들의 건강을 더 걱정하고 계신 부모님들께도 지면을 통해 특별한 고마움을 전한다. 마지막으로, 어려운 여건에서도 출판에 노력해준 도서출판 그린의 윤 덕우 사장님과 멋진 책으로 편집하고 출판해주신 모든 분들에게 감사를 전한다.

2017년 한여름에
수리산 기슭에서
저자 **신 봉 섭**

차 례

CHAPTER 01 엑셀에서 VBA 이용하기

CHAPTER 02 엑셀의 주요 개체와 VBA 기본 개념

차 례

CONTENTS

CHAPTER 05

각종 통계분포의 이해와 활용

차 례

CHAPTER 06 차트 개체의 활용

CHAPTER 07 단일표본에 대한 추정과 검정

C O N T E N T S

CHAPTER 01

01

VBA(Visual Basic for Application)로 통계분석시스템 만들기 II 신봉섭 저

엑셀에서 VBA이용하기

Visual Basic for Application

CHAPTER 01

엑셀에서 VBA 이용하기

1.1 매크로(또는 VBA)로 무엇을 할 수 있나?

엑셀의 **매크로(Macro)**는 일련의 반복되는 작업을 묶어서 일괄로 처리하는 것으로 **VBA**(Visual Basic for Application)라는 프로그래밍 언어를 이용하여 작성된다. VBA는 엑셀 뿐만 아니라 마이크로소프트사의 오피스 군에 속한 엑세스(Access), 워드(Word), 파워포인트(Power Point) 등의 응용프로그램에서 폭넓은 작업을 할 수 있도록 고안된 유연성이 아주 높은 프로그래밍 언어이다.

엑셀에서 VBA를 이용하여 다양한 응용도구나 응용프로그램을 작성할 수 있으며, 엑셀에 없는 기능을 새롭게 만들어서 추가하거나 또는 엑셀이 본래 가지고 있는 기능에 사용자가 필요한 기능을 보완하는 작업도 가능하다. 엑셀에는 통계학과 관련된 많은 워크시트함수들이 있으며, 데이터를 시각화하는데 필요한 다양한 차트가 마련돼 있다. 이들 워크시트함수나 차트를 효과적으로 잘 이용하면 어렵지 않게 수준 높은 프로그램을 작성할 수 있다.

VBA를 이용해 개발한 대표적인 통계응용도구로는 엑셀의 추가기능인 "분석도구"와 서울대학교 통계학과의 송문섭, 조신섭교수 팀이 개발한 "KESS"(Korean Educational Statistics Software)를 들 수 있다. 이들 응용도구에 대해 간단히 살펴보려고 한다. 본서의 목적이 바로 엑셀에서 VBA를 이용해서 "분석도구"나 "KESS"와 같은 응용도구를 직접 제작해보는 것이기 때문이다. 이미 만들어진 응용도구들을 먼저 살펴봄으로써 우리가 앞으로 제작할 도구의 모습이나 내용을 설계해 볼 수도 있을 것이다. 또한, 통계분석이 가능한 시스템을 설계하고 프로그램이 완벽하게 동작하도록 개선하는 과정에서 프로그래밍 능력뿐만 아니라 통계학에 대한 여러 개념과 절차 등에 대해서도 훨씬 더 깊이 이해할 수 있는 계기가 될 것이라 생각된다.

1.1.1 엑셀의 추가기능인 "분석 도구"

엑셀에서는 다양한 통계 데이터 분석이 가능한 "분석 도구"를 이용할 수 있다. 그러나 상당수의 엑셀 사용자들은 이런 기능이 있는지 잘 모르고 있다. 이 도구를 사용하기 위해서는 별도의 설정과정이 필요하기 때문이다.

만약 자신이 사용하는 엑셀의 리본메뉴에 <그림 1-1>과 같은 [데이터 분석] 명령아이콘이 없다면 <그림 1-2>과 같은 절차에 따라 추가기능을 설치하면 된다.

① 리본메뉴에서 [파일] 탭을 선택한다.

② 메뉴 제일 하단의 [옵션]을 선택한다.

③ "Excel 옵션" 대화상자에서 '추가기능'을 선택하고

④ 화면 하단에 위치한 <이동> 버튼을 누른다.

⑤ "추가 기능" 대화상자에서 '분석 도구'와 '분석 도구 - VBA' 항목을 선택(√)하고

⑥ <확인> 버튼을 누르면 모든 절차는 완료되었다. 이제 <그림 1-1>과 같이 엑셀의 리본메뉴에서 '데이터' 탭을 눌러 '분석' 그룹에 [데이터 분석] 명령아이콘이 있는지 확인한다.

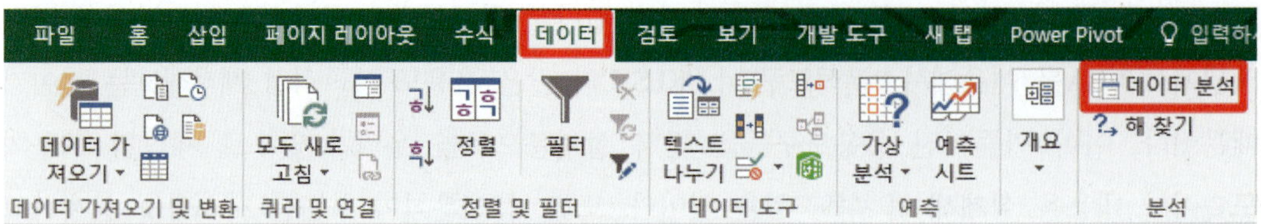

‖ 그림 1-1 ‖ "분석 도구" 추가기능이 설치된 엑셀의 리본메뉴

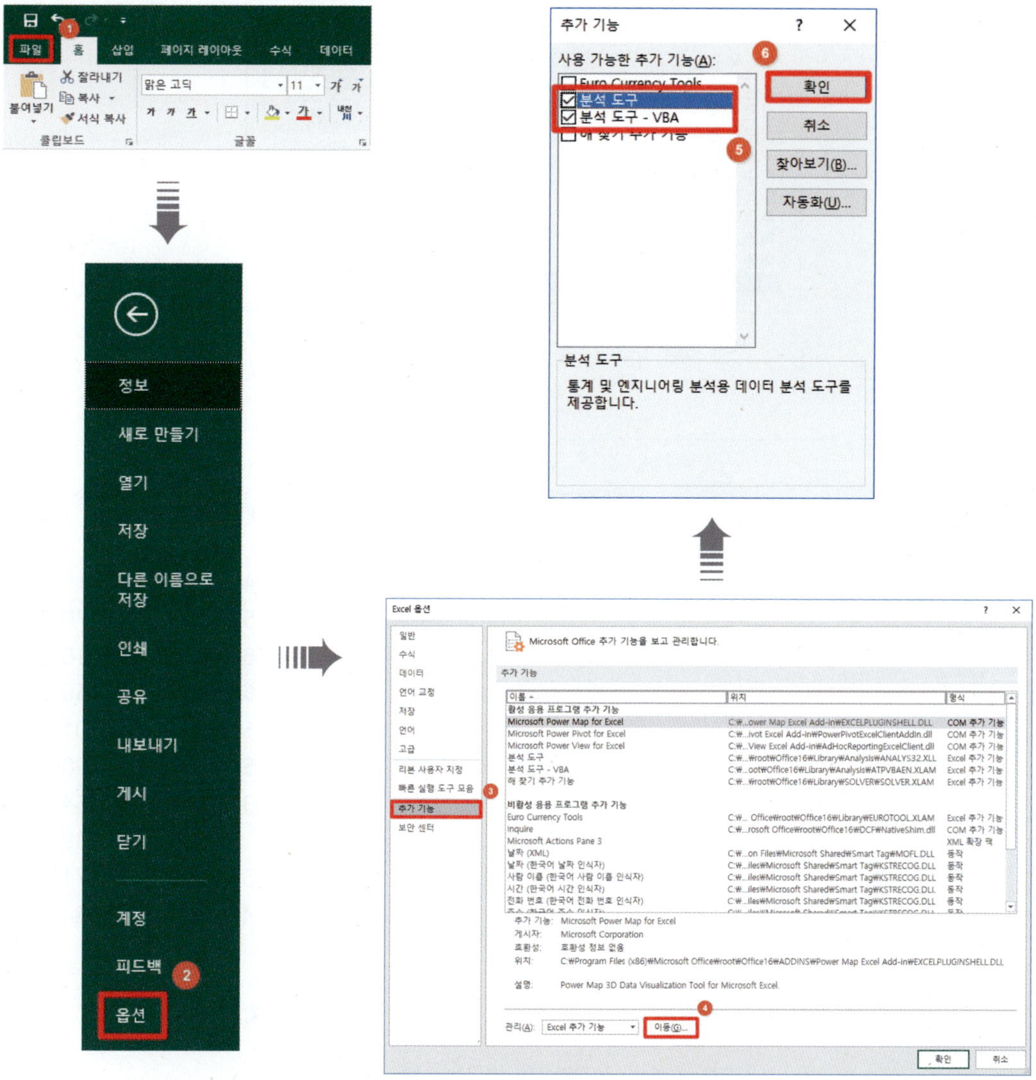

‖ **그림 1-2** ‖ "분석 도구" 추가기능을 설치하는 절차

이제 "분석 도구"를 본격적으로 활용해보기로 하자. [데이터 분석] 명령아이콘을 클릭하면 <그림 1-3>과 같이 "통계 데이터 분석" 대화상자가 나타나며, 나열된 목록에서 원하는 분석 도구를 선택하여 사용할 수 있다.

<그림 1-3>의 "통계 데이터 분석" 대화상자에서 '난수 생성'을 선택하고 <확인> 버튼을

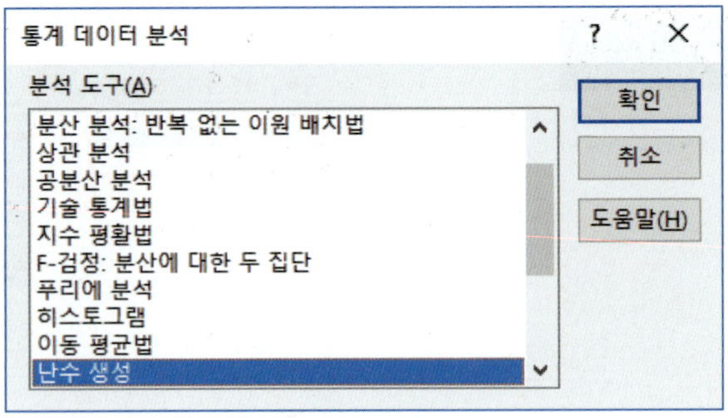

‖ 그림 1-3 ‖ '통계 데이터 분석' 대화상자

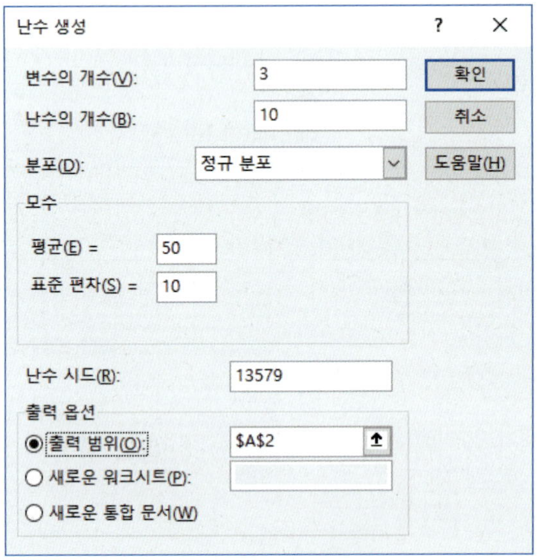

a) "난수 생성" 대화상자

	A	B	C
1	갑	을	병
2	46.26563	46.30169	50.71549
3	61.17592	52.82593	52.27033
4	33.48794	64.60216	55.01896
5	41.0742	62.08609	37.75679
6	46.01011	57.59551	29.20131
7	46.39899	52.55623	40.9066
8	56.37938	31.01412	41.75436
9	43.12608	57.6569	53.23926
10	26.48083	57.69592	37.47185
11	51.5658	46.48049	50.48404

b) 워크시트에 출력된 난수들

‖ 그림 1-4 ‖ 정규분포에 따르는 난수 생성의 과정

누르면 <그림 1-4>의 a)와 같은 "난수 생성" 대화상자가 나타난다. 여기에 입력된 내용은 다음과 같다. 평균이 50이고 표준편차가 10인 정규분포에 따르는 난수를 3개의 열(변수의 개수)에 10개(난수의 개수)씩 총 30개를 출력하되, A2(출력 범위) 셀을 기준으로 3개의 열과 10개의 행에 걸쳐 <그림 1-4>의 b)와 같이 워크시트에 출력된다. 워크시트의 1행에는 각 열에 이름을 갑, 을, 병으로 입력하였다. '난수 생성' 대화상자에서 '난수 시드' 항목에는

난수를 생성할 때 사용하는 초깃값을 입력한다. 여기에 같은 값을 사용하면 매번 같은 난수를 얻을 수 있다. 만약 이 값을 생략하면 컴퓨터 시스템 내부에서 정한 임의의 값이 대입된다. 따라서 실행할 때마다 매번 서로 다른 난수가 생성된다.

이번에는 <그림 1-3>의 "통계 데이터 분석" 대화상자에서 '기술 통계법'을 선택하면 <그림 1-5>의 "기술 통계법" 대화상자를 이용해보자. 이 대화상자는 워크시트의 각 열(또는 행)에 입력된 값들에 대한 기초통계량들을 열(또는 행)별로 한꺼번에 계산해준다. 특히, '입력 범위'는 데이터가 있는 영역을 마우스로 드래그하면 영역의 주소가 자동으로 입력된다. 이 컨트롤을 'RefEdit'라고 하는데 워크시트의 영역을 입력받을 때 매우 편리하여 자주 이용된다. 이에 대해서는 앞으로 자세히 배우고 자주 활용하게 될 것이다.

<그림 1-6>의 결과는 '요약 통계량'만을 선택한 결과이다. 각 열(변수)별로 평균, 분산, 중앙값 등 여러 통계수치가 한꺼번에 출력된 것을 볼 수 있다. 변수별로 요약된 결과를 얻기 위해 사용하면 아주 요긴하다.

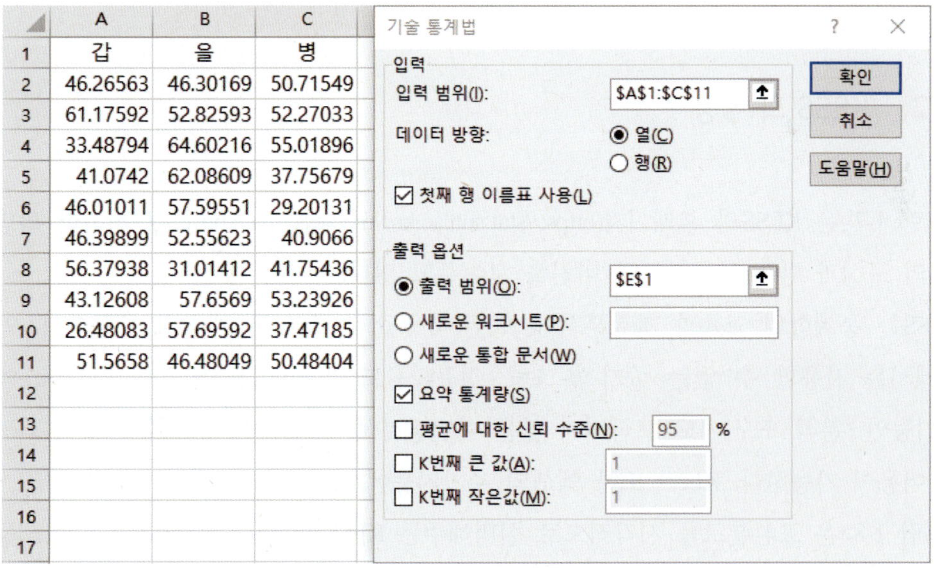

‖ 그림 1-5 ‖ "기술 통계법" 대화상자

E	F	G	H	I	J
갑		을		병	
평균	45.19649	평균	52.8815	평균	44.8819
표준 오차	3.219496	표준 오차	3.07835	표준 오차	2.727943
중앙값	46.13787	중앙값	55.21072	중앙값	46.1192
최빈값	#N/A	최빈값	#N/A	최빈값	#N/A
표준 편차	10.18094	표준 편차	9.734598	표준 편차	8.626512
분산	103.6516	분산	94.7624	분산	74.4167
첨도	0.216945	첨도	1.97538	첨도	-0.91223
왜도	-0.32892	왜도	-1.24794	왜도	-0.50075
범위	34.69509	범위	33.58805	범위	25.81764
최소값	26.48083	최소값	31.01412	최소값	29.20131
최대값	61.17592	최대값	64.60216	최대값	55.01896
합	451.9649	합	528.815	합	448.819
관측수	10	관측수	10	관측수	10

‖ 그림 1-6 ‖ 각 열(변수)별 기초통계량이 출력된 워크시트

1.1.2 "KESS"의 활용

<그림 1-7>은 KESS의 홈페이지(https://stat.snu.ac.kr/time/kess_main.html)에 접속한 화면으로 KESS의 구성과 다운로드 가능한 버전을 보여주고 있다.

KESS는 통계학의 교육과 자료분석에 모두 사용될 수 있도록 개발된 도구이다. 엑셀의 차트에서는 사용할 수 없는 줄기-잎-그림, 정규확률도 등을 이용할 수도 있으며, 엑셀의 추가기능인 '분석 도구'에도 포함되지 않은 다변량분석, 품질관리, 비모수분석, 신뢰도분석 등도 이용이 가능하다. KESS 또한 엑셀의 추가기능에 등록하여 사용할 수도 있다.

<그림 1-8>은 표본분포를 시각적으로 설명해주는 KESS의 한 도구로 필자가 학생들에게 t-분포가 자유도의 증가에 따라 정규분포로 근사됨을 설명할 때 자주 이용하는 도구이다.

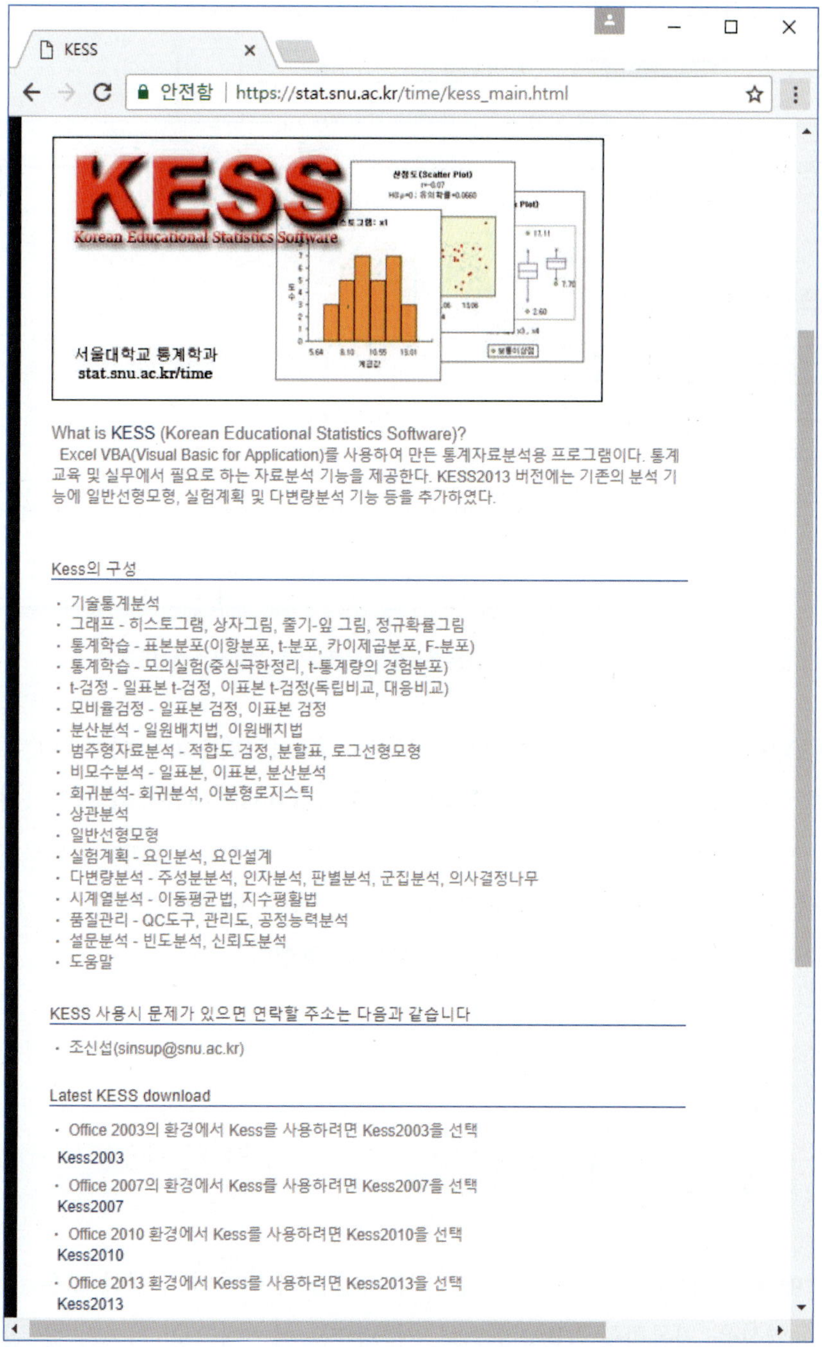

‖ 그림 1-7 ‖ KESS의 홈페이지

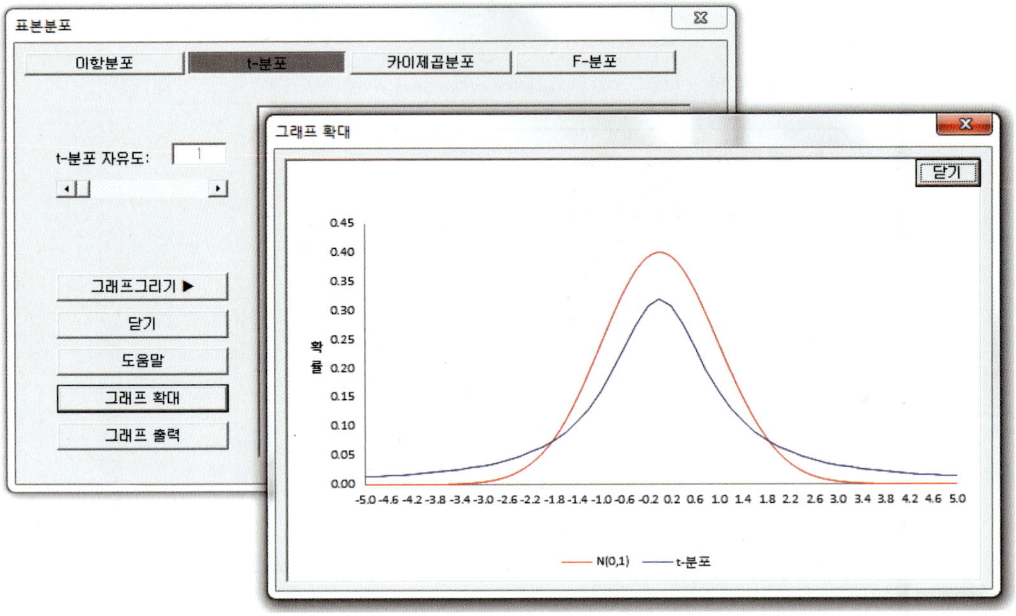

‖ 그림 1-8 ‖ KESS-표본분포를 시각적으로 설명해주는 도구

이상에서 VBA를 이용해서 개발된 응용도구들을 살펴보았다. 그럼 이제부터 우리가 직접 아주 간단한 매크로(또는 VBA)를 작성해보도록 하자. VBA를 이용해서 프로그래밍을 시도하는 초보 여러분들을 위해 엑셀에는 좋은 과외선생님이 준비되어 있다. 앞으로 여러분들이 자주 도움을 요청하게 될 숨은 조력자 과외선생님은 바로 **매크로기록기**이다. 다음 절에서는 매크로기록기를 활용하는 방법에 대해 다루도록 하겠다.

1.2 매크로 기록기의 활용

엑셀의 **"매크로 기록기"**를 구동하고 일련의 작업을 수행하면 수행한 모든 작업이 마치 캠코더로 동영상을 기록하듯 VBA 코드로 기록된다. 이 "매크로 기록기"를 잘 활용하면 우리가 앞으로 배우려고 하는 VBA 프로그래밍을 아주 쉽고 빠르게 배울 수 있다. 만약

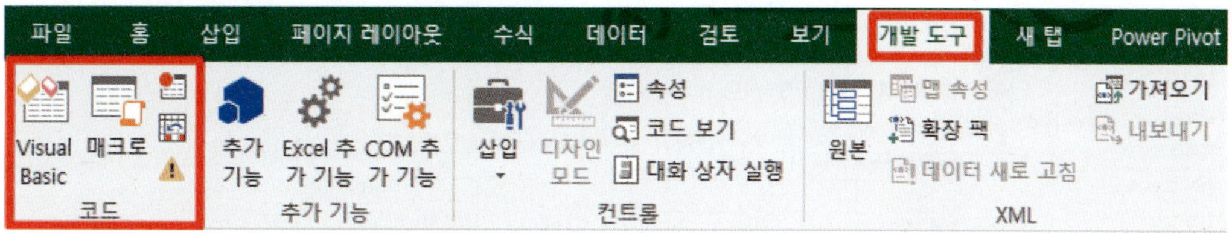

‖ 그림 1-9 ‖ 리본메뉴 [개발 도구] 탭의 '코드' 그룹

어떤 작업의 프로그래밍을 시작할 때, 어떻게 해야 될지 망설여진다면 일단 "매크로 기록기"를 구동하고 원하는 작업을 진행한 후에 기록된 VBA코드를 잘 분석하여 요긴한 힌트나 정보를 얻을 수 있다. 그러나 매크로기록기가 만능은 아니다. 때로는 훨씬 간단하고 명료한 코드로 코딩이 가능한 일을 아주 복잡하고 황당한 코드로 응답할 때도 있다.

1.2.1 매크로 기록기를 위한 준비

<그림 1-9>와 같이 매크로 또는 VBA와 관련된 명령아이콘들은 모두 리본메뉴의 [개발 도구] 탭의 '코드' 그룹에 모여 있다. 만약 리본메뉴에 [개발 도구] 탭이 없다면 다음과 같은 절차에 따라 표시되도록 설정하면 된다. 먼저 <그림 1-2>의 ①과 ②의 과정을 마치고 나타나는 "Excel 옵션" 대화상자에서 <그림 1-10>과 같이 왼쪽에서 '리본 사용자 지정'을 선택하고 오른쪽에서 '개발 도구'를 선택해 체크한 후 <확인> 버튼을 눌러 설정을 완료한다.

1.2.2 "매크로 기록기"로 매크로 작성하기

앞에서 생성했던 정규난수 자료를 이용해 각 열에 입력된 자료들에 대한 평균과 분산을 계산하는 매크로를 작성하고 이를 실행해보는 과정을 살펴보자. 여러분들은 이 과정을 통해 매크로를 작성하고 실행하는 방법뿐만 아니라 기록된 매크로(VBA 코드)를 통해 앞

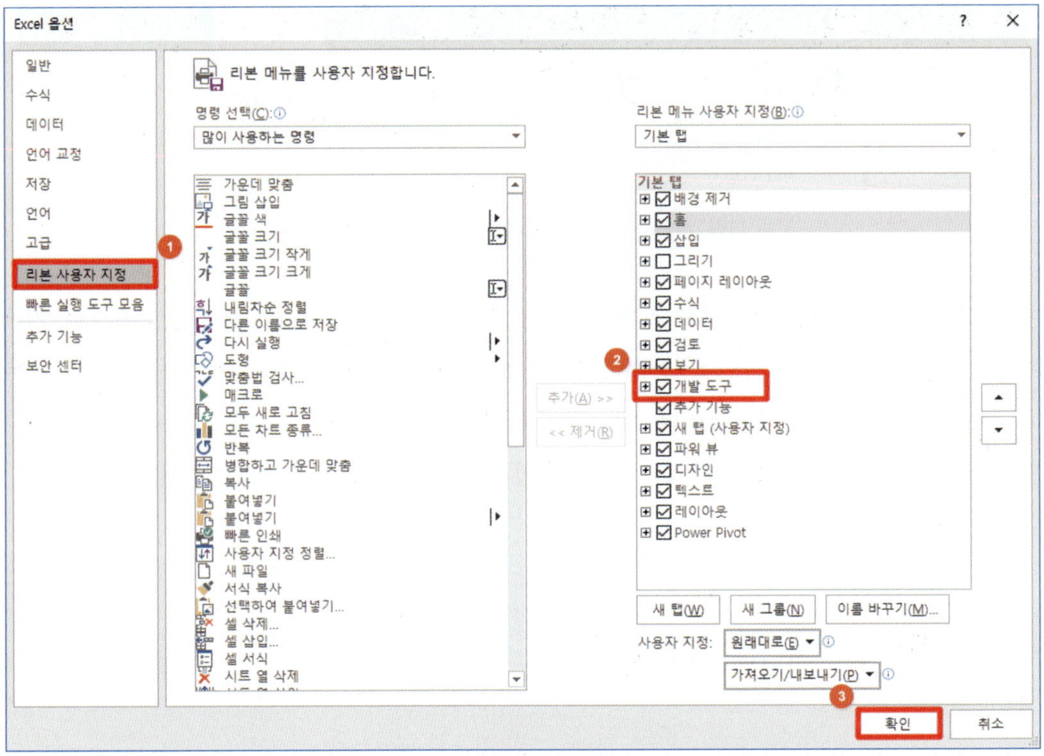

|| **그림 1-10** || "Excel 옵션" 대화상자

으로 배울 VBA 코딩에 대한 큰 윤곽을 이해하면 좋겠다.

① <그림 1-11>과 같이 정규난수 자료가 담긴 워크시트에 빈 열을 하나 추가 하였다. 리본메뉴 [개발 도구] 탭의 '코드' 그룹에 있는 [매크로 기록] 명령아이콘을 누르면 <그림 1-12>의 "매크로 기록" 대화상자가 나타난다.

② <그림 1-12>의 "매크로 기록" 대화상자에서는 매크로의 이름, 바로가기 키, 저장 위치, 설명 등을 설정한다. 매크로의 이름은 자동으로 '매크로' 다음에 숫자 1, 2, 3, … 이 붙어서 매크로1, 매크로2, 매크로3, … 이 적용된다. 바로가기 키에 특정 알파벳을 설정해두면 나중에 'Ctrl+특정 알파벳'을 눌러 이 매크로를 실행할 수 있다. 매크로 저장위치는 디폴트로 '현재 통합 문서'가 적용되며, 설명부분에 기록된 내용은 코드에 주석으로 추가된다. <확인> 버튼을 누르면 매크로 기록기가 실행되며 지금부터의

모든 내용은 코드로 작성이 된다. 매크로 기록기가 실행중일 때에는 <그림 1-11>의 [매크로 기록] 명령아이콘이 <그림 1-13>과 같이 [기록 중지]로 바뀐다.

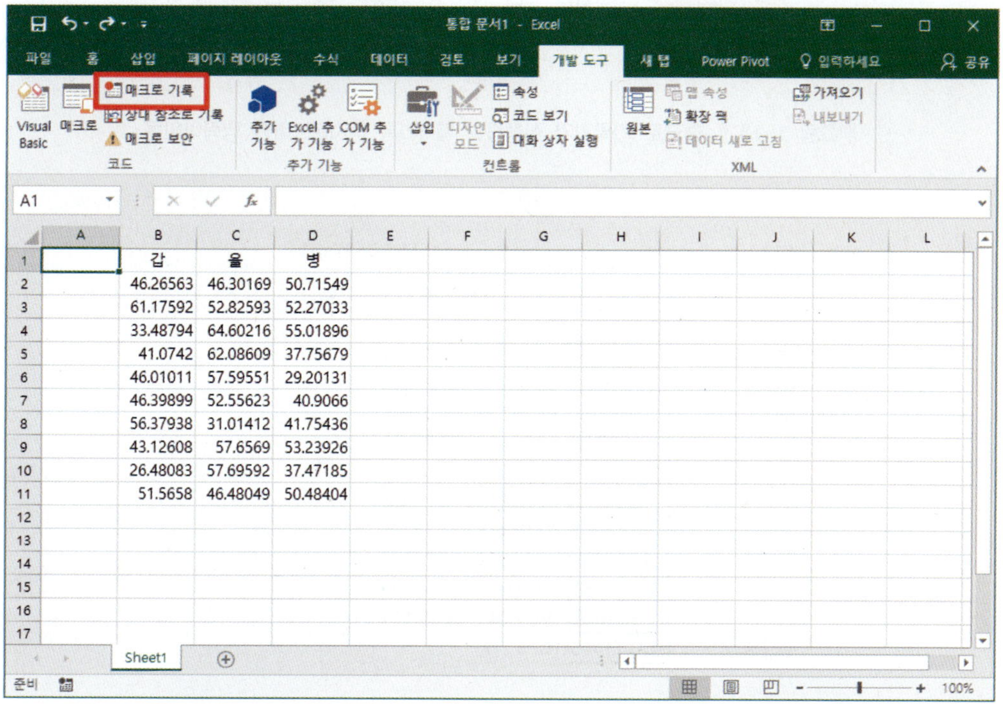

‖ 그림 1-11 ‖ 리본메뉴 [개발 도구] 탭에서 [매크로 기록] 명령아이콘 누름

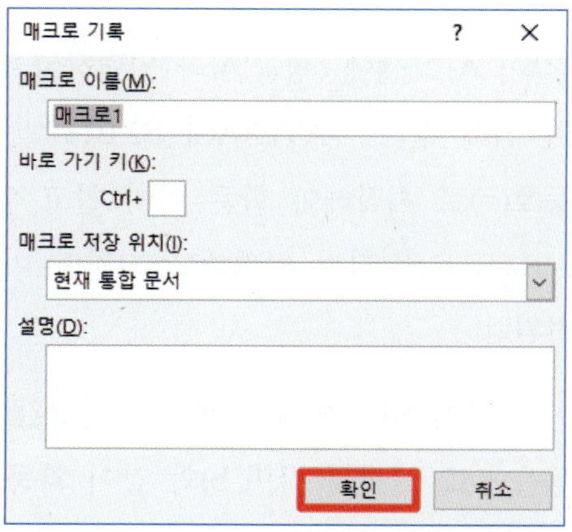

‖ 그림 1-12 ‖ "매크로 기록" 대화상자

‖ 그림 1-13 ‖ 매크로 기록기가 실행중일 때 [기록 중지]로 바뀐 명령아이콘

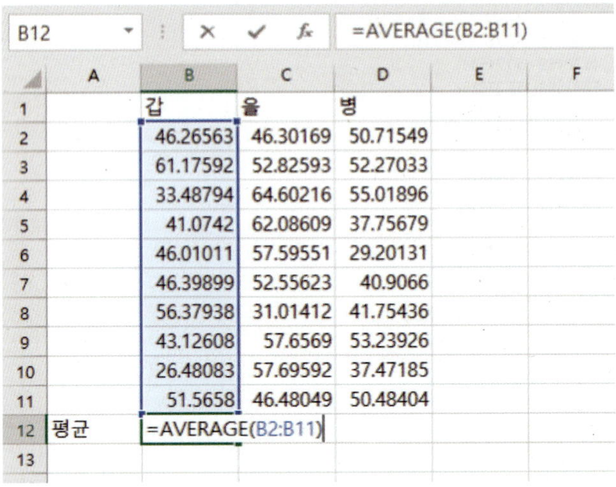

B12 =AVERAGE(B2:B11)

	A	B	C	D	E	F
1		갑	을	병		
2		46.26563	46.30169	50.71549		
3		61.17592	52.82593	52.27033		
4		33.48794	64.60216	55.01896		
5		41.0742	62.08609	37.75679		
6		46.01011	57.59551	29.20131		
7		46.39899	52.55623	40.9066		
8		56.37938	31.01412	41.75436		
9		43.12608	57.6569	53.23926		
10		26.48083	57.69592	37.47185		
11		51.5658	46.48049	50.48404		
12	평균	=AVERAGE(B2:B11)				
13						

‖ 그림 1-14 ‖ "매크로 기록" 대화상자

③ 이제 <그림 1-14>와 같이 A12 셀에 '평균'이라 입력하고, B12 셀에는 B열의 자료에 대한 평균을 계산하기 위해 수식 "=AVERAGE(B2:B11)"을 입력한다. 함수나 수식을 입력하기 위해서는 등호(=)로 시작해야 함은 이미 알고 있으리라 생각된다. average 함수의 인자인 주소 'B2:B11'은 직접 입력해도 되지만 마우스로 해당 영역을 드래그하면 자동으로 입력된다.

④ <그림 1-15>의 a)에서와 같이 B12 셀에는 계산된 평균값이 출력돼 있다. B12 셀을 선택하여 채우기 핸들을 D12 셀까지 끌면 b)와 같이 자동채우기에 의해 C열과 D열의 평균도 계산이 된다.

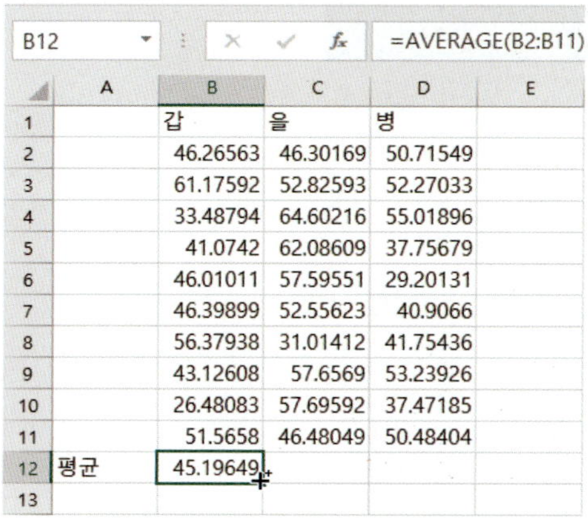

B12 | =AVERAGE(B2:B11)

	A	B	C	D	E
1		갑	을	병	
2		46.26563	46.30169	50.71549	
3		61.17592	52.82593	52.27033	
4		33.48794	64.60216	55.01896	
5		41.0742	62.08609	37.75679	
6		46.01011	57.59551	29.20131	
7		46.39899	52.55623	40.9066	
8		56.37938	31.01412	41.75436	
9		43.12608	57.6569	53.23926	
10		26.48083	57.69592	37.47185	
11		51.5658	46.48049	50.48404	
12	평균	45.19649			
13					

a)

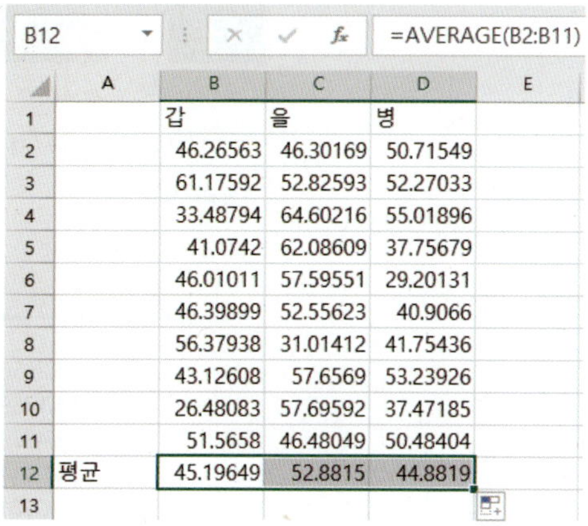

B12 | =AVERAGE(B2:B11)

	A	B	C	D	E
1		갑	을	병	
2		46.26563	46.30169	50.71549	
3		61.17592	52.82593	52.27033	
4		33.48794	64.60216	55.01896	
5		41.0742	62.08609	37.75679	
6		46.01011	57.59551	29.20131	
7		46.39899	52.55623	40.9066	
8		56.37938	31.01412	41.75436	
9		43.12608	57.6569	53.23926	
10		26.48083	57.69592	37.47185	
11		51.5658	46.48049	50.48404	
12	평균	45.19649	52.8815	44.8819	
13					

b)

‖ **그림 1-15** ‖ 계산된 평균값과 채우기 핸들을 끌어 자동채우기를 완성한 모습

⑤ <그림 1-16>은 평균을 구하던 ③, ④와 같은 방법으로 분산을 계산하는 과정이다. B13 셀에 (표본)분산을 계산하기 위해서는 '=VAR.S(B2:B11)'을 입력한다. 참고로 분산을 계산하는 워크시트함수에는 'VAR.S'와 'VAR.P'가 있다. 이 두 함수의 차이점은 분산 계산식의 분모가 (n-1)인지 n인지에 따른 차이이다. 'VAR.S'는 표본(Sample)의 분산을 의미하며 분모가 (n-1)이다. 반면에 'VAR.P'는 모집단(Population)의 분산을 의미하며 분모가 n이다.

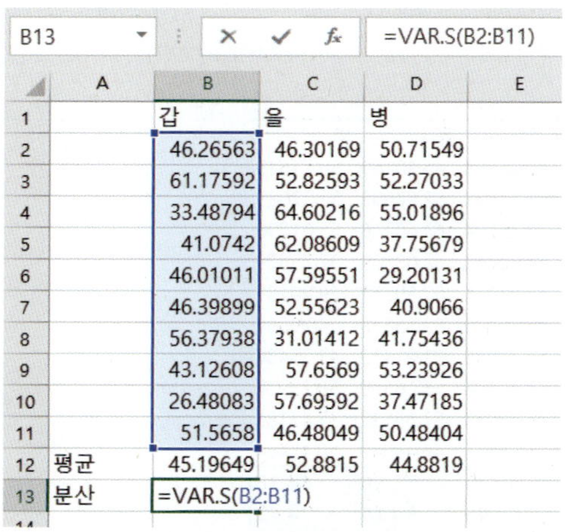

B13 | =VAR.S(B2:B11)

	A	B	C	D	E
1		갑	을	병	
2		46.26563	46.30169	50.71549	
3		61.17592	52.82593	52.27033	
4		33.48794	64.60216	55.01896	
5		41.0742	62.08609	37.75679	
6		46.01011	57.59551	29.20131	
7		46.39899	52.55623	40.9066	
8		56.37938	31.01412	41.75436	
9		43.12608	57.6569	53.23926	
10		26.48083	57.69592	37.47185	
11		51.5658	46.48049	50.48404	
12	평균	45.19649	52.8815	44.8819	
13	분산	=VAR.S(B2:B11)			

‖ **그림 1-16** ‖ 분산을 계산하는 과정

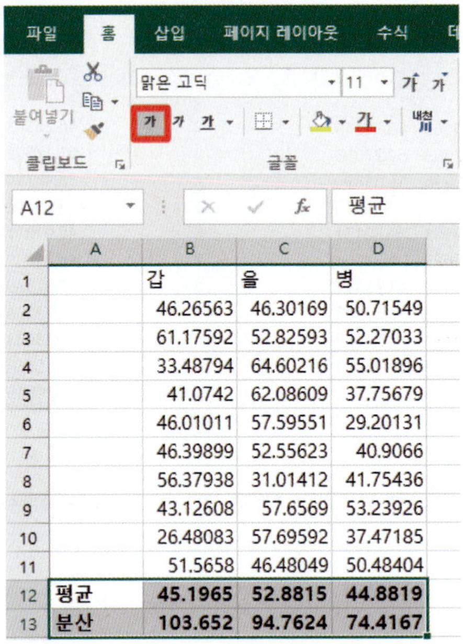

‖ 그림 1-17 ‖ 블록을 설정하고 [홈] 탭 '글꼴' 그룹에서 [굵게] 선택

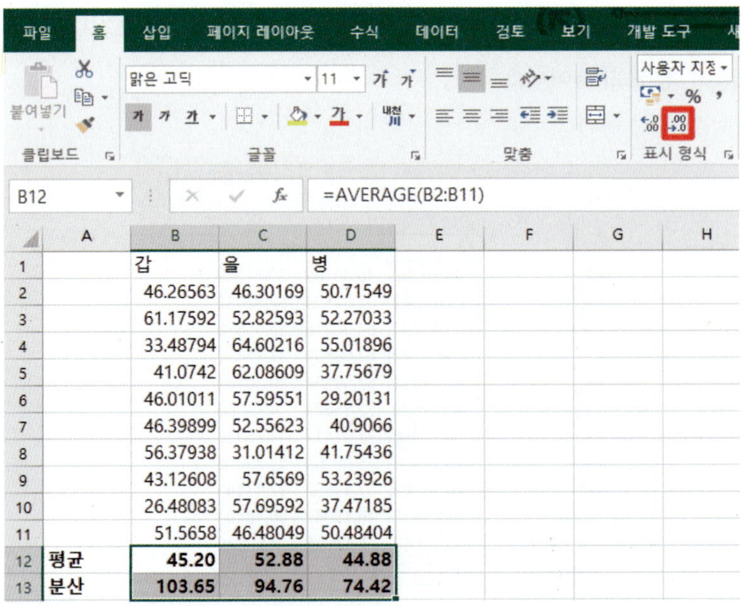

‖ 그림 1-18 ‖ 블록을 설정하고 '표시 형식' 그룹에서 [자릿수 줄임] 선택

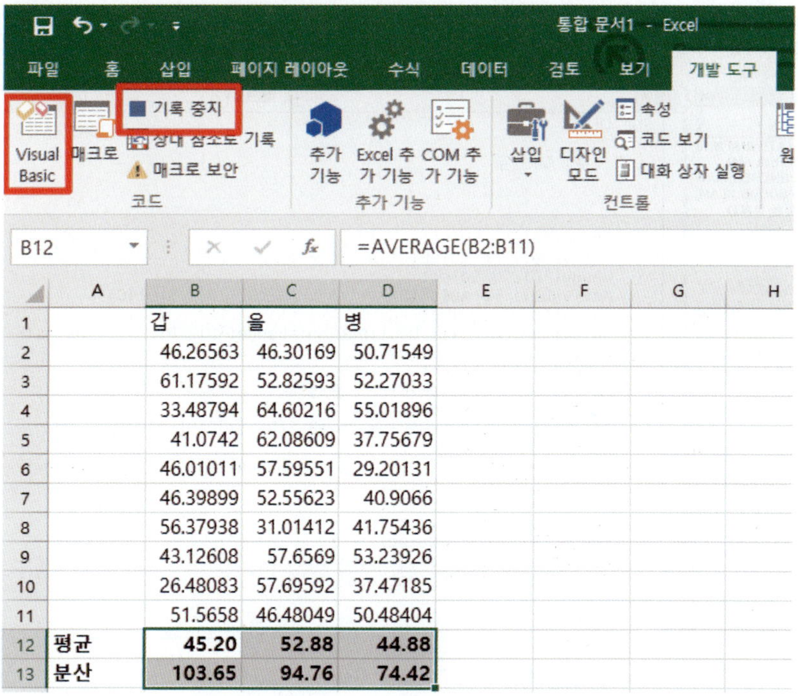

‖ 그림 1-19 ‖ [개발도구] 탭에서 [기록 중지]로 매크로 기록기 종료

⑥ 이제 <그림 1-17>과 같이 A12:D13 영역을 블록으로 설정하고 [홈] 탭의 '글꼴' 그룹에서 [굵게] 명령아이콘을 눌러 해당 영역의 글꼴들을 두껍게 표시한다.

⑦ 이번에는 소수점 이하 자릿수를 변경하기 위해 <그림 1-18>과 같이 '표시 형식' 그룹에서'자릿수 줄임' 명령아이콘을 이용하자.

⑧ 이제 매크로 기록을 종료하기 위해 <그림 1-19>와 같이 [개발도구] 탭에서 [기록 중지]를 눌러 매크로 기록기를 종료하고, [Visual Basic]을 누르면 <그림 1-20>의 "Visual Basic Editor" 화면으로 이동한다.

<그림 1-20>의 **"Visual Basic Editor(VBE)"**는 VBA 프로그램을 위한 통합개발환경을 지원한다. VBE 화면의 왼쪽 윗부분을 '프로젝트 탐색기'라 부르는데 여기서 'Module1'을 클릭하면 오른쪽 코드 창에서 매크로 기록기에 의해 기록된 VBA 코드를 확인할 수 있다.

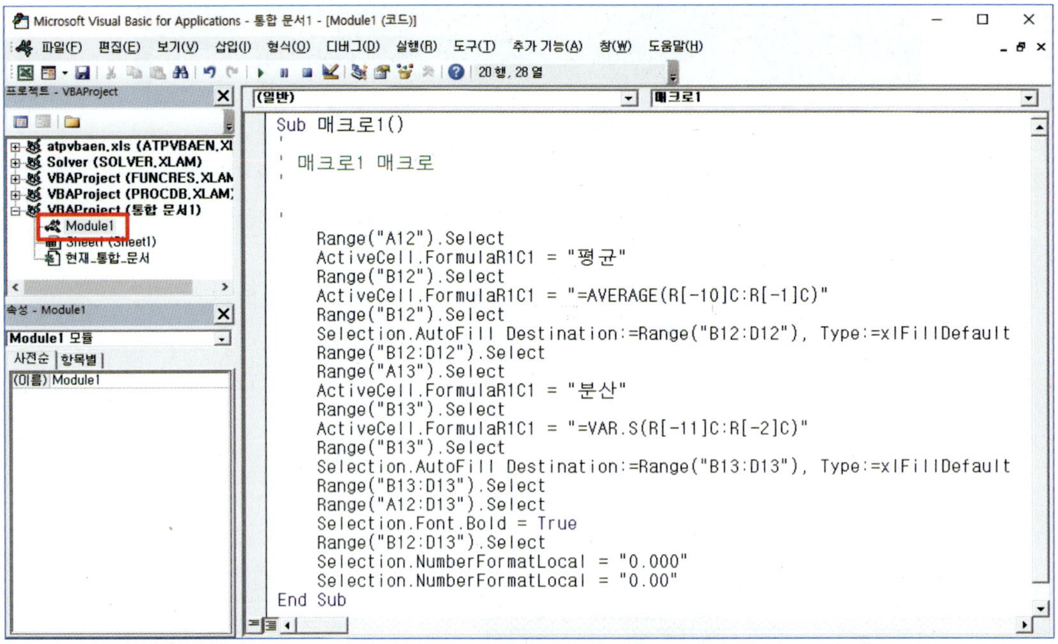

|| 그림 1-20 || "Visual Basic Editor" 화면

'Module1' 기록된 VBA 코드들의 내용에 대해서는 잠깐 신경 쓰지 말고 넘어가도록 하겠다. 여기서는 단지 "매크로 기록기"에 의해 이렇게 코드가 자동으로 생성될 수 있다는 내용만 알아두기로 하자.

1.2.3 작성된 매크로 실행하기

이제 앞에서 작성(기록)했던 매크로를 실행해보도록 하자. <그림 1-21>은 VBE 화면에서 도구모음만 캡처한 그림이다. 제일 왼쪽에 위치한 엑셀아이콘을 누르거나 키보드에서 "Alt+F11"을 누르면 엑셀로 돌아갈 수 있다. 우리가 작성한 매크로는 워크시트 영역의 자료에 대한 평균과 분산을 계산하고, 계산된 결과의 글꼴 및 자릿수를 새로 지정하는 내용이었다. 이제 <그림 1-19>의 최종결과 화면에서 12행부터 13행까지의 내용을 모두 삭제하자.

‖ 그림 1-21 ‖ "VBE"의 도구모음

그리고 매크로를 실행해서 이 부분이 다시 기록되는지를 확인해보자.

매크로를 실행하는 방법은 여러 가지가 있다. 가장 일반적인 첫 번째 방법은 VBE의 도구모음을 이용하는 방법이다. VBE 화면의 코드 창 내부에 커서가 위치하도록 마우스로 클릭한 후에 <그림 1-21>의 도구모음에서 매크로 실행버튼(▶)을 누르거나 F5를 누르면 현재 커서가 위치한 곳에 기록된 매크로가 실행된다. 결과를 확인하기 위해 엑셀 화면으로 이동해보라. 조금 전에 지웠던 워크시트의 12행과 13행에 처음에 매크로 기록기로 작성했던 모양과 일치하게 기록돼 있을 것이다. 즉, 각 열에 평균과 분산이 계산되고 굵게 쓰기와 자릿수 줄임이 적용돼 있을 것이다.

매크로를 실행하는 두 번째 방법은 리본메뉴 [개발 도구] 탭의 '코드' 그룹에 있는 [매크로] 명령아이콘을 이용하는 방법이다. [매크로] 명령아이콘을 누르면 <그림 1-22>의 "매크로" 대화상자가 나타난다. 이 대화상자의 매크로 리스트(지금 우리의 예에서는 작성된

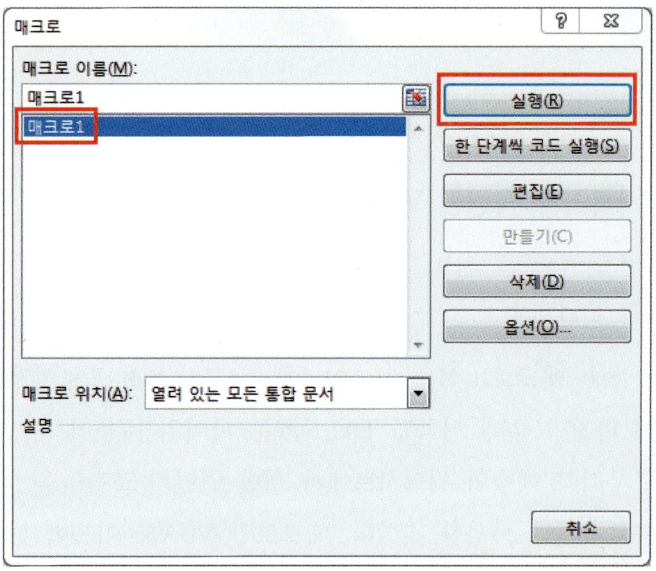

‖ 그림 1-22 ‖ "매크로" 대화상자

매크로가 '매크로1'만 있음)에서 원하는 매크로를 선택한 후 오른편의 첫 번째 단추인 <실행>을 누르면 해당 매크로가 실행된다.

매크로를 실행하는 세 번째 방법은 <그림 1-12>의 "매크로 기록" 대화상자에서 '바로 가기 키'에 특정한 키(예를 들어, 'a')를 지정했다면 Ctrl과 A를 동시에 눌러 해당 매크로를 바로 실행할 수 있다.

<그림 1-22>의 "매크로" 대화상자의 오른편에서 세 번째에 위치한 <편집> 버튼을 누르면 [Visual Basic] 명령아이콘을 누른 것과 같이 <그림 1-20>의 VBE 화면이 나타난다.

1.3 VBA 코드 둘러보기

이제 매크로 기록기에 의해 기록했던 <그림 1-20>의 VBA 코드들에 대해 간단히 설명하도록 하겠다. 더 자세한 설명은 앞으로 충분히 설명될 것이다. 여기서는 VBA 코드가 어떤 구조를 가지고 있으며 각 문장이 어떤 역할을 수행하는지 대략적으로 이해할 수 있으면 충분하다.

1.3.1 매크로 기록기가 작성한 VBA 코드에 대한 설명

1) 'Sub 매크로1( )'과 'End Sub'

첫 줄에 기록된 'Sub 매크로1( )'은 이름이 '매크로1'인 **Sub 프로시저**를 정의하는 문장으로 이 문장과 맨 마지막 줄에 기록된 'End Sub'문 사이의 내용이 서브 프로시저의 몸통(내용)이 된다. 즉, 우리가 엑셀의 워크시트에서 행한 일련의 조작들을 '매크로1'이라는 이름을 가진 서브 프로시저로 작성한 것이다. 매크로란 VBA를 이용한 하나의 서브 프로시저인 셈이며, VBA 프로그램에는 최소한 하나의 서브 프로시저가 필요하다.

2) '(작은 따옴표)

'(작은 따옴표)는 VBA에서 주석문을 정의할 때 사용한다. 주석문이란 프로그램의 실행과는 무관한 설명문으로 프로그램의 작성자나 날짜, 내용 등에 대한 설명을 위해 사용된다. 첫 열(column)에 '(작은 따옴표)를 사용한 행(row)은 해당 행 전체를 주석으로 간주하며, VBE의 코드창에서 주석문은 초록색으로 표시된다. 내용이 많은 프로그램을 작성할 때에는 주석문을 적절히 사용하여 프로그램을 이해하기 쉽게 구성하는 것이 바람직하다.

3) Range("A12").Select

'Range("A12")'는 엑셀에서 사용하는 **개체(object**; 또는 객체)이다. 개체란 처리의 대상이 되는 하나의 독립된 사물을 지칭하는 용어로 Range는 한 개의 셀(Cell)이나 복수개의 셀들을 묶은 범위를 다룰 때 사용하는 개체이다.

'Select'는 개체를 변화시키는 동작을 정의하는 **메서드(method)**라고 하며 해당 개체를 선택하는 동작을 의미한다. 개체와 메서드 사이에는 마침표(.)를 사용해 마치 주어와 술어의 관계를 나타낸다. 즉, 'Range("A12").Select'는 A12셀 하나로 이루어진 Range 개체에 Select라는 메서드를 적용하라는 뜻이다. 결과적으로 A12셀을 선택하라는 의미가 된다.

개체와 방법에 대해서는 앞으로 상세히 설명할 예정이므로 여기서는 간단히 그 쓰임만 이해하기로 하자.

4) ActiveCell.FormulaR1C1="평균"

'ActiveCell'은 현재 활성화되어 있는 셀(A12)을 나타내는 개체이며, 'FormulaR1C1'은 앞의 개체(ActiveCell)에 적용할 **속성(property)**이다. 속성은 개체들을 구별시켜주는 특성으로 메서드와 마찬가지로 개체와 속성 사이에 마침표(.)를 사용하여 나타낸다.

셀과 관련된 속성에는 여기에 사용된 'FormulaR1C1' 이외에도 'Formaula'나 'Value' 등을 들 수 있다. 이들 속성은 셀이나 셀 영역에 어떤 값이나 수식을 적용하는데 사용된다. 다만 지금처럼 단순히 셀에 '평균'이라는 문자열만 입력하는 경우라면 『ActiveCell.Value ="평균"』과 같이 기록해도 무관하다.

5) ActiveCell.FormulaR1C1 = "=AVERAGE(R[-10]C:R[-1]C)"

'FormulaR1C1'와 'Formaula'는 수식을 적용하는 방법이 조금 다르다. 'Formula' 속성은 셀의 주소를 A1, B3과 같이 사용하지만 'FormulaR1C1' 속성에서는 현재 셀로부터 행이나 열의 위치를 상대적으로 기록한다. R은 행(row)에, C는 열(column)에 관한 위치를 나타내는 문자이며, 각각의 뒤에 대괄호([ ])를 사용하여 상대적 위치를 나타낸다. 행과 관련된 R의 경우는 현재의 위치보다 n칸 위의 셀은 R[-n], n칸 아래 의 셀은 R[n]과 같이 사용한다. 여기에서 평균을 계산하는 'AVERAGE'함수의 인자에 사용된 'R[-10]C:R[-1]C'은 현재 활성화된 셀(B12)로부터 10칸 위의 행(B2)부터 1칸 위의 행(B11)까지의 영역을 의미하는 것으로 결국은 'B2:B11'을 의미한다. 같은 열에 대한 영역을 다루기 때문에 C에 대해서는 대괄호([ ])가 사용되지 않았다.

열과 관련된 C의 경우는 현재의 위치보다 n칸 왼쪽의 셀은 C[-n], n칸 오른쪽의 셀은 C[n]과 같이 사용한다. R과 C는 혼합하여 'R[-2]C[3]'과 같이 사용할 수도 있다. 이는 기준 위치보다 2칸 위, 3칸 오른쪽에 있는 셀을 나타낸다. 이에 대해서는 다시 상세히 설명하도록 하겠다.

6) ActiveCell.FormulaR1C1 = "=VAR.S(R[-11]C:R[-2]C)"

표본분산을 계산하는 'VAR.S'함수의 인자에 사용된 'R[-11]C:R[-2]C'은 현재 활성화된 B13셀(바로 앞 문장에서 선택한)로부터 11칸 위의 행(B2)부터 2칸 위의 행(B11)까지의 영역을 의미하는 것으로 결국은 'B2:B11'을 의미한다. 같은 열에 대한 영역을 다루기 때문에 C에 대해서는 대괄호([ ]) 없이 C만 사용되었다.

7) Selection.AutoFill Destination:=Range("B12:D12"), ~

우리가 매크로 기록기를 이용할 때, B12 셀에 수식을 입력하여 평균값을 계산하고 이 값을 시작으로 채우기 핸들을 D12 셀까지 끌어서 자동채우기를 진행하였던 기록이 이렇게 코드로 작성되었다.

8) Selection.Font.Bold = True

Selection(바로 앞 문장 'Range("A12:D13").Select'에 의해 선택)된 영역인 A12:D13에 적용된 글꼴(Font) 개체의 굵게 쓰기 속성(Bold)을 참(True)으로 한다는 의미이다. 글꼴과 관련된 대표적인 속성들은 이름(글꼴종류)을 지정하는 Name, 크기를 지정하는 Size, 밑줄문자를 나타내는 Underline 등이 있다.

9) Selection.NumberFormatLocal = "0.000"

Selection은 바로 앞 문장 'Range("B12:D13").Select'에 의해 선택된 영역 개체인 'B12:D13'을 의미하며, 'NumberFormatLocal' 속성은 소수점 이하 자릿수를 지정하는 속성이다. 따라서 이 문장에 의해 현재 선택된 영역의 소수점 이하 자릿수를 3자리까지로 지정한다.

1.3.2 매크로 기록기가 작성한 코드를 수정해보자

앞에서 매크로 기록기가 작성한 VBA 코드의 내용을 간단하게 살펴보았다. 아직 조금 생소하기도 하고 한편으론 굉장히 복잡하게 느껴지기도 할 것이다. 그러나 아주 정확하게 알지는 못하더라도 코드의 내용을 어느 정도는 파악할 수 있을 것이라 생각된다.

이번에는 매크로 기록기가 작성해준 VBA 코드의 내용을 조금 바꾸어서 실행을 하는 과정을 살펴보자. 만약 더 간단하고 직관적인 코드로 수정을 하여도 같은 결과를 얻을 수 있는지 경험해보기 위함이다. 이런 시도를 해보는 이유는 매크로 기록기에 의한 코드가 최상의 방법이 아니기 때문이다.

앞에서 매크로 기록기가 작성한 <그림 1-20>의 VBE 코드 창에 있던 코드들 중에서 실행에 꼭 필요한 내용들만 골라서 <표 1-1>과 같이 수정해보자. 코드의 왼편에 기록된 숫자는 프로그램의 행을 표시하기 위해 편의상 추가한 것이므로 실제 코드 창에는 기록하지 않는다.

‖ 표 1-1 ‖ 더 간단하고 직관적인 코드로 수정된 매크로

```
Sub 매크로1()
'
' 직접 수정한 매크로
'
    Range("A12").Value = "평균"
    Range("B12:D12").FormulaR1C1 = "=AVERAGE(R[-10]C:R[-1]C)"
    Range("A13").Value = "분산"
    Range("B13:D13").FormulaR1C1 = "=VAR.S(R[-11]C:R[-2]C)"
    Range("A12:D13").Font.Bold = True
    Range("B12:D13").NumberFormatLocal = "0.00"
End Sub
```

수정된 매크로를 실행하기 전에 <그림 1-19>의 최종결과 화면에서 12행과 13행의 출력결과는 모두 삭제하자. 그리고 수정된 매크로를 실행해서 이전과 같은 결과가 얻어지는지 확인해보자. 만약 이전에 실행했을 때와 동일한 결과를 보여준다면 여러분은 어떤 코드를 이용하고 싶은가요? 당연히 더 간단하고 직관적인 코드를 이용해서 코딩을 하고 싶을 것이다. 매크로 기록기는 힌트를 얻기 위한 용도로 최소한으로 사용하고, 앞으로 본서에서 설명하는 내용들을 충분히 학습하고 연습해서 좋은 프로그래머로 성장하기 바란다.

1.3.3 매크로가 포함된 엑셀파일 저장하기

우리가 실습한 파일과 같이 매크로가 포함되어있는 엑셀파일을 저장하려면 <그림 1-29>와 같이 "다른 이름으로 저장" 대화상자의 '파일형식'에서 'Excel 매크로 사용 통합문서(*.xlsm)'을 선택해서 저장해야 한다. 그리고 이렇게 매크로가 포함된 엑셀파일을 윈도우즈탐색기에서 확인하면 <그림 1-24>과 같이 아이콘의 모습에 차이가 있다. 왼쪽은 매크로를 포함하지 않은 파일이며, 오른쪽은 매크로를 포함하고 있는 형태이다. 매크로를 포함하고 있는 파일인 경우 아이콘의 우측하단에 느낌표가 포함돼있다.

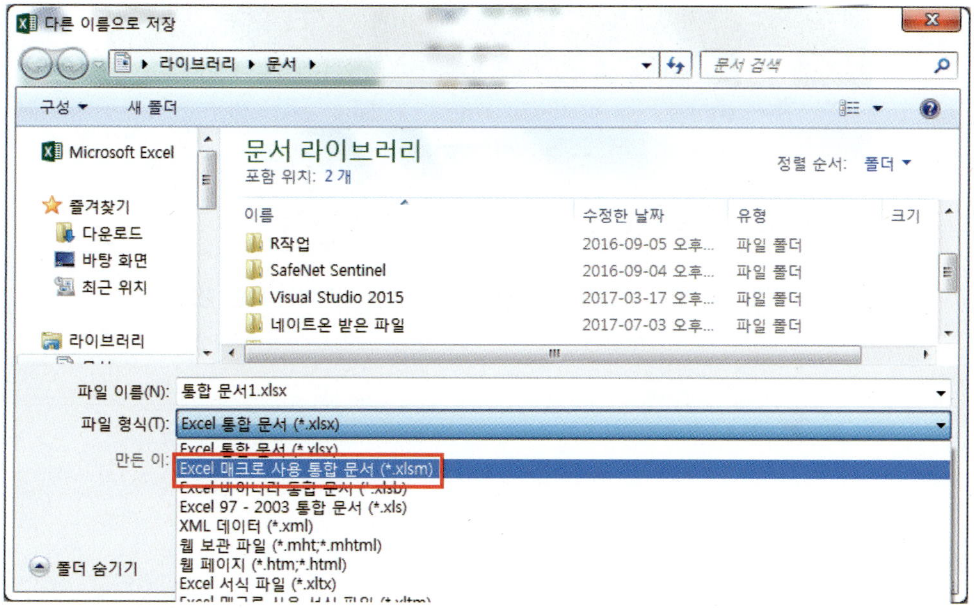

‖ 그림 1-23 ‖ 매크로가 포함된 엑셀파일의 저장

‖ 그림 1-24 ‖ 매크로 포함여부에 따라 아이콘이 다름

1.3.4 매크로가 포함된 엑셀파일 불러와서 실행하기

매크로가 포함되어 있는 엑셀의 통합문서를 열면 <그림 1-25>와 같은 보안경고가 나타난다. '콘텐츠 사용'을 선택하면 포함된 매크로를 사용할 수 있다. 본서에서 사용하는 모든 예제 파일들은 모두 매크로(VBA 프로시저들)가 포함된 것들이므로 파일 열 때마다 항상 이러한 보안 경고가 나타난다. 그 이유는 매크로를 통한 바이러스의 침투나 해킹시도를 차단하기 위해 매크로를 사용하지 못하도록 설정돼있기 때문이다. 이 설정을 바꾸려면

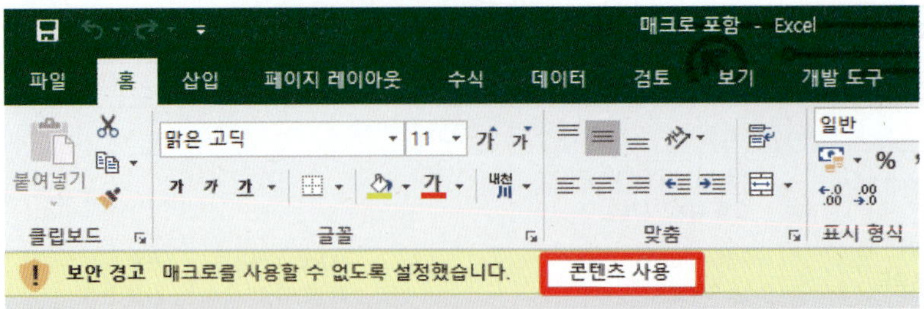

‖ 그림 1-25 ‖ 매크로가 포함된 파일을 열면 나타나는 보안 경고

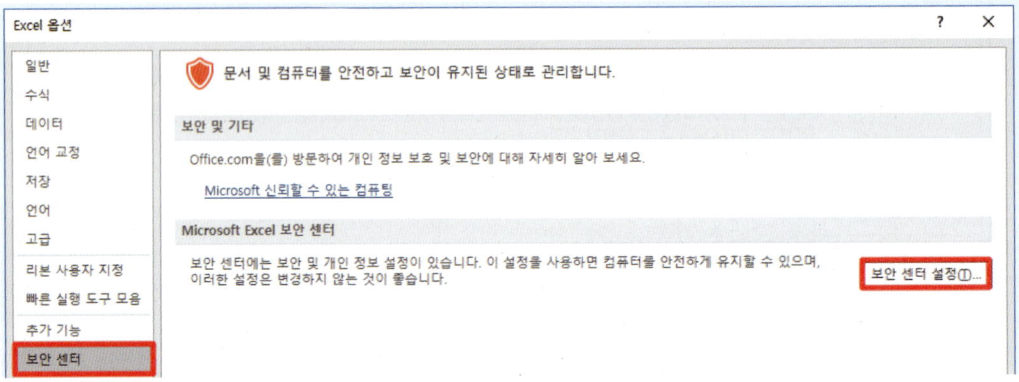

‖ 그림 1-26 ‖ "Excel 옵션" 대화상자의 〈보안 센터〉

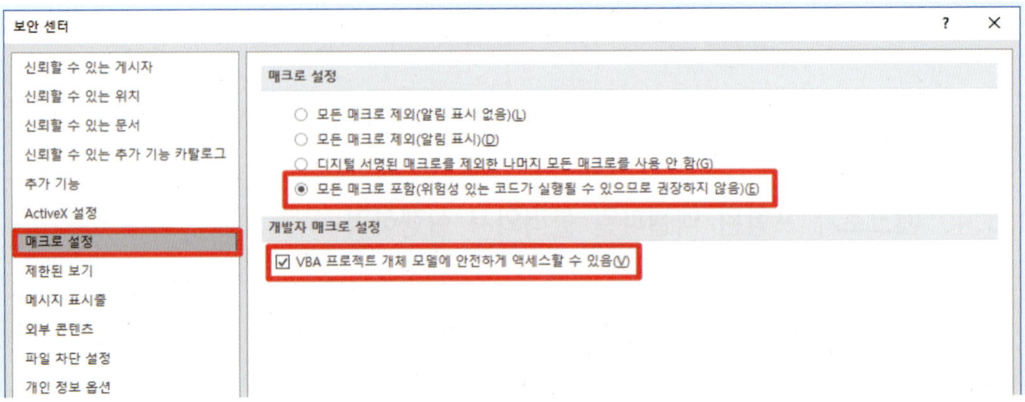

‖ 그림 1-27 ‖ "보안 센터" 대화상자의 〈매크로 설정〉

<그림 1-26>과 같이 "Excel 옵션" 대화상자의 <보안 센터>에서 <보안 센터 설정>을 선택하고 나타나는 "보안 센터" 대화상자에서 <그림 1-27>과 같이 '매크로 설정'을 완료한다.

1.4 VBE(Visual Basic Editor) 구성

앞으로 우리가 VBA 프로그램을 작성하고 테스트하는 거의 모든 과정은 VBE를 통해서 이루어진다. VBA 프로그램은 VBE를 이용해서 이루어지지만 그 결과는 엑셀 화면에 표시되기 때문에 두 화면을 옮겨 다니는 것이 필수적이다. 이번 절에서는 엑셀의 빠른 실행 도구 모음에 VBA 도구들을 등록하는 방법과 VBE를 효과적으로 사용하기 위해 꼭 알아두어야 할 내용들에 대해 설명하도록 하겠다.

1.4.1 엑셀의 빠른 실행 도구 모음에 VBA 도구들을 등록하는 방법

① <그림 1-2>의 과정에서 처음 사용된 "Excel 옵션" 대화상자의 왼편 목록에서 <그림 1-28>과 같이 '빠른 실행 도구 모음'을 선택한다.

② '명령 선택' 밑에 있는 드롭다운 목록에서 '개발 도구 탭'을 선택한다.

③ 왼편 목록에서 추가할 대상을 선택한다.

④ 가운데 위치한 <추가>버튼을 누른다.

⑤ 오른편 목록에 선택한 대상들이 추가된다. ③과 ④의 과정을 반복하여 원하는 대상들을 추가한다. <그림 1-28>의 오른편 목록에는 '매크로 기록', '매크로 보기', '매크로 보안', 'Visual Basic' 등 4개의 항목이 추가되었음을 나타내고 있다.

⑥ 모든 과정을 마치고 <확인> 버튼을 누르면 <그림 1-29>와 같이 엑셀 화면 왼쪽 상단에 위치한 빠른 실행 도구모음에 선택한 항목들이 추가되어 있음을 알 수 있다.

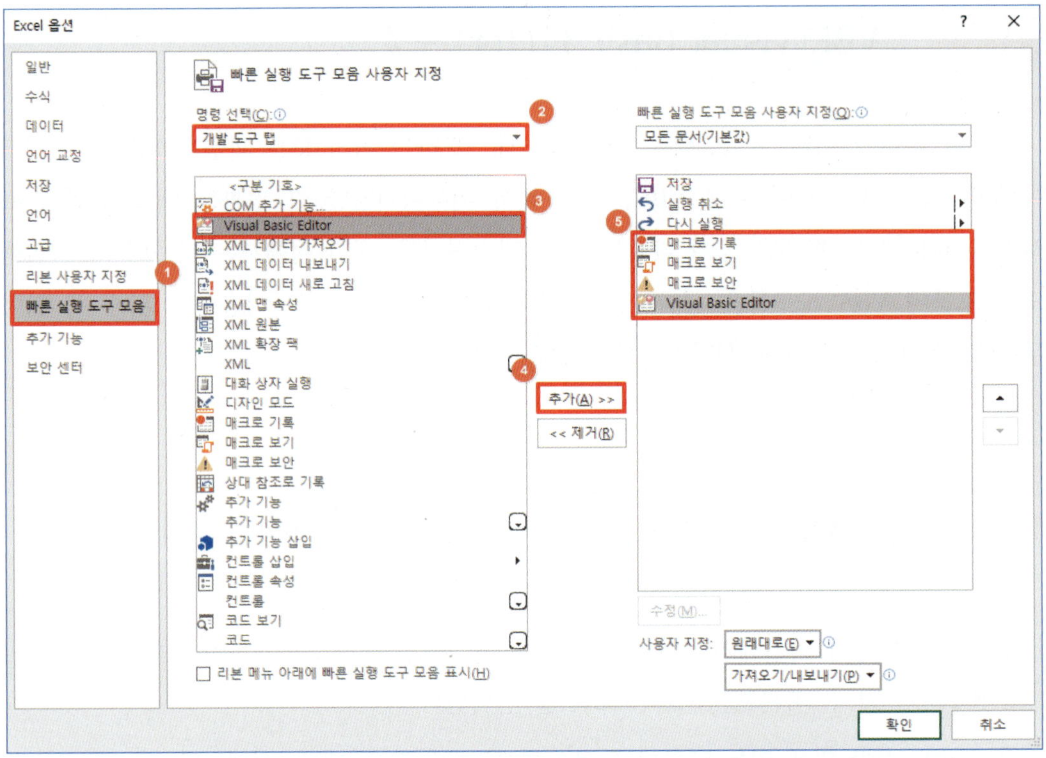

‖ 그림 1-28 ‖ "Excel 옵션" 대화상자에서 '빠른 실행 도구 모음'을 선택

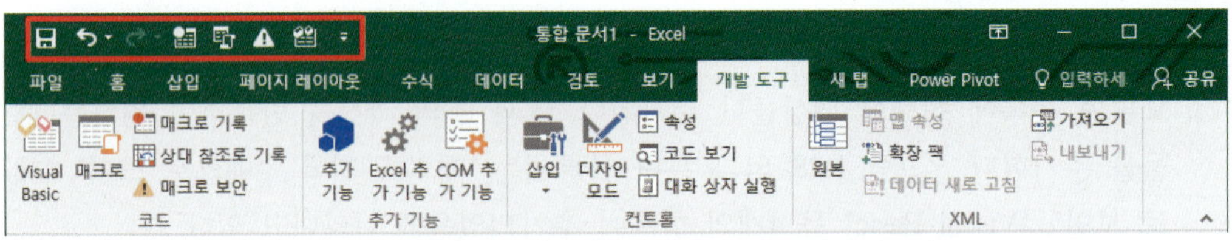

‖ 그림 1-29 ‖ 선택한 항목들이 추가된 빠른 실행 도구모음

이제 엑셀에서 [개발 도구] 탭이나 빠른 실행 도구모음 어느 것을 이용해서라도 VBA 도구들을 빠르게 이용할 수 있다.

1.4.2 VBE 화면 구성

<그림 1-30>은 VBE의 화면을 보여준다. 왼쪽 상단에는 '프로젝트 탐색기' 창이 있고 하단에는 프로젝트 탐색기에서 선택한 개체의 속성을 보여주는 '속성' 창이 있다. 화면의 오른편에는 선택에 따라 '코드' 창이나 '직접 실행' 창을 표시할 수 있다.

<그림 1-30>의 '속성' 창에는 '프로젝트 탐색기'에서 선택한 워크시트('Sheet1')의 속성이 표시된 것이다. '속성' 창의 왼쪽은 속성들이고 오른쪽은 현재 그 속성에 설정된 값들이다. 즉, 'Name' 속성에는 'Sheet1'이라는 값이 설정돼 있으며 이는 워크시트의 이름(Name 속성)이 'Sheet1'임을 나타낸다. 만약 여기에서 <그림 1-31>의 a)와 같이 속성 값 'Sheet1'을 '코딩연습'이라 고치고 엑셀화면으로 돌아가서 워크시트의 이름을 확인해보라. <그림 1-31>의 b)와 같이 워크시트의 이름이 '코딩연습'으로 바뀌어 있는 것을 볼 수 있다.

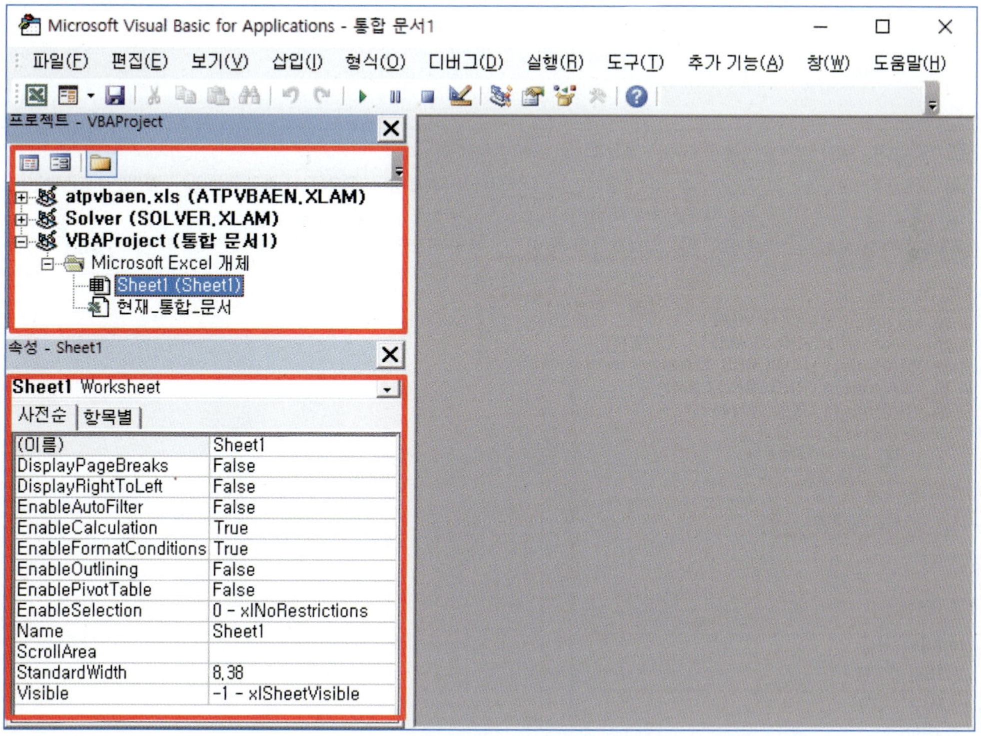

‖ 그림 1-30 ‖ VBE 화면 구성

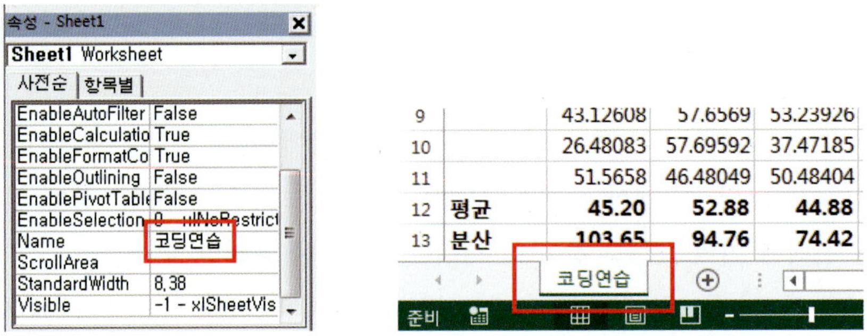

a) 속성 창　　　　b) 워크시트

|| 그림 1-31 || 속성 창에서 엑셀 워크시트의 이름 속성을 수정

엑셀은 파일을 프로젝트 단위로 묶어서 관리한다. '프로젝트 탐색기' 창은 열려 있는 모든 파일의 개체 정보를 트리형태로 표시한다. <그림 1-32>는 [삽입] 메뉴를 이용해 모듈을 추가한 후 VBAProject(통합문서1)에 모듈(Module1)이 추가된 '프로젝트 탐색기' 창을 보여주고 있다.

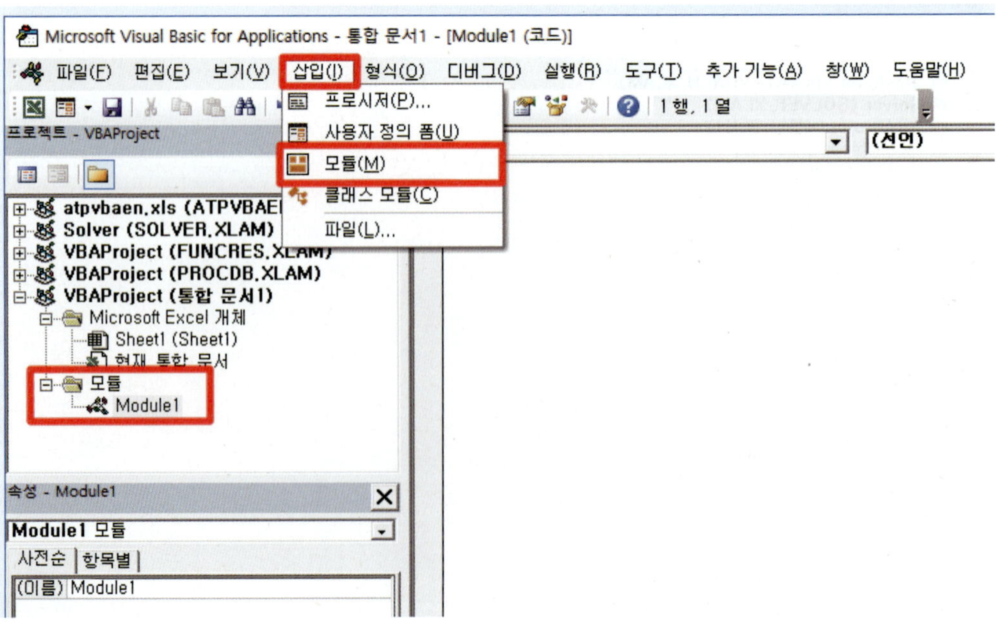

|| 그림 1-32 || 모듈이 추가된 프로젝트 탐색기

<그림 1-32>의 오른편에는 VBA 코드를 입력하는 '코드' 창이 있다. 'Module1'의 코드 창에 코딩된 프로그램은 프로젝트 전체에서 다 사용할 수 있다. 그러나 '프로젝트 탐색기' 창에서 'Sheet1'을 더블클릭해서 열린 코드 창에 코딩을 한다면 그 프로그램은 'Sheet1' 안에서만 사용할 수 있다. 이와 같이 어떤 코드 창에 코딩을 하느냐에 따라 프로그램의 사용 범위가 다르다. 따라서 우리는 가장 넓은 범위인 프로젝트 전체에서 유효한 코딩을 위해 특별한 언급이 없는 한 모든 코드는 모듈의 코드 창에 코딩하도록 하자.

1.4.3 VBE 사용할 때 알아두면 좋은 팁

VBE를 이용하여 코드를 작성할 때 다음 내용을 잘 이해하고 활용하면 많은 도움이 될 것이다.

1) 자동 구문 검사

코드 창에 코드를 입력하면 자동으로 구문검사가 이루어지며 만약 VBA 문법에 맞지 않는 오류가 있다면 오류 부분의 글꼴색이 빨간색으로 표시되고 오류메시지를 전달하는 창이 나타난다. <그림 1-33>은 'sub' 만을 입력하고 Enter↵를 누른 경우이다. 'sub'는 프로

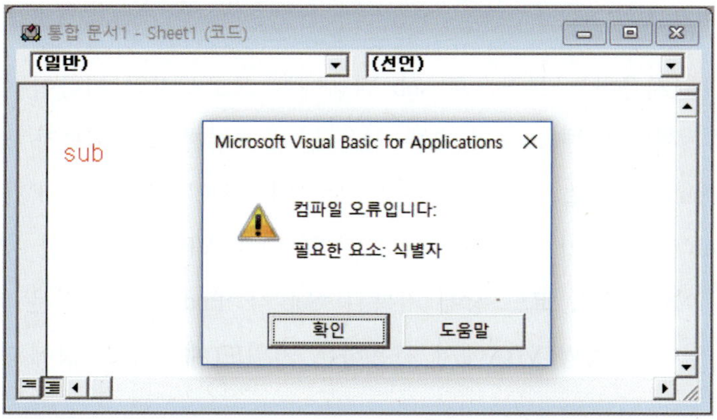

‖ 그림 1-33 ‖ 문법에 오류가 있을 때 표시되는 창

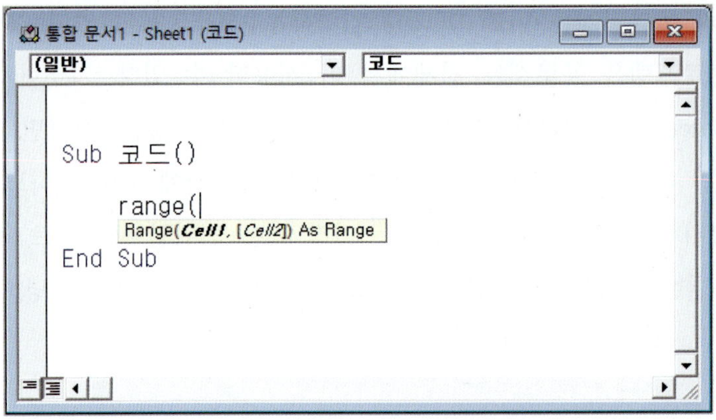

|| 그림 1-34 || 풍선 도움말이 표시된 코드 창

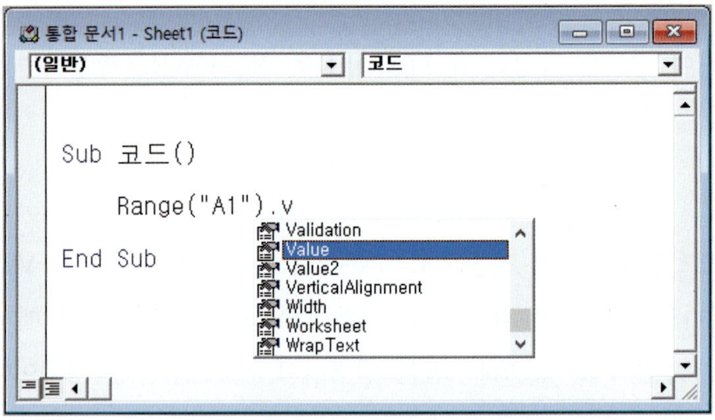

|| 그림 1-35 || 풍선 도움말이 표시된 코드 창

시저를 작성할 때 사용하는 문장으로 sub 다음에는 프로시저의 이름이 함께 기술되어야 한다. 오류 창의 <확인>버튼을 눌러 오류 창을 닫고 오류를 수정해보자. 빨간색으로 표시 되었던 부분을 'sub 코드'로 고치고 Enter↵를 누르면 '코드' 다음에 '( )'가 추가되고 다음 줄에는 'End Sub'란 문장이 자동으로 기록된다. 이는 VBE가 필요한 부분을 자동으로 작성해주기 때문이다. 또한, 코드 창에 기록된 'Sub'나 'End Sub' 문장은 파란색으로 표시 된 것을 알 수 있다. 이처럼 VBA에서 사용하는 키워드(예약어)는 창에 파란색으로 표시 된다.

2) 자동 요약 정보

VBA나 엑셀에서 제공하는 함수들의 이름이 나오면 인수들에 대한 풍선 도움말이 <그림 1-34>와 같이 제공된다.

3) 구성원 자동 목록

코드 창에서 코딩 중에 어떤 개체를 입력하고 마침표(.)를 입력하면 해당 개체에 사용이 가능한 메서드와 속성들의 목록이 자동으로 나타난다. 이를 '**구성원 자동 목록**'이라고 하는데, 이 목록에서 개체에 적용할 메서드나 속성을 선택하면 코드가 자동으로 기록된다. 따라서 사용자가 메서드나 속성을 직접 입력하는 수고를 덜 수도 있고 오타의 가능성도 줄일 수 있다. <그림 1-35>는 마침표(.) 다음에 'v'를 입력하여 v로 시작하는 목록들이 나열된 모습이다.

1.5 '직접 실행' 창의 활용

'코드' 창은 일반적으로 최소한 1개 이상의 sub 프로시저가 기록된 여러 줄의 코드를 입력하는 곳이다. 반면에 '직접 실행' 창은 한 줄의 코드를 바로 실행해서 결과를 빨리 확인하고자 할 때 사용한다. '직접 실행' 창은 <그림 1-36>과 같이 VBE의 [보기] 메뉴에서 '직접 실행 창'을 선택해서 불러온다.

<그림 1-37>은 '직접 실행' 창에 "? worksheets(1).name"를 입력하고 Enter↵를 눌러 그 결과로 '코딩연습'이 출력된 화면이다. '?'는 'print'의 의미이며, 'worksheets(1)'은 첫 번째 워크시트를, 'name'은 이름을 지칭하는 속성이다. 따라서 "? worksheets(1).name"는 "첫 번째 워크시트의 이름을 출력하라"라는 명령이다.

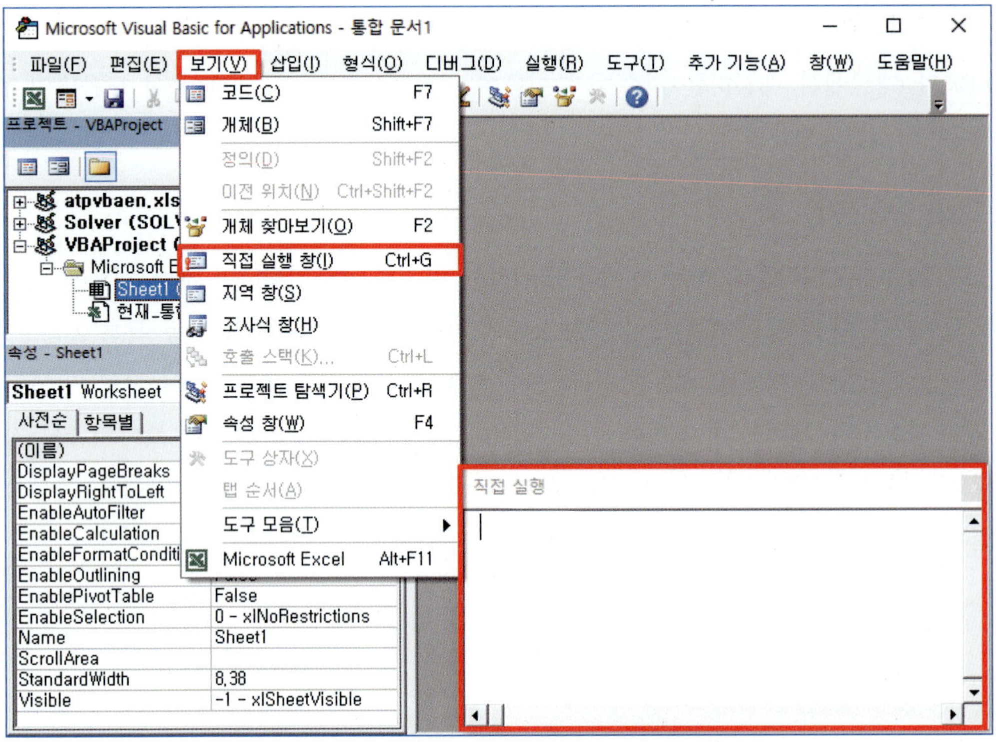

|| 그림 1-36 || [보기] 메뉴에서 '직접 실행 창'을 선택

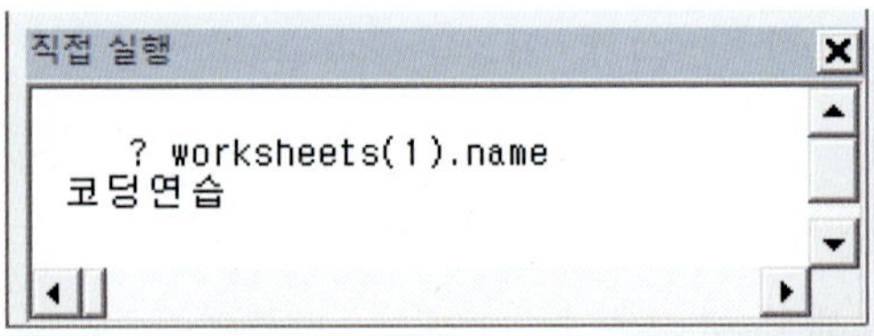

|| 그림 1-37 || '직접 실행' 창에서 직접 결과를 출력한 경우

위의 경우처럼 '직접 실행' 창에서 명령도 하고 그에 따른 결과도 출력되는 경우만 있는 것이 아니다. <그림 1-38>과 같이 한 줄씩 명령하고 Enter↵를 누르면 그 결과가 <그림 1-39>와 같이 엑셀의 워크시트에 적용되게 이용할 수도 있다.

직접 실행

```
Range("A14").Value = "중앙값"
Range("B14:D14").FormulaR1C1 = "=median(R[-12]C:R[-3]C)"
```

‖ 그림 1-38 ‖ '직접 실행' 창에 명령을 입력한 경우

	A	B	C	D
1		갑	을	병
2		46.26563	46.30169	50.71549
3		61.17592	52.82593	52.27033
4		33.48794	64.60216	55.01896
5		41.0742	62.08609	37.75679
6		46.01011	57.59551	29.20131
7		46.39899	52.55623	40.9066
8		56.37938	31.01412	41.75436
9		43.12608	57.6569	53.23926
10		26.48083	57.69592	37.47185
11		51.5658	46.48049	50.48404
12	**평균**	**45.20**	**52.88**	**44.88**
13	**분산**	**103.65**	**94.76**	**74.42**
14	중앙값	46.13787	55.21072	46.1192

‖ 그림 1-39 ‖ '직접 실행' 창의 명령이 워크시트에서 실행된 경우

연 . 습 . 문 . 제

1. 엑셀에서 매크로 기록기를 동작시키는 2가지 방법에 대하여 설명하라.

2. 작성된 매크로를 실행시키는 방법들에 대해 설명하라.

3. 본문에서 계속 이용했던 자료에 대하여 '매크로 기록기'를 이용하여 아래 그림과 같이 중앙값과 표준편차를 계산하는 매크로를 작성하려고 한다. 워크시트 12-13행에 사용된 한글 글꼴은 궁서이며, 굵게 쓰기가 적용되었다. 계산된 중앙값과 표준편차는 소수 이하 2자리까지만 출력하였다. 다음 물음에 답하라. 중앙값과 (표본)표준편차의 계산은 각각 워크시트함수 'MEDIAN'과 'STDEV.S'를 이용한다.

A12 : fx 중앙값

	A	B	C	D
1		갑	을	병
2		46.26563	46.30169	50.71549
3		61.17592	52.82593	52.27033
4		33.48794	64.60216	55.01896
5		41.0742	62.08609	37.75679
6		46.01011	57.59551	29.20131
7		46.39899	52.55623	40.9066
8		56.37938	31.01412	41.75436
9		43.12608	57.6569	53.23926
10		26.48083	57.69592	37.47185
11		51.5658	46.48049	50.48404
12	**중앙값**	**46.14**	**55.21**	**46.12**
13	**표준편차**	**10.18**	**9.73**	**8.63**

1) 매크로 기록기에 의한 코드를 기술하고 각 라인에 대해 설명해보라.

2) 1)의 코드를 같은 기능을 수행하도록 최대한 간결하게 바꾸어 보라.

3) 1)과 2)의 실행 결과가 동일한가?

4. 앞의 자료에 대해 이번에는 아래 그림과 같이 개인별 총점과 평균을 계산하는 매크로를 작성하려고 한다. 다음 물음에 답하라.

	A	B	C	D	E	F
1		갑	을	병	**합계**	**평균**
2		46.26563	46.30169	50.71549	**143.28**	**143.28**
3		61.17592	52.82593	52.27033	**166.27**	**166.27**
4		33.48794	64.60216	55.01896	**153.11**	**153.11**
5		41.0742	62.08609	37.75679	**140.92**	**140.92**
6		46.01011	57.59551	29.20131	**132.81**	**132.81**
7		46.39899	52.55623	40.9066	**139.86**	**139.86**
8		56.37938	31.01412	41.75436	**129.15**	**129.15**
9		43.12608	57.6569	53.23926	**154.02**	**154.02**
10		26.48083	57.69592	37.47185	**121.65**	**121.65**
11		51.5658	46.48049	50.48404	**148.53**	**148.53**

1) '매크로 기록기'를 이용해서 매크로를 작성하고 작성된 코드를 라인별로 설명하라.

2) 1)의 코드들을 동일한 기능을 수행하는 가장 단순한 코드로 바꾸어 보라.

3) 1)과 2)의 실행 결과가 동일한가?

5. VBE의 '직접 실행' 창에서 다음 명령을 실행해보고 그 결과를 답하라. 명령이 무슨 뜻인지 설명하고 왜 그런 답이 나오는지에 대해서도 설명해보라.

1) ? range("a1:d10").Rows.Count

2) ? range("a1:d10").Columns.Count

3) ? cells.columns.count

4) ? cells.rows.count

5) ? range("1:1").Columns.Count

6) ? range("B:B").Rows.Count

CHAPTER 02

VBA(Visual Basic for Application)로 통계분석시스템 만들기 II 신봉섭 저

엑셀의 주요 개체와 VBA 기본 개념

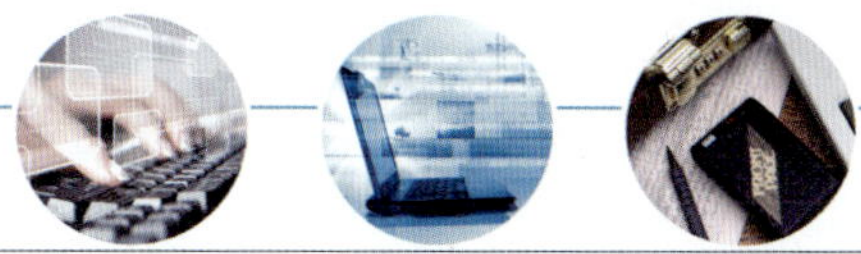

Visual Basic for Application

CHAPTER 02

엑셀의 주요 개체와 VBA 기본 개념

이번 장에서는 엑셀에서 VBA 프로그래밍을 하려면 반드시 이해해야 할 엑셀의 개체 모델과 주요 개체, 그리고 이들을 조작하는 VBA의 기본 개념들에 대해 다룬다. 1장에서 잠깐 언급했던 개체(object), 속성(property), 메서드(method) 등과 새로운 용어인 개체 모델, 컬렉션(Collection) 등에 대해 정리해보도록 하자.

2.1 엑셀의 개체 모델

엑셀의 대표적인 개체로는 Workbook(통합문서), Worksheet(워크시트), Range(셀의 범위), Chart(차트) 등이 있으며 이들 개체들 간에는 <그림 2-1>과 같이 계층적인 포함관계가 있다.

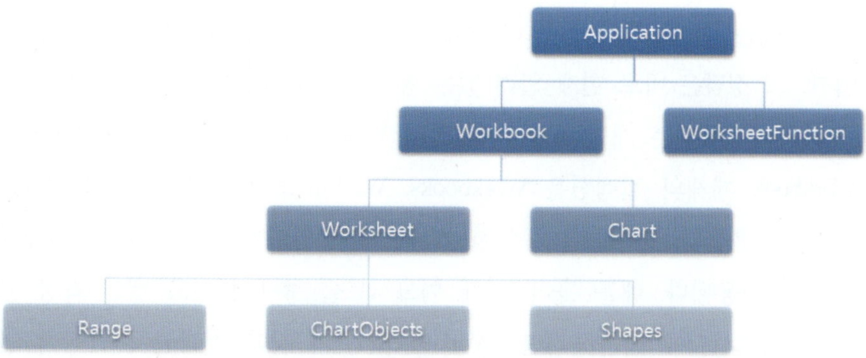

‖ 그림 2-1 ‖ 엑셀 개체들의 계층적 구조

|| 표 2-1 || 엑셀 개체 모델의 각 개체에 대한 설명

개체명	설 명
Application	엑셀 프로그램을 지칭하는 최상위 개체로 생략가능
Workbook	통합 문서 개체
WorksheetFunction	모든 워크시트 함수들을 다루는 개체
Worksheet	워크시트 개체
Chart	차트 개체
Range	하나의 셀이나 셀들로 구성된 범위를 다루는 개체
ChartObjects	워크시트에 삽입된 차트 개체를 다루는 개체
Shapes	도형 개체

이렇게 각 개체 간의 관계를 표시한 것을 '**개체 모델**'이라고 한다. 특히, Range 개체는 워크시트 안에 있는 셀이나 셀들의 영역을 말한다. 따라서 셀을 포함한 Range 개체는 Worksheet 개체에 속하고, 이 Worksheet 개체는 통합문서를 지칭하는 Workbook 개체에 속한다. Workbook 개체는 엑셀 프로그램을 의미하는 최상위 개체인 Application 개체에 속한다. <표 2-1>은 엑셀 개체 모델의 각 개체에 대해 간단히 설명한 것이다.

VBE의 '직접 실행' 창에 만약 다음과 같이 입력해보자. 어떤 결과가 나올지 예상이 되는가?

```
Range("A1:D10").Value="매크로"
```

이 명령의 의미는 워크시트의 "A1:D10" 영역에 "매크로"라는 문자열을 출력하라는 뜻이다. 그런데 이 명령에는 Range 개체만 있고 상위개체들에 대한 정보는 없다. 출력은 과연 어느 워크시트일까? 그 정답은 바로 현재 열려 있는 통합문서의 활성화된 워크시트일 것이다.

개체가 엑셀을 구성하는 개별 요소라면 **컬렉션(Collection)**이란 동일한 개체들의 모임을 말한다. Workbook 개체의 컬렉션은 Workbooks, Worksheet 개체의 컬렉션은 Worksheets와 같이 복수형을 사용한다. 컬렉션은 동일한 개체들의 모임이기 때문에 하위 개체에 접근하기 위한 용도로 사용된다. 예를 들어, 전체 워크시트들 중에서 시트 탭의 가장 왼쪽에 표시된 첫 번째 워크시트에 접근하려면 "Worksheets(1)"과 같이 컬렉션에 인덱스 번호를 이용한다. 또는 해당 워크시트의 이름을 직접 큰따옴표("")을 이용하여 전달해도 된다.

앞에서 언급했던 "A1:D10" 영역에 "매크로"라는 문자열을 출력하던 예를 컬렉션을 이용해서 자세히 기록한다면 다음과 같다.

```
    Workbooks("통합문서1.xlsx").Worksheets("Sheet1").Range("A1:D10").Value="매크로"
또는 간단히 인수를 사용하여
    Workbooks(1).Worksheets(1).Range("A1:D10").Value="매크로"
```

이와 같이 개체들이 담겨 있는 계층구조를 마침표(.)를 사용하여 마치 컨테이너(Container)에 담겨 있는 구조로 표현하면 하나의 문장으로 열려있는 다른 통합문서의 다른 워크시트의 셀에도 어떤 조작을 행할 수 있다. 만약 사용자가 엑셀을 직접 조작하는 경우라면 활성화 되지 않은 통합문서의 워크시트에 데이터를 입력할 수는 없을 것이다. 그러나 VBA의 컨테이너 개념을 이용한다면 이런 일이 가능하다.

2.2 엑셀 주요 개체의 속성과 메서드

엑셀을 이용하는 일반적인 절차를 엑셀의 개체 조작과 비교해서 설명하면 다음의 <표 2-2>와 같다. 즉, "엑셀로 작업을 한다."라는 것은 "통합문서, 워크시트, 셀 등의 엑셀의 구성요소를 조작한다."라는 것을 의미한다.

‖ 표 2-2 ‖ 엑셀 작업과 엑셀의 개체조작

엑셀 작업	개체의 조작
1. 통합문서(예를 들면, 통합 문서1.xlsx)를 연다.	1. Workbook 개체를 연다.
↓	↓
2. 워크시트(예를 들면, Sheet1)를 선택한다.	2. Worksheet 개체를 활성화한다.
↓	↓
3. 셀(예를 들면, A2)에 데이터를 입력한다.	3. Range 개체에 값을 전달한다.
↓	↓
4. 필요하면 워크시트를 추가한다.	4. Worksheet 개체를 추가한다.
…	…

VBA에서는 이 구성요소를 **개체(object)**라고 부르는데, 매크로(VBA에서 작성한 프로시저)란 결국 사용자를 대신해서 엑셀의 개체를 조작하도록 하는 것이며 VBA는 엑셀의 개체를 어떻게 조작하는지를 기술하기 위한 프로그래밍 언어라 볼 수 있다.

2.2.1 Workbook 개체의 주요 속성과 메서드

<표 2-3>과 <표 2-4>는 Workbook 개체의 많은 속성과 메서드 중에서 비교적 자주 이용되는 것들만을 골라서 정리한 것이다.

‖ 표 2-3 ‖ Workbook 개체의 주요 메서드

메서드	설 명
Activate	여러 개의 통합 문서 중에서 지정한 통합 문서 개체를 활성화
Add	새로운 통합 문서를 불러옴
Close	통합 문서를 닫음
Save	통합 문서를 저장
SaveAs	통합 문서를 다른 이름으로 저장

‖ 표 2-4 ‖ Workbook 개체의 주요 속성

속성	설 명
HasVBProject	통합 문서에 매크로가 포함되어 있는지 여부를 True, False로 반환
Name	통합 문서의 파일 확장자를 제외한 파일명을 반환
Password	통합 문서를 열기 위한 암호 값으로 읽거나 고칠 수 있음
Path	통합 문서의 경로를 반환
Saved	통합 문서의 저장 여부를 True, False로 반환

다음 [보기]들을 '직접 실행' 창에서 실행하면 결과를 바로 확인할 수 있다.

보기 2-1 Workbooks 컬렉션에 Add 메서드를 사용하여 새로운 통합문서를 하나 더 불러온다.

```
Workbooks.Add
```

보기 2-2 만약 여러 개의 통합문서가 열려 있는 경우에 제일 처음 열었던 통합문서를 화면에 나타나게(활성화) 하려면 Workbooks 컬렉션에 인수 1을 사용하고 Activate 메서드를 적용한다.

```
Workbooks(1).Activate
```

위의 문장은 Workbooks 컬렉션 중에서 인수 1을 사용하여 최초로 열린 통합문서(이는 개체에 해당)라는 특별한 개체를 지정한 것이다. 물론 워크북의 이름을 지정하여 "Workbooks("통합 문서1.xlsx").Activate"와 같이 사용할 수도 있다.

보기 2-3 현재 활성화된 통합문서의 파일명을 출력해보려면 다음과 같이 Name 속성을 사용한다. "?"는 "print"의 의미이다. 결과가 '직접 실행' 창에 바로 출력된다.

```
? ActiveWorkbook.Name
```

보기 2-4 Workbooks 컬렉션에 Close 메서드를 사용하여 열려 있는 모든 통합문서들을 닫는다.

```
Workbooks.Close
```

2.2.2 Worksheet 개체의 주요 속성과 메서드

<표 2-5>는 Worksheet 개체의 메서드 중에서 비교적 자주 이용되는 것들만을 골라서 정리한 것이다.

|| 표 2-5 || Worksheet 개체의 주요 메서드

메서드	설 명
Activate	여러 개 워크시트에서 지정한 워크시트를 활성화
Add	새 워크시트 추가
Copy	워크시트를 복사
Delete	워크시트를 삭제
Move	워크시트를 이동
Select	워크시트를 선택

보기 2-5 새로운 워크시트를 추가하려면 Worksheets 컬렉션에 Add 메서드를 적용하면 된다. 실행결과로 <그림 2-2>와 같이 새로운 워크시트 'sheet2'가 추가된다. 새로 추가된 워크시트는 시트 탭의 제일 왼편에 위치한다.

```
Worksheets.Add
```

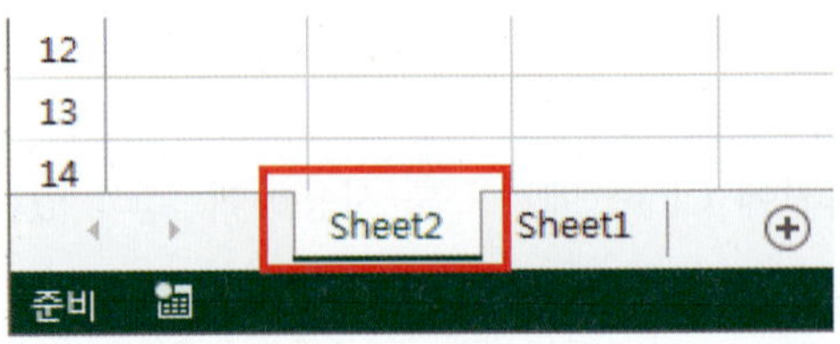

|| 그림 2-2 || 새로운 워크시트 'sheet2'가 추가된 시트 탭

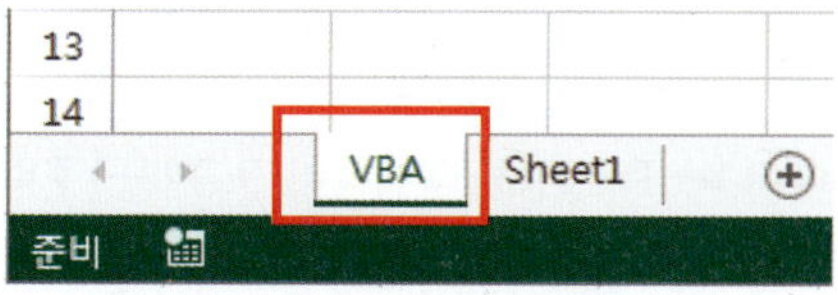

‖ 그림 2-3 ‖ 워크시트 'sheet2'의 이름이 'VBA'로 변경된 시트 탭

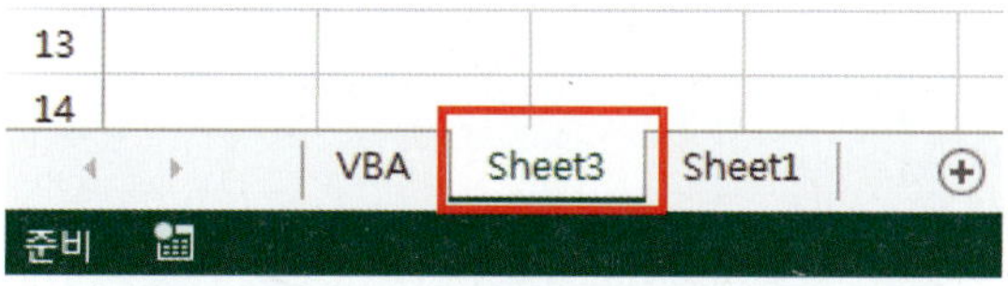

‖ 그림 2-4 ‖ 새로운 워크시트 'sheet2'가 추가된 시트 탭

보기 2-6 Name 속성을 이용하면 워크시트의 이름을 변경할 수도 있다. 시트 탭에 가장 왼편에 위치한 워크시트의 이름을 변경하는 다음 명령을 실행하면 <그림 2-3>의 결과를 얻을 수 있다.

```
Worksheets(1).Name="VBA"
```

보기 2-7 Add 메서드를 적용할 때 인수를 이용해서 그 위치를 자세하게 지시할 수도 있다. 다음 명령을 실행하면 <그림 2-4>와 같이 새로운 워크시트 'Sheet3'이 제일 왼편에 위치해 있던 'VBA' 다음(After:=)에 삽입되었다. Worksheets(1)은 제일 왼편에 위치한 워크시트를 나타낸다.

```
Worksheets.Add After:=Worksheets(1)
```

보기 2-8 Delete 메서드를 이용해서 워크시트를 삭제할 수 있다. 아래 명령은 시트 탭의 3번째에 위치한 워크시트를 삭제하라는 명령이다. 이 명령이 실행되면 <그림 2-5>와 같이 워크시트 삭제에 대한 안내 창이 나타나며, <삭제> 버튼을 누르면 <그림 2-4>의 시트 탭에서 3번째에 있던 'Sheet1'이 삭제되고 <그림 2-6>과 같은 결과를 보여준다.

```
Worksheets(3).Delete
```

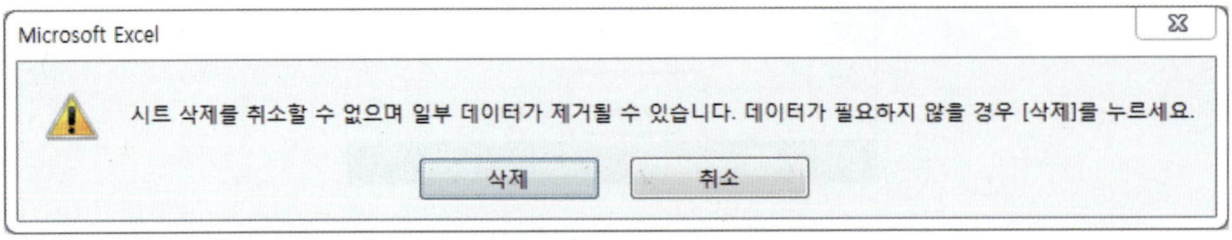

|| 그림 2-5 || 워크시트 삭제에 대한 안내 창

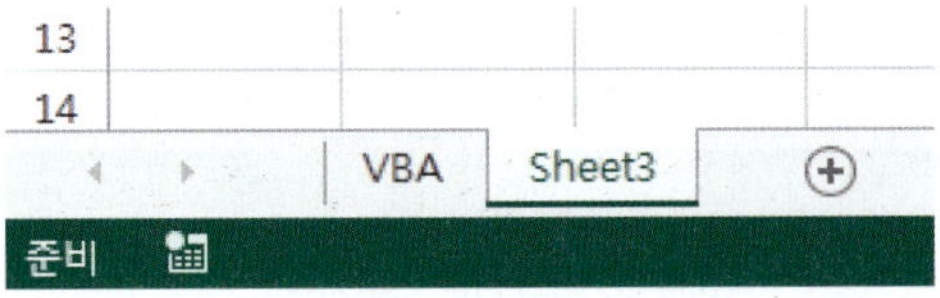

|| 그림 2-6 || 가장 오른쪽에 있던 워크시트가 삭제된 결과

2.2.3 Range 개체의 주요 메서드와 속성

셀(Cell)은 엑셀에서 가장 중요하게 다루어지는 개체이다. VBA에서 셀은 **Range 개체**를 이용해서 다룬다. 다음의 <표 2-6>은 Range 개체의 메서드 중에서 비교적 자주 이용되는 것들만을 골라서 정리한 것이다.

|| 표 2-6 || Range 개체의 주요 메서드

메서드	설 명
Activate	Range 개체를 활성화
AutoFill	'자동 채우기' 기능을 이용해 범위 내에 값을 채움
Clear	지정한 범위의 값, 수식, 서식을 모두 지움
ClearContents	지정한 범위의 값, 수식을 지움
ClearFormat	지정한 범위의 서식을 지움
Copy	지정한 범위를 클립보드로 복사
Cut	지정한 범위를 잘라냄
Delete	지정한 범위를 삭제
Insert	지정한 범위에 셀을 삽입
Select	지정한 범위를 선택
Sort	지정한 범위를 정렬

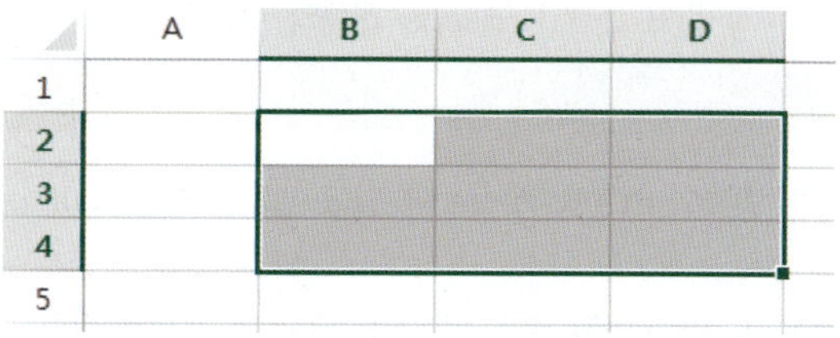

‖ 그림 2-7 ‖ 'Range("B2:D4").Select'의 실행 결과

실제 엑셀로 작업할 때 범위를 선택하는 것이 중요한 경우가 많기 때문에 **'Select'** 메서드를 이용한 다음 [보기]들을 '직접 실행' 창에서 직접 실행하여 바로 확인하는 과정을 거쳐 Range 개체를 이용한 다양한 범위 선택의 방법을 연습하기 바란다.

보기 2-9 단일 셀이나 연속한 셀 범위 선택하기

```
Range("A1").Select
Range("B2:D4").Select
```

위의 두 번째 명령은 <그림 2-7>과 같이 B2와 D4를 대각선으로 하는 사각형의 영역을 선택한다. range 개체의 인자인 셀 주소에 콜론(:)을 사용하면 왼쪽 상단과 오른쪽 하단을 대각선으로 하는 사각형 영역을 의미한다. 'Range("B2", "D4").Select'와 같이 콜론(:) 대신 쉼표(,)를 사용해도 결과는 동일하다. 콜론(:)은 'Range("B2:B4")'나 'Range("B2:D2")'와 같이 열이나 행의 일부만을 영역으로 선택할 때도 사용된다.

보기 2-10 단일 행/열 또는 복수의 행/열의 범위 선택하기

```
Range("1:1").Select            ' 1행  전체 선택
Range("A:A").Select            ' A열  전체 선택
Range("1:3").Select            ' 1행부터 3행까지 선택
Range("A:C").Select            ' A열부터 C열까지 선택
Range("1:3, 6:6").Select       ' 1행부터 3행까지, 6행 (총 4개 행 선택)
Range("A:C, F:F").Select       ' A열부터 C열까지, F열 (총 4개 열 선택)
```

‖ 표 2-7 ‖ Range 개체의 주요 속성

속성	설 명
Cells(m,n) 또는 Cells	지정한 범위의 m번째 행, n번째 열에 위치한 셀을 의미하는 Range 개체를 반환함
Columns(n) 또는 Columns	지정한 범위의 n번째 열을 의미하는 Range 개체를 반환함
Count	지정한 범위의 개수를 반환받거나 변경함
Formula	지정한 범위의 수식을 반환받거나 변경함
FormulaR1C1	지정한 범위의 수식을 반환받거나 변경함
Rows(m) 또는 Rows	지정한 범위의 m번째 행을 의미하는 Range 개체를 반환함
Value	지정한 셀의 값을 반환받거나 변경함

<표 2-7>은 Range 개체의 속성 중에서 비교적 자주 이용되는 것들만을 골라서 정리한 것이다. 특히, '**Cells**', '**Columns**', '**Rows**' 속성은 그 결과를 Range 개체를 반환함에 유의해야 한다. 이에 대해서는 몇 개의 [보기]를 통해서 이해하도록 하자.

1장에서 매크로 기록기를 이용한 예를 통해 잠깐 설명했던 '**FormulaR1C1**', '**Value**', '**Formula**'은 모두 셀에 수식이나 값을 전달할 때 사용하는 주요한 속성이므로 다음 절에서 조금 더 상세히 다루도록 하겠다.

'Cells' 속성은 Range 개체로 반환되는데 반환된 개체는 i 번째 행, j 번째 열에 위치한 셀을 지정하기 위해 '**Cells(i,j)**'와 같은 형식으로 이용된다. 본서의 뒷부분에서 변수를 사용한 반복 루프를 이용하는 프로그램에서 각 셀을 조회할 때 아주 요긴하게 사용되므로 다음 [보기]를 통해 잘 알아두자.

보기 2-11 단일 셀이나 연속한 셀 범위 선택하기

```
Cells(5,3).Select
Cells.Select
```

'Cells(5,3)'은 5행 3열에 위치한 셀, 즉 C3 셀을 의미한다. 두 번째 명령과 같이 괄호와 인수가 없이 **Cells**만 기록하면 워크시트의 셀 전체를 개체로 구한다.

보기 2-12 Rows, Columns, Count 속성의 사용 예

```
Range("A1").Value=Columns.Count
Range("A2").Value=Rows.Count

Range("A3")=Range("B2:D5").Columns.Count
Range("A4")=Range("B2:D5").Rows.Count
```

앞의 두 명령은 엑셀의 워크시트에 포함된 열과 행의 개수를 각각 A1과 A2셀에 기록하라는 명령이다. A1=16384, A2=1048576인 결과를 얻을 수 있을 것이다. 즉, 엑셀 2016의 경우 한 개의 워크시트에는 16384개의 열과 1048576개의 행을 사용할 수 있음을 확인할 수 있다.

뒤에 있는 두 개의 명령은 모두 Range 개체 다음에 'Value' 속성을 생략했다. 즉, 'Value' 속성은 디폴트로 적용되기 때문에 생략해도 무방하다. 영역 'B2:D5'는 3개의 열(B, C, D)과 4개의 행(2, 3, 4, 5)으로 구성되어 있으므로 A3 셀에는 3, A2 셀에는 4가 각각 출력된다.

2.2.4 Range 개체의 Formula와 FormulaR1C1 속성

1장에서 이미 살펴본 바와 같이 '매크로 기록기'에 의해 셀에 값을 입력하는 조작을 행하면 'FormulaR1C1'이라는 속성이 기록되는 것을 보았다. 그러나 단순히 값을 기록하는 경우는 Value 속성을 사용하거나 생략하면 된다.

셀에서 수식을 처리할 때 사용하는 **'Formula'** 속성과 **'FormulaR1C1'** 속성의 차이는 앞에서 이미 경험했듯이 셀의 주소를 [A1] 형식으로 쓰느냐, [R1C1] 형식으로 쓰느냐의 문제이다. [A1] 형식은 우리가 일반적으로 사용하는 주소형태로 열 머리글인 알파벳과 행 머리글인 숫자를 결합해서 사용하는 형식이고, [R1C1] 형식은 기준 셀에서 '하나 위' 또는 '2개 왼쪽'과 같이 상대적인 셀 참조를 사용하는 형식이다.

먼저 [A1] 형식을 사용하는 Formula 속성을 워크시트 함수에 사용하는 다음 [보기]를

살펴보자. 워크시트 함수를 포함한 수식의 입력은 등호(=)로 시작하는 것은 모두 잘 알고 있을 것이다.

보기 2-13 Formula 속성으로 수식 입력하기

```
Range("E2").Formula = "=SUM(B2:D2)"
Range("B12").Formula = "=AVERAGE(B2:B11)"
```

[R1C1] 형식에서 R은 행(Row)을, C는 열(Column)을 각각 나타낸다. 기준 셀로부터 오른쪽/왼쪽으로 이동했다는 것은 열의 이동을 뜻하며, 기준 셀로부터 위쪽/아래쪽으로 이동했다는 것은 행의 이동을 뜻한다.

열의 인자가 +값이면 오른쪽으로, -값이면 왼쪽으로의 이동을 나타낸다. 행의 인자가 +값이면 아래쪽으로, -값이면 위쪽으로의 이동을 나타낸다. 우리가 일반적으로 노트에 글을 써 내려가는 경우를 생각해보자. 오른쪽으로 이동하면서 글을 쓰다가 한 행을 다 채우면 다시 다음 행으로 이동해서 글을 쓰게 될 것이다. 이와 같이 글이 진행되는 방향의 인수값이 + 방향이라고 기억하자.

이제 이를 [R1C1] 형식에 적용해보자. 오른쪽으로 n만큼 이동한 셀은 'RC[n]', 왼쪽으로 n만큼 이동한 셀은 'RC[-n]'으로 나타낸다. 또 위쪽으로 n만큼 이동한 셀은 'R[-n]C', 아래쪽으로 n만큼 이동한 셀은 'R[n]C'으로 나타낸다.

<그림 2-8>에서와 같이 D4셀이 현재(기준) 셀이라면 이 셀은 RC로 표현된다. D4셀에서 2칸(행) 위에 있는 D2 셀은 R[-2]C, 2칸(열) 오른쪽에 있는 F4 셀은 RC[2]로 표현된다. 기준 셀에서 2칸(행) 위, 2칸(열) 오른쪽에 있는 F2 셀은 R[-2]C[2]로 표현된다.

	A	B	C	D	E	F
1						
2		R[-2]C[-2]		R[-2]C		R[-2]C[+2]
3						
4		RC[-2]		현재셀(RC)		RC[+2]
5						
6		R[+2]C[-2]		R[+2]C		R[+2]C[+2]
7						

‖ 그림 2-8 ‖ [R1C1] 형식에서 셀의 상대참조

보기 2-14 FormulaR1C1 속성으로 열에 수식 입력하기

```
Range("E2:E11").FormulaR1C1 = "=RC[-3]+RC[-2]+RC[-1]"
또는
Range("E2:E11").FormulaR1C1 = "=sum(RC[-3]:RC[-1])"
```

이 명령으로 아래 <그림 2-9>의 ①과 같이 E열에 구해진 10개의 합계를 모두 구할 수 있다. 예를 들어, E2셀에는 왼쪽으로 3칸 떨어진 셀(B2)부터 1칸 왼쪽에 있는 셀(D2)까지 3개를 더한다는 명령이다. 즉, 'E2=B2+C2+D2'가 적용되며 같은 방법으로, E3셀에는 'E3=B3+C3+D3', …, E11셀에는 'E11=B11+C11+D11'이 각각 적용된다.

[보기 2-14]와 같이 행에 수식을 적용하여 열에 값을 채우는 경우는 R은 그대로 두고 C에만 대괄호([ ])가 적용된다. 반면에 다음의 [보기 2-15]는 열에 수식을 적용하여 행에 값을 채우는 경우로 이때는 C는 그대로 두고 R에만 대괄호([ ])가 적용된다.

보기 2-15 FormulaR1C1 속성으로 행에 수식 입력하기

```
Range("B12").FormulaR1C1 = "=AVERAGE(R[-10]C:R[-1]C)"
Range("C12").FormulaR1C1 = "=AVERAGE(R[-10]C:R[-1]C)"
Range("D12").FormulaR1C1 = "=AVERAGE(R[-10]C:R[-1]C)"
또는 한 문장으로
Range("B12:D12").FormulaR1C1 = "=AVERAGE(R[-10]C:R[-1]C)"
```

	A	B	C	D	E	F
1		갑	을	병	합계 ①	
2		46.266	46.302	50.715	143.283	
3		61.176	52.826	52.270	166.272	
4		33.488	64.602	55.019	153.109	
5		41.074	62.086	37.757	140.917	
6		46.010	57.596	29.201	132.807	
7		46.399	52.556	40.907	139.862	
8		56.379	31.014	41.754	129.148	
9		43.126	57.657	53.239	154.022	
10		26.481	57.696	37.472	121.649	
11	②	51.566	46.480	50.484	148.530	
12	평균	45.196	52.882	44.882		

‖ 그림 2-9 ‖ FormulaR1C1 속성을 이용한 수식의 계산

이 명령으로 <그림 2-9>의 ②와 같이 12행에 3개의 평균들이 구해진다. B12 셀에는 위쪽으로 10칸 떨어진 셀(B2)부터 1칸 위쪽에 있는 셀(B11)까지 10개의 셀에 대한 평균을 구한다. 즉, 『Range("B12").Formula="=AVERAGE(B2:B11)"』 이 적용된 것과 동일하다. 위의 세 문장을 하나로 묶어서 마지막 문장과 같이 표현할 수도 있다.

<그림 2-9>와 같이 한 행의 영역이나 한 열의 영역에 수식의 값을 계산해서 출력하는 경우에는 [보기 2-14]나 [보기2-15]와 같이 'FormulaR1C1' 속성을 이용하는 것이 가장 단순한 코드로 문제를 해결할 수 있다.

2.2.5 Range 개체의 기타 구성원

Range 개체의 기타 구성원 중에서 범위 내의 글꼴을 의미하는 Font 개체, 셀 서식을 의미하는 Interior 개체는 비교적 자주 사용된다. 이들을 사용한 [보기 2-16]을 살펴보자.

보기 2-16 Font 개체와 Interior 개체

```
Range("B1:D1").Font.Name = "궁서"
Range("B1:D1").Font.Size = 12
Range("B1:D1").Font.Bold = True
Range("B1:D1").Font.Italic = True
Range("B1:D1").Font.ColorIndex = 3

Range("B1:D1").Interior.ColorIndex=8
```

위의 5개 명령은 Range 개체가 지정한 "B1:D1" 영역의 Font 개체에 다양한 속성들을 적용한 것이다. 글꼴의 종류는 궁서, 사이즈는 12포인트, 굵게 쓰기와 기울여 쓰기를 적용하고 글자색은 빨간색(ColorIndex=3)이 적용되었다. 마지막 문장은 Range 개체가 지정한 "B1:D1" 영역의 셀 내부를 하늘색(ColorIndex=8)으로 지정하는 명령이다.

2.3 프로시저(Procedure)

'매크로 기록기'에 의해 만들어진 매크로가 바로 VBA의 Sub 프로시저임은 이미 설명하였다. Sub 프로시저는 사용자가 처리할 명령들을 묶어서 일괄로 처리하기 위한 것이다. 우리가 앞의 예제들에서 '직접 실행' 창에 입력했던 명령들을 차례로 입력하여 Sub 프로시저로 만들고, 이를 실행한다면 입력된 순서대로 명령들이 동작할 것이다. VBA에서 Sub 프로시저는 프로그램의 최소 단위이며 프로그램에는 최소한 한 개의 Sub 프로시저는 있어야 한다.

VBA에는 **'Sub 프로시저'**와 **'Function 프로시저'**라는 두 가지 형태의 프로시저가 있다. 두 프로시저의 가장 큰 차이는 Sub 프로시저는 일련의 절차들을 모아서 수행한다면, Function 프로시저는 일련의 절차를 수행하는 것 이외에 계산된 결과(리턴 값)를 되돌려 받을 수 있다는 점이다. Function 프로시저를 이용해 사용자가 새로운 함수를 제작하면 엑셀의 워크시트 함수처럼 워크시트나 VBA 프로그램에서 이를 사용할 수도 있다.

Sub 프로시저도 기능에 따라 일반 프로시저와 **이벤트(event) 프로시저**로 나눌 수 있다. 이벤트 프로시저란 개체에 특정한 이벤트(사용자나 시스템이 어느 특정한 조작을 할 경우에 자동으로 개체가 그것을 인식하도록 하는 것)가 발생했을 때 동작하는 Sub 프로시저이다. 예를 들어, 사용자가 마우스를 클릭(Click 이벤트)하거나 어떤 워크북이 활성화(Activate 이벤트)될 때 동작하는 프로시저는 이벤트 프로시저에 해당한다.

2.3.1 Sub 프로시저

Sub 프로시저는 다음과 같이 'Sub 프로시저이름( )'으로 시작하여 'End Sub'로 끝나며 그 사이에 처리 내용을 VBA 명령어로 코딩한다. VBE를 이용할 경우 'Sub 프로시저이름'만 입력하면 이름 뒤의 ( )와 'End Sub'는 VBE가 자동으로 입력해준다.

```
Sub 프로시저이름(인수리스트 )
    …
    처리내용(VBA 문장들)
    …
End Sub
```

Sub 프로시저나 Function 프로시저의 이름은 다음과 같은 규칙을 따라야 한다.

1. 첫 글자는 반드시 문자로(한글 또는 영문) 시작해야 한다.
2. 이름의 중간에 공백을 포함할 수 없다.
3. 마침표, 느낌표, @, #, $, & 등의 특수문자는 사용할 수 없다.
4. 이름의 길이는 최대 영문자 기준으로 255자이다. 한글은 영문자 2개에 해당한다.
5. 이름 다음의 괄호 안에는 인수를 넣을 수 있다. 만약 인수가 없더라도 반드시 빈 괄호 ( )는 있어야 한다.

보기 2-17 [보기 2-16]을 Sub 프로시저로 작성한 예

```
Sub ex_font( )
    With Range("B1:D1").Font
        .Name = "굴림"
        .Size = 15
        .Bold = True
        .Italic = True
        .ColorIndex = 3
    End With
End Sub
```

[보기 2-16]의 모든 명령에 중복된 'Range("B1:D1").Font'를 'With'문으로 기술하여 코드의 반복을 피하고 나머지 코드만을 'End With' 사이에 적는다.

2.3.2 Function 프로시저

Function 프로시저는 함수를 정의하는 문장으로 다음과 같이 'Function 함수이름(인수1, 인수2, …)'으로 시작하여 'End Function'으로 끝을 맺는다. 함수는 특정한 작업을 수행하는 문장들의 모임으로 인수를 통해 필요한 데이터를 전달받아 작업이 완료된 후 작업의 결과를 반환(리턴)한다. 이렇게 작업(연산)의 결과를 반환하는 점이 Sub 프로시저와 차별되는 점이며, 따라서 Function 프로시저의 몸체에는 함수의 리턴 값을 정의하는 문장이 반드시 있어야 한다. 리턴 값은 해당 함수의 이름에 대입되어 반환되기 때문에 Function 프로시저의 제일 마지막 문장에는 반드시 '함수이름 = 리턴 값'이라는 문장이 필요하다. Function 문을 이용해서 함수를 작성하는 것을 **'함수를 정의'**한다고 하며 정의된 함수를 이용하는 것을 **'함수를 호출(call)'**한다고 말한다.

```
Function 함수이름(인수1, 인수2, … )
      실행문들(VBA 문장들)
        …
      함수이름 = 리턴 값
End Function
```

Function 프로시저는 모듈 시트에 작성해야 하는데, 이렇게 작성된 Function 프로시저는 엑셀의 함수마법사에서도 이용할 수가 있다. 이는 다음의 [예 2-1]을 참고하라.

예 2-1

두 수 a, b의 조화평균인 $2ab/(a+b)$의 값을 계산하는'조화평균'이라는 이름의 함수를 Function 프로시저로 작성해보자. 다음 순서에 따라 여러분들도 함께 실습해보도록 하자.

① 먼저 VBE 메뉴에서 [삽입]-[모듈]을 선택해 모듈을 삽입한다.

② 삽입된 'Module1'의 코드 창에 'Function 조화평균'을 입력하고 Enter↵를 누르면 <그림 2-10>과 같이 'End Function'이란 문장이 자동으로 기록된다. 이는 VBE가 적절한 구문을 해석해서 필요한 부분을 자동으로 작성해주기 때문이다. 함수 이름

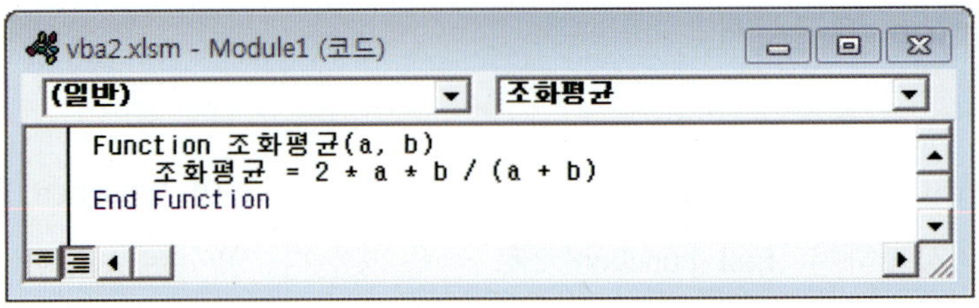

‖ 그림 2-10 ‖ VBE의 모듈 코드 창에 코딩하기

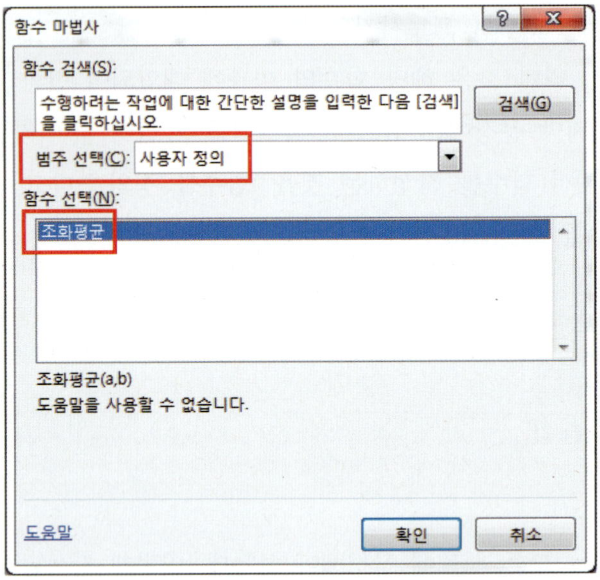

‖ 그림 2-11 ‖ "함수 마법사" 대화상자의 사용자 정의함수

다음에 있는 ( )속에 인수리스트를 적고, 함수의 몸체를 완성한다. 코드 창에 기록된 'Function'이나 'End Function'은 파란색으로 표시된다. 이처럼 VBA에서 사용하는 예약어(키워드)는 코드 창에 파란색으로 표시된다.

③ 이제 엑셀 화면으로 이동해서 [수식] 탭의 [함수 삽입] 명령아이콘을 누르면 <그림 2-11>의 "함수 마법사" 대화상자가 나타난다. '범주 선택'에서 '사용자 정의'를 선택하면 '함수 선택'의 목록에 방금 작성한 조화평균 함수가 표시된 걸 확인할 수 있다.

④ <그림 2-11>의 '함수 선택' 리스트에서 '조화평균'을 선택하고 <확인> 버튼을 누르면

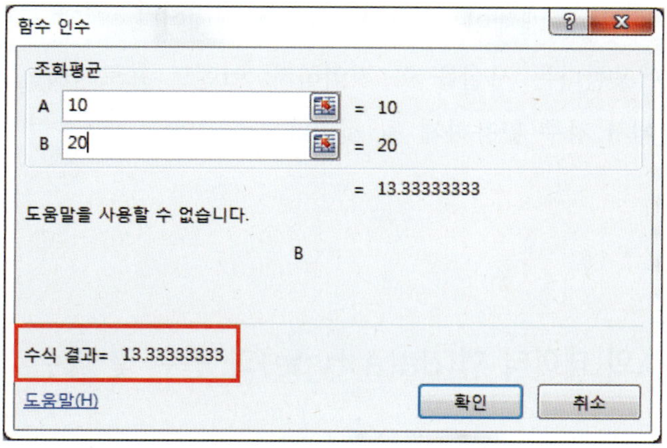

‖ 그림 2-12 ‖ 조화평균 함수의 "함수 인수" 대화상자

<그림 2-12>와 같이 "함수 인수" 대화상자가 나타난다. 이제 엑셀의 다른 워크시트 함수를 사용할 때와 동일한 방법으로 우리가 정의한 '조화평균' 함수를 사용할 수 있다.

2.3.3 이벤트 프로시저

이벤트 프로시저란 개체에 특정한 이벤트(예를 들어, Click 또는 Activate 등)가 발생했을 때 동작하는 Sub 프로시저이다. 이 프로시저는 이벤트가 발생하면 자동으로 호출된다. 개체에 따라 사용이 가능한 이벤트의 종류도 다르다. 이벤트 프로시저도 Sub 문을 이용하여 다음과 같이 작성한다.

```
Sub 개체이름_이벤트종류( )
      …
     처리내용(VBA 문장들)
      …
End Sub
```

Sub 프로시저의 이름이 '개체이름_이벤트종류'의 형태이다. 개체이름과 이벤트종류 사이에는 밑줄(_)을 이용한다는 사실을 꼭 기억하자. 이벤트 프로시저는 사용자 정의 폼을 이용하는 프로그램에서 자주 활용하게 될 것이다.

2.4 VBA의 데이터 형(data type)과 변수 및 상수

2.4.1 VBA의 데이터 형

데이터 형(data type)이란 데이터가 정수인지 실수인지, 문자인지 등을 지정하는 것으로 데이터 형에 따라 나타낼 수 있는 값의 종류가 달라진다. VBA에는 다음 <표 2-8>과 같은 데이터 형들이 존재한다.

‖ 표 2-8 ‖ VBA에서 사용하는 데이터 형

데이터 형		크기(Byte)	범위 또는 특징
Boolean	논리	2	True, False 중 어느 하나
Integer	정수	2	-32768 ~ 32767
Long	정수	4	약 -21억 ~ 21억 사이의 큰 정수
Single	단정도 실수	4	수치 정밀도는 7자리
Double	배정도 실수	8	수치 정밀도는 15자리 소수점이 있으면 디폴트로 Double이 적용됨.
Currency	화폐	8	약 -900조 ~ 900조 수치 정밀도는 19자리
String	문자열	1자당 1	약 65500바이트까지 가능
Variant	가변	가변적	가변적. 문자열도 표현 가능
Object	개체	4	개체를 처리할 때 사용

VBA에서는 변수나 상수의 데이터 형(data type)을 별도로 지정해 주지 않고 그냥 막 사용하여도 사실 아무런 문제가 없다. 그 이유는 **Variant형(가변 형)**이라는 고유의 데이터 형을 사용하기 때문이다. 이 Variant형은 상황에 따라 가변적으로 데이터 형이 변하기 때문에 사용자가 특별히 데이터 형을 지정해 주지 않아도 VBA가 알아서 적당한 데이터 형으로 전환해 사용한다.

VBA 내장함수인 'VarType(변수)'는 변수의 현재 데이터 형을 값으로 구해주며, 이때 데이터 형에 따라 반환되는 값은 <표 2-9>와 같다. 'TypeName(변수)' 함수는 인자인 변수의 데이터 형을 문자열로 출력해준다.

‖ 표 2-9 ‖ 'VarType(변수)' 함수가 반환하는 값과 데이터 형

반환 값	데이터 형	변수 유형(또는 상태)
0	(Empty)	변수 값이 초기화되지 않은 상태
1	(Null)	변수 값이 유효하지 않은 상태(Null 자료값 상태)
2	Integer	2바이트 정수
3	Long	4바이트 정수
4	Single	4바이트 실수
5	Double	8바이트 실수
6	Currency	화폐 형
7	(Date)	날짜(Now, DateValue 등의 함수로 값을 할당)
8	String	문자열

다음의 [예 2-2]는 VBA에서 Variant형이 어떻게 사용되는지를 잘 보여주고 있는 예이다. 특별히 데이터 형을 선언하지 않은 변수에 값을 대입하면 대입된 값에 따라 변수의 데이터 형이 가변적으로 바뀌게 된다. 바뀐 데이터 형을 'VarType' 함수와 'TypeName' 함수를 이용해서 알아보는 예이다.

예 2-2

동일한 변수 v에 어떤 값이 대입되는지에 따라 'VarType'과 'TypeName' 함수의 값이 어떻게 달라지는지를 알아보자. <표 2-10>의 프로시저를 실행하면 워크시트에서 결과를 확인하면 <그림 2-13>과 같다.

‖ 표 2-10 ‖ [예 2-2] 프로시저의 코드 내용

```
Sub ex2_2()
    v = 32767:  Range("A2").Value = v     '1)
        Range("B2").Value = VarType(v)
        Range("C2").Value = TypeName(v)
    v = 32768:  Range("A3").Value = v     '2)
        Range("B3").Value = VarType(v)
        Range("C3").Value = TypeName(v)
    v = 3.14:   Range("A4").Value = v     '3)
        Range("B4").Value = VarType(v)
        Range("C4").Value = TypeName(v)
    v = "EXCEL": Range("A5").Value = v    '4)
        Range("B5").Value = VarType(v)
        Range("C5").Value = TypeName(v)
End Sub
```

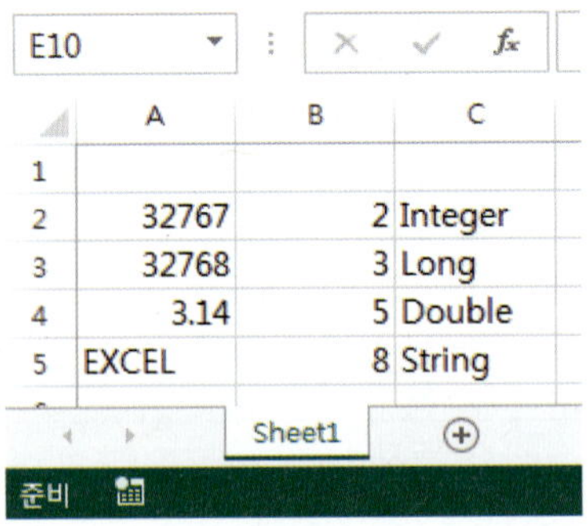

‖ 그림 2-13 ‖ 프로시저가 실행된 후의 워크시트

<표 2-10>의 코드를 보면 Variant형인 변수 v에 32767, 32768, 3.14, "EXCEL"을 각각 대입한 후 변수 v에 입력된 값은 A열에, VarType과 TypeName함수의 결과 값은 각각 B열과 C열의 각 셀에 출력한 예이다. <그림 2-13>의 결과로부터 동일한 변수 v가 사용 시점(입력된 값)에 따라 자동으로 Integer형, Long형, Double형, String 형 등으로 데이터 형이 바뀜을 알 수 있다. 특히, Integer 형은 32767까지의 정수만 수용이 되며 이를 초과한 정수는 Long 형이 됨을 알 수 있다. 또한 소수점이 포함된 '3.14'는 배정도 실수인 Double형이 됨을 잘 기억해두기 바란다.

2.4.2 변수(Variables)의 선언

변수(Variables)란 취득한 속성의 값이나 계산 결과 등을 저장해두기 위한 메모리 영역을 의미한다. 변수의 이름은 프로그래머가 마음대로 지을 수 있지만 몇 가지 규칙을 지켜야만 한다. 변수의 이름은 식별자(identifier)의 일종이다. '김철수', '이영희' 등과 같은 이름이 사람을 서로 구분(식별)하듯이 식별자는 변수와 변수들을 식별한다. 다음은 식별자가 지켜야 할 규칙들이다.

1) 첫 글자는 반드시 문자로(한글 또는 영문) 시작해야 한다.
2) 이름의 중간에 공백을 포함할 수 없다.
3) 마침표, 느낌표, @, #, $, & 등의 특수문자는 사용할 수 없다.
4) 이름의 길이는 최대 영문자 기준으로 255자이다. 한글 1개 문자는 영문자 2개에 해당한다.
5) 프로시저의 이름이나 VBA에서 사용하는 키워드는 사용하지 못한다.

변수의 이름을 지을 때는 변수의 역할이나 어떤 값을 저장하기 위한 변수인지를 연상할 수 있는 이름을 가장 잘 설명하는 이름을 붙이면 좋다. 좋은 변수 이름은 전체 프로그램을 읽기 쉽게 만든다.

만약 변수에 값을 대입해주지 않고 사용하면 변수의 값은 **Null**이 되는데 이 Null 값은 다음과 같이 처리된다.

▷ 수치 변수에서는 0이 사용된다.
▷ 문자열 변수에서는 길이가 0인 공란의 문자열.

변수는 **Dim 문**을 사용하여 명시적으로 선언하며, 다음과 같이 변수의 자료형도 함께 정의할 수 있다.

```
Dim 변수이름 As 데이터 형
```

보기 2-17 변수의 선언 예들

①
```
Dim intN As  Integer, strA As String
```

변수 intN은 Integer형, 변수 strA는 String형으로 각각 선언한다. 변수 intN은 Integer형이므로 -32768~32767 사이의 정수만 표현할 수 있고, strA는 문자열만 표현할 수 있다.

②
```
Dim a, b, c
```

변수 a, b, c를 Variant형으로 선언한다. 변수 a, b, c에는 정수, 실수, 문자열 등 모든 데이터 형이 가능하며, 값이 사용될 때 적절한 데이터 형으로 변환된다.

③
```
Dim a, b, c As Single
```

변수 a와 b는 Variant형으로, 변수 c는 Single형으로 선언된다. 이렇게 Dim 다음에 여러 개의 변수들이 나열되는 경우 As에서 가장 가까운 마지막 변수(여기에서는 c)만 As 다음에 지정한 데이터 형(여기에선 Single)이 되며, 나머지 모든 변수들은 디폴트 형인 Variant형으로 선언된다. Single형인 변수 c는 수치의 유효자릿수는 최대 7자리임을 잊지 말자.

[예 2-2]에서처럼 VBA에서는 변수를 미리 선언하지 않았지만 필요할 때 그냥 대입해 사용하면 된다. 또 변수의 데이터 형에 신경 쓰지 않아도 Variant형을 이용해 적절한 데이터 형이 이용되니 사용자에겐 참으로 편리하게 느껴진다. 그러나 VBA의 이런 장점이 시스템 측면에선 비효율적일 수 있다. 예를 들어, Integer 형인 변수를 미리 선언하면 시스템은 이 변수를 위해 메모리에 2바이트 공간을 미리 확보하면 된다. 그러나 데이터 형이 정해지지 않은 Variant형을 이용하는 경우에는 이 자리에 어떤 데이터 형이 올지 알 수 없으므로(예를 들어, Long이나 Double 형이 올 수도 있으므로) 더 많은 바이트의 공간을 확보하고 있어야 한다. 따라서 메모리를 효과적으로 관리할 수가 없다.

일반적으로 C나 JAVA와 같은 언어에서는 사용하는 모든 변수는 데이터 형과 함께 반드시 미리 선언되어야하며, 그렇지 않으면 오류가 발생한다. 만약 VBA에서도 이들 프로

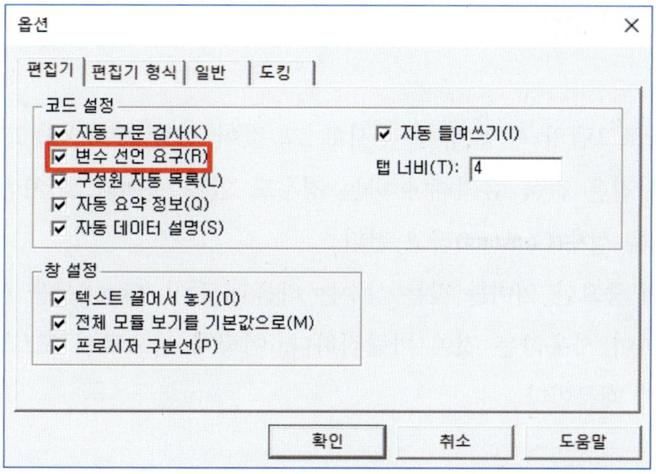

‖ **그림 2-14** ‖ VBE의 "옵션" 대화상자

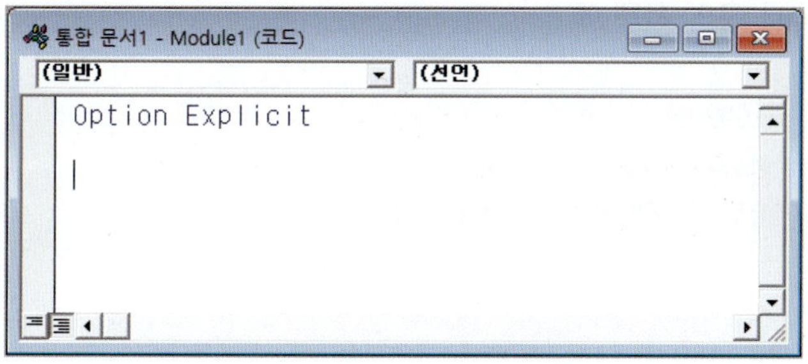

‖ **그림 2-15** ‖ 모듈의 코드 창에 자동으로 기록된 'Option Explicit'

그래밍언어처럼 선언한 변수만을 사용하게 하려면 '**Option Explicit**'라는 문장을 프로그램의 제일 상단에 입력하면 된다. 이 문장이 있으면 선언하지 않은 변수를 사용하려고 할 때 컴파일 오류를 발생하게 된다. 매번 변수를 선언하고 사용한다는 것이 다소 복잡하고 불편하게 느껴질 수도 있으나, 고급 프로그래머가 되려면 처음부터 이러한 습관을 가지는 것이 바람직하다.

VBE의 메뉴표시줄에서 [도구]-[옵션]을 선택해 나타나는 "옵션" 대화상자에서 <그림 2-14>처럼 [편집기] 탭의 '코드설정' 두 번째에 위치한 '변수 선언 요구' 항목을 체크해두면 <그림 2-15>와 같이 새로운 모듈을 추가할 때마다 코드 창의 상단에 'Option Explicit'가 자동으로 기록된다.

2.4.3 상수(Constant)

변수의 값은 프로그램의 수행 중에 수시로 그 값이 변할 수 있다. 그러나 프로그램의 수행 중에 언제나 같은 값을 유지해야 하는 경우도 있을 것이다. 이처럼 항상 같은 값을 가지고 있는 자료를 **상수(Constant)**라고 한다.

프로그램 중에서 중요한 의미를 갖는 상수는 다음과 같이 '**Const**'문을 사용해 프로그램의 처음부분에 정의하여 사용하는 것이 바람직하다. 이렇게 함으로써 프로그램이 읽기 쉽고 수정이 용이해지기 때문이다.

```
Const 상수이름 = 상수로 사용할 값 AS 데이터 형
```

보기 2-19 Const 문의 사용 예

```
Const PI = 3.141592
Const Dept = "정보통계학과"
Const Res5 = "유의수준 5%에서 귀무가설을 기각한다."
```

2.5 연산자(Operator)

연산자(Operator)란 연산을 수행하여 값을 구하는 것으로 VBA의 연산자에는 <표 2-11>과 같이 세 가지가 있다. 이들 연산자의 우선순위는 '산술연산자>비교연산자>논리연산자'와 같다. 즉, 이들 연산자가 섞여 있을 때 산술연산자가 제일 우선하며, 다음에는 비교연산자, 그 다음에는 논리연산자 순으로 연산이 이루어진다.

∥ 표 2-11 ∥ VBA의 연산자 종류

연산자의 종류	구 성
산술 연산자	+, −, *, /, ^, Mod, &, ₩
비교 연산자	=, <>, >, >=, <, <=, …
논리 연산자	And, Or, Not, Xor,

2.5.1 산술연산자

산술연산자에는 <표 2-12>와 같은 종류들이 있으며, 이들 중에 '^', '\', 'MOD', '&' 등에 대해 설명하도록 하겠다.

∥ 표 2-12 ∥ 산술연산자의 여러 종류들

연산자	기능	사용 예	우선순위	비고
^	거듭제곱	2^3 → 8	1	
-	음수기호	-3	2	
*	곱셈	2*3 → 6	3	
/	나눗셈	2/3 → 0.6666...	3	
₩(\)	정수 나눗셈	7₩2 → 3	4	7/2 의 정수의 몫
Mod	나머지 연산	7 Mod 2 → 1	5	7/2의 나머지
+ -	덧셈, 뺄셈	2+3-4 → 1	6	같은 연산순위에선 왼쪽부터 오른쪽으로
&	문자열결합	12 & 3 → "123"	7	글자 자체를 결합

1) ^ 연산자 : 거듭제곱

'^'은 거듭제곱을 계산하는 연산자이다. '3^2'는 $3^2 = 9$을 의미한다.

2) ₩와 Mod : 몫과 나머지

'₩(\)'는 나눗셈의 결과 중에서 정수인 몫만을 구한다. 예를 들어, 7/2는 몫이 3이고 나머지가 1이므로 '7₩2'는 정수 몫인 3을 구한다. '\'는 한글 키보드에서 '₩'로 표시되기도 한다.

'Mod'는 나눗셈의 결과 중 나머지만을 구한다. '7 Mod 2'는 7/2의 나머지인 1을 구한다. 예를 들어, '33.7 Mod 11.1'과 같이 연산 대상 수치가 Double형인 경우에는 정수로 반올림되어 '34 Mod 11'로 처리된다.

3) & 연산자 : 문자열 결합(연결)

'&'는 좌우에 있는 값을 문자열 형태로 결합한다. 문자열과 수치의 결합도 가능하며, 이때 수치는 문자열로 간주되어 결합된다.

4) 연산자 우선순위

복잡한 연산식을 사용할 때에는 연산자 우선순위에 유의해야 하는데, 다음과 같은 규칙에 따른다.

① ^ → *, / → ₩ → Mod → +, - → &

② 우선순위가 동일한 연산자(*와 /, +와 -)는 왼쪽의 것이 먼저 처리된다.

③ ( )안의 것은 항상 먼저 처리된다.

연산자 우선순위에 자신이 없을 때에는 먼저 계산해야 할 부분을 ( )로 둘러 싸주는 것이 안전하다.

2.5.2 비교연산자(Comparison Operator)

비교연산자에는 <표 2-13>과 같은 종류들이 있으며, 이들 연산자들의 결과 값은 항상 참(True) 또는 거짓(False)으로 표시된다.

‖ 표 2-13 ‖ 비교연산자의 여러 종류들

연산자	기 능
=, 〈〉	같은가 다른가(≠)를 비교
〉, 〉=, 〈, 〈=	대소 관계를 비교

비교 관계가 참(성립하면)이면 True를, 거짓(성립하지 않으면)이면 False를 구한다. 대부분의 비교연산자는 그 의미를 쉽게 알 수 있을 것이다. 부등호가 서로 등지고 있는 '<>'는 같지 않음(≠)을 나타낸다.

보기 2-20 비교연산자의 사용 예

1 = 3 : 성립하지 않으므로 이 연산식의 값은 False
1〈〉3 : 성립하므로 이 연산식의 값은 True

2.5.3 논리 연산자(Logical Operator)

VBA에서 사용하는 **논리연산자**에는 더 많은 것들이 있으나 자주 사용되는 몇 가지만 정리하면 <표 2-14>에 정리하였다.

'Not' 연산자의 기능은 아주 단순하지만 VBA 프로그래밍에서는 중요하게 사용된다. 워크시트에서의 작업을 프로그래밍 할 때 '값이 True/False인 속성의 값을 반전'시키는 역할을 주로 담당하게 된다. 다음의 예에서 이러한 부분이 활용된다.

‖ 표 2-14 ‖ VBA에서 자주 사용하는 논리연산자

연산자	구하는 값	우선순위
Not	오른쪽이 거짓이면 참(True), 참이면 거짓(False)	1
And	오른쪽과 왼쪽이 모두 참일 때에만 참(True)	2
Or	오른쪽과 왼쪽 중 하나라도 참이면 참(True)	3

예 2-3

프로시저를 실행할 때마다 워크시트의 셀 구분선, 머리글을 숨기거나 나타나게 하며 글꼴의 속성도 바꾸는 프로그램이다. <그림 2-16>과 같은 상태에서 <표 2-15>의 프로시저를 실행하면 <그림 2-17>의 결과를 얻을 수 있다. 이 상태에서 다시 프로시저를 실행하면 <그림 2-16>의 상태로 환원된다. 프로시저를 실행할 때마다 이러한 결과가 반복적으로 나타날 것이다.

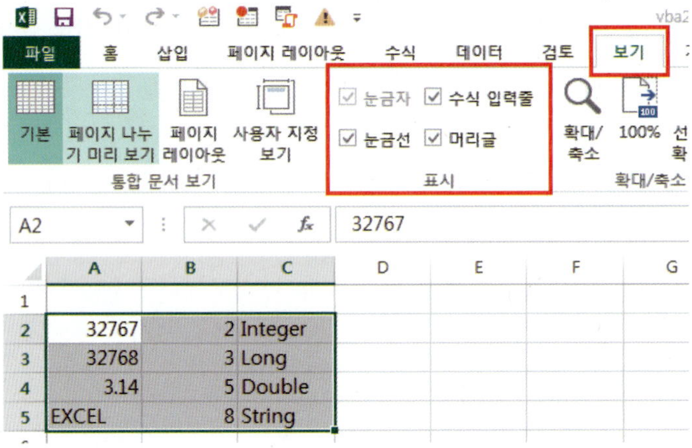

‖ 그림 2-16 ‖ 프로시저의 실행되기 전의 워크시트 모습

‖ 표 2-15 ‖ 실행할 프로시저의 코드보기

```
Sub ex2_3()
    Range("A2:C5").Select
    With Selection.Font
        .Bold = Not .Bold
        .Italic = Not .Italic
    End With

    With ActiveWindow
        .DisplayGridlines = Not .DisplayGridlines
        .DisplayHeadings = Not .DisplayHeadings
    End With
End Sub
```

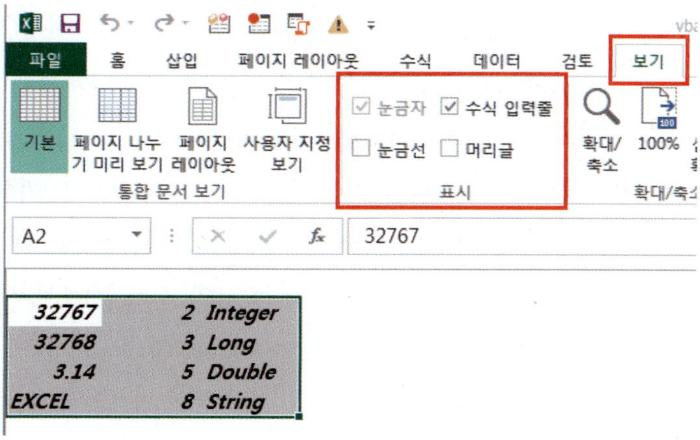

‖ 그림 2-17 ‖ 프로시저가 실행된 후의 워크시트 모습

<표 2-15>의 코드 중에 포함된 프로그램을 단락으로 나누어 자세히 소개하면 다음과 같다.

① 03 - 06 라인 :

공통부분인 'Selection.Font'는 02 라인에서 선택한 "A2:C5"영역의 글꼴을 의미한다. 이 문장의 반복을 피하기 위해 **'With'** 문을 사용하였다. 즉, 04 라인을 제대로 다 기록하면 'Selection.Font.Bold = Not Selection.Font.Bold'이고 05 라인을 제대로 다 기록하면 'Selection.Font.Italic = Not Selection.Font.Italic'이 된다.

Bold는 글자를 굵게 표기하는 속성으로 이 값이 True이면 굵게, False이면 보통으로 표기한다. Bold 속성의 최초 값은 False이므로 프로시저를 처음 실행시켰을 때에는 '.Bold = Not False'이 적용되어 Bold 속성의 값은 True로 바뀐다. 즉, 글꼴을 굵게 표시한다. 이 명령을 다시 실행된다면 '.Bold = Not True'가 적용되어 Bold 속성의 값은 False가 된다. 즉, 글꼴을 보통문자로 표시하게 된다. 이와 같이 '속성 = Not 속성'과 같은 형태의 문장에 의해 실행할 때마다 속성의 값이 True와 False를 반복하게 된다. Bold 속성에 적용하면 굵은 글꼴과 보통 글꼴이 반복되어 나타나고, **Italic** 속성에 적용하면 기울임 글꼴과 보통 글꼴이 반복되어 나타난다.

② 08 - 11 라인 :

현재 활성화 된 창 **'ActiveWindow'**의 반복을 피해 'With' 문을 사용했다. 셀을 나누는 **눈금선** 표시여부를 설정하는 속성은 **'DisplayGridlines'**이고 행과 열의 **머리글** 표시여부를 설정하는 속성은 **'DisplayHeadings'**이다. 이런 속성들은 매크로 기록기를 이용해서 찾을 수 있다. 매크로 기록기를 동작시키고 <그림 2-16>이나 <그림 2-17>의 화면에 표시된 리본메뉴의 '보기' 탭에서 '눈금선'이나 '머리글'의 선택(√)해보자. 매크로 기록기를 종료한 후 모듈 창에 기록된 코드를 살펴보면 'DisplayGridlines'이나 'DisplayHeadings'를 발견할 수 있을 것이다. 여기에서도 '속성 = Not 속성'과 같은 형태의 문장에 의해 실행할 때마다 해당 속성의 값이 True와 False를 반복하게 된다. 즉, 실행할 때마다 눈금선과 머리글이 사라졌다가 다시 나타나기를 반복하게 된다.

연 . 습 . 문 . 제

1. 개체(object)와 컬렉션(collection)에 대해 예를 들어 설명하라.

2. 다음 명령문에 의해 실행될 결과를 유추해서 답하라.

```
mySheetName=Worksheets(1).Name
Workbooks(1).Worksheets(1).Range("A1").Value=mySheetName
```

3. Formula 속성과 FormulaR1C1 속성의 차이점은 무엇인가?

4. 다음 조건을 만족하는 프로시저를 매크로 기록기를 이용하여 작성해보고, 수정이 가능한 부분은 최대한 간단하게 수정해보라. (아래 그림을 참고하라)

   1) 워크시트의 A열에는 10개의 수 10, 20, ⋯, 100을 자동채우기를 이용해 수록하라.
   2) C열에는 밑이 10인 상용로그 값($\log 10$, $\log 20$, ..., $\log 100$)을 수록하라.
   3) E열에는 A열에 입력된 값에서 2개를 택하는 조합의 수($\binom{10}{2}$, $\binom{20}{2}$, $\cdots$, $\binom{100}{2}$)를 수록하라.

	A	B	C	D	E
1	10		1		45
2	20		1.30103		190
3	30		1.477121		435
4	40		1.60206		780
5	50		1.69897		1225
6	60		1.778151		1770
7	70		1.845098		2415
8	80		1.90309		3160
9	90		1.954243		4005
10	100		2		4950
11					

참고 상용로그의 값과 조합의 수는 각각 워크시트함수 'LOG10'과 'COMBIN'을 이용하며, 이들은 모두 함수마법사에서 '수학/삼각'의 범주에 있다.

5. Sub 프로시저와 Function 프로시저의 가장 큰 차이점은 무엇인가?

6. 다음의 값을 계산하는 사용자 정의함수를 각각 작성하라.

1) 두 수 a, b의 산술평균 $\frac{a+b}{2}$

2) 두 수 a, b의 기하평균 $\sqrt{ab}$ (VBA에서 제곱근을 계산하는 함수는 'sqr( )')

7. 문제 6에서 작성한 함수들을 이용해 80과 90의 산술평균, 기하평균을 각각 계산하라.

8. 다음 1), 2)의 변수 선언문의 차이점을 설명하고, 차이점이 나타나는 이유를 설명하라.

   1) Dim var1, var2 As Integer

   2) Dim var1 As Integer, var2 As Integer

9. 다음 각 문제에서 변수 myValue의 값은 무엇인가?

   1) myvalue = 3 ^ 3

   2) myvalue = 10 / 4

   3) myvalue = 11 \ 4

   4) myvalue = 10 Mod 3

   5) myvalue = (3 < 5)

   6) myvalue = (3 = 3)

   7) myvalue = (3 <> 3)

   8) myvalue = ("3" >= "5")

   9) myvalue = ("3" + "3")

   10) myvalue = "Check" + 123 + "Out"

   11) myvalue = "3" + 3

   12) myvalue = "3" & 3

   13) myvalue = (3 > 5) AND (5 > 3)

   14) myvalue = (3 > 5) OR (5 > 3)

   15) myvalue = Not ((3 > 5) AND (5 > 3))

   16) myvalue = Not ((3 > 5) OR (5 > 3))

CHAPTER 03

VBA의 내장함수 및 제어 구문

Visual Basic for Application

CHAPTER

03

VBA의 내장함수 및 제어 구문

VBA에도 많은 수의 내장함수들이 포함되어 있다. 이번 장에서는 VBA 내장함수들 중에서 프로그램을 작성할 때 자주 활용되는 주요 함수들에 대해 소개하기로 하겠다. 또한 조건문과 반복문 등 프로그램의 작성에 핵심적인 제어 구문들에 대해서도 학습한다. 마지막으로 엑셀의 워크시트함수들을 VBA 프로그래밍에서 다양하게 활용하는 방법도 다룰 것이다. 이런 내용들은 앞으로 우리가 배울 프로그래밍에서 매우 중요하게 활용될 내용들이므로 잘 학습해 두도록 하자.

3.1 자주 사용하는 VBA 내장함수

비교적 자주 활용되는 VBA 내장함수들에 대해 알아보자. VBA 내장함수와 엑셀 워크시트함수들 중에는 같은 기능을 수행하지만 함수이름이 다른 경우들이 있다.

3.1.1 수학함수

다음의 <표 3-1>은 VBA 내장함수들 중에서 통계 프로그래밍에서 자주 이용되는 수학함수들을 정리한 것이다. 특히, 제곱근을 계산하는 VBA함수는 'Sqr'이며, 0과 1 사이의

‖ 표 3-1 ‖ VBA의 주요 수학함수

함수 이름	함수의 값	예/비고
Int(x)	x 이하인 최대 정수	Int(3.14) ⇒ 3
Fix(x)	x 의 정수 부분	Fix(-3.14) ⇒ -3
Abs(x)	x 의 절댓값	
Sqr(x)	x 의 제곱근	Sqr(2) ⇒ $\sqrt{2}$
Hex(x)	x의 16진수 값	Hex(254) ⇒ FE
Sgn(x)	x가 양수이면1, 음수이면 -1, 0이면 0	Sgn(-10) ⇒ -1
Rnd()	구간 [0, 1) 사이의 균일난수	$0 \leq$ 난수 < 1 임에 유의
Sin(x)	x의 sin값	x는 라디안 단위 라디안 = (180*각도)/ π
Cos(x)	x의 cos값	
Tan(x)	x의 tan값	
Exp(x)	e^x 값	Exp(1) ⇒ $e = 2.71828$
Log(x)	자연로그 log x (=ln x)값	Log(Exp(2)) ⇒ $\ln e^2 = 2$

균일난수를 생성하는 VBA함수는 'Rnd'이다. 이들과 같은 기능을 하는 엑셀의 워크시트 함수는 각각 'SQRT'와 'RAND'이다.

Int(n) 함수는 n을 넘지 않는 최대 정수, 즉 가우스 [n]을 말한다. 반면에 Fix(n) 함수는 무조건 n의 정수 부분만을 구한다. 인수가 양수인 경우에는 두 함수의 값이 같지만 인수가 음수인 경우에는 차이가 있음을 다음 보기를 통해서 비교해보자.

보기 3-1 Int 함수와 Fix 함수

```
Int(3.14) = 3,     Fix(3.14) = 3
Int(-3.14) = -4,   Fix(-3.14) = -3
```

다음의 [예 3-1]은 표준정규분포의 확률밀도함수(probability density function; pdf) $f(x)$의 값을 출력하는 함수를 작성한 예이다. 엑셀의 워크시트함수 'Norm.S.Dist'를 이용하면 표준정규분포의 누적확률 및 pdf의 값을 구할 수 있다.

$$f(x) = \frac{1}{\sqrt{2\pi}} \exp(-\frac{x^2}{2})$$

예 3-1

표준정규분포의 확률밀도함수 $f(x)$값을 계산하는 사용자정의함수 'zpdf(x)'를 VBE에 모듈을 추가한 후 다음과 같이 function 문을 이용해서 작성하자.

```
Function zpdf(x As Double) As Double
    zpdf = Exp(-x ^ 2 / 2) / Sqr(2 * 3.141592)
End Function
```

위 프로그램에서 함수 zpdf(x)의 인수 x의 데이터 형과 함수 zpdf(x)의 데이터 형을 모두 배정도실수인 Double로 선언하였다. 이렇게 작성된 사용자정의함수 zpdf(x)도 이제 엑셀에서 사용이 가능하다. 이제 우리가 작성한 함수 zpdf(x)와 엑셀의 워크시트함수 'Norm.S.Dist'를 이용한 결과가 일치하는지 다음 절차대로 따라 해보자.

① A2셀에 -3, A3셀 -2.5를 입력한다.

② A2와 A3셀을 같이 블록으로 설정한 후 채우기 핸들을 A14셀까지 아래로 끌어 자동 채우기를 완성한다. 이렇게 함으로써 <그림 3-1>과 같이 A열에 범위 $-3 \leq x \leq 3$에 속하는 값을 일정한 간격(-0.5)으로 설정했다. A2와 A3셀을 같이 블록으로 설정한 후 채우기 핸들을 이용하는 것은 셀의 값이 0.5씩 감소하고 있음을 엑셀에게 알려주기 위함이다.

③ B2셀에 수식 '=zpdf(A2)'를 입력해 사용자정의함수를 이용한 값을 계산한 후, B2셀의 채우기 핸들을 B14셀까지 아래로 끌어 자동 채우기를 완성한다.

④ C2셀에 수식 '=norm.s.dist(A2,FALSE)'를 입력해 엑셀의 워크시트함수를 이용한 값을 계산한 후, C2셀의 채우기 핸들을 C14셀까지 아래로 끌어 자동 채우기를 완성한다. 여기서 사용한 'norm.s.dist(x,T/F)'는 두 번째 인수가 TRUE이면 표준정규분포에서 누적확률 $\Pr(Z \leq x)$의 값을 출력하고, 두 번째 인수가 FALSE이면 표준정규분포의

	A	B	C
1	**x**	**zpdf**	**norm.s.dist**
2	-3.0	0.0044318	0.0044318
3	-2.5	0.0175283	0.0175283
4	-2.0	0.0539910	0.0539910
5	-1.5	0.1295176	0.1295176
6	-1.0	0.2419707	0.2419707
7	-0.5	0.3520654	0.3520653
8	0.0	0.3989423	0.3989423
9	0.5	0.3520654	0.3520653
10	1.0	0.2419707	0.2419707
11	1.5	0.1295176	0.1295176
12	2.0	0.0539910	0.0539910
13	2.5	0.0175283	0.0175283
14	3.0	0.0044318	0.0044318

‖ 그림 3-1 ‖ 사용자정의함수 zpdf()와 워크시트함수 norm.s.dist의 결과 비교

확률밀도함수 $f(x)$의 값을 출력해주는 함수이다. 여기서는 두 번째 인수에 FALSE를 사용해서 확률밀도함수의 값을 얻었다.

<그림 3-1>의 B열과 C열에 출력된 값이 모두 일치함을 알 수 있다. 즉, 우리가 작성한 함수 zpdf()를 이용해서 표준정규분포의 확률밀도함수의 값을 정확하게 계산할 수 있음을 알 수 있다. 또한 위의 ①부터 ⑤까지의 절차를 다음 <표 3-2>처럼 코딩하면 <그림 3-1>의 결과를 한 번에 얻을 수 있다.

‖ 표 3-2 ‖ 위의 ①부터 ⑤까지의 절차를 VBA 코드로 작성

```
Sub ex3_1()
    Range("A2") = "-3"
    Range("A3") = "-2.5"
    Range("A2:A3").Select
    Selection.AutoFill Destination:=Range("A2:A14"), Type:=xlFillDefault
    Range("B2:B14").FormulaR1C1 = "=zpdf(RC[-1])"
    Range("C2:C14").FormulaR1C1 = "=NORM.S.DIST(RC[-2],FALSE)"
End Sub
```

3.1.2 문자열 처리 함수

프로그래밍 과정에서 문자열을 처리하는 다음의 함수들도 자주 사용하게 된다. <표 3-3>의 마지막 열에 있는 '참고'에 ×표시가 있는 함수는 VBA 함수에만 있고 워크시트함수에는 없는 것들이므로 워크시트의 셀에서는 사용할 수 없다.

<표 3-3>의 문자열 처리 함수들 중에서 Left( ), Right( ), Mid( ), Len( ) 등은 워크시트의 셀에서도 사용할 수 있으며, 한글이나 한자도 1개의 글자는 1개로 처리된다. 문자열 좌우에 있는 공백을 제거하는 Trim( )은 엑셀에도 있으나 Ltrim( )과 Rtrim( ), String( ), space( ), InStr( ) 등의 함수는 워크시트의 셀에서는 사용할 수 없다.

다음 [보기 3-2]는 문자열 처리 함수들을 사용한 다양한 예들을 보여주고 있다.

‖ 표 3-3 ‖ 주요 문자열 처리 함수

함 수	함수 값	참고
ASC(문자열)	문자열의 첫 글자에 대응하는 ASCII 코드 값 반환	×
LCase(문자열)	문자열의 영어 대문자를 모두 소문자로 바꾼 값	×
UCase(문자열)	문자열의 영어 소문자를 모두 대문자로 바꾼 값	×
Trim(문자열)	문자열의 앞과 뒤에 있는 공백을 제거한 문자열을 반환	○
Ltrim(문자열)	문자열 앞(왼쪽)의 공백을 제거한 문자열을 반환	×
Rtrim(문자열)	문자열 뒤(오른쪽)의 공백을 제거한 문자열을 반환	×
Left(문자열,n)	문자열의 왼쪽에서 n개의 문자만 취함	○
Right(문자열,n)	문자열의 오른쪽에서 n개의 문자만 취함	○
Mid(문자열,m[,n])	문자열의 m번째 이후의 n개 문자를 취함, n을 생략하면 m번째 이후의 모든 문자를 취함	○
String(n,문자열)	문자열의 첫 글자를 n번 반복한 문자열	×
Space(n)	길이가 n인 공백의 문자열	×
Len(문자열)	문자열의 길이 반환	○
InStr([n,] 문자열1,문자열2)	문자열1의 n번째 문자이후에 문자열2가 포함되어 있는 위치를 반환함. n을 생략하면 1로 처리함	×

보기 3-2 문자열 처리 함수들에 대한 사용 예

사용 예	결 과
x=Ucase("Shin Bong Sup")	x에 "SHIN BONG SUP"을 대입
x=Lcase("Shin Bong Sup")	x에 "shin bong sup"을 대입
x=Left("Shin Bong Sup", 6)	x에 "Shin B"를 대입
x=Right("정보통계학과", 4)	x에 "통계학과"를 대입
x=Mid("Shin Bong Sup", 6, 4)	6번째부터 4개의 문자, 즉 x에 'Bong'이 대입
x=Mid("Shin Bong Sup", 11)	x에 'Sup'을 대입
x="Shin"+Space(3)+"BS"	x에 "Shin⊔⊔⊔BS"를 대입. ⊔는 공백
x=Len("엑셀VBA")	x에 5가 대입
x=Instr("ShinBongSup","Bong")	"ShinBongSup" 중에서 찾는 'Bong'의 위치가 5번째이므로 x에 5가 대입
x=Instr(7,"ShinBongSup","Bong")	'ShinBongSup'의 7번째 문자 이후에는 'Bong'이 포함되어 있지 않으므로 x에는 0이 대입

3.1.3 형 변환 함수

데이터 형을 변환할 때 사용하는 대표적인 함수는 <표 6-4>와 같다. 여기에 정리한 것 이외에도 함수명의 첫 글자가 'C'로(Convert에서 따옴) 시작하는 많은 함수들이 있다. 예를 들어, Cint는 Integer형으로 CLng는 Long형으로 인자의 형을 전환한다.

‖ 표 3-4 ‖ 주요 데이터 형 변환 함수

함 수	함수 값
Val(문자열)	문자열을 수치로 바꾼 값(Value)을 반환. 문자열 중에서 숫자나 소수점(.)이 아닌 문자를 만나면 변환을 중지한다. 문자열의 첫 문자가 숫자가 아니면 0을 구한다.
CDbl(문자열)	문자열을 Double형 수치로 바꾼 값을 반환. 기능은 Val( )함수와 같으나 자릿수 구분 문자인 콤마(,)를 만나도 변환을 계속한다.
Str(n)	수치 n을 문자열로 바꾼 값

보기 3-3 데이터 형 변환 함수들에 대한 사용 예

사용 예	결 과
x=Val("123.4AYU")	x에 123.4를 대입, 문자를 만나면 변환 중지
x=Val("1,234.5")	x에 1을 대입, 콤마(,) 만나면 변환 중지
x=Val("AYU")	x에 0을 대입, 첫 문자가 숫자가 아니면 0 반환
x=CDbl("1,234.56")	x에 1234.56을 대입, 콤마(,)를 만나도 변환
x=CDbl("A1,234.56")	x에 0을 대입
x=Str(10)	x에 문자열 '␣10'을 대입. 양수인 경우에는 앞에 한 칸의 공백을 포함시킨다.

3.1.4 기타 함수들

다음의 <표 3-5>는 이미 설명한 함수들과 더불어 프로그래밍에서 자주 이용되는 함수들을 정리한 것이다.

접두사가 'Is'인 함수들은 모두 뒤에 따라 나오는 개체나 데이터 형이 옳은지 그른지를 묻는 함수들로 True 또는 False인 Boolean 형의 결과를 반환한다. <표 3-5>에 있는 함수들 이외에도 'IsDate( )', 'IsError( )', 'IsObject( )' 등이 있다.

‖ 표 3-5 ‖ 기타 주요 함수들

함 수	함수 값
IsEmpty(셀 또는 변수)	셀 : 해당 셀이 비어 있으면 True 아니면 False 변수 : 값이 주어졌으면 True 아니면 False
IsNumeric(x)	x 값이 수치이면 True, 아니면 False를 반환 x는 셀, 변수, 연산식 등이 가능
Err()	가장 최근에 발생한 오류 번호를 반환
Error()	가장 최근에 발생한 오류 메시지를 반환

3.2 대화상자를 다루는 내장함수와 VBA에서 엑셀 워크시트 함수 이용하기

이 절에서는 VBA 내장함수들 중에서 대화상자를 출력해서 사용자로부터 값을 입력받는 **InputBox( ) 함수**와 메시지가 포함된 대화상자를 출력해서 메시지를 전달하고 사용자의 반응(어떤 버튼을 눌렀는지)을 입력받는 **MsgBox( ) 함수**에 대해 살펴보겠다.

또한 워크시트함수를 이용해 계산한 값을 워크시트의 셀에 출력하는 것이 아니라 변수에 대입하기 위해서는 **Application 개체**의 **WorksheetFunction 속성**을 통해서 엑셀의 워크시트 함수를 사용해야만 한다. 즉, 'Application.WorksheetFunction.워크시트함수'와 같은 형태로 이용된다.

3.2.1 InputBox 대화상자

InputBox( ) 함수는 VBA에 내장된 내장함수로 화면에 입력상자를 표시하고 사용자가 여기에 입력한 값을 반환받고자할 때 이용된다. 사용자가 입력상자에 수치를 입력해도 문자열 형태로 변수에 대입되기 때문에 수치연산이 필요한 경우에는 이미 학습한 'Val( )'을 이용하여 문자열을 수치로 바꾸어야만 한다. 'InputBox( )' 함수의 일반적인 사용형식은 다음과 같다.

```
[ 변수 = ] InputBox ( 메세지 [, 창의 제목] [, 디폴트 값] )
```

첫 번째 인수인 '메시지'는 반드시 필요한 인수하며, 두 번째와 세 번째 인수는 생략할 수도 있다. 세 번째 인수인 '디폴트 값'은 사용자가 따로 입력란에 값을 입력하지 않았을 때 반환될 값으로 이 값이 수치인 경우에도 반드시 따옴표를 사용해서 전달한다.

보기 3-4 입력상자를 표시하고 문자열을 입력받아 변수에 대입

```
p = Val(InputBox("상위분위수를 구할 상위확률을 입력하세요", _
    "표준정규분포", "0.05"))
```

VBA 문장은 원래 한 줄에 한 개의 문장을 적는 것이 원칙이다. 그러나 여기에서처럼 한 줄의 문장이 너무 길어서 다음 줄까지 이어지는 경우에는 첫 줄의 끝에 공백과 밑줄(_)을 삽입하고 나머지 문장은 다음 줄에 기록하면 된다. 이 코드에 의해 <그림 3-2>와 같은 입력상자가 출력된다.

일단 InputBox( ) 함수에 사용된 각 인수가 출력된 입력상자의 어디에 어떻게 적용되었는지를 관찰해보자. 두 번째 인수인 "표준정규분포"가 입력상자의 창 제목에 사용되었다. 필수인 첫 번째 인수의 문자열은 입력상자의 몸체에 메시지가 표시되어 있으며, 세 번째 인수인 '0.05'가 입력란에 디폴트값으로 '0.05'가 블록으로 선택돼있다. 사용자가 값을 이 입력란에 새로 입력하면 이 값이 Val() 함수에 의해 수치로 변환된 뒤 변수 p에 대입된다. 만약 사용자가 어떤 값도 입력하지 않고 그냥 <확인> 버튼이나 Enter↵를 누른다면 디폴트값인 '0.05'의 값이 수치로 변환돼 변수 p에 대입된다. InputBox( ) 함수에 의해서 반환받는 값은 수치 데이터라 하더라도 문자열로 간주되므로 Val( ) 함수를 사용해 입력된 값을 수치로 바꾼 후에 변수에 대입해 사용한다. 나중에 수치연산이 필요한 경우를 위해서 꼭 필요한 과정이다.

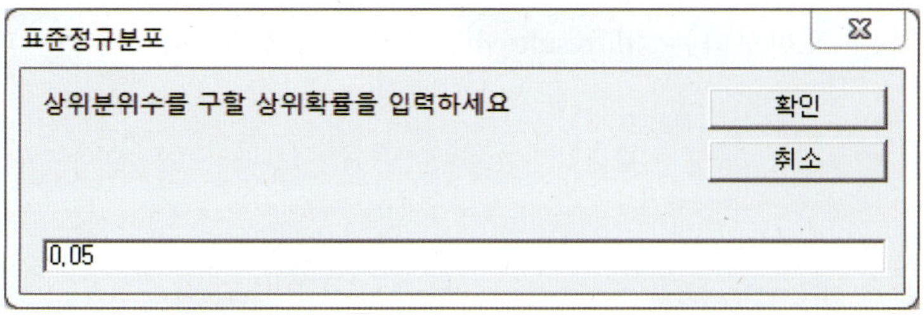

‖ 그림 3-2 ‖ InputBox( )에 의해 출력된 입력상자

3.2.2 MsgBox( ) 함수

MsgBox( ) 함수는 화면에 메시지 창을 표시하고 사용자가 응답한 버튼의 번호(예, 아니오, 취소 등)가 반환된다. 따라서 프로그래머는 사용자의 선택에 따라 각기 다른 분기를 행하는 절차에 응용할 수 있다. 일반적으로 단순한 메시지 전달을 위해서 주로 사용하지만 원래의 목적은 사용자의 응답에 따라 다양한 분기를 나누는 프로그램을 작성하는 것이다. MsgBox( ) 함수의 사용형식은 다음과 같다.

```
[ 변수 = ] MsgBox ( 메시지 [, 버튼형태] [, 제목] )
```

첫 번째 인수인 '메시지'는 메시지 창에 표시될 문자열로 반드시 있어야 한다. 세 번째 인수인 '제목'은 창의 제목으로 사용될 문자열이며 생략도 가능하다. 두 번째 인수인 '버튼형태'는 메시지 창에 포함될 버튼의 유형, 아이콘의 종류, 어떤 단추를 디폴트로 결정할 것인지 등을 종합적으로 결정하는 인수이다. 값(또는 VB의 내장 상수)에 따른 버튼의 유형은 <표 3-6>에, 아이콘의 종류는 <표 3-7>에, 디폴트 단추의 설정에 대한 내용은 <표 3-8>에 각각 정리하였다.

출력된 MsgBox에서 사용자가 어떤 버튼을 눌렀는가에 따라 MsgBox( ) 함수의 리턴 값은 <표 3-9>와 같다. <표 3-6>부터 <표 3-9>까지에 포함된 내용들 중에는 'vb-'라는 접두어가 사용된 내장 상수들이 이용된다. 이는 Vsiual Basic에서 사용하는 고유상수들로 VBA 프로그램을 작성할 때 이 내장 상수를 이용하는 것이 프로그램의 해독력을 높일 수 있기 때문에 훨씬 추천된다. 예를 들어, 사용자가 MsgBox에서 '예(Y)'를 누른 상황이라면 MsgBox( ) 함수의 리턴 값은 6(내장 상수로는 vbYes)이 될 것이다. 이 경우 코드에서 'if result=6'이라는 표현보다는 'if result=vbYes'라는 표현이 더 의미를 파악하기 쉬울 것이다.

‖ 표 3-6 ‖ 버튼의 값(상수)에 따른 유형

값	내장 상수	버튼
0	vbOKOnly	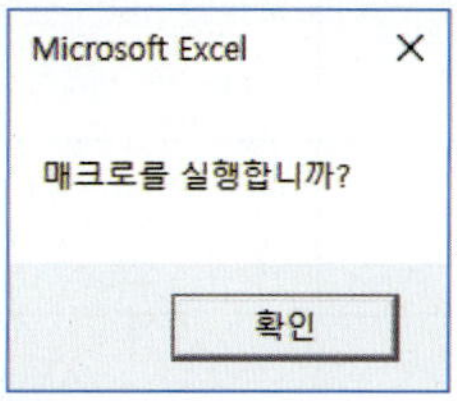
1	vbOKCancel	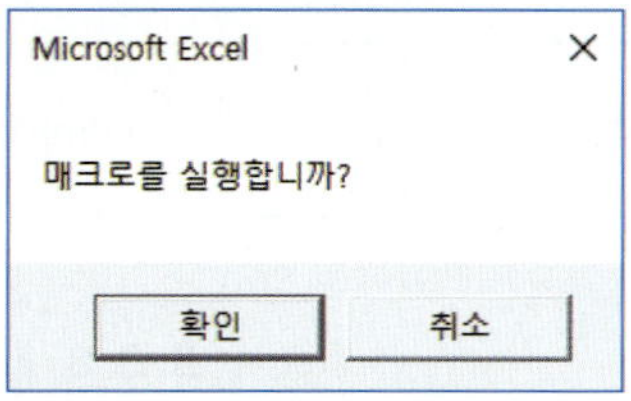
2	vbAbortRetryIgnore	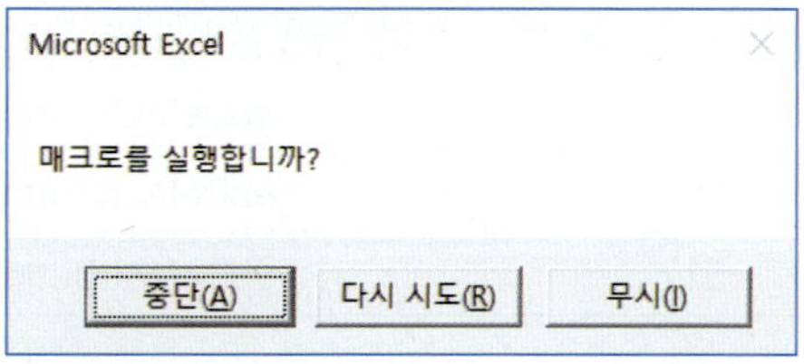
3	vbYesNoCancel	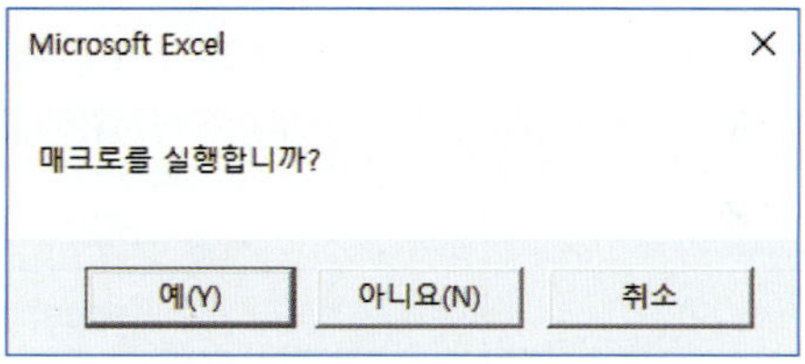
4	vbYesNo	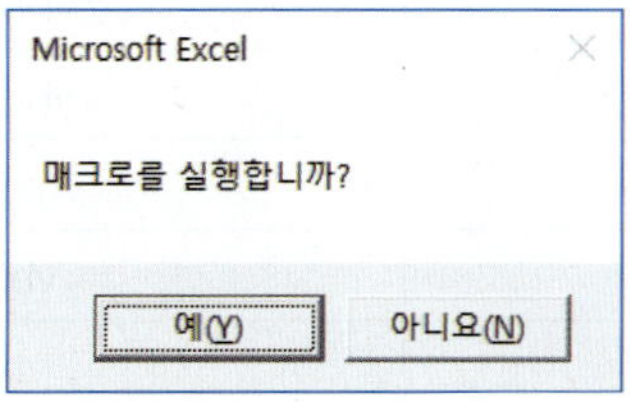
5	vbRetryCancel	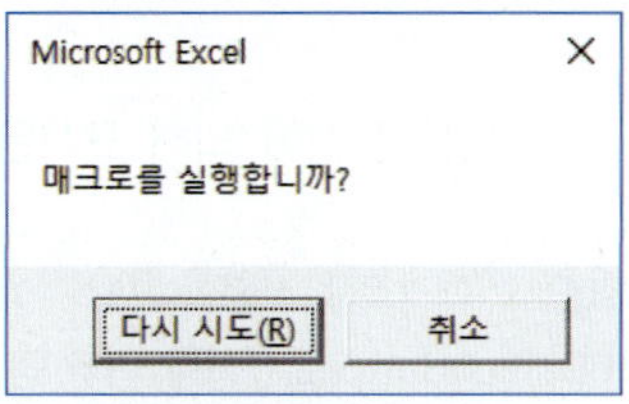

‖ 표 3-7 ‖ 아이콘의 종류

값	내장 상수	아이콘 이미지
16	vbCritical	
32	vbQuestion	
48	vbExclamation	
64	vbInformation	

‖ 표 3-8 ‖ 디폴트 단추의 결정에 대한 상수

값	내장 상수	설명
0	vbDefaultButton1	첫 번째 단추를 디폴트로
256	vbDefaultButton2	두 번째 단추를 디폴트로
512	vbDefaultButton3	세 번째 단추를 디폴트로

‖ 표 3-9 ‖ MsgBox 함수의 리턴 값

리턴 값	내장 상수	누른 단추
1	vbOk	확인
2	vbCancel	취소
3	vbAbort	실패(A)
4	vbRetry	재실행(R)
5	vbIgnore	무시(I)
6	vbYes	예(Y)
7	vbNo	아니오(N)

보기 3-5 다음 문장에 의해 표시된 메시지 상자는 〈그림 3-3〉과 같다.

```
res = MsgBox("매크로를 실행합니까?", vbYesNo + vbQuestion + _
        vbDefaultButton2, "실행 여부 묻기")
```

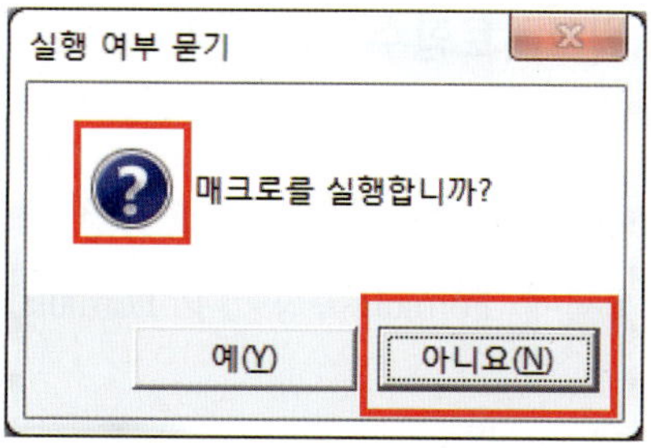

‖ 그림 3-3 ‖ 표시된 메시지 상자

위의 코드와 출력된 <그림 3-3>의 메시지 상자를 비교하면서 살펴보자. MsgBox( )의 첫 번째 인수로 "매크로를 실행합니까?" 라는 메시지를 출력하고, 세 번째 인수로 창의 제목을 "실행 여부 묻기"로 지정하였다. 가장 눈여겨 볼 인수는 두 번째 인수로 모두 세 가지를 포함하고 있다. 'vbYesNo'에 의해 예(Y)와 아니오(N)가 표시된 두 개의 버튼이 포함되었으며, 'vbQuestion'에 의해 물음표가 표시된 아이콘이 포함되었다. 또한 'vbDefaultButton2'에 의해서 두 번째에 위치한 '아니요(N)' 버튼의 주위에 점선이 표시되어 디폴트 버튼(사용자가 마우스로 특정 단추를 선택하지 않고 그냥 Enter↵만 누르면 적용되는 단추)로 지정되었음을 알 수 있다.

만약 내장 상수를 이용한 'vbYesNo+vbQuestion+vbDefaultButton2' 대신에 이들에 정해진 각각의 값 '4+32+256'을 계산해서 '292'를 사용할 수도 있다. 그리고 이 292란 값은 <표 3-6>에서 <표 3-8>에 있는 값 중에서 오직 4, 32, 256이 선택된 경우에만 나올 수 있는 값이다. 물론 이렇게 값을 이용해서 프로그램을 작성하는 것이 가능하다고는 하지만 프로그램의 해독력을 해치는 방법이므로 [보기 3-5]에서와 같이 내장 상수를 이용한 표현을 사용하는 것이 바람직하다.

출력된 메시지 상자는 포함된 단추 중에서 어느 것이든 눌러야만 사라진다. [보기 3-5]에서도 '예(Y)' 또는 '아니요(N)' 중 어느 한 단추를 마우스로 누르면 메시지 상자가 사라지고 해당 버튼에 부여된 값(또는 내장 상수)이 변수 res에 대입된다. 변수 res에 어떤 값이 대입되었는지 '직접 실행' 창에 '? res'를 입력해보라. 만약 사용자가 '예(Y)'를 누르면 리턴 값은 6이, '아니요(N)'를 누르면 리턴 값은 7이 출력됨을 확인할 수 있다.

3.2.3 VBA에서 엑셀의 워크시트함수 이용하기

워크시트함수를 이용해서 계산한 값을 워크시트의 특정 셀에 기록하려면 이미 2장에서 설명했던 바와 같이 Range개체에 Formula속성이나 FormulaR1C1속성을 이용해서 [보기 3-6]과 같이 사용하면 된다.

보기 3-6 워크시트함수를 이용해 계산된 값을 셀에 기록하는 예

```
Range("B12").Formula = "=AVERAGE(B2:B11)"
Range("B12").FormulaRAGE(R[-10]C:R[-1]C)"
```

그러나 VBA 프로그래밍을 하다보면 워크시트함수를 이용해 계산한 값을 변수에 대입하는 경우도 있고, 워크시트함수의 인수에 셀의 범위가 아닌 변수를 사용해야 되는 경우도 생긴다. 이런 경우에는 [보기 3-7]과 같이 **Application 개체**의 하위 구성원인 **WorksheetFunction**을 통해서 해당 워크시트함수를 사용해야만 한다. Application 개체는 Microsoft의 엑셀을 나타내는 개체이며, WorksheetFunction은 엑셀 워크시트함수들의 컨테이너로 사용된다.

보기 3-7 다음을 '직접 실행' 창에서 수행해보라.

```
n=5
r=3
p=Application.WorksheetFunction.Permut(n, r)        ' ①
c=Application.WorksheetFunction.Combin(n, r)        ' ②
f=WorksheetFunction.fact(r)                         ' ③
? (c*f=p)                                           ' ④
```

사용된 워크시트 함수 'combin', 'permut', 'fact'의 인수가 모두 변수인 n과 r이며, 계산된 함수 값들도 모두 변수 p, c, f에 대입하고 있다. 이런 경우에는 워크시트함수를 단독으로 사용할 수 없고 ①, ②와 같이 Application.WorksheetFunction을 통하거나 또는 ③과

같이 "Application."을 생략하고 WorksheetFunction과 함께 사용한다.

위의 보기에 사용된 워크시트 함수 'combin(n,r)', 'permut(n,r)', 'fact(r)'는 각각 n개에서 r개를 뽑는 조합의 수 nCr, 뽑은 r개를 일렬로 배열하는 순열의 수 nPr, r 계승의 값 r!을 구하는 함수이다. 일반적으로 n개에서 r개를 뽑아 그 r개를 일렬로 배열하는 순열의 수를 nPr이라 하므로 "nCr × r! = nPr"이 성립한다. 위 ④의 문장은 "${}_5C_3 \times 3! = {}_5P_3$"이 성립하는지를 출력하라는 문장으로 양변의 값이 동일하므로 비교연산자의 결과 값인 True가 출력된다.

다음의 [예 3-2]는 InputBox를 통해 사용자로부터 값을 입력받아서 엑셀의 워크시트함수를 이용해 표준정규분포의 누적확률을 계산하고 계산된 결과는 MsgBox를 이용해 출력하는 종합적인 예이다. 특히, 워크시트함수 'Norm.S.Dist'를 이용해 계산한 값을 셀에 출력하는 것이 아니라 변수에 대입하기 때문에 **Application 개체**의 하위 구성원인 **WorksheetFunction 개체**와 함께 사용해야함을 보여주는 아주 중요한 예이다.

예 3-2

다음 <표 3-10>의 Sub 프로시저 ex3_2를 실행하면 <그림 3-4>와 같이 입력 대화상자가 나타나며, 여기에 값을 입력하면 <그림 3-5>과 같이 표준정규분포에서 입력한 값까지의 누적확률이 메시지 상자에 출력된다.

‖ **표 3-10** ‖ InputBox와 MsgBox를 이용한 누적확률 계산의 예

```
Sub ex3_2()
  txt1 = "누적확률 P(Z<=x)을 계산할 x값을 입력하세요."
  txt2 = "계산된 누적확률 : P(Z<= "
  Title = "표준정규분포"
     x = Val(InputBox(txt1, Title, "0"))
     p = Application.WorksheetFunction.Norm_S_Dist(x,True)
    MsgBox (txt2 & x & ") = " & p)
End Sub
```

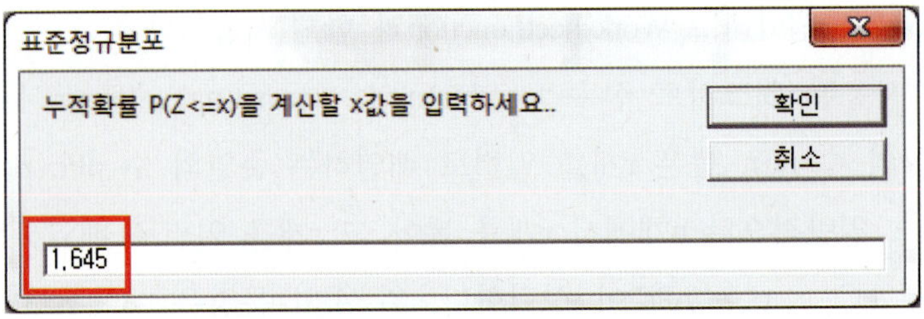

|| 그림 3-4 || 값을 입력받는 입력 대화상자

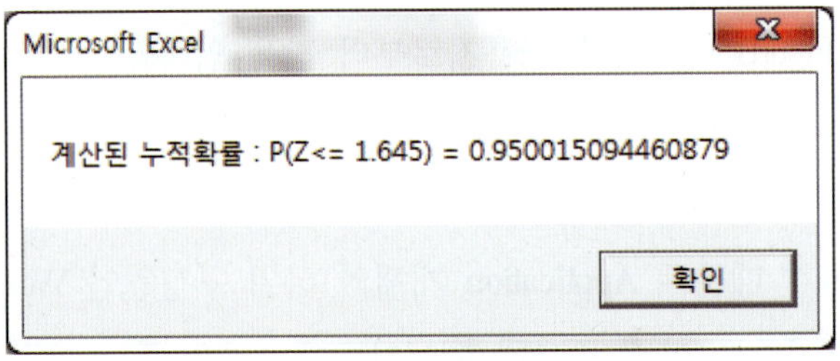

|| 그림 3-5 || 입력한 값까지의 누적확률이 출력된 메시지 상자

코드의 라인별 설명

① 05 라인 :

InputBox에 의해 누적확률을 구할 경계 값을 입력받아서 Val() 함수로 수치로 변환한 후 변수 x에 대입

② 06 라인 :

변수 x를 표준정규분포의 누적확률을 계산하는 Norm.S.Dist( ) 함수의 첫 번째 인수로 전달하였다. 이렇게 변수에 들어있는 값을 워크시트함수의 인수에 전달하거나 계산된 결과를 워크시트의 셀이 아닌 변수에 저장하려면 반드시 WorksheetFunction과 함께 사용해야 한다. 'Norm.S.Dist( )'와 같이 워크시트함수의 이름에 마침표(.)가 포함된 함수들은 개체의 포함관계를 나타내는 마침표(.)와 서로 구분이 되지 않는다. 따라서 이 라인에 기록된 것과 같이 함수이름에 포함된 마침표(.)는 밑줄(_)로 대체하여 "WorksheetFunction. Norm

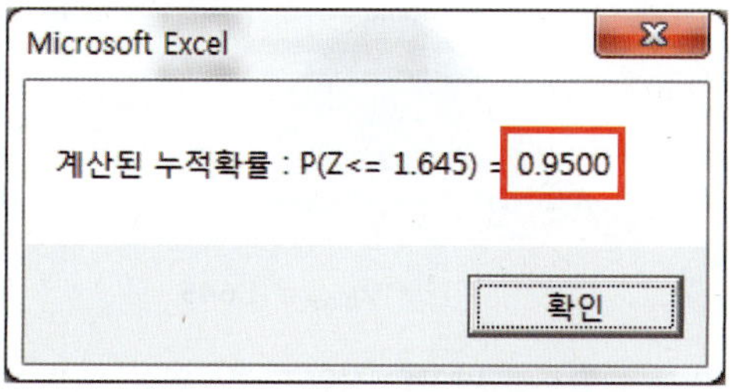

‖ 그림 3-6 ‖ Format 문을 이용한 메시지 상자

_S_Dist(x,True)"와 같이 사용한다.

엑셀의 이전 버전에서 사용하던 통계관련 함수들은 마침표(.)가 없이 'NormSDist'와 같은 형식이다. 엑셀 2007 이후의 버전에서는 같은 기능의 함수를 개선하여 함수이름에 마침표(.)가 추가된 형태로 제공한다. 이전 버전의 프로그램들과의 호환성을 위해 아직도 이전 함수들을 사용할 수 있도록 배려하고 있지만 여러분들은 성능이나 정밀도 등에 개선이 이루어진 새 버전의 워크시트함수(함수이름에 마침표(.)가 포함된)의 이용을 추천한다. "Norm_S_Dist(x,True)"와 같이 두 번째 인수에 True가 사용되었으므로 누적확률이 계산된다. 계산된 누적확률을 변수 p에 저장한다.

③ 07 라인 :

MsgBox에 계산된 값을 출력한다. 인자에 사용된 '&'는 문자열 결합연산자로 좌우에 있는 문자열들을 서로 연결하는 역할을 한다. <그림 3-5>에 출력된 누적확률의 값이 너무 많은 자릿수를 차지하고 있다. 출력할 변수의 값에 적절한 포맷을 주어 출력되는 소수이하 자릿수를 조절하려면 'Format'함수를 사용한다. 이 함수를 이용하여 변수 p에 다음과 같이 포맷 'Format(p, "0.0000")'을 적용하여 출력하면 <그림 3-6>과 같이 소수이하 4자리까지만 출력된다.

이 결과로부터 표준정규분포에서 상위확률이 5%(0.05, 누적확률이 0.95)인 상위분위수가 1.645임을 알 수 있다. <그림 3-7>은 표준정규분포의 상위 5% 분위수인 $z_{0.05} = 1.645$을 그림으로 표시한 것이다.

다양한 엑셀의 워크시트함수들을 VBA 프로그래밍에서 이용할 수 있다는 것은 매우 큰

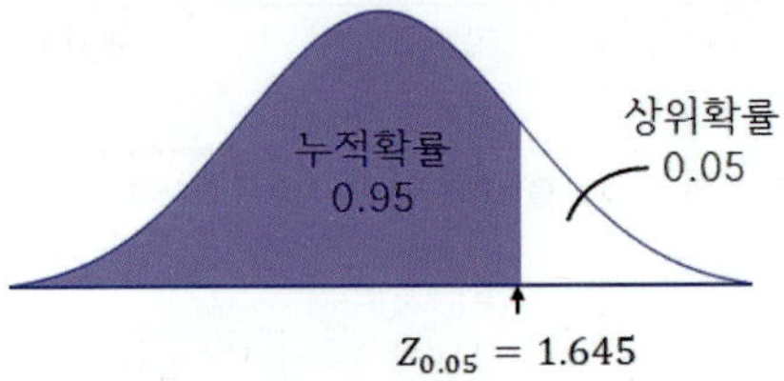

‖ 그림 3-7 ‖ 표준정규분포의 상위 5% 분위수 $z_{0.05} = 1.645$

장점이 아닐 수 없다. 만약 워크시트함수들과 같은 기능의 함수들을 우리가 직접 코딩해야 한다면 얼마나 힘겨운 노력들을 해야 할지 생각해보라. 특히, 엑셀의 워크시트함수들 중에는 우리가 시도하려는 통계프로그래밍에서 바로 활용할 수 있는 것들이 아주 많다. 이런 점이 엑셀의 차트 기능과 함께 VBA 프로그래밍의 큰 장점이라 하겠다. 통계학 관련한 워크시트함수들에 대한 목록과 설명을 [부록]에 정리해 두었으니 이를 잘 활용하면 많은 도움이 될 것이다.

3.3 반복문

어떤 프로그래밍 언어에서나 제일 중요하게 다루는 부분이 프로그램의 흐름을 제어하는 **제어문(Control Flow Statement)**이다. 제어문에는 반복문과 조건문이 있다. 이번 절에서는 여러 가지 반복문을, 다음 절에서는 조건문에 대해 학습하기로 하자.

3.3.1 For…Next 루프 : 순차반복

For … Next 문은 아마도 가장 많이 사용되는 반복문으로 <그림 3-8>과 같이 제어 변수의 값이 x에서 시작하여 y에 도달할 때까지 변수의 값을 n씩 증가하며 <처리>를 반복한다. 'Step n' 부분을 생략하면 증분인 n에는 1이 디폴트로 적용된다. Next 문에 사용하는 변수는 생략해도 무방하다.

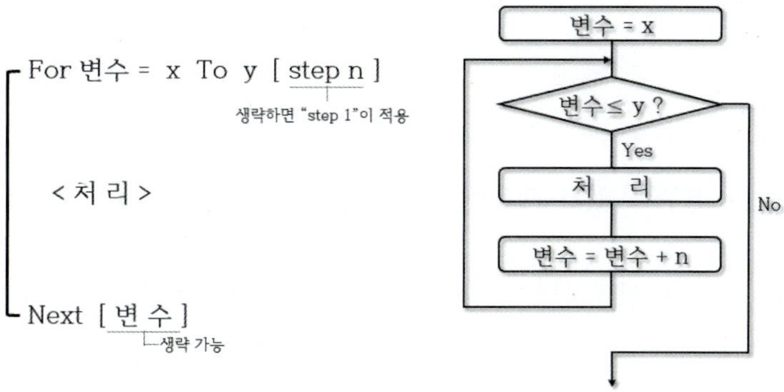

‖ 그림 3-8 ‖ For…Next 구문의 사용 형식과 흐름도

보기 3-8 For…Next 구문의 여러 예

①
```
For a = 1 to 10
        〈처리〉
Next a
```

a = 1, 2, 3,…9, 10에 대해 <처리>를 반복한다. 최종적으로 a의 값이 10일 때 <처리>를 수행한 후 Next 문을 만나 a값은 1이 증가하여 11이 된다. a=11은 조건(1부터 10까지)을 만족하지 않으므로 더 이상 For 루프를 수행하지 못하고 종료하게 된다. For 루프가 종료된 후의 a값이 11임에 유의하자.

②
```
For b = 10 to 27 Step 5
        〈처리〉
Next
```

b = 10, 15, 20, 25에 대해 <처리>를 반복한다.

③
```
For c = 10 to 5 step -2
        〈처리〉
NEXT
```

c = 10, 8, 6에 대해 <처리>를 반복한다.

④

```
For d = 10 to 1
        〈처리〉
NEXT
```

```
For d= 1 to 10 step -1
        〈처리〉
NEXT
```

조건을 만족하는 경우가 없기 때문에 <처리>가 한 번도 수행되지 않는다.

2장에서 Range 개체를 설명하면서 반복문을 사용할 때에는 Range 개체를 이용하는 것 보다 Cells(i,j)를 이용하는 것이 훨씬 편리하다고 설명한 적이 있다. 다음 [예 3-3]은 t-분포표를 작성하는 예이다.

t-분포를 비롯한 통계분포의 분위수를 계산하는 엑셀의 워크시트함수들은 모두 '분포이름.inv' 또는 '분포이름.inv.rt'와 같은 형식을 가지고 있다. 'inv'는 해당 분포의 누적분위수를, 'inv.rt'는 해당 분포의 상위분위수의 값을 계산한다. 'rt'는 'right tail, 오른쪽 꼬리'의 약자로 오른쪽(상위)확률에 대응되는 상위분위수의 값을 계산하는 함수에 붙는다. 표준정규분포와 t-분포의 경우에는 'inv.rt'가 붙은 함수는 없으며 누적분위수를 계산하는 'Norm.S.inv'와 't.inv'만 있다. 따라서 인수에는 '누적확률=1-상위확률'의 관계를 이용하면 된다.

예 3-3

A열에는 자유도가 기록되며 B열부터 5개의 열에는 각 자유도에 따른 상위 10%, 5%, 2.5%, 1%, 0.5% 분위수들을 기록하였다. 워크시트의 1행은 미리 입력해 두기로 하자. <표 3-11>과 같이 모듈시트에 프로시저를 작성하고 수행하면 <그림 3-9>와 같이 워크시트에 t-분포표가 작성된다.

‖ 표 3-11 ‖ For…Next 구문을 이용한 t-분포표 작성 예

```
Sub ex3_3()
    For i = 2 To 21
        Cells(i, 1) = i - 1
        Cells(i, 2) = WorksheetFunction.T_Inv(0.9, i - 1)
        Cells(i, 3) = WorksheetFunction.T_Inv(0.95, i - 1)
        Cells(i, 4) = WorksheetFunction.T_Inv(0.975, i - 1)
        Cells(i, 5) = WorksheetFunction.T_Inv(0.99, i - 1)
        Cells(i, 6) = WorksheetFunction.T_Inv(0.995, i - 1)
    Next
End Sub
```

	A	B	C	D	E	F
1	**자유도**	**0.1**	**0.05**	**0.025**	**0.01**	**0.005**
2	1	3.077684	6.313752	12.7062	31.82052	63.65674
3	2	1.885618	2.919986	4.302653	6.964557	9.924843
4	3	1.637744	2.353363	3.182446	4.540703	5.840909
5	4	1.533206	2.131847	2.776445	3.746947	4.604095
6	5	1.475884	2.015048	2.570582	3.36493	4.032143
7	6	1.439756	1.94318	2.446912	3.142668	3.707428
8	7	1.414924	1.894579	2.364624	2.997952	3.499483
9	8	1.396815	1.859548	2.306004	2.896459	3.355387
10	9	1.383029	1.833113	2.262157	2.821438	3.249836
11	10	1.372184	1.812461	2.228139	2.763769	3.169273
12	11	1.36343	1.795885	2.200985	2.718079	3.105807
13	12	1.356217	1.782288	2.178813	2.680998	3.05454
14	13	1.350171	1.770933	2.160369	2.650309	3.012276
15	14	1.34503	1.76131	2.144787	2.624494	2.976843
16	15	1.340606	1.75305	2.13145	2.60248	2.946713
17	16	1.336757	1.745884	2.119905	2.583487	2.920782
18	17	1.333379	1.739607	2.109816	2.566934	2.898231
19	18	1.330391	1.734064	2.100922	2.55238	2.87844
20	19	1.327728	1.729133	2.093024	2.539483	2.860935
21	20	1.325341	1.724718	2.085963	2.527977	2.84534

‖ 그림 3-9 ‖ 실행을 마친 워크시트

코드의 라인별 설명

① 02, 09 라인 :

반복문의 블록을 지정한 구문으로 이 내부에 있는 명령문이 행을 나타내는 제어변수 i의 값이 2행부터 21행까지 바뀌면서 20번 실행된다.

② 03 라인 :

'cells(i,1)'은 i행 1열(A열)을 나타내는 개체이며 Value 속성은 생략하였다. For…Next 구문에 의해 제어 변수 i는 2행부터 21행까지 반복된다. 처음에 변수 i의 값이 2이면 'cells(2,1)'은 A2 셀을 의미하며 여기에 'i-1=1'을 기록한다. 다음에 변수 i의 값이 1 증가하여 3이 되면 'cells(3,1)'은 A3 셀이며 여기에 'i-1=2'를 기록한다. 이런 과정을 반복하다가 마지막으로 변수 i의 값이 21이 되면 'cells(21,1)'은 A21 셀이며 여기에 'i-1=20'을 기록한다. Next 문을 만나 i의 값이 22가 되지만 이는 조건에 맞지 않으므로 For…Next 구문에 의한 반복을 멈춘다.

③ 04 라인 :

'cells(i,2)'는 i행 2열(B열)을 나타내는 개체이며 Value 속성은 생략하였다. For…Next 구문에 의해 제어 변수 i는 2행부터 21행까지 반복되며 자유도 (i-1)을 't_inv'함수의 두 번째 인수에 대입한다. 't_inv'함수의 첫 번째 인수는 누적확률이다. 1행에 기록된 확률들은 상위확률이므로 각 열에 적용한 't_inv' 함수의 첫 번째 인수에 적용한 누적확률은 1에서 상위확률을 빼서 적용하면 된다. 3열(C열)부터 6열(F열)까지에도 동일한 개념이 적용된다.

보기 3-9 For…Next 구문의 중첩

```
For x = 1 To 10
    For y = 1 To 10
        〈 처리 〉
    Next y
Next x
```

여러 개의 For…Next 구문이 몇 개라도 중첩해서 사용되기도 한다. 이 보기에서는 바깥 루프에서 x=1일 때 안쪽 루프는 y가 1부터 10까지 10번 <처리>를 반복한다. 안쪽 루프를 다 마치면 바깥 루프에서 x=2가 되고 다시 안쪽 루프의 y는 1부터 10까지 <처리>를 10번 반복한다. 이와 같이 계속하면 <처리>는 10×10=100회 처리가 이루어진다.

예 3-4

이중 For…Next 구문을 이용해서 구구단을 엑셀의 워크시트에 출력하는 예이다. 다음 <표 3-12>의 내용을 모듈시트에 프로시저로 작성하고 실행하면 <그림 3-10>과 같이 워크시트에 구구단이 작성된다.

‖ 표 3-12 ‖ 실행할 프로시저의 코드

```
01  Sub ex3_4()
02      For dan = 2 To 9
03          For su = 1 To 9
04              c = dan & " * " & su & " = " & dan * su
05              Cells(su, dan - 1) = c
06          Next su
07      Next dan
08  End Sub
```

	A	B	C	D	E	F	G	H
1	2 * 1 = 2	3 * 1 = 3	4 * 1 = 4	5 * 1 = 5	6 * 1 = 6	7 * 1 = 7	8 * 1 = 8	9 * 1 = 9
2	2 * 2 = 4	3 * 2 = 6	4 * 2 = 8	5 * 2 = 10	6 * 2 = 12	7 * 2 = 14	8 * 2 = 16	9 * 2 = 18
3	2 * 3 = 6	3 * 3 = 9	4 * 3 = 12	5 * 3 = 15	6 * 3 = 18	7 * 3 = 21	8 * 3 = 24	9 * 3 = 27
4	2 * 4 = 8	3 * 4 = 12	4 * 4 = 16	5 * 4 = 20	6 * 4 = 24	7 * 4 = 28	8 * 4 = 32	9 * 4 = 36
5	2 * 5 = 10	3 * 5 = 15	4 * 5 = 20	5 * 5 = 25	6 * 5 = 30	7 * 5 = 35	8 * 5 = 40	9 * 5 = 45
6	2 * 6 = 12	3 * 6 = 18	4 * 6 = 24	5 * 6 = 30	6 * 6 = 36	7 * 6 = 42	8 * 6 = 48	9 * 6 = 54
7	2 * 7 = 14	3 * 7 = 21	4 * 7 = 28	5 * 7 = 35	6 * 7 = 42	7 * 7 = 49	8 * 7 = 56	9 * 7 = 63
8	2 * 8 = 16	3 * 8 = 24	4 * 8 = 32	5 * 8 = 40	6 * 8 = 48	7 * 8 = 56	8 * 8 = 64	9 * 8 = 72
9	2 * 9 = 18	3 * 9 = 27	4 * 9 = 36	5 * 9 = 45	6 * 9 = 54	7 * 9 = 63	8 * 9 = 72	9 * 9 = 81

‖ 그림 3-10 ‖ 워크시트에 출력된 구구단

코드의 라인별 설명

① 02, 07 라인 :

바깥쪽 For…Next 구문을 나타낸다. 제어 변수 dan은 2단부터 9단까지를 표현하며, 05 라인에서는 'dan-1'의 값을 열의 번호로 Cells( )의 인수에 사용한다. 즉, 2단은 1열(A열)에, 3단은 2열(B열)에 출력한다.

② 03, 06 라인 :

안쪽 For…Next 구문을 나타낸다. 제어 변수 su는 1부터 9까지를 표현하며, 05라인에서 su는 출력할 행의 번호로 Cells( )의 인수에 사용된다. 각 단은 1행부터 9행까지에 출력된다.

③ 04, 05 라인 :

04 라인에서 구구단의 각 단(dan)과 곱셈기호 '*', 곱하는 수(su)와 등호 '=', 곱셈의 결과(dan*su) 등 문자열 결합연산자(&)로 연결하여 출력할 문자열을 작성해 변수 c에 대입한다. 05 라인에서는 이렇게 작성된 변수 c의 값을 Cells( )를 이용해 워크시트의 셀에 기록한다. 이 때 사용하는 Cells( )의 행과 열에 사용된 인수에 대한 설명은 ①과 ②의 설명을 참고하라.

3.3.2 For Each … Next 구문

For Each … Next 구문은 개체에 사용하는 For…Next 구문이라 이해하면 된다. For…Next 문에서처럼 변수를 사용하는 것이 아니라 개체의 각 원소에 대해 루프를 반복하게 된다. 사용법은 다음과 같으며, 개체인 그룹의 각 항목에 대해 <처리>를 반복한다.

```
For Each 항목 In 그룹(개체)
        〈처리〉
Next
```

보기 3-10 For Each … Next 구문의 여러 예

①
```
For Each cell In Range("B1:B3")
        〈처리〉
Next
```

항목 cell에 Range 개체의 각 항목인 B1, B2, B3 셀이 대입되어 <처리>를 3번 반복한다.

②
```
For Each b In Selection
        〈처리〉
Next
```

항목 b에 선택된 범위(Selection)의 각 셀이 대입되어 <처리>를 반복한다.

다음의 [예 3-5]는 미리 마우스로 미리 설정한 영역 개체에 For Each … Next 구문을 적용한 예이다. 설정된 영역은 Selection 개체로 나타낸다. 여러 개의 블록으로 영역을 설정하려면 처음 블록의 영역을 마우스 드래그로 설정한 후 Ctrl을 누른 상태에서 다음 블록을 선택해야 한다. 여러분들이 어떤 영역을 설정하더라도 설정된 영역은 Selection 개체가 된다.

예 3-5

프로시저를 실행하기 전에 <그림 3-11>과 같이 워크시트 내에 블록으로 설정된 두 개의 영역을 선택한 후, <표 3-13>의 프로시저를 수행하면 <그림 3-12>와 같은 결과를 얻을 수 있다.

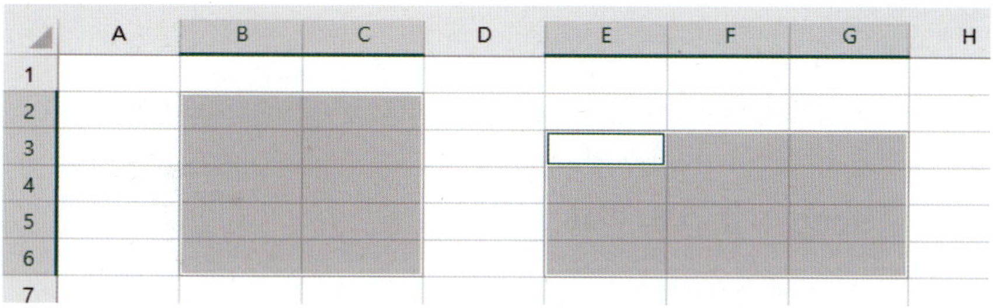

‖ 그림 3-11 ‖ 실행 전에 워크시트에 두 블록의 영역을 설정

‖ 표 3-13 ‖ 실행할 프로시저의 코드

```
01    Sub ex3_5()
02        num = 0
03        For Each cell In Selection
04            num = num + 2
05            cell.Value = num
06        Next
07    End Sub
```

<표 3-13>의 프로시저를 실행하면 설정된 영역에 <그림 3-12>와 같이 짝수 2, 4, 6, 8, … 이 채워질 것이다. 여기서 여러분들이 참고로 알아둘 사항이 있다. 코드의 03 라인 'For each cell in Selection'에 의해 Selection 개체의 각 항목이 변수 cell에 대입되어 루프를 반복하게 된다. 이 때 변수 cell에 대입되는 셀의 순서는 왼쪽에 위치한 블록부터 채워짐을

	A	B	C	D	E	F	G
1							
2		2	4				
3		6	8		22	24	26
4		10	12		28	30	32
5		14	16		34	36	38
6		18	20		40	42	44
7							

‖ 그림 3-12 ‖ 실행을 마친 워크시트

알 수 있다. 또한 블록의 내부에서는 한 행이 모두 채워진 후 다음 행으로 이동하면서 실행됨을 알 수 있다. 즉, cell 변수는 B2, C2, B3, C3 순으로 셀이 대입되고, 해당 셀에 변수 num의 값을 기록한다.

3.3.3 Do … Loop : 조건부 반복

Do … Loop에는 조건을 평가할 때 'While'문을 사용하는지 'Until'문을 사용하는지에 따라 2가지 형태로 나누고, 각각의 경우에 대해서 조건을 평가하는 문장이 앞에 위치하는지 뒤에 위치하는지에 따라 2가지로 구분을 해보면 <그림 3-13>과 같이 4가지 형태가 존재한다. 프로그램을 작성할 때 4가지 중에서 어떤 구문을 사용해도 큰 차이는 없다.

1) While을 사용한 경우

❶
```
Do While 조건
  < 처 리 >
Loop
```

❷
```
Do
  < 처 리 >
Loop While 조건
```

2) Until을 사용한 경우

❸
```
Do Until 조건
  < 처 리 >
Loop
```

❹
```
Do
  < 처 리 >
Loop Until 조건
```

‖ 그림 3-13 ‖ 'Do … Loop'의 종류들

'While'문은 조건을 만족하는 동안(True일 때) Loop 안의 <처리>를 반복 수행하다가 조건이 만족되지 않으면(False가 되면) DO 루프를 종료한다. 이와 반대로 'Until'문을 이용하는 경우는 조건이 참이 될 때까지 루프를 반복하라는 의미이다. 즉, 조건이 False일 때는 Loop 안의 <처리>를 반복 수행하다가 조건이 참이 되면 반복을 멈추는 것이다. 본인의 스타일에 따라 'While'문과 'Until'문 중에 선호하는 것이 있을 수 있다. 필자의 경우는 'While'문을 더 선호하는 편이다.

<그림 3-14>는 <그림 3-13>에서 'While'문을 사용하는 ①번과 ②번 구문의 흐름도로 나타낸 것이다. 이 두 구문은 'While 조건'의 위치가 앞에 있는지 뒤에 있는지 차이가 있다. 'While 조건'의 위치는 조건을 평가하는 시점을 의미한다. 즉, 'Do While 조건…Loop'에서는 조건을 만족하는지를 먼저 평가한 후에 <처리>의 수행 여부를 결정한다. 만약 조건이 만족되지 않는다면 <처리>는 한 번도 수행되지 않을 수 있다. 그러나 조건이 뒤에 있는 'Do…Loop While 조건'에서는 일단 최초의 <처리>를 먼저 수행한 후 조건을 판정한다. 만약 조건이 만족되면(True이면) <처리>를 반복하며 그렇지 않으면 루프를 종료한다. 따라서 <처리>가 최소한 한번은 수행되는 것이다.

조건이 뒤에 있는 'Do…Loop While 조건'에서는 무조건 <처리>를 한번 수행한 후에 조건을 평가하기 때문에 <처리>가 최소 한번은 수행된다고 하였다. 이런 이유로 원하지

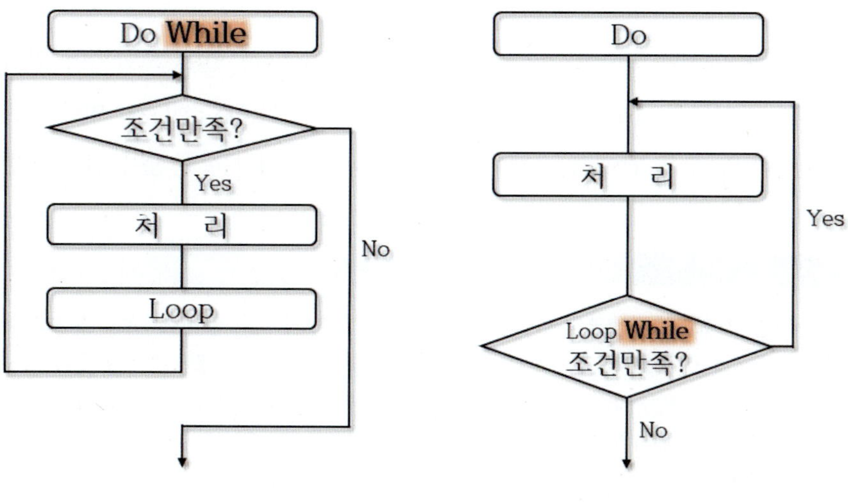

‖ 그림 3-14 ‖ 'Do While … Loop'와 'Do … Loop While'의 흐름도

않는 실수가 발생할 수도 있다. 따라서 필자의 경우는 주로 'While'문이 앞에 있는 ①번 구문을 사용한다.

보기 3-11 Do While … Loop의 수행 과정에 대한 예

```
i = 1
Do While i < 10
        <처리>
        i = i * 3
Loop
```

① Do … Loop의 밖에서 제어 변수 i의 초깃값이 설정(i=1)돼 있다. Do … Loop에 진입할 때 i=1은 조건(i<10)을 만족하므로 <처리>를 수행한 후 'i=i*3'에 의해 i=3이 된다.

② Loop문을 만나면 실행이 다시 'While 조건'으로 옮겨져 조건을 재평가한다. i=3도 조건(i<10)을 만족하므로 <처리>가 다시 수행된 후 'i=i*3'에 의해 i=9가 된다.

③ i=9도 역시 조건(i<10)을 만족하므로 <처리>가 다시 수행된 후 'i=i*3'에 의해 i=27이 된다.

④ i=27은 조건(i<10)을 만족하지 못하므로 Do While … Loop의 실행이 끝난다.

For … Next 구문에서는 제어변수의 시작 값과 증분이 구문 안에 포함되어 있지만 Do … Loop를 이용하는 경우에는 [보기 3-11]에서 살펴본 바와 같이 Do … Loop 밖에서 제어변수의 시작 값을 지정하고, 루프 안에서는 제어변수의 증분을 정의하는 문장이 있어야 한다.

예 3-6

B열에 <그림 3-15>의 왼편과 같이 한 칸의 빈칸을 포함해 숫자를 입력하고 <표 3-14>의 프로시저를 실행하면 <그림 3-14>의 오른편과 같은 결과를 얻을 수 있다. B열에 기록된 값의 제곱근을 C열에 채우되 공백의 셀인 B8을 만나면 채우기를 중단한다. 논리연산자인 'NOT'과 VBA의 내장함수인 'IsEmpty' 함수가 사용되었다.

	A	B
1		1
2		2
3		3
4		4
5		5
6		6
7		7
8		
9		9
10		10

	A	B	C	D
1		1	1	
2		2	1.414214	
3		3	1.732051	
4		4	2	
5		5	2.236068	
6		6	2.44949	
7		7	2.645751	
8				
9		9		
10		10		

‖ 그림 3-15 ‖ 프로시저 실행 전과 후의 워크시트 모습

‖ 표 3-14 ‖ 실행할 프로시저의 코드

```
Sub ex3_6()
    nrow = 1
    Do While Not IsEmpty(Range("B" & nrow).Value)
        Range("C" & nrow).Value = "=SQRT(RC[-1])"
        nrow = nrow + 1
    Loop
End Sub
```

<표 3-14>의 코드에서 **'IsEmpty( )'** 함수는 지정한 셀이 비어 있으면 True(참)이고, 비어 있지 않으면(즉, 값이 있으면) False(거짓)값을 반환한다. 논리연산자 **'NOT'**은 뒤의 내용을 부정하므로 'Not True'는 False, 'Not False'는 True가 된다. 따라서 위의 DO While 문은 셀이 비어 있지 않으면 조건이 만족되는 것으로 판정하여 루프 내부를 실행하고, 비어 있는 셀을 만나면 조건이 거짓이 되어 Do 루프를 종료한다. 즉, 비어 있는 셀이(IsEmpty) 아닌 한 (While Not) Do While 루프를 반복한다.

3.4 조건문

일반적으로 프로그램의 코드는 위에서부터 아래로 순차적으로 수행된다. 그러나 경우에 따라서 순서를 인위적으로 바꾸는 경우도 필요하다. 특정 조건에 따라 프로그램의 실행순서를 바꾸거나 다중으로 분기하는 프로그램을 작성할 때 사용하는 것이 조건문이다.

조건문에는 조건이 참일 때만 실행할 문장이 있는 'If … Then', 조건이 참일 때와 거짓일 때 실행될 문장이 각각 존재하는 'If … Then … Else', 2개 이상의 조건에 따라 실행을 달리하는 'If … ElseIf … Else'가 있다. 조건이 너무 많을 때에는 'If … ElseIf … Else'에 조건을 일일이 나열하는 것보다 'Select … Case' 구문을 사용하는 것이 바람직하다. 이들 각각에 대해 자세히 알아보자.

3.4.1 If … Then … Else : 단일 조건의 판단

<그림 3-16>은 **'If … Then … [Else]'문**의 형식과 흐름도를 보여주고 있다. 만약 '조건'이 만족되면 <처리1>을 수행하고, 만족되지 않으면 <처리2>를 수행한다. <처리1>과 <처리2>는 한 줄의 명령일 수도 있고 복수의 명령문들일 수도 있다. [Else <처리2>]는 사용하지 않아도 되며 이때에는 '조건'이 만족되지 않으면 End If 이후의 문장이 실행된다.

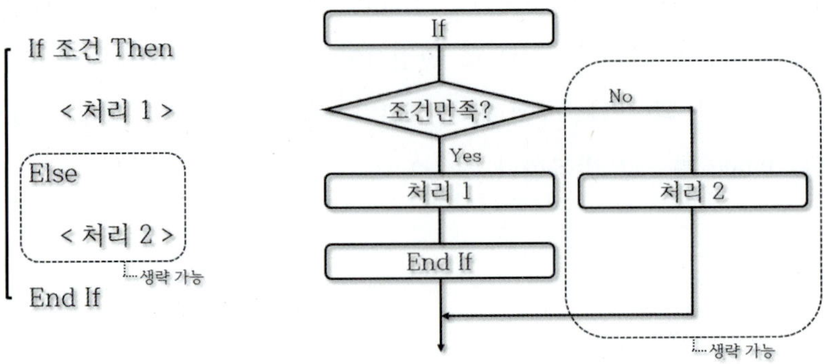

‖ 그림 3-16 ‖ 'If … Then … [Else]'문의 형식 및 흐름도

만약 <처리1>이 단일 문장이라면 다음과 같이 'End If'를 생략하고 한 줄의 문장으로 사용할 수도 있다.

```
If 조건 Then 〈처리1〉
```

만약 <처리1>과 <처리2>가 모두 단일 문장이라면 다음과 같이 'End If'를 생략해도 무방하다.

```
If 조건 Then 〈처리1〉
Else 〈처리2〉
```

그러나 <처리>의 내용이 단일 문장이 아니고 여러 개의 문장으로 구성된 블록일 경우에는 반드시 'End If'를 사용하여 처리의 블록이 어디까지인지를 VBA에게 알려야 한다. C나 JAVA와 같은 프로그래밍 언어에서는 여러 개의 문장으로 구성된 블록일 경우 블록의 시작과 끝을 중괄호({ })로 둘러싸서 범위를 지정한다. 그러나 VBA에서는 Then과 Else 사이, 또는 Else와 Endif 사이를 블록으로 지정한다. Else가 없는 If문에서는 Then과 End if 사이를 블록으로 지정한다.

보기 3-12 If 문의 예

```
If num Mod 2 = 0 Then
    res ="데이터의 개수는 짝수"
Else
    res ="데이터의 개수는 홀수"
End If
```

만약 num은 정수형 변수라고 할 때, num을 2로 나눈 나머지가 0이면 num은 2로 나누어지는 수, 즉 짝수이다. 나머지가 0이 아닌 경우는 결국 나머지가 1인 경우이며, 이는 홀수를 의미한다.

3.4.2 If … Then … ElseIf : 복수 조건의 판단

판정하고자 하는 조건이 2개 이상일 경우에는 <그림 3-17>과 같이 내부에 'ElseIf'가 포함된 **'If … Then … ElseIf' 구문**을 사용한다. 조건이 여러 개인 경우에는 'ElseIf'를 추가할 수 있으며, 위에 나열한 어떤 조건도 만족하지 않는 경우에는 Else 이하의 문장이 수행된다.

```
If 조건1 Then
    < 처리 1 >
ElseIf 조건2 Then
    < 처리 2 >
Else
    < 처리 3 >
End If
```

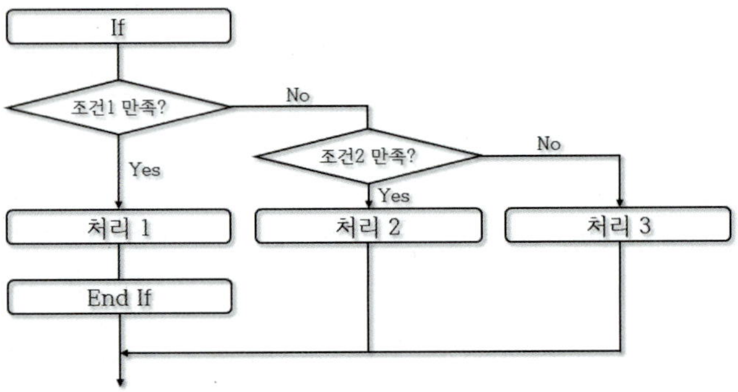

‖ 그림 3-17 ‖ 'If … Then … ElseIf' 구문의 형식 및 흐름도

보기 3-13 'If … ElseIf' 문의 예

```
If score 〉= 90 Then
    result ="A학점"
ElseIf score 〉= 80 Then
    result ="B학점"
ElseIf score 〉= 70 Then
    result ="C학점"
ElseIf score 〉= 60 Then
    result ="D학점"
Else
    result ="F학점"
End If
```

성적을 담고 있는 변수 score의 범위에 따라 변수 result에 학점을 입력하는 전형적인 성저처리과정이다.

다음 예는 중학교 3학년에서 배운 이차방정식의 근을 구하는 과정을 다룬 예로 'If ··· Then ··· Else'문과 'If ··· Then ··· ElseIf'구문이 중첩해서 이용된다.

일반적으로 방정식 $ax^2 + bx + c = 0$ 의 풀이는 다음과 같다.

1) $a = 0$ 인 경우; 준 방정식은 일차방정식이며 해는 $x = -c/b$

2) $a \neq 0$ 인 경우; 준 방정식은 이차방정식이며 그 해는 판별식 $D = b^2 - 4ac$ 의 부호에 따라

① $D > 0$; 서로 다른 두 실근인 $x = \dfrac{-b \pm \sqrt{D}}{2a}$

② $D = 0$; 중근인 $x = -b/2a$

③ $D < 0$; 실근이 존재하지 않음

예 3-7

이차방정식의 계수 a, b, c 의 값을 엑셀의 워크시트에서 읽어 방정식의 해를 구해 다시 워크시트의 셀에 출력하는 프로그램이다. <표 3-15>의 프로그램을 실행하면 <그림 3-18>과 같은 실행 결과들을 얻는다. 여러분들은 워크시트에 입력된 계수 a, b, c 의 값을 바꾸어 가면서 프로그램의 결과를 확인해보라.

‖ 표 3-15 ‖ 실행할 프로시저의 코드

```
Sub ex3_7()
    a = Range("A1").Value : b = Range("B1").Value : c = Range("C1").Value
    If a = 0 Then
        x = -c / b : Range("a3").Value = "해 x = " & x
    Else
        d = b ^ 2 - 4 * a * c
        If d > 0 Then
            x1 = (-b + Sqr(d)) / (2 * a)
            x2 = (-b - Sqr(d)) / (2 * a)
            Range("a3").Value = "서로 다른 두 실근, x = " & x1 & " 또는 " & x2
        ElseIf d = 0 Then
            x = -b / (2 * a): Range("a3").Value = "중근 x = " & x
        Else
            Range("a3").Value = "실근이 존재하지 않음"
        End If
    End If
End Sub
```

	A	B	C	D
1	1	2	-8	
2				
3	서로 다른 두 실근, x = 2 또는 -4			

	A	B	C
1	1	-4	4
2			
3	중근 x = 2		

	A	B	C
1	1	-3	4
2			
3	실근이 존재하지 않음		

	A	B	C
1	0	-3	-9
2			
3	해 x = -3		

|| 그림 3-18 || 프로시저를 실행한 여러 가지 결과들

코드의 라인별 설명

① 02 라인 :

워크시트의 A1, B1, C1 셀에 있는 값을 읽어 이차방정식의 계수로 사용되는 변수 a, b, c의 값을 대입한다.

② 03, 05, 16 라인 :

바깥에 사용된 If-블록으로 이차항의 계수가 0인 경우(03라인)와 0이 아닌 경우(05)로 나누어 수행한다. 특히 이차항의 계수가 0이 아닌 경우(05~16라인)은 2차방정식의 해를 구하는 과정으로 내부에서 다시 If-블록을 사용한다.

③ 07, 11, 13, 15 라인 :

안쪽에 사용된 If···ElseIf-블록으로 판별식(d)의 부호에 따라 양수(07 라인), 0(11 라인), 음수(13 라인)인 경우에 각각 해를 구한다.

3.4.3 Select Case 문 : 경우별 실행

만약 한 변수(또는 식)의 값이 여러 개의 값을 가지며, 이 값에 따라 다중으로 분기하는 프로그램을 생각해보자. 많은 수의 조건을 앞에서 배운 'If … ElseIf' 구문을 사용한다면 많은 수의 'ElseIf 조건'이 필요할 것이다. 이렇게 여러 개의 'If' 또는 'ElseIf'가 사용된 프로그램은 그 로직도 복잡해 보이고 실행 속도도 저하될 수 있는 단점이 있다. 이런 경우에는 'Select Case' 문을 사용하여 보다 효율적인 프로그램의 작성이 가능하다. **'Select Case'문**은 각 경우(변수 또는 식의 값)에 따라 서로 다른 처리를 수행할 때 사용한다. <그림 3-19>는 'Select Case'문의 형식 및 흐름도를 나타낸 것이다.

만약 변수(식)의 값이 '값1'이면 <처리1>을, '값2'이면 <처리2>를 …, 어느 값에도 해당하지 않으면 <처리n>을 각각 수행한다. 'Case Else <처리n>'은 사용하지 않을 수도 있다. 다음의 [보기 3-14]는 Case문에 조건을 기록하는 여러 방법들을 소개하고 있다.

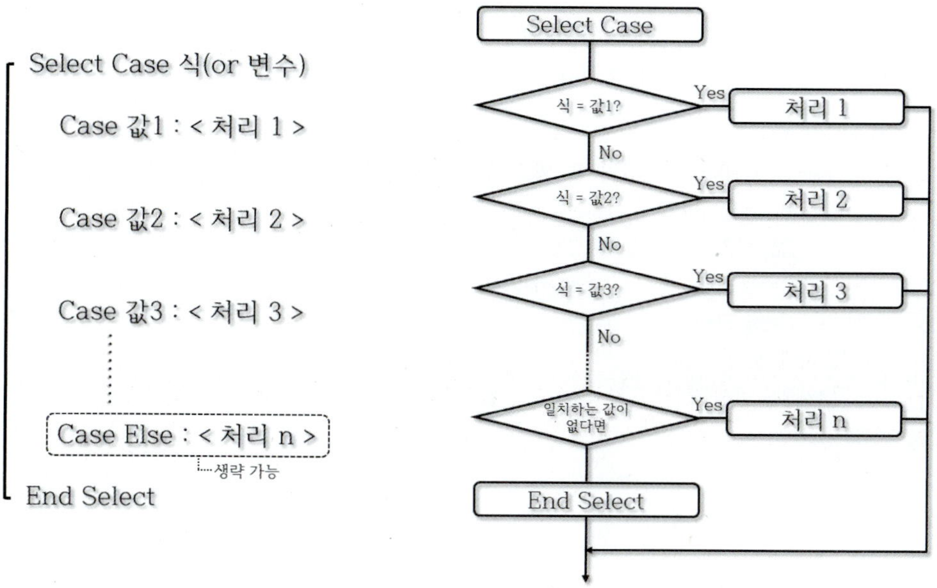

‖ 그림 3-19 ‖ 'Select Case'문의 형식 및 흐름도

보기 3-14 Case문에 조건을 기록하는 여러 방법들

①
```
Case 3, 5, 9 : 〈처리〉
```

식(변수)의 값이 3, 5, 9이면 <처리>를 수행

②
```
Case Is >= 100 : 〈처리〉
```

식(변수)의 값이 100이상이면 <처리>를 수행

③
```
Case 3 To 9 : 〈처리〉
```

식(변수)의 값이 3~9 사이이면 <처리>를 수행

예 3-8

특정한 달을 InputBox를 통해 입력하면 그 달의 일수를 MsgBox로 출력하는 프로그램이다. <그림 3-20>은 2월을 입력한 경우를 보여주고 있다. <표 3-16>의 코드를 입력하고 다양한 월을 선택해서 실행해보라.

‖ 표 3-16 ‖ 실행할 프로시저의 코드

```
Sub ex3_8()
    mon = Val(InputBox("일수를 알고 싶은 달을 입력하세요.", "달 선택", 7))
    Select Case mon
        Case 2: num_day = 28
        Case 4, 6, 9, 11: num_day = 30
        Case Else: num_day = 31
    End Select
    MsgBox ("선택하신 " & mon & " 월의 일수는 " & num_day & " 입니다.")
End Sub
```

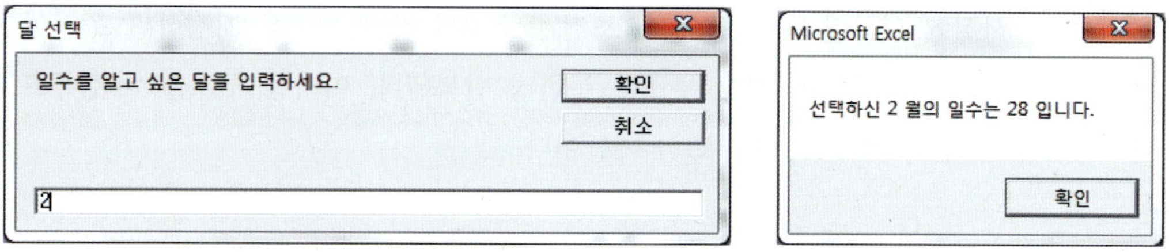

‖ 그림 3-20 ‖ 2월을 입력하는 과정과 해당 월의 일수가 출력된 결과

3.5 조건의 평가 및 무조건 분기

3.5.1 조건문과 반복구문에서 조건의 평가

대부분의 제어문은 '조건'의 만족 여부에 따라 처리를 수행하게 된다. 이 때 조건은 다음과 같이 평가된다.

> ▷ 값이 0이 아닌 경우 ⇒ 만족(True)
> ▷ 값이 0인 경우 ⇒ 불만족(False)

위에서 '조건'이 수식/수치일 때에는 0이 아닌 값이면 항상 True로 평가된다는 사실에 주목하자. '조건'에 소수점이 포함된 실수가 오더라도 정수로 반올림된 후 처리된다.

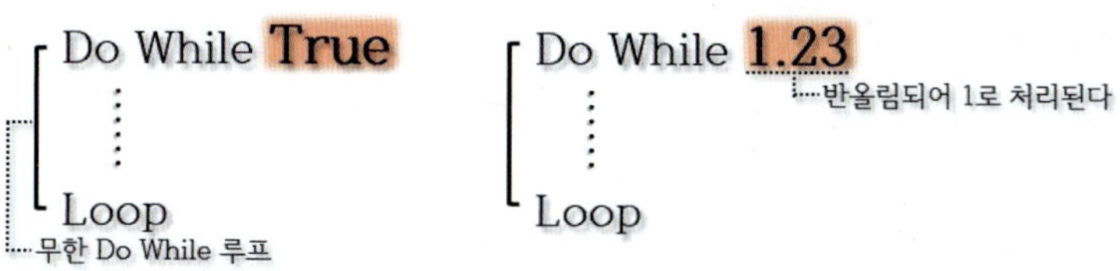

‖ 그림 3-21 ‖ 무한루프의 예들

위와 같은 사실에 의하면 Do-루프에서 '조건'으로 0이 아닌 정수를 지정하면 조건이 항상 만족되는 것으로 평가되어 해당 루프는 무한정 반복된다. 이러한 루프를 **'무한루프'**라 한다. 다음의 <그림 3-21>은 무한루프의 예들이다.

3.5.2 Exit문 : For-루프, Do-루프의 탈출

Exit문은 Do-루프나 For-루프 내부에서 루프의 실행을 강제적으로 종료하기 위해(루프 밖으로 탈출하기 위해) 사용된다. <그림 3-22>와 같이 Do-루프에서는 **'Exit Do'**를, For-루프에서는 **'Exit For'**를 각각 사용한다.

Exit 문은 Do-루프나 For-루프 내부에서 대부분의 경우에 If문과 함께 사용하여 특정한 상황이 되면 해당 루프의 실행을 종료시킨다. 만약 2중으로 중첩된 Do-루프나 For-루프의 제일 안쪽에서 Exit 문을 사용한다면 제일 안쪽 루프는 벗어나지만 여전히 바깥쪽 루프 안에는 있게 된다. 이러한 경우에는 부득이하게 다음에 배울 'GoTo' 문을 사용해 한 번에 중첩 루프의 밖으로 탈출할 수가 있다. Exit 문은 사용자정의 프로시저나 함수를 종료할 때에도 사용된다(**Exit Sub**, **Exit Function**). 이에 대해서는 뒤에서 다시 설명하도록 하겠다.

예 3-9

무한루프 안에서 한 자리 정수인 난수를 발생해 기록하다가 발생한 난수가 행운의 수인 '7'이 나오면 '행운을 빕니다.'라는 문구를 기록하고 무한루프를 탈출하는 예이다. <표 3-17>의 코드를 실행하면 매번 다른 결과가 나타난다. <그림 3-23>도 그 중에 두 번의 결과를 캡처한 것이다. 이와 같이 난수를 이용한 예에서는 실행할 때마다 서로 다른 결과를 나타낸다. 여러분들도 여러 번 실행하면서 그 결과를 관찰해보라.

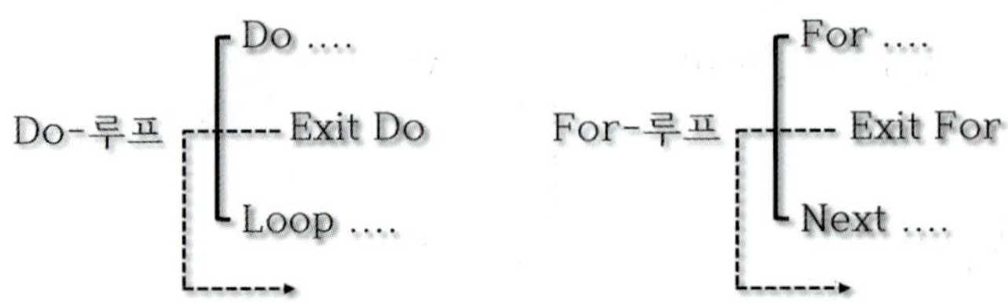

‖ 그림 3-22 ‖ 'Exit Do'와 'Exit For'의 용법

‖ **표 3-17** ‖ 실행할 프로시저의 코드

```
01    Sub ex3_9()
02        Cells.Clear
03        Randomize
04        nrow = 1
05        Do While True
06            rn = Int(Rnd * 10)
07            Cells(nrow, 1).Value = rn
08            nrow = nrow + 1
09            If rn = 7 Then  Exit Do
10        Loop
11        Range("A" & nrow).Value = "행운을 빕니다."
12        Range("B" & nrow).Value = "난수의 개수는 = " & nrow-1
13    End Sub
```

	A	B	C
1	5		
2	1		
3	5		
4	8		
5	3		
6	3		
7	7		
8	행운을 빕니다.	난수의 개수는 = 7	

	A	B	C
1	4		
2	2		
3	1		
4	0		
5	6		
6	2		
7	3		
8	0		
9	9		
10	7		
11	행운을 빕니다.	난수의 개수는 = 10	

‖ **그림 3-23** ‖ 서로 다른 두 가지 실행 결과

코드의 라인별 설명

① 02 라인 : Cells.Clear

워크시트에 기록된 모든 내용을 삭제하는 명령이다. 한번 실행한 후에 다시 실행할 경우에는 이전 실행에서 워크시트에 기록했던 내용을 모두 지우는 역할을 한다. 따라서 매번 새로운 결과를 출력한다.

② 03 라인 : Randomize

이 명령은 난수를 생성할 때 시스템에 의한 초깃값을 사용해 매번 다른 난수가 생성되도록 하는 문장이다.

③ 04 라인 : nrow = 1

행을 다루는 변수이며 초깃값이 1이므로 07 라인(Cells(nrow, 1))에서 처음 사용될 때 생성된 난수를 1행부터 출력한다. 08 라인에서 출력 후엔 값을 1씩 증가시켜 다음 행에 기록되도록 한다.

④ 05, 10 라인 : 무한루프

'While True'에 의해 조건이 항상 참이므로 무한루프이다. 한 자리 정수(0~9)인 난수를 생성하여 A열에 기록하다가 09 라인에서 그 난수가 7이면 무한루프를 마치고 루프 밖으로 이동한다. 07 라인에 사용된 'Cells(nrow, 1)'는

⑤ 06 라인 : rn = Int(Rnd * 10)

'**Rnd**'는 0을 포함해 0과 1 사이의 실수(균일분포 U(0,1)에 따르는 난수)를 생성하는 VBA 내장함수이며, '**Int( )**'는 인수의 값을 정수로 바꾸는 VBA 내장함수이다. 따라서 이 명령은 생성된 난수에 10을 곱해 정수로 변환하여 'rn'이라는 변수에 그 값을 할당한다는 뜻이다. 즉, [0, 10) 사이의 실수를 정수화하면 0부터 9까지의 정수가 된다.

07 라인에 사용된 'Cells(nrow, 1)'는 11 라인에 사용된 'Range("A" & nrow)'와 동일한 표현임은 잘 알고 있으리라 생각한다.

3.5.3 GoTo 문 : 실행분기

GoTo 문은 <그림 3-24>와 같이 프로그램의 실행을 지정한 위치('라벨:'이 기록된 위치)로 무조건 이동(분기)시킨다. 주로 이중 이상으로 중첩된 DO-루프나 For-루프 내부에서 한꺼

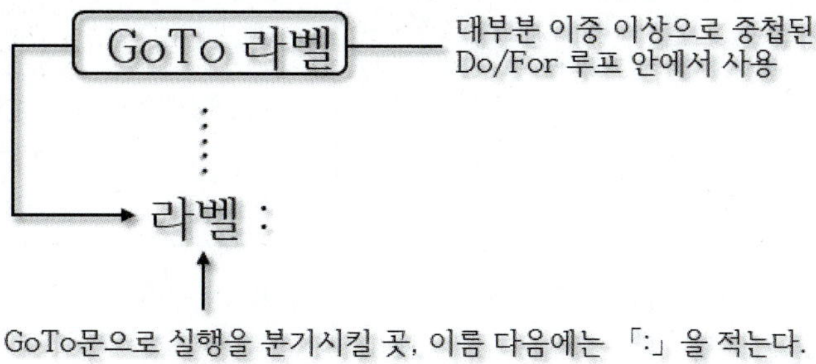

‖ 그림 3-24 ‖ GoTo 문의 형식 및 흐름도

번에 루프 전체의 밖으로 빠져나갈 때 사용한다. GoTo 문을 남용하면 프로그램의 로직이 복잡해져서 프로그램을 이해하거나 수정하는데 어려움이 발생할 수 있으므로 꼭 필요한 경우가 아니면 사용하지 않는 것이 바람직하다.

예 3-10

InputBox를 통해 정수(n)를 입력받아 피타고라스의 수($x^2+y^2=n^2$ 을 만족하는 자연수 $x, y\ (x \leq y)$)를 찾아 MsgBox로 출력하는 프로그램이다. 만약 만족하는 자연수 $x, y\ (x \leq y)$ 가 존재하지 않으면 '피타고라스의 수 없음'을 표시한다. <표 3-18>의 코드를 입력하고 다양한 값을 입력해 실행해보라. 피타고라스 수가 존재하면 <그림 3-25>와 같이 출력되고 피타고라스 수가 존재하지 않는 경우라면 <그림 3-26>과 같이 출력된다.

```
Sub ex3_10()
    n = Val(InputBox("자연수 n을 입력하세요.", "피타고라스 수", 5))
    For x = 1 To n
        For y = x To n
            If x ^ 2 + y ^ 2 = n ^ 2 Then GoTo Pita
        Next
    Next
    MsgBox (n & " 에 대한 피타고라스 수는 없습니다.")
    End
Pita:
MsgBox (n & " 에 대한 피타고라스 수는 " & x & " 와(과) " & y & " 입니다.")
End Sub
```

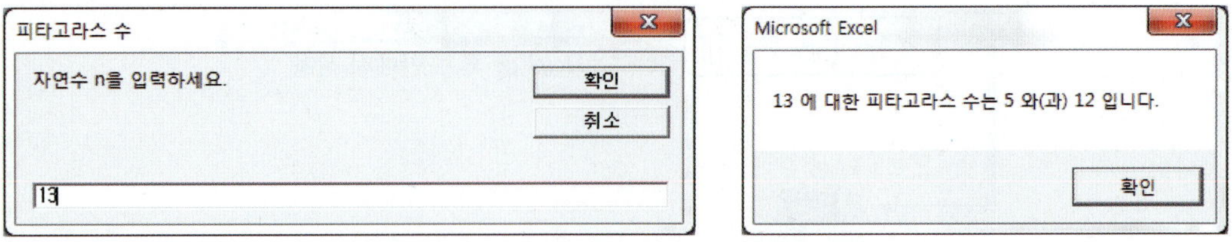

|| 그림 3-25 || 피타고라스 수가 존재하는 경우

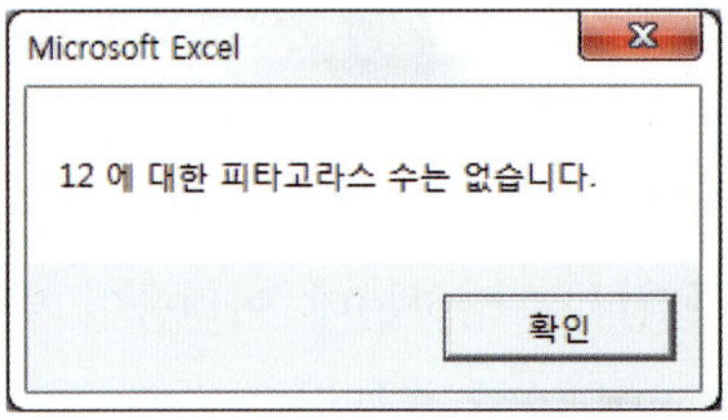

|| 그림 3-26 || 피타고라스 수가 존재하지 않는 경우

코드의 라인별 설명

① 02 라인 : n = Val(InputBox("자연수 n을 입력하세요.", "피타고라스 수", 5))

InputBox로 수를 입력받은 후 Val( ) 함수로 그 값을 수치로 변환한 후 변수 n에 입력한다.

② 03, 07 라인 : 이중 For-루프의 바깥쪽 루프

바깥쪽 For-루프는 x= 1, 2, 3, ⋯, n에 대해 반복된다.

③ 04, 06 라인 : 이중 For-루프의 안쪽 루프

$y \geq x$ 이므로 각각의 x값에 대해 안쪽 루프는 'For y = x To n'과 같이 설계하였다. 이중 For-루프 안에서 $x^2 + y^2 = n^2$ 을 만족하는 하는 경우는 'GoTo Pita'에 의해 라벨이 있는 10 라인으로 분기된 후, 11 라인에 의해 피타고라스 수인 x, y를 메시지박스에 출력한다.

④ 08, 09 라인 : 피타고라스 수 없는 경우

만약 피타고라스 정리를 만족하는 x, y가 발견되지 않으면 이중 For-루프가 모두 종료되고, 'End'에 의해 실행이 끝난다. 09 라인의 'End'는 반드시 필요하다. 만약 이 문장이 없으면 프로그램의 실행이 계속되기 때문에 10 라인 이후에 있는 모든 문장들이 계속 실행된다. 또한, 만약 'GoTo' 대신 'Exit For'를 사용하였다면 이 경우처럼 중첩된 For-루프에서 한 번에 빠져 나올 수 없고, 안쪽 For-루프에서만 빠져 나올 수 있을 것이다.

3.5.4 On Error … GoTo : 오류처리루틴을 설정

'On Error … GoTo' 문은 프로그램 실행 중에 오류가 발생하면 무조건 지정한 오류처리루틴으로 실행을 분기시킨다. 일반적으로 'On Error … GoTo' 문은 <그림 3-27>과 같이 **'Resume Next'** 문과 함께 사용된다. 만약 오류가 발생하면 지정한 오류처리루틴으로 실행이 옮겨가 처리를 진행하다가 'Resume Next 문'을 만나면 오류가 발생했던 바로 다음 문장으로 실행이 복귀된다.

다음의 [예 3-11]은 프로그램 실행 중 오류가 발생하면 'On Error … GoTo'문에서 지정한 오류처리루틴으로 실행이 옮겨가고, 'Resume Next 문'을 만나 오류가 발생했던 바로 다음 문장으로 실행이 복귀되어 오류가 발생했던 다음 문장부터 프로그램이 계속 실행되는 과정을 잘 보여준다.

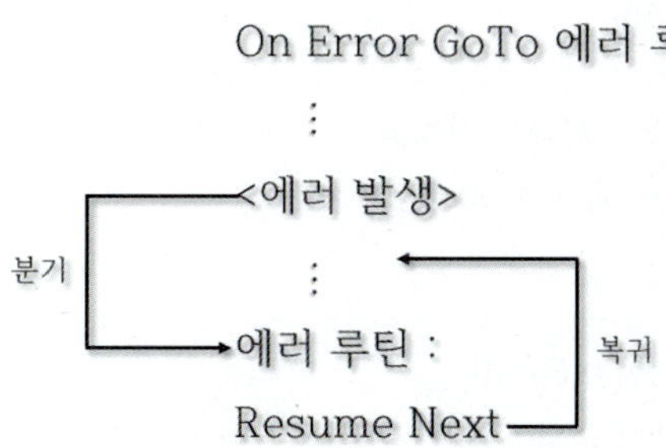

‖ 그림 3-27 ‖ 'On Error … GoTo' 문의 형식과 흐름도

예 3-11

A열에 입력된 값에 대한 제곱근을 B열에 수록하되 실행 중에 오류가 발생하면 해당 오류 메시지를 출력한다. 먼저 <그림 3-28>의 왼편과 같이 A열에 양수와 음수를 입력하고 <표 3-19>의 코드를 실행하면 <그림 3-28>의 오른편과 같은 결과를 얻을 수 있다.

	A	B
1		
2	16	
3	9	
4	4	
5	1	
6	-1	
7	25	
8	36	
9	49	
10		

	A	B	C	D	E
1					
2	16	4			
3	9	3			
4	4	2			
5	1	1			
6	-1	프로시저 호출 또는 인수가 잘못되었습니다.			
7	25	5			
8	36	6			
9	49	7			
10		오류 없이 다시 시작합니다			

‖ 그림 3-28 ‖ 프로시저 실행 전과 후의 워크시트

<표 3-19>의 코드에서 'Sqr( )'은 제곱근을 구하는 VBA 내장함수로 인수는 반드시 0보다 크거나 같아야 한다. For-루프의 실행 중에 A6셀의 값(=-1)이 a_value에 대입되고, B6셀에 Sqr(-1)을 기록하려할 때 오류가 발생한다. 이때 02라인에서 지정한 오류처리루틴 'ErrRtn'

‖ 표 3-19 ‖ 실행할 프로시저의 코드

```
01  Sub ex3_11( )
02      On Error GoTo ErrRtn
03      For i = 2 To 9
04          a_value = Range("A" & i).Value
05          Range("B" & i).Value = Sqr(a_value)
06      Next
07  ErrRtn:
08      Range("B" & i).Value = Error()
09      Resume Next
10  End Sub
```

으로 실행이 분기돼 B열의 해당 셀에 이에 대한 오류메시지(Error( ))를 출력한다. **Error( ) 함수**는 가장 최근에 발생한 오류에 대한 메시지를 구하는 VBA 내장함수이다. 09라인에 있는 'Resume Next'문을 만나 오류가 발생했던 다음으로 실행이 복귀되어 나머지 결과들(B7, B8, B9 셀의 결과)을 수행한다.

B10 셀에 기록된 내용은 "오류 없이 다시 시작합니다"는 'Resume Next'문을 만나 나머지 결과들(B7, B8, B9 셀의 결과)을 수행한 다음에 07라인부터 나머지 문장이 다시 실행되기 때문에 나오는 결과이다. 이를 막으려면 [예 3-10]에서와 같이 06라인과 07라인 사이에 'End'를 삽입하면 된다.

연 . 습 . 문 . 제

1. 워크시트의 A열에는 주민등록번호 13자리 수가 '1234567890123'과 같이 입력되어 있다고 하자. A열의 각 셀에 기록된 주민등록번호를 읽어 7번째 자리의 수가 1이면 '남성', 2이면 '여성'이라고 B열의 각 셀에 기록하는 프로그램을 작성하려고 한다. 현재 워크시트에는 몇 개의 주민번호가 입력돼 있는지는 알 수 없다. 다음에 제시된 조건들을 이용하여 프로그램을 작성하고, A열에 가상의 주민등록번호 몇 개를 입력한 후 이 프로그램을 실행하여 결과를 확인하라.

   1) Do While-루프와 'IsEmpty' 함수를 이용하여 주민등록번호가 기재된 모든 셀에서 동작하도록 구성하라.

   2) 'Mid' 함수를 이용하라.

2. 다음 그림과 같이 A열에는 자주 사용하는 상위확률이 기록돼 있다. B열에는 A열의 각 행에 기록된 상위확률에 대응되는 표준정규분포의 상위분위수를 "B2:B6" 영역에 출력하는 서브 프로시저를 작성하라. 다만, A열에 기록된 상위확률들은 소수 이하 3자리까지, B열에 기록된 상위분위수들은 소수 이하 5자리까지 기록하려고 한다.

	A	B
1	상위확률	상위분위수
2	0.100	1.281552
3	0.050	1.644854
4	0.025	1.959964
5	0.010	2.326348
6	0.005	2.575829

참고 FromulaR1C1 속성과 워크시트함수 "Norm.s.inv(p)"를 이용하라. "Norm.s.inv(p)"는 표준정규분포에서 누적확률 p를 인수로 누적백분위수를 구하는 함수이다.

3. 다음 그림과 같이 표준정규분포의 상위확률을 InputBox로 입력받아 MsgBox에 상위백분위수를 출력하는 프로시저를 작성하라.

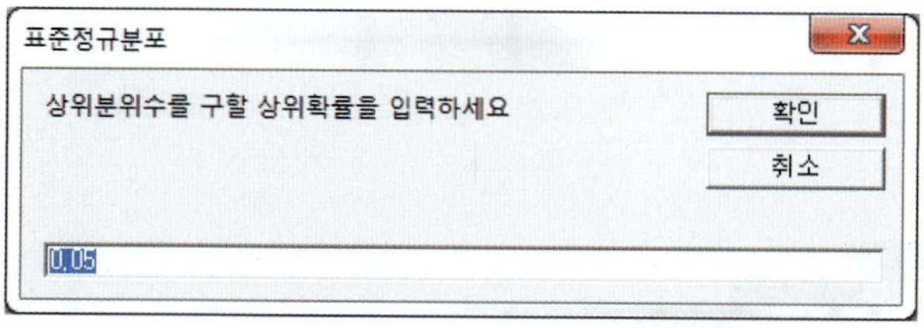

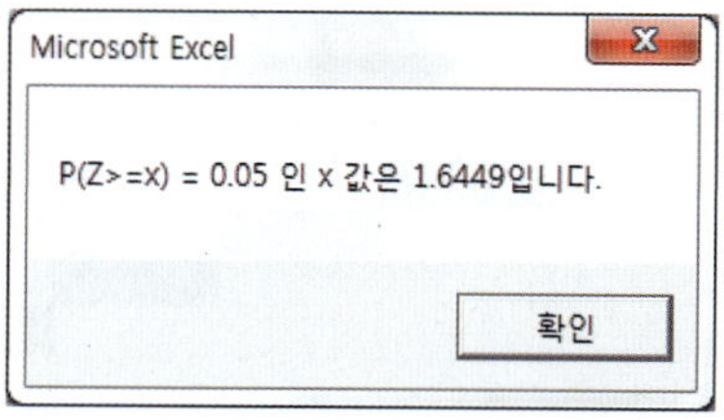

참고 워크시트함수 "Norm.s.inv(p)"를 VBA 프로그램에서 응용할 때에는 개체구조인 마침표(.)와의 충돌을 피하기 위해 "Norm_s_inv( )"와 같이 밑줄(_)을 이용한다.

4. 'Do While … Loop'와 'Do … Loop While'의 차이점을 설명하라.

5. 'Do While … Loop'와 'Do Until … Loop'의 차이점을 설명하라.

6. InputBox를 통해서 n의 값을 입력받은 후 1부터 n까지의 합계를 계산한 후 다음 그림과 같이 MsgBox에 출력하는 프로그램을 작성하라.

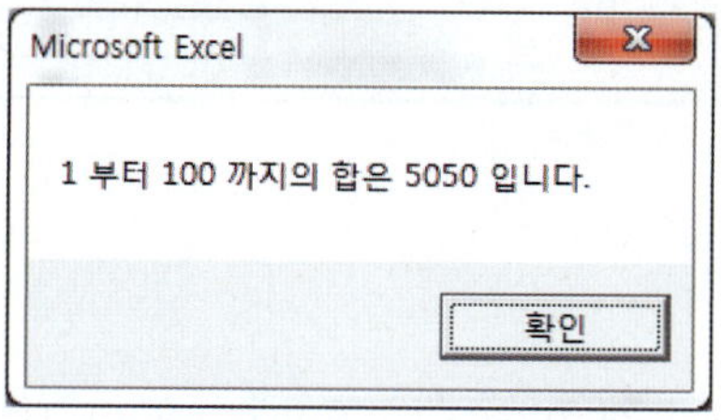

7. 다음 그림과 같이 10개의 행과 10개의 열중에서 대각선에 해당하는 1행 1열, 2행 2열, …, 10행 10열의 셀에 대해서만 셀의 내부를 파란색으로 바꾸는 프로시저를 작성하라.

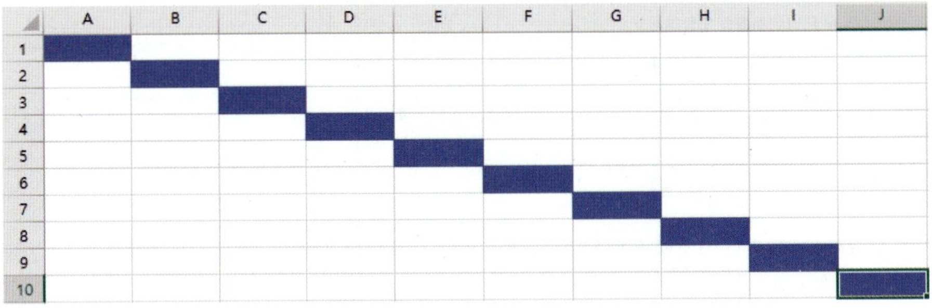

8. 다음 그림과 같이 10개의 행과 10개의 열중에서 대각선에 해당하는 1행 1열, 2행 2열, …, 10행 10열의 셀에는 1을 나머지 셀에는 0을 입력하는 프로시저를 작성하라. 이 개념은 단위행렬을 만드는 과정이다.

	A	B	C	D	E	F	G	H	I	J
1	1	0	0	0	0	0	0	0	0	0
2	0	1	0	0	0	0	0	0	0	0
3	0	0	1	0	0	0	0	0	0	0
4	0	0	0	1	0	0	0	0	0	0
5	0	0	0	0	1	0	0	0	0	0
6	0	0	0	0	0	1	0	0	0	0
7	0	0	0	0	0	0	1	0	0	0
8	0	0	0	0	0	0	0	1	0	0
9	0	0	0	0	0	0	0	0	1	0
10	0	0	0	0	0	0	0	0	0	1

9. [예 3-3]의 프로그램에서 Cells(i,1)부터 Cells(i,6)까지 나타난 1부터 6을 열에 대한 제어 변수 j를 사용하여 안쪽 For-루프로 구성하여 전체적인 구조가 중첩된 For-루프를 이용하여 프로그램을 더 간단하게 수정해보라.

10. [예 3-10]의 프로그램을 다음과 같이 수정하였다. 1부터 99까지의 자연수 n에 대해 피타고라스의 수($x^2 + y^2 = n^2$ 을 만족하는 자연수 $x, y \ (x \leqq y)$)의 값이 존재하는 경우에 워크시트의 A, B, C열에 각각 x, y, n의 값을 기록하는 프로그램이다. 다음 물음에 답하라.

```
Sub ex_e9()
   i = 2
   For n = 1 To 99
       For x = 1 To n
           For y = x To n
               If x ^ 2 + y ^ 2 = n ^ 2 Then
                   Cells(i, 1).Value = x
                   Cells(i, 2).Value = y
                   Cells(i, 3).Value = n
                   i = i + 1
               End If
           Next y
       Next x
   Next n
End Sub
```

1) 이 프로그램의 각 라인을 상세하게 설명하라.

2) 프로그램을 실행시켜 워크시트에 출력된 값을 확인하라.

3) 프로그램의 삼중 For-루프를 Do-루프로 바꾸어 프로그램 해보라.

11. 워크시트의 “A1:E10” 영역에 1부터 45까지의 정수 값을 갖는 균일난수 50개를 출력하려고 한다. For each … Next 구문을 이용하여 프로그램을 작성하라.

1) 출력된 난수들의 평균을 계산해 A11 셀에 출력하라.

2) 출력된 난수들의 중앙값을 계산해 A12 셀에 출력하라.

참고 VBA 내장함수 ‘Rnd’를 이용하여 [a, b]에 속하는 정수를 생성하는 방법은 ‘Int(b*Rnd)+a’과 같다. 따라서 이 문제에서는 ‘Int(45*Rnd)+1’을 이용한다.

CHAPTER 04

04

VBA(Visual Basic for Application)로 통계분석시스템 만들기 II 신 봉 섭 저

개체 변수 및 사용자 정의 폼과 기본컨트롤

Visual Basic for Application

CHAPTER 04

개체 변수 및 사용자 정의 폼과 기본컨트롤

이 장에서는 사용자 정의 폼과 기본적인 컨트롤들을 이용한 프로그래밍 기법에 대해 배우려고 한다. 지금까지 우리가 다룬 프로그램들은 입력과 출력을 주로 엑셀의 워크시트를 이용하였다. 또는 VBA에서 미리 만들어 제공하는 Inputbox를 통해 입력하고 MsgBox를 이용해서 출력하는 방법도 경험하였다. 이번 장에서는 훨씬 다양한 방법의 입력과 출력에 대해 알아보려고 한다. 새로운 창(window)을 설계하는 폼(form) 개체를 이용하는 방법이다. 엑셀에서는 폼(form) 개체를 '사용자 정의 폼'이라 부른다.

엑셀의 **사용자 정의 폼**이란 윈도우즈용 프로그램에서 하나의 창(윈도우)에 해당하는 개체이다. **폼(Form)** 개체 위에 다양한 **컨트롤**들을 배치하고 이들이 유기적으로 움직일 수 있도록 코드로 작성하는 **VB(Visual Basic)** 프로그래밍 방식을 엑셀에 옮겨온 것이다. 따라서 이번 장에서 배우는 대부분의 내용은 VBA가 아닌 VB 프로그래밍에서도 그대로 적용되는 전형적인 내용들이다.

엑셀의 추가기능인 데이터분석도구 등을 사용하다보면 워크시트 내의 셀 영역을 마우스로 드래그하여 입력하는 작업을 경험하였을 것이다. 이러한 기능을 하는 컨트롤을 'RefEdit'라 하는데 앞으로 우리가 작성하려는 프로그램에서 이 컨트롤을 매우 자주 사용하게 된다. 대부분의 경우 통계분석의 대상이 되는 자료의 영역을 Range 개체로 받아서 프로그램 안에서 이용하는 과정을 사용하기 때문이다. 따라서 반드시 알아야 할 개체변수에 대해 먼저 알아보도록 하자.

4.1 개체변수의 사용과 Set 문

VBA의 데이터 형 중에는 개체를 통칭하는 **Object형**이 있다. 이 Object형은 엑셀의 개체인 Workbook, Worksheet, Range 등에 모두 사용될 수 있다. 어떤 개체 자체를 변수에 지정할 때에는 반드시 **'Set'** 문과 함께 지정한다. 이렇게 개체가 담긴 변수를 **개체변수**라 한다.

보기 4-1 Set 문을 이용해 개체 담기

```
Sub ex_set()
    Dim myBook As Workbook
    Dim mySheet As Worksheet
    Dim myCell As Range
    Set myBook=Workbooks(1)
    Set mySheet=Worksheets(1)
    Set myCell=Range("A1:D10")
    myBook.Activate
    mySheet.Activate
    myCell.Value="데이터과학"
End Sub
```

Workbook 개체인 myBook, Worksheet 개체인 mySheet, Range 개체인 myCell을 각각 Dim 문에 의해 선언하고 Set 문을 이용해 개체변수에 실제 개체를 지정한 후 프로그램에서 이 개체변수를 이용하고 있다. 위 3개 Dim 문은 다음과 같이 Object를 이용해 정의할 수도 있다.

```
Dim myBook As Object
Dim mySheet As Object
Dim myCell As Object
```

위 [보기 4-1]에 의한 결과는 <그림 4-1>과 같다.

	A	B	C	D	E
1	데이터과학	데이터과학	데이터과학	데이터과학	
2	데이터과학	데이터과학	데이터과학	데이터과학	
3	데이터과학	데이터과학	데이터과학	데이터과학	
4	데이터과학	데이터과학	데이터과학	데이터과학	
5	데이터과학	데이터과학	데이터과학	데이터과학	
6	데이터과학	데이터과학	데이터과학	데이터과학	
7	데이터과학	데이터과학	데이터과학	데이터과학	
8	데이터과학	데이터과학	데이터과학	데이터과학	
9	데이터과학	데이터과학	데이터과학	데이터과학	
10	데이터과학	데이터과학	데이터과학	데이터과학	
11					

‖ 그림 4-1 ‖ [보기 4-1]의 프로시저 실행 결과

그럼 지금부터 일반적인 통계프로그래밍의 과정에서 분석의 대상이 되는 자료의 영역을 지정하는 방법에 대한 예를 알아보도록 하겠다. 방법은 다르지만 모두 자료의 영역을 Range 개체로 지정하고 이를 프로그램 안에서 이용한다. 다음 [예 4-1]은 자료의 영역을 InputBox로 받아서 Range 개체로 지정하는 예이다.

예 4-1

<표 4-1>의 프로그램을 실행하면 <그림 4-2>와 같이 자료의 영역을 입력받는 InputBox가 나타난다. 여기에 자료가 입력되어 있는 범위 'A1:A20'을 입력하면 입력받은 영역을 Range 개체로 생성한다. 생성된 Range 개체를 이용하여 자료의 평균, 중앙값, 표준편차 등 기술통계량을 계산해 <그림 4-3>과 같이 워크시트에 결과를 출력한다. 이 프로그램에서 사용하는 방법은 앞으로 VBA를 이용한 통계프로그래밍에서 전형적으로 이용하는 절차들이므로 잘 기억해두고 다양하게 활용할 수 있도록 연습해두기 바란다.

‖ 표 4-1 ‖ 실행할 프로그램의 소스 코드

```
Sub ex4_1()
    r = InputBox("자료의 영역은?", "자료의 범위입력", "A1:A20")
    Set dat = Range(r)
    xbar = Application.WorksheetFunction.Average(dat)
    med = Application.WorksheetFunction.Median(dat)
    s = Application.WorksheetFunction.StDev_S(dat)
    n = Application.WorksheetFunction.Count(dat)
    Range("B2") = "자료의 개수" : Range("C2") = n
    Range("B3") = "표본평균" : Range("C3") = xbar
    Range("B4") = "표본표준편차" : Range("C4") = s
    Range("B5") = "중앙값" : Range("C5") = med
End Sub
```

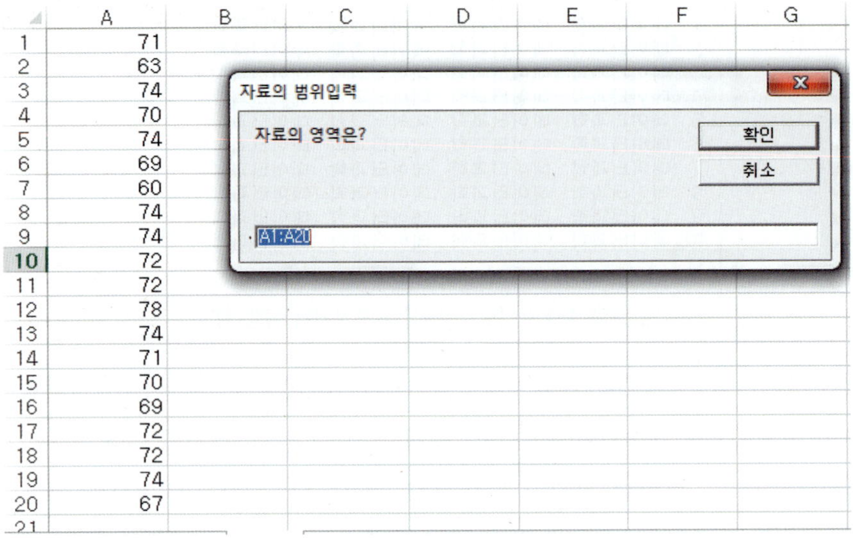

‖ 그림 4-2 ‖ 프로그램 실행 중 자료의 영역을 입력받는 InputBox

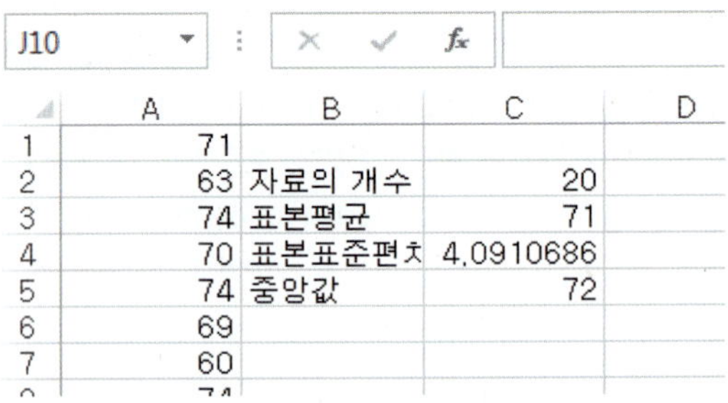

‖ 그림 4-3 ‖ 프로그램 실행 후의 워크시트

코드의 라인별 설명

① 02 라인 : r = InputBox("자료의 영역은?", "자료의 범위입력", "A1:A20")

InputBox로 자료들의 영역을 입력받아 변수 r에 입력한다.

② 03 라인 : Set dat = Range(r)

변수 r에 들어있는 영역을 Range 개체로 만들어 개체변수 'dat'에 저장한다. 즉, 'dat'는 값만 대입된 것이 아니라 생성된 Range 개체 자신이 대입된 것이기 때문에 반드시 'Set'문을 사용한다. 'Set'문은 이렇게 개체를 변수에 대입할 때 사용한다. 매우 중요한 부분이므로 반드시 기억하자.

③ 04 라인 : xbar = Application.WorksheetFunction.Average(dat)

자료의 영역을 나타내는 (개체)변수 'dat'를 평균을 계산하는 'Average'함수의 인수에 사용하였고, 계산된 결과를 변수 'xbar'에 저장한다. VBA 프로그램에서 이와 같이 엑셀의 워크시트함수를 이용한 결과를 변수에 대입하거나 또는 워크시트함수의 인수에 다른 변수가 사용할 때에는 'Application.WorksheetFunction'과 함께 사용한다는 내용은 이미 설명한바 있다. 'Application.'을 생략하고 'WorksheetFunction'만 사용하는 것도 가능하다. 이 내용도 매우 중요하고 활용빈도도 높으므로 또다시 강조한다. 반드시 기억하도록 하자.

④ 05 ~ 07 라인 :

중앙값을 계산하는 'Median'함수, (표본)표준편차를 계산하는 'StDev_S'함수, 데이터가 입력된 셀의 개수를 계산하는 'Count'함수의 인수에 (개체)변수 'dat'를 사용한다. 계산된 결과들을 각각 변수에 담아 다음에 워크시트에 출력할 때 사용한다.

⑤ 08 ~ 11 라인 :

04~07 라인에서 계산해 저장했던 변수 값들을 워크시트에 출력한다. 원래 VBA 문장은 한 줄에 하나씩 기술하는 것이 원칙이나 여기에서처럼 콜론(:)을 이용하면 한 줄에 여러 개의 명령문을 사용할 수도 있다.

이제 [예 4-1]에서 InputBox에 의해 자료의 영역을 입력받는 부분과 워크시트에 평균, 중앙값, 표준편차 등 기술통계량을 출력하던 부분을 사용자 정의 폼을 이용한 방식으로 바꾸어 보려고 한다. 아직 이런 방식의 프로그램 작성 방법에 대해서는 설명하지 않았지만 다음 예를 통해 어떤 방식으로 프로그램이 실행되는지를 먼저 살펴보도록 하자. 폼이 구동되고 폼 위에 있는 'RefEdit' 컨트롤을 이용해 자료가 입력된 영역을 마우스로 드래그하여 입력하며, 폼 위에 마련된 버튼을 이용해 결과를 출력하는 방식이다. 이 프로그램에서도 'RefEdit'에 의해 입력된 영역을 Range 개체로 지정하고 이를 프로그램 안에서 이용한다.

예 4-2

모듈(Module1)에 있는 서브 프로시저 'ex4_2'를 실행하면 <그림 4-4>와 같이 워크시트 위에 폼이 나타난다. 워크시트에서 자료가 있는 영역 "A1:A20"을 마우스로 드래그하면 이 폼의 제일 상단에 위치한 '데이터의 범위' 오른쪽에 범위가 절대참조인 주소로 입력된다. 이제 그 밑에 있는 '확인(계산)' 버튼을 누르면 <그림 4-5>와 같이 폼 위에 있던 나머지 부분에 기초통계량들이 출력된다.

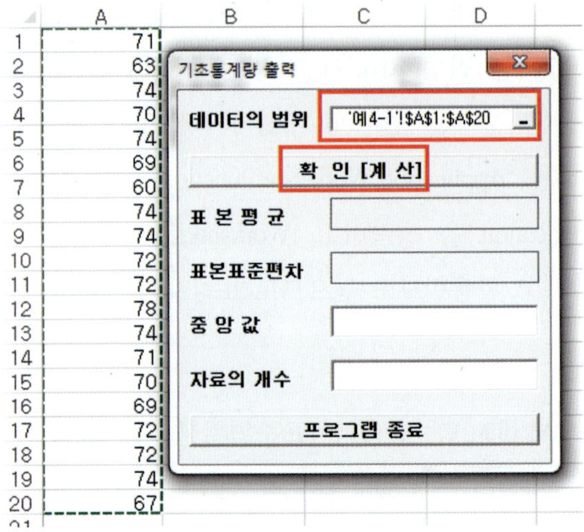

|| 그림 4-4 || 워크시트 위에 출력된 폼, 마우스로 자료의 영역을 드래그

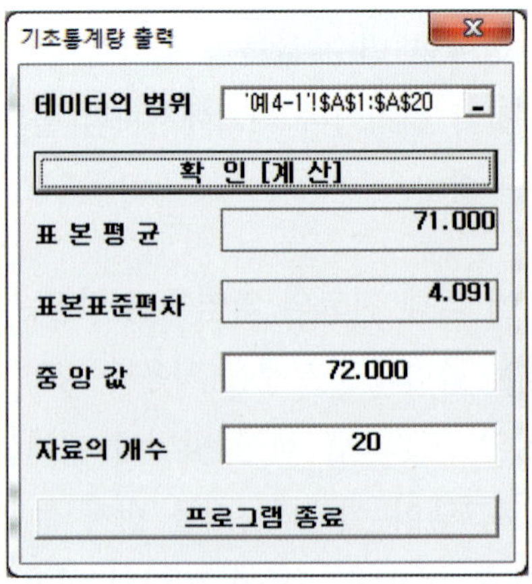

|| 그림 4-5 || 폼 위의 컨트롤들(레이블과 입력란)에 출력된 결과

[예 4-1]과 [예 4-2]에서 자료의 범위를 Range 개체로 만들고 기초통계량을 계산하는 과정은 모두 동일하다. 다만 자료의 범위를 입력받는 방법과 결과를 출력하는 장소가 다르다. [예 4-2]는 비교적 간단한 프로그램이지만 **명령단추**([확인(계산)]이라고 기록된 단추)를 클릭하는 **이벤트(event)**를 포함하고 있는 VB 프로그래밍의 전형적인 내용이 모두 포함되어 있다. 이번 절에서는 프로그램이 구동되는 과정만을 살펴보았다. 다음절부터는 폼과 폼 위에서 사용가능한 다양한 컨트롤들에 대해 설명할 것이다. [예 4-2]의 구체적인 완성과정은 뒤에서 설명할 예정이다.

앞으로 진행될 폼을 이용한 프로그래밍의 핵심은 각 컨트롤들의 주요 속성과 메서드, 적용이 가능한 이벤트들에 대해 철저히 이해하는데 있다. 프로그래머는 이들 컨트롤들을 폼 위에 적절히 배치하고 이들이 유기적으로 서로 결합되어 구동되도록 VBA 코드들을 기록함으로써 프로그램이 완성된다. 물론 여기에 사용될 VBA 코드들은 지금까지 배운 내용들로도 충분하다고 생각된다. 지금부터의 내용을 차근차근 학습해 나간다면 VBA 프로그램뿐만 아니라 VB 프로그램에 대한 기본기도 함께 완성해갈 수 있을 것이다.

4.2 사용자 정의 폼의 이용

지금부터 폼을 이용한 프로그램을 시작해보자. 폼을 이용하려면 먼저 **'사용자 정의 폼'**을 불러와야 한다. VBE의 메뉴표시줄에서 [삽입]-[사용자 정의 폼]을 선택하거나 프로젝트 탐색기 위에서 마우스 오른쪽 버튼을 눌러 나타나는 단축메뉴에서 [삽입]-[사용자 정의 폼]을 선택하면 <그림 4-6>과 같이 사용자 정의 폼이 삽입됨과 동시에 여러 컨트롤들을 담고 있는 **'도구 상자'**가 포함된 화면이 나타난다.

사용자 정의 폼도 하나의 개체이며 독립된 프로그램을 표시할 수 있는 창이 된다. 폼은 프로그래밍 세계에서 사용하는 스케치북이다. 우리는 이 스케치북 위에 '도구 상자'에 있는 컨트롤들을 잘 배치하여 멋진 그림(사용 편리성이 높은 프로그램)을 그려내는 유능한 화가(프로그래머)가 되려고 지금 이렇게 노력 중인 것이다. 각 컨트롤들에 대해 잘 이해하고

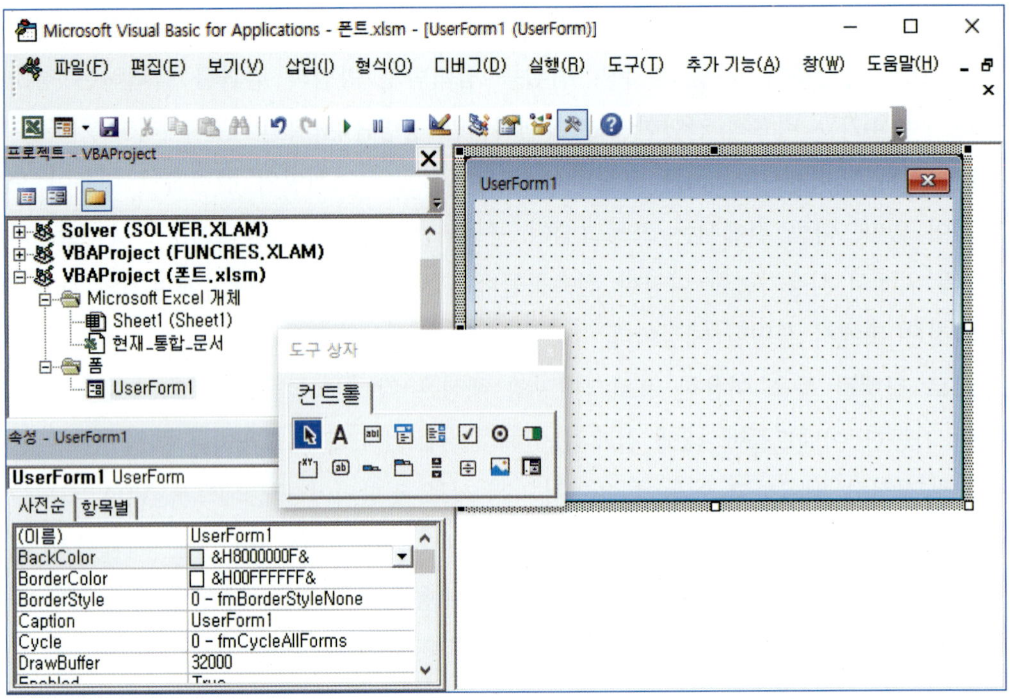

|| 그림 4-6 || 사용자 정의 폼을 삽입하면 '도구 상자'도 나타남

있어야 이들을 폼 위에 적절히 배치하여 사용자에게 편리한 프로그램을 제작할 수 있다.

<표 4-2>는 '도구 상자'에 있는 컨트롤들에 대해 간단히 설명한 것이다. 이들 중에 일부는 이번 장에서 다루고, 나머지는 다른 장에서 추가로 설명하겠다.

|| 표 4-2 || '도구 상자'의 컨트롤들

아이콘	명칭	개체명	주요기능
A	라벨	Label	문자열의 출력에 활용
abl	텍스트박스	TextBox	데이터를 입력하거나 표시
	콤보박스	ComboBox	리스트박스와 텍스트박스의 기능을 조합한 컨트롤. 선택 항목의 목록을 드롭다운형식으로 표시. 항목을 선택하든지 또는 텍스트박스에 데이터를 직접 입력
	리스트박스	ListBox	리스트의 목록을 표시하여 그 중에서 항목을 선택

‖ 표 4-2 계속 ‖ '도구 상자'의 컨트롤들

아이콘	명칭	개체명	주요기능
	체크 박스	CheckBox	온/오프 상태를 전환하여, 선택/비선택 상태를 선택
	옵션 버튼	OptionButton	여러 개의 선택 항목을 갖는 그룹 중에서 하나의 항목만을 선택
	토글 버튼	ToggleButton	온/오프 상태를 전환하여, 선택/비선택 상태를 선택
	프레임	Frame	관련된 여러 개의 컨트롤들을 그룹으로 묶음
	명령 버튼	CommadButton	[확인]이나 [취소] 등의 버튼
	연속 탭	TabStrip	동일 컨트롤을 사용하면서 여러 개의 패널에 의해 표시할 정보를 전환
	다중페이지	MultiPage	여러 페이지를 하나의 컨트롤로 그룹화
	스크롤바	ScrollBar	화면의 표시 상태나 값을 스크롤하여 변경
	스핀버튼	SpinButton	▲/▼버튼으로 숫자를 증감
	이미지	Image	사용자 정의 폼에 이미지를 표시
	RefEdit	RefEdit	셀의 참조를 지정
	개체 선택	ObjectSelection	보통은 포인터가 눌러진 상태. 폼의 개체를 선택

사용자 정의 폼에 대한 속성은 해당 개체를 선택하면 프로젝트 탐색기 밑에 표시되는 **'속성' 창**을 이용하면 된다. 예를 들어, 사용자 정의 폼의 제목(디폴트는 UserForm1)을 바꾸는 방법은 두 가지가 있다. 첫 번째 방법은 <그림 4-7>과 같이 '속성' 창에서 '**Caption**' 속성의 값을 '폼 제목의 변경'으로 직접 바꾸는 것이다. 이렇게 하면 실제 개체인 사용자 정의 폼의 제목도 바뀌게 된다. 두 번째 방법은 '속성' 창을 통하지 않고 '개체이름.속성=값'과 같이 VBA 코드를 이용하는 방법이다. 첫 번째 방법에서와 같은 결과를 얻으려면 'UserForm1.Caption="폼 제목의 변경"'과 같이 코드로 기록한 후 실행하면 된다.

폼의 속성 창에서 첫 번째에 위치한 '(이름)' 속성이 바로 개체의 이름을 지정하는 속성이다. 디폴트로 'UserForm1'이 정해져 있고, 새로운 폼을 추가하면 'UserForm2', 'UserForm3'과 같이 뒤에 붙은 숫자가 1씩 증가한다. 비단 사용자 정의 폼만이 아니라 앞

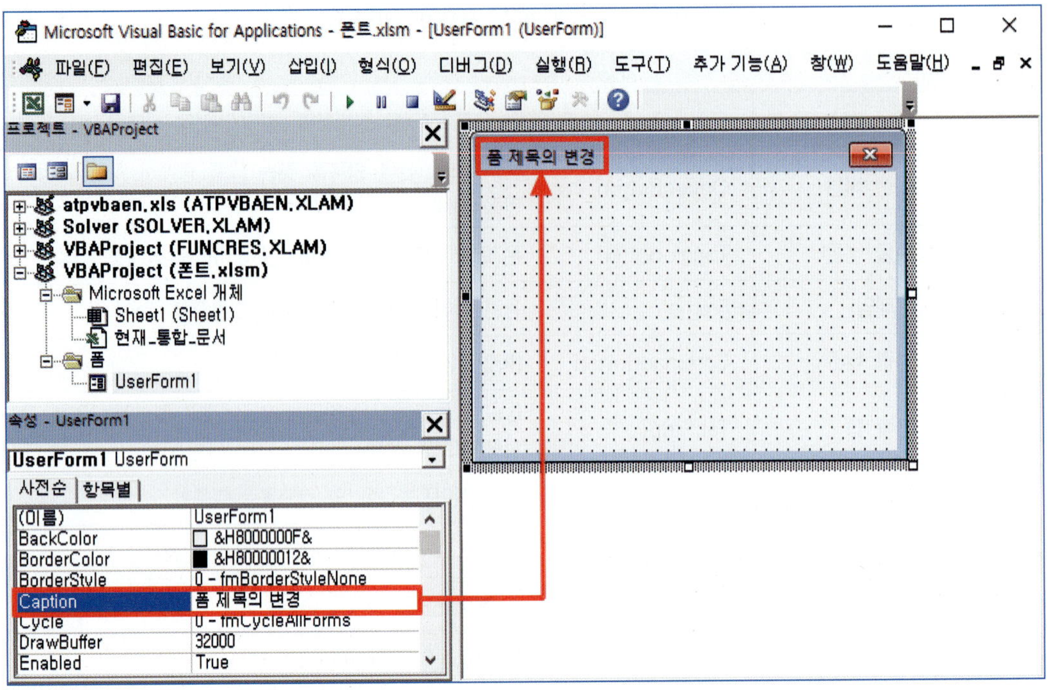

‖ 그림 4-7 ‖ 개체와 선택된 개체의 속성 창

으로 우리가 다룰 모든 컨트롤의 '(이름)' 속성은 그 개체를 지칭하는 개체의 이름이다. 다음의 <표 4-3>은 사용자 정의 폼의 여러 속성 중에서 비교적 자주 이용되는 것들을 정리한 것이다. 제일 중요한 속성은 폼의 제목을 결정하는 'Caption'이다.

‖ 표 4-3 ‖ 자주 사용되는 사용자 정의 폼의 속성들

속성	초깃값	설명
BackColor	&H8000000F&	폼의 배경색을 반환하거나 설정
BoderStyle	0-fmBoderStyleNone	폼의 형태를 설정
Caption	UserForm1	폼의 제목에 문자열을 출력
Font	굴림	글꼴을 변경한다. 폼의 글꼴을 변경하면 폼 안에 배치하는 컨트롤들의 글꼴도 폼의 글꼴과 동일한 형태로 변경됨
ForeColor	&H80000012&	폼의 글자색, 그래픽 색을 반환하거나 설정
StartUpPosition	1-소유자가운데	화면에 출력하는 폼의 위치를 설정

4.2.1 폼의 색상 변경하기

<표 4-3>에서 **'BackColor'**와 **'ForeColor'** 속성은 각각 폼의 배경색과 전경색을 지정하는 속성이다. 이들과 같이 색상과 관련된 속성은 <그림 4-8>과 같이 속성 값 옆에 위치한 드롭다운[▼] 단추를 누르면 [**시스템**]페이지와 [**색상표**]페이지와 탭으로 구성된 화면이 나타난다. <그림 4-9>의 왼쪽은 [색상표] 탭을 선택한 화면을 보여주고 있다.

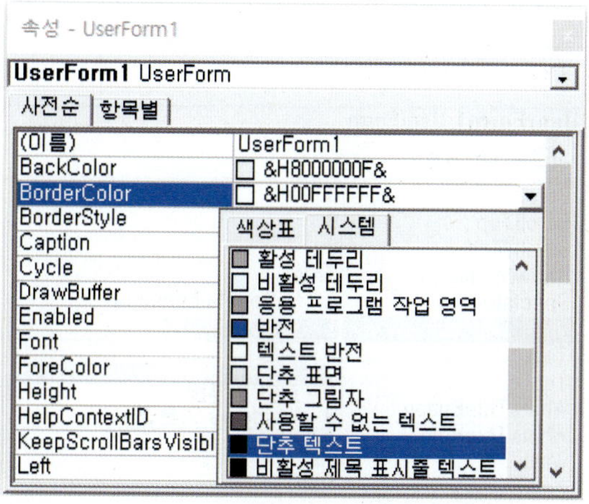

‖ 그림 4-8 ‖ 속성 창에서 색상과 관련된 속성의 드롭다운[▼] 단추를 누른 화면

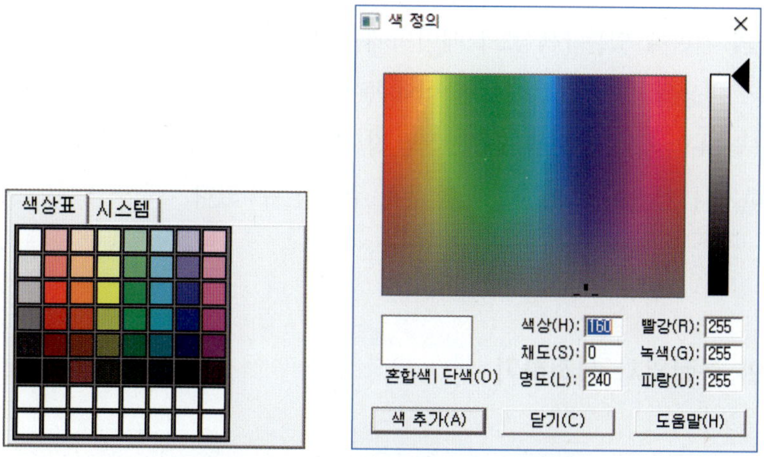

‖ 그림 4-9 ‖ [색상표] 탭과 "색정의" 대화상자

|| 표 4-4 || 'StartUpPosition' 속성에서 선택할 수 있는 4가지 값

값	설명
0-수동	폼 레이아웃에서 폼의 출력위치를 변경하면 자동으로 이 속성 값으로 변경된다. 설정된 초깃값이 없는 상태이다.
1-소유자 가운데	다른 폼 위에 이 폼을 출력할 경우 다른 폼 중앙에 폼이 출력됨
2-화면 가운데	전체 화면의 중앙에 위치
3-Windows 기본값	초깃값으로 화면의 왼쪽 상단 위치에 폼이 출력됨

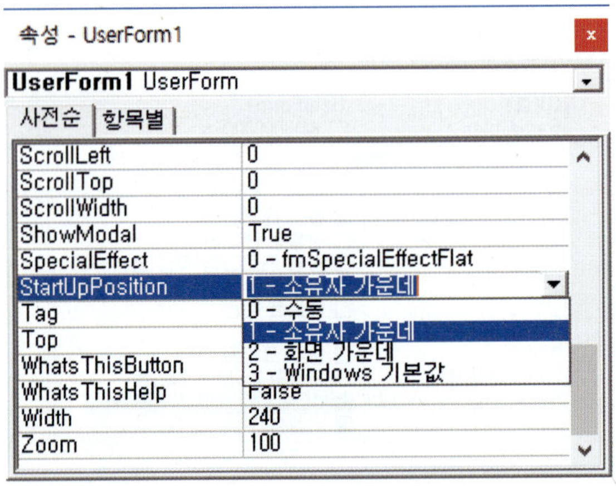

|| 그림 4-10 || '속성' 창에서 'StartUpPosition' 속성을 '1-소유자 가운데'로 설정

<그림 4-9>의 왼쪽에 있는 [색상표] 페이지에는 자주 사용하는 색상이 준비돼 있다. 만약 여기에 새로운 색상을 추가하고 싶다면 아래쪽에 빈 색상들 위에서 마우스 오른쪽 버튼을 클릭하면 <그림 4-9>의 오른편과 같은 "색 정의" 대화상자가 나타난다. 여기에서 새로운 색상을 선택하거나 만들어 [색상표] 페이지에 추가할 수 있다.

4.2.2 폼의 출력위치 설정하기

'StartUpPosition' 속성은 폼이 실행될 때의 위치를 반환하거나 설정하는 속성으로 <표

4-4>와 같은 4가지가 있다. 디폴트는 '3-Windows 기본값'으로 화면의 왼쪽 상단에 폼이 나타난다.

이 속성의 값들 중 '1-소유자 가운데'와 '2-화면 가운데'는 서로 같은 위치일 수도 있고, 서로 다른 위치일 수도 있다. '1-소유자 가운데'는 구동 중인 엑셀 화면(실행 중인 폼)의 중앙을 의미하고, '2-화면 가운데'는 모니터의 중앙을 의미한다. 따라서 엑셀화면이 전제 화면으로 모니터를 꽉 채우고 있는 경우라면 이들 두 속성 값은 같은 결과를 나타낸다. 그러나 엑셀 화면이 전체화면이 아니고 위치도 한쪽으로 치우쳐 있는 경우라면 이들 두 속성 값은 서로 다른 결과를 나타낸다.

<그림 4-10>과 같이 '속성' 창에서 'StartUpPosition' 속성의 값을 '1-소유자 가운데'를 설정하고 이 폼을 실행(폼 개체가 선택된 상태에서 VBE의 실행단추(▶) 또는 F5를 누름) 하면 <그림 4-11>과 같이 엑셀 화면의 정 가운데에 폼이 나타날 것이다.

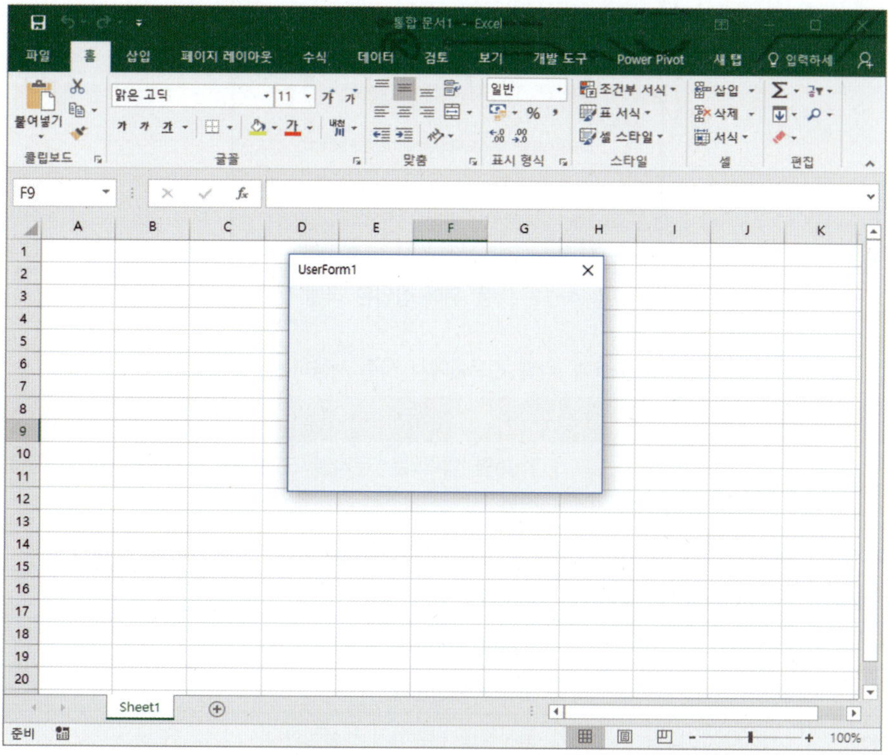

‖ 그림 4-11 ‖ 엑셀(다른 폼) 화면의 한 복판에 폼이 실행된 화면

4.3 라벨(Label) 컨트롤 (A) 사용하기

라벨(Label) 컨트롤은 문자열을 폼 위에 출력하는 컨트롤이다. '도구 상자'에서 A 를 선택한 후 폼 위의 적절한 위치에서 드래그하면 <그림 4-12>와 같이 폼 위에 삽입된다.

<그림 4-12>와 같이 폼 위에 라벨 컨트롤을 올려놓고 개체가 선택된 상태에서 '속성' 창을 살펴보면 선택된 라벨 컨트롤에서 사용할 수 있는 속성들이 나열되어 있다. <표 4-5>는 라벨 컨트롤에서 비교적 자주 사용하는 속성들을 정리한 것이다.

<표 4-5>의 속성들 중에서 가장 중요한 속성은 'Caption' 속성이다. 라벨 컨트롤의 역할은 폼 위에 문자열을 출력하는 것이며, 이때 사용하는 것이 바로 **'Caption'** 속성이다.

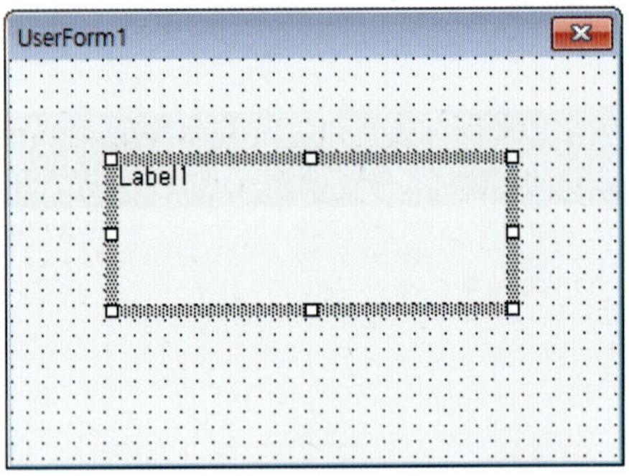

|| 그림 4-12 || 폼 위에 삽입된 라벨 컨트롤

|| 표 4-5 || 라벨 컨트롤에서 자주 사용하는 속성들

속성	초깃값	설명
AutoSize	False	True면 입력되는 문자열 크기만큼 컨트롤의 크기가 자동으로 설정됨
BackColor	&H8000000F&	배경색을 반환하거나 설정
BorderStyle	0-fmBorderStyleNone	테두리 모양을 설정
Caption	Label1	숫자나 문자열을 출력
Font	굴림	글꼴을 변경한다.
ForeColor	&H80000012&	글자색을 반환하거나 설정한다.
WordWrap	True	True일 때 위, 아래 방향으로 문자열의 크기가 자동으로 설정됨

4.3.1 문자열 넣기

라벨 컨트롤에 사용자가 원하는 문자열을 출력하기 위해서는 'Caption' 속성에 출력할 내용을 기록하면 된다. <그림 4-13>은 속성 창에서 'Caption' 속성의 값을 직접 변경하는 과정을 보여주고 있다.

다음의 <그림 4-14>는 라벨 컨트롤의 여러 속성들을 변경하면서 만든 화면으로서 폼의 첫줄에 있는 두 개의 라벨은 **'ForeColor'** 속성을 변경하여 글자의 색을 변경한 것이고, 두 번째 줄에 있는 두 개의 라벨은 **'BackColor'** 속성을 변경하여 배경색을 변경한 것이다. 맨 마지막 줄의 라벨은 **'BorderStyle'** 속성을 **'1-fmBorderStyleSingle'** 변경한 것으로 라벨 컨트롤에 테두리가 함께 표시되어 있다. 우리가 앞으로 작성할 프로그램에서 라벨 컨트롤을 이용해 계산된 값들을 출력할 때 이와 같이 'BorderStyle' 속성의 값을 '1-fmBorderStyleSingle'로 설정하는 경우도 흔히 볼 수 있다.

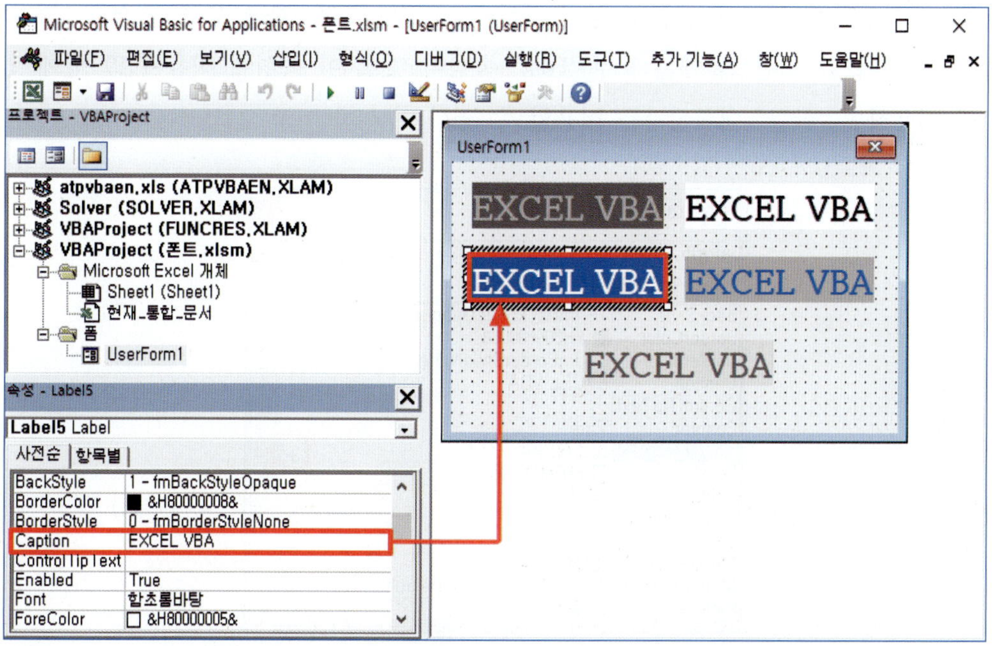

‖ 그림 4-13 ‖ 라벨 컨트롤의 'Caption' 속성의 값을 직접 변경

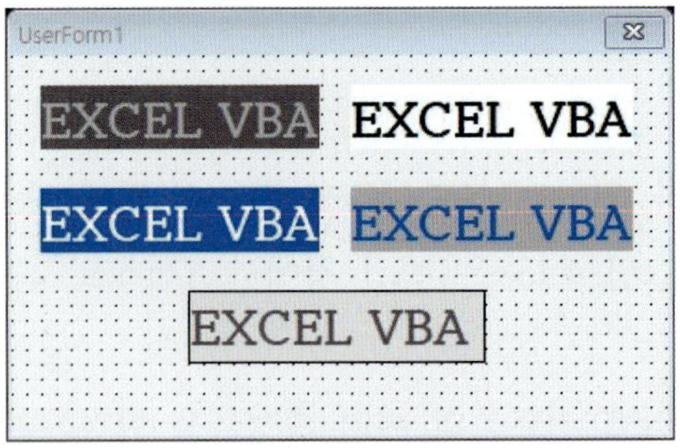

‖ **그림 4-14** ‖ 여러 속성을 이용한 라벨 컨트롤의 변화

4.3.2 글꼴 대화상자 이용하기

라벨 컨트롤에 사용된 글꼴을 바꾸려면 속성 창에서 <그림 4-15>와 같이 **'Font'** 속성에 적용된 값 옆에 있는 ... 을 누르면 <그림 4-16>과 같은 "글꼴" 대화상자가 출력된다. 이 "글꼴" 대화상자를 통해서 글꼴의 종류, 글꼴 스타일, 크기, 효과 등을 변경할 수 있다. 글꼴과 관련이 있는 컨트롤에는 모두 'Font' 속성이 있고 이 속성에 적용된 값 옆에 있는 ... 를 이용하면 "글꼴" 대화상자를 이용할 수 있다.

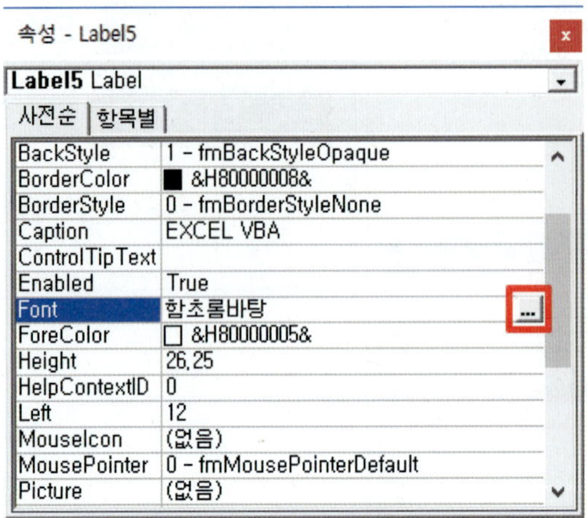

‖ **그림 4-15** ‖ 속성 창의 'Font' 속성

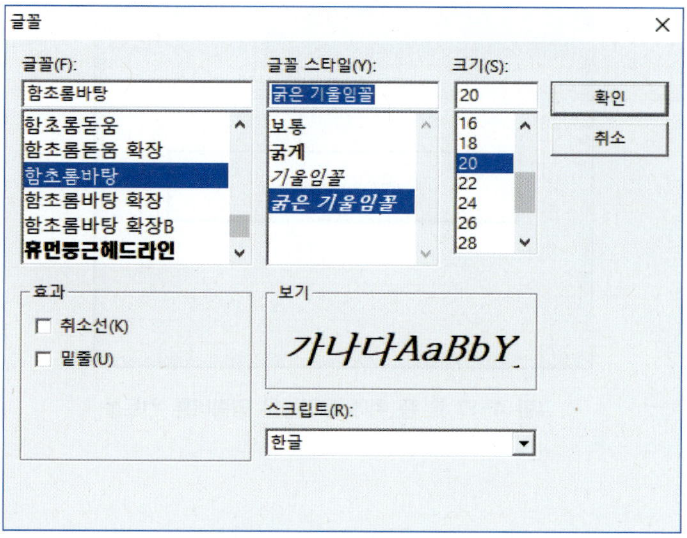

‖ 그림 4-16 ‖ "글꼴" 대화상자

4.3.3 'AutoSize'속성

라벨 컨트롤의 크기보다 안에 입력된 문자열의 크기가 더 크거나 작다면 라벨 컨트롤에 문자열이 다 표시되지 않거나 남는 공간이 생길 수 있다. 이런 경우에 라벨 컨트롤의 크기를 마우스로 조정하게 된다. 그러나 **'AutoSize'** 속성의 값을 True로 변경해주면 컨트롤에 여백이 없이 모든 문자열이 표시되도록 라벨 컨트롤의 크기가 자동으로 조절된다.

4.4 명령버튼(Command Button :) 사용하기

명령버튼(Command Button) 컨트롤은 버튼을 클릭하여 명령을 지시하거나 실행을 종료하는 등의 기능에 주로 이용한다. 많은 경우에 명령버튼은 수행할 이벤트와 연결되어

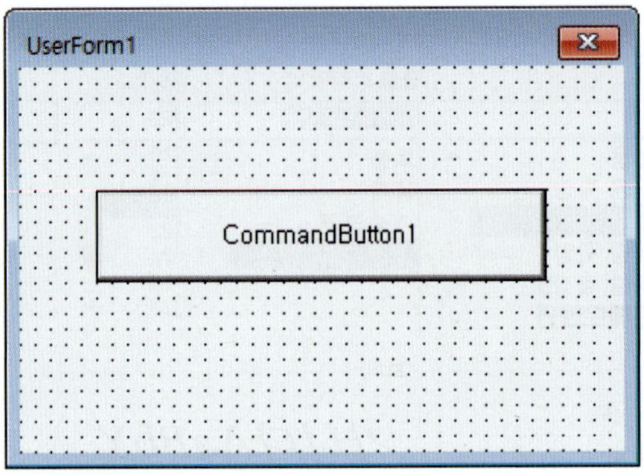

‖ 그림 4-17 ‖ 폼 위에 올려놓은 명령버튼 컨트롤

사용된다.

'도구 상자'에서 을 클릭한 후에 <그림 4-17>과 같이 폼 위의 적절한 자리에 적당한 크기로 드래그하여 올려놓는다.

<표 4-6>은 명령버튼에서 자주 사용하는 속성들을 정리한 것이다. 여기에서도 버튼에 기록될 문자열을 지정하는 'Caption' 속성이 가장 많이 이용된다. 만약 'Picture' 속성에 그림파일을 지정하면 이미지가 포함된 버튼도 만들 수 있다.

4.5 텍스트박스(TextBox :) 컨트롤 사용하기

텍스트박스(TextBox) 컨트롤은 문자열이나 숫자 등을 입력받거나 출력할 수 있는 컨트롤이다. <표 4-7>은 텍스트박스 컨트롤에서 자주 사용하는 속성들을 정리한 것이다. 특히, **'Text'**나 **'Value'** 속성은 같은 기능을 수행하며, 이들 속성을 이용해서 텍스트박스에 입력된 값을 가져오거나 텍스트박스에 값을 출력하는데 모두 사용된다.

‖ 표 4-6 ‖ 명령버튼에서 자주 사용하는 속성들

속성	초깃값	설명
Caption	CommandButton1	명령버튼에 들어갈 문자열을 설정
Enabled	True	명령 버튼이 폼에서 사용될지의 여부를 설정함. False이면 화면에 명령 버튼이 나타나지만 사용할 수는 없음
Picture	(없음)	그림파일을 읽어오기 위해 설정
Visible	True	명령 버튼을 폼에 보여줄지 유무를 설정

‖ 표 4-7 ‖ 텍스트박스 컨트롤에서 자주 사용하는 속성들

속성	초깃값	설명
BorderStyle	0-fmBordSyleNone	테두리 모양을 설정
MaxLength	0	텍스트박스 안에 입력할 수 있는 최대 문자열의 길이를 설정
MultiLine	False	텍스트박스에서 여러 라인을 사용할지 여부를 설정. True이면 여러 라인을 사용할 수 있음
PassWordChar	없음	텍스트박스에 입력한 문자가 화면에 타나나지 않고 이 속성에 설정된 문자가 대신 화면에 출력됨. 암호 입력에 사용함
ScrollBars	0-fmScrollBarsNone	수평, 수직, 양방향 스크롤 바의 표시 여부를 설정함. MultiLine속성이 False이면 의미 없음
Text	없음	문자열이나 숫자 등을 출력하거나 반환함
Value	없음	문자열이나 숫자 등을 출력하거나 반환함

4.5.1 문자열의 제한

'**MaxLength**' 속성을 이용하여 텍스트박스에 입력할 수 있는 문자의 최대 길이를 설정할 수 있다. 초깃값은 0으로 되어 있으나 약 32K까지의 문자열을 입력받을 수 있다. <그림 4-18>은 'MaxLength' 속성을 5로 설정할 경우로 한글이나 영문인 경우 모두 5자까지만 입력받을 수 있다. 즉, 한글 한 글자와 영문 한 글자는 동일한 길이로 처리된다.

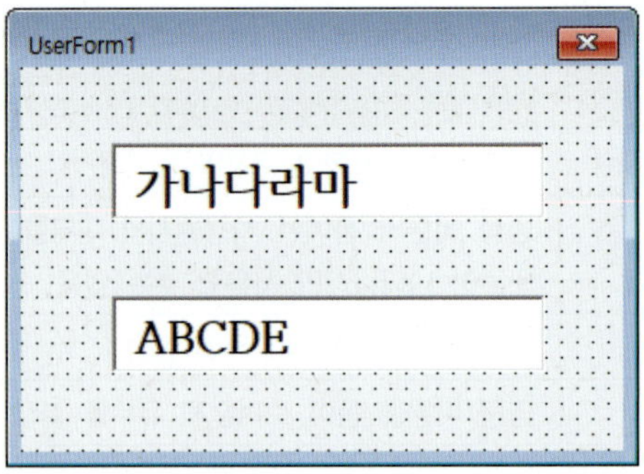

|| 그림 4-18 || 'MaxLength' 속성을 5로 설정할 경우

4.5.2 특정 문자를 입력 문자로 대치하기

패스워드와 같이 화면에 보이지 말아야 할 문자는 **'PasswordChar'** 속성에서 지정한 문자를 텍스트박스에 대신 출력하여 입력한 문자열이 무엇인지 알 수 없도록 한다. <그림 4-19>는 이 속성에 '*'를 지정한 예이다.

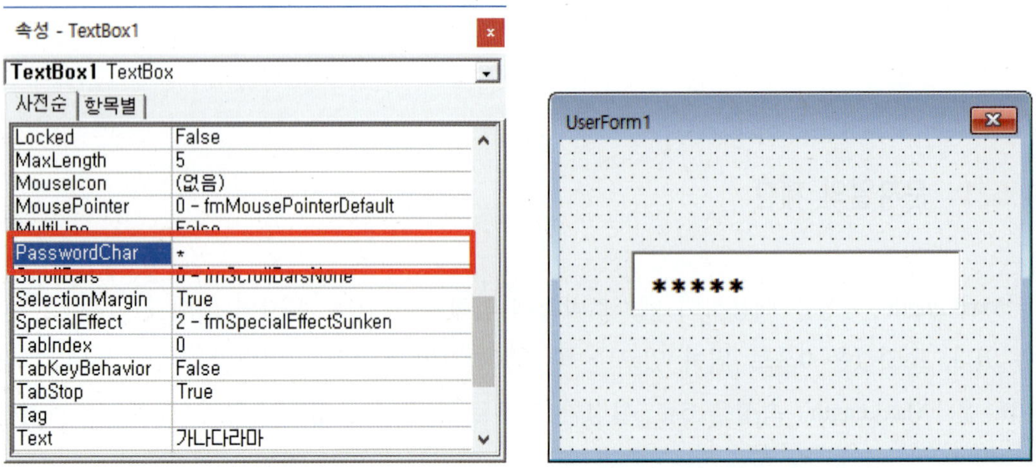

|| 그림 4-19 || 'PasswordChar' 속성에 '*'를 지정한 예

4.6 RefEdit( ) 컨트롤 및 [예 4-2] 작성과정

RefEdit 컨트롤은 셀의 참조를 지정하는 컨트롤로 폼의 실행 중에 마우스로 워크시트의 셀 범위를 입력받을 수 있다. 선택한 셀 범위는 텍스트박스에 문자열로 표시되며 그 값은 코드에서 마음대로 조작할 수 있다. 입력받은 영역은 **'Value'** 속성을 통해 관리되므로 이 속성만 잘 알아두면 된다.

[예 4-1]에서는 자료의 영역을 InputBox를 통해 입력받았다. InputBox는 영역의 셀 주소를 우리가 직접 입력해 주어야 한다. 그러나 RefEdit 컨트롤을 사용하면 우리가 직접 주소를 입력할 필요 없이 워크시트의 데이터 영역을 마우스로 드래그하기만하면 입력이 완성된다. 이렇게 RefEdit 컨트롤을 통해 입력받은 영역의 주소는 **Value** 속성에 전달된다. 이를 Range 개체로 선언하여 운용하는 전반적 절차는 다음 [보기 4-2]와 같다.

보기 4-2 RefEdit 컨트롤을 통한 자료영역의 입력처리과정

```
r = RefEdit1.Value
Set dat = Range(r)
xbar = Application.WorksheetFunction.Average(dat)
```

이 세 줄의 문장은 앞으로 이루어지는 모든 VBA 통계프로그래밍에 사용되는 기본 문형이다. RefEdit의 Value 속성을 Range 개체로 만들고, 이 개체변수를 다양한 분석 함수에서 인수로 사용한다. <표 4-1>의 02` 라인만 RefEdit의 Value 속성을 이용하는 문장으로 바뀐 것이다.

앞에서 우리는 [예 4-2]를 만드는 과정은 생략한 채 바로 실행하면서 폼을 사용한 프로그램을 소개하였다. 이 프로그램은 폼 위에 RefEdit, 라벨, 텍스트박스, 명령버튼 등의 컨트롤을 사용하고 있다. 이 프로그램을 실행하면 앞에서 살펴본바와 같이 폼이 엑셀 프로그램 위에 나타난다. 먼저 데이터의 영역을 마우스로 드래그 한 후 명령버튼을 누르면(클릭하는 이벤트가 발생하면) 폼 위의 라벨과 텍스트박스 컨트롤에 결과를 출력한다. 이제 우리는 [예 4-2]에서 사용하고 있는 컨트롤들에 대해 이미 학습하였다. 그럼 지금부터 [예

4-2]의 작성과정에 대해세세하게 알아보자. 여러분들도 다음 순서에 따라 같이 예제를 완성해보자.

순서 1 사용자 정의 폼을 하나 삽입하고 폼에 컨트롤들을 배치한다.

- 폼의 삽입은 VBE의 메뉴에서 [삽입]-[사용자 정의 폼]을 선택하거나 프로젝트 탐색기 안에서 마우스 우측버튼을 눌러 단축메뉴를 불러낸 후 [삽입]-[사용자 정의 폼]을 선택하여도 된다.
- 폼이 삽입되면 '도구 상자'에 있는 각 컨트롤을 클릭해 폼 위의 원하는 위치에 배치하는 작업을 진행한다. <그림 4-20>은 모든 컨트롤들의 배치가 완성된 모습이며 <그림 4-21>은 폼에 사용된 컨트롤들을 설명하기 위해 번호를 매겨 둔 그림이다.
- 폼 위에 배치된 컨트롤들의 크기를 조절하고 줄맞춤 등을 진행할 때는 <그림 4-22>의 [형식] 메뉴가 매우 유용하다.

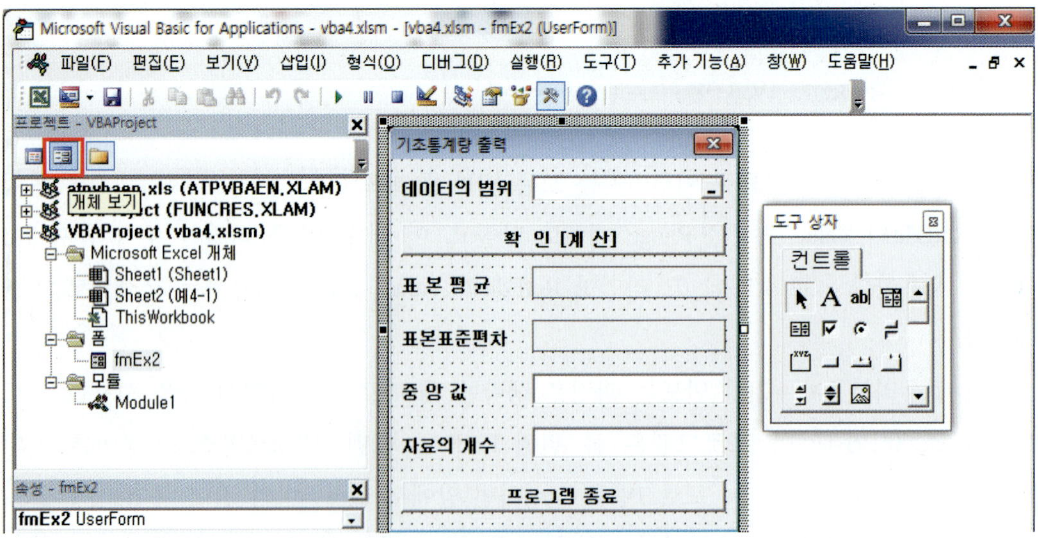

‖ 그림 4-20 ‖ 삽입된 폼 위에 컨트롤들을 배치

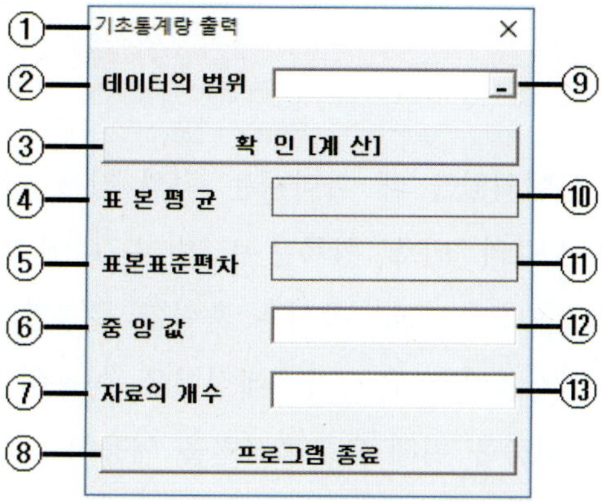

‖ 그림 4-21 ‖ 폼 위에 배치된 컨트롤들

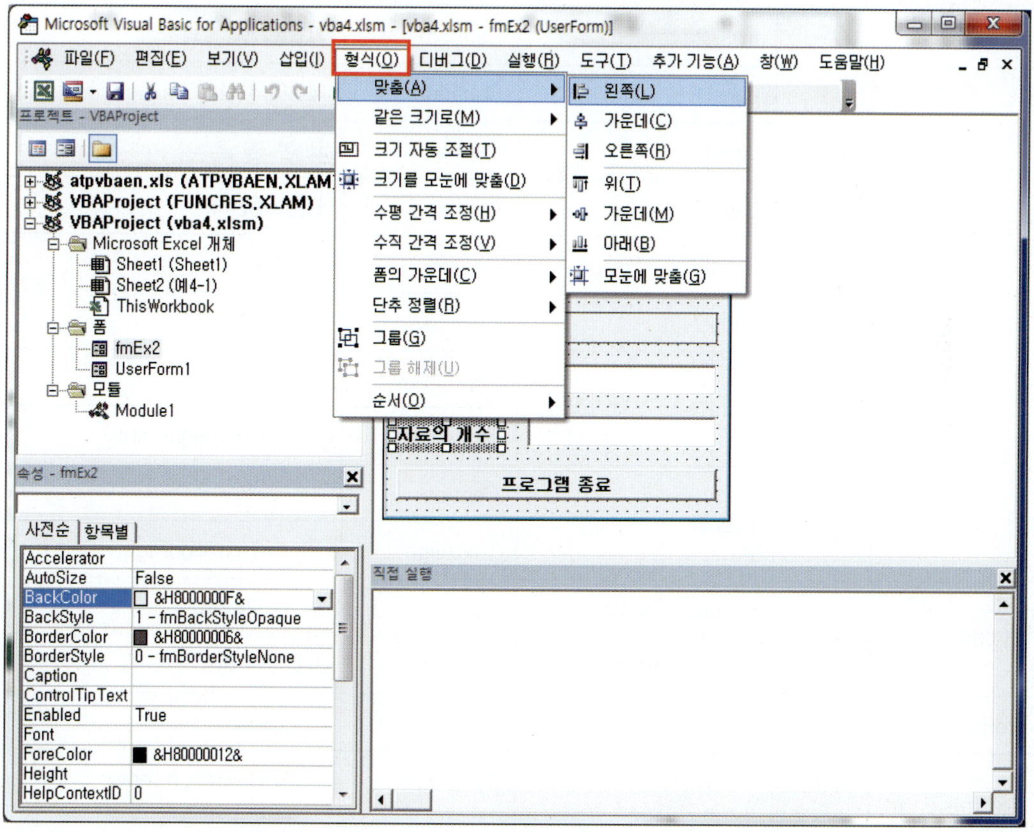

‖ 그림 4-22 ‖ 컨트롤들의 배치에 필요한 [형식] 메뉴의 내용들

순서 2 폼과 컨트롤들에 필요한 속성을 조절한다.

- 폼과 각 컨트롤들이 선택되었을 때 나타나는 속성 창을 이용해서 <표 4-8>과 같이 속성을 조정한다. <표 4-8>의 '번호' 항목은 <그림 4-21>에 있는 번호이다.
- ⑩부터 ⑬까지에 사용된 'TextAlign' 속성은 출력할 문자열의 정렬에 대한 속성이다. 라벨은 우측정렬을, 텍스트박스에는 가운데정렬을 이용하였다. 일반적으로 숫자를 출력할 때에는 자릿수 맞춤을 위해 오른쪽정렬을 이용하는 것이 좋다.

|| **표 4-8** || 각 컨트롤에서 변경된 속성들

종류	번호	(이름) 개체명	속성	변경된 속성의 값
폼	①	fmEx2	Caption	기초통계량 출력
라벨	②	Label1	Caption	데이터의 범위
	④	Label4	Caption	표 본 평 균
	⑤	Label5	Caption	표본표준편차
	⑥	Label6	Caption	중 앙 값
	⑦	Label7	Caption	자료의 개수
	⑩	Label2	Caption	
			TextAlign	3-fmTextAlignRight
	⑪	Label3	Caption	
			TextAlign	3-fmTextAlignRight
명령버튼	③	CommandButton1	Caption	확 인 [계 산]
	⑧	CommandButton2	Caption	프로그램 종료
RefEdit	⑨	RefEdit1		
텍스트박스	⑫	TextBox1	TextAlign	2-fmTextAlignCenter
	⑬	TextBox2	TextAlign	2-fmTextAlignCenter

순서 3 폼 위의 명령버튼에 대한 이벤트 프로시저를 작성하자.

- 먼저 프로그램의 실행을 담당할 '확인(계산)' 버튼(개체명=CommandButton1)에 대한 이벤트 프로시저를 작성해보자. <그림 4-20> 화면에서 이 버튼을 두 번 클릭하면 <그림 4-23>과 같이 폼의 코드 창에 이벤트 프로시저 작성을 위한 준비가 이루어진다. 이벤트 프로시저는 'Sub 개체_이벤트종류()'와 같이 작성한다고 2장에서 학습한바 있다. VBE가 'CommandButton1' 개체에 'Click' 이벤트가 적용된 Sub 프로시저의 시작과 끝을 미리 작성해주었다. Sub 앞에 붙은 'Private'에 대해서는 일단 무시하자. 뒤에 필요한 자리에서 설명하도록 하겠다. 여러분은 버튼을 누르는 이벤트가 일어날 때 진행할 작업(계산)인 <표 4-9>의 코드를 이곳에 작성한다.
- <그림 4-23>의 코드 창 상단을 살펴보면 개체 선택 드롭다운 박스와 이벤트 선택드롭다운 박스가 있다. 이를 이용해 개체와 이벤트를 선택하면 해당 이벤트 프로시저 작성을 위한 준비코드가 작성된다. 이 방법을 이용해서 '프로그램 종료' 버튼에 대한 이벤트 프로시저(<표 4-10>)도 작성하자. <그림 4-24>는 최종적으로 마무리된 코드 창을 보여준다. <그림 4-24>의 왼쪽 상단에 표시한 '코드 보기'와 '개체 보기'를 눌러 코드 창(현재 창)과 개체 창(<그림 4-20>)으로 바로 전환할 수 있다.

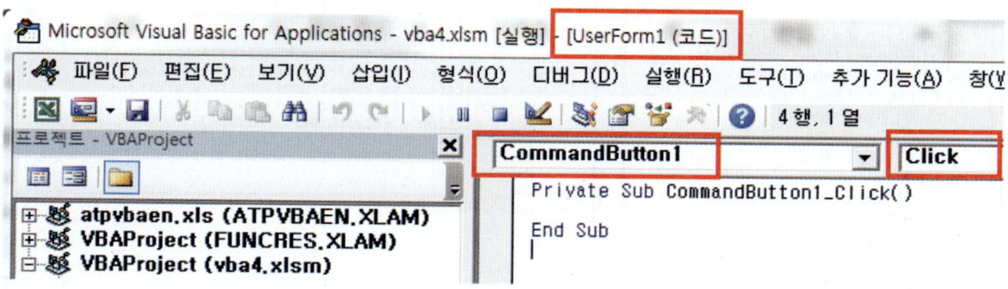

‖ 그림 4-23 ‖ 폼의 코드 창에 이벤트 프로시저 작성을 위한 준비

|| 표 4-9 || 계산 버튼에 대한 이벤트 프로시저

```
Private Sub CommandButton1_Click()
    r = RefEdit1.Value
    Set dat = Range(r)
    xbar = Application.WorksheetFunction.Average(dat)
    med = Application.WorksheetFunction.Median(dat)
    s = Application.WorksheetFunction.StDev_S(dat)
    n = Application.WorksheetFunction.Count(dat)
    Label2.Caption = Format(xbar, "0.000")
    Label3.Caption = Format(s, "0.000")
    TextBox1.Text = Format(med, "0.000")
    TextBox2.Text = n
End Sub
```

|| 표 4-10 || '프로그램 종료' 버튼에 대한 이벤트 프로시저

```
Private Sub CommandButton2_Click()
    Unload Me
End Sub
```

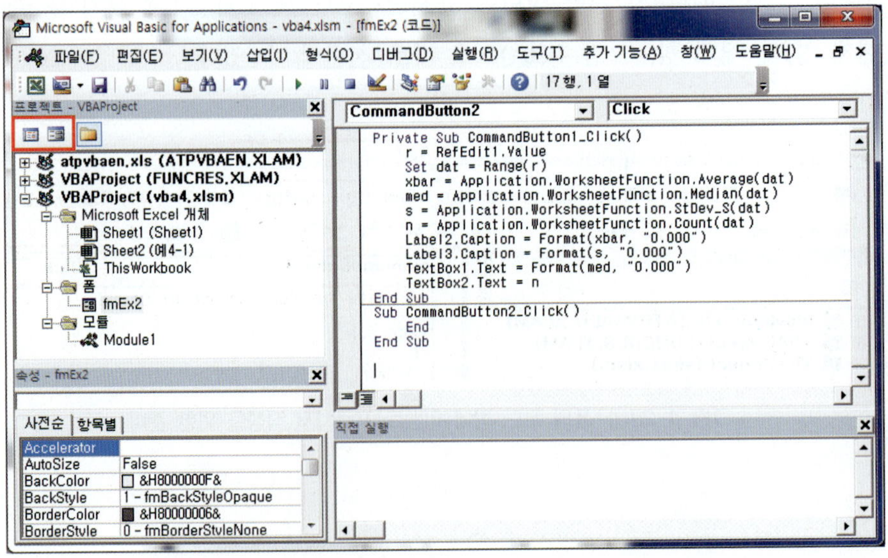

|| 그림 4-24 || 모든 이벤트 프로시저의 작성을 마친 폼의 코드 창

순서 4 폼 구동을 위한 프로시저를 모듈에 작성하자.

- 만들어진 폼 개체를 화면에 표시하려면 폼 개체의 **'Show'** 메서드를 사용한다. 다음의 <표 4-11>은 위에서 만든 폼(fmEx2)을 화면에 표시하는 프로시저이다. 이 프로시저는 모듈의 코드 창에 기록하여야 된다. 만약 하나의 프로젝트 안에서 여러 개의 폼을 사용하더라도 모듈의 코드 창에서 해당 폼의 Show 메서드를 이용하면 프로젝트 내의 어떤 폼이라도 실행할 수 있다.

‖ **표 4-11** ‖ [예 4-2]를 실행(폼을 표시)하는 Sub 프로시저(모듈의 코드 창에 작성)

```
Sub ex4_2( )
    fmEx2.Show
End Sub
```

폼 개체의 'Show' 메서드로 사용자 정의 폼을 화면에 표시하였다. 표시된 폼을 화면에서 사라지게 하려면 **'Unload'** 명령을 이용하거나 폼의 **'Hide'** 메서드를 이용한다. 'Hide' 메서드는 폼을 화면에서 보이지 않게 숨기는 것이고 'Unload' 명령은 폼을 메모리에서 삭제하여 완전히 종료하는 명령이다. 다음은 이들을 사용한 보기이다.

보기 4-3 'Hide' 메서드와 'Unload' 명령의 사용 예

```
폼개체.Hide
Unload 폼개체
Unload Me
```

'Hide' 메서드에 의해 화면에서 폼은 사라졌지만 여전히 메모리에서는 폼이 실행 중이므로 'Unload' 명령을 사용해서 종료해주어야 한다. 세 번째 문장에 사용된 **'Me'**는 사용자 정의 폼 자신을 지칭하는 키워드이다. 따라서 <표 4-10>에서와 같이 폼의 코드 창에서 프로그램의 종료(사용자 정의 폼의 실행을 중지)를 위해 사용한다.

'Unload' 명령과 반대로 폼을 메모리에 불러오는 명령은 'Load'이다. 사용자 정의 폼이

메모리에 이미 Load 돼 있더라도 Show 메서드가 실행되기 전까지는 화면에 표시되지 않는다. 만약 사용자 정의 폼이 메모리에 미리 Load 돼 있다면 Show 메서드를 실행할 때 사용자 정의 폼이 화면에 좀 빨리 표시된다. 그러나 일반적으로 Load 명령은 이용하지 않고 Show 메서드를 사용해서 사용자 정의 폼을 화면에 표시한다.

기본적으로 사용자 정의 폼은 **모달(Modal)** 형식으로 화면에 표시된다. 앞에서 배운 MsgBox 역시 모달 형식으로 실행된다. 이 형식으로 실행된 폼은 이 폼을 종료하기 전까지는 응용 프로그램에서 다른 작업을 할 수가 없다. 반대로 **모덜리스(Modeless)** 형식으로 폼을 실행하면 폼이 실행된 상태에서도 다른 작업이 가능하다. 이렇게 모덜리스 형식으로 폼을 실행하려면 다음과 같이 Show 메서드 뒤에 **'vbModeless'**를 추가하면 된다. 또한 'vbModeless'가 0의 값을 갖기 때문에 0을 추가해도 같은 결과를 준다.

```
폼개체.Show vbModeless
폼개체.Show 0
```

4.7 프레임(Frame :)

프레임 컨트롤은 특별한 기능을 수행하기보다는 다음에 배울 체크박스나 옵션버튼 등의 컨트롤들을 묶어서 그룹 단위로 관리하는 컨테이너 역할을 한다. 이렇게 함으로써 여러 개체들로 이루어진 그룹을 마치 한 개의 개체처럼 한 번에 이동할 수 있다. 즉, 프레임을 옮기면 그 안에 담긴 모든 컨트롤들도 그 위치나 크기에 변동이 없이 그대로 옮겨지게 된다. 또한, 같은 기능이나 역할을 수행하는 컨트롤들을 프레임을 이용해 큰 블록으로 나누어 사용하면 시각적으로도 좋은 효과를 줄 수 있다.

사용자 정의 폼에 프레임 컨트롤을 먼저 배치하고 그 프레임 안에 다른 컨트롤들을 배치한 후 <그림 4-25>처럼 프레임 컨트롤을 선택(주변에 두꺼운 테두리가 보이게)해서 마우스로 위치를 이동하면 그 안에 담긴 모든 컨트롤들이 위치나 크기의 변동이 없이

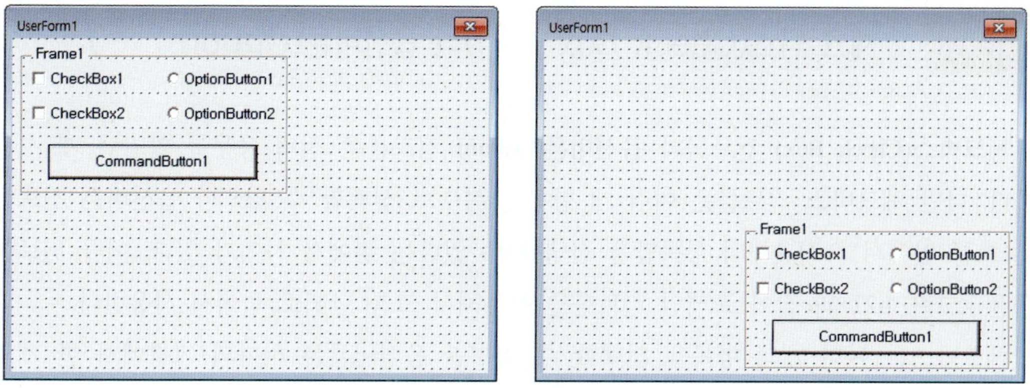

‖ 그림 4-25 ‖ 프레임 안에 다른 컨트롤들을 배치

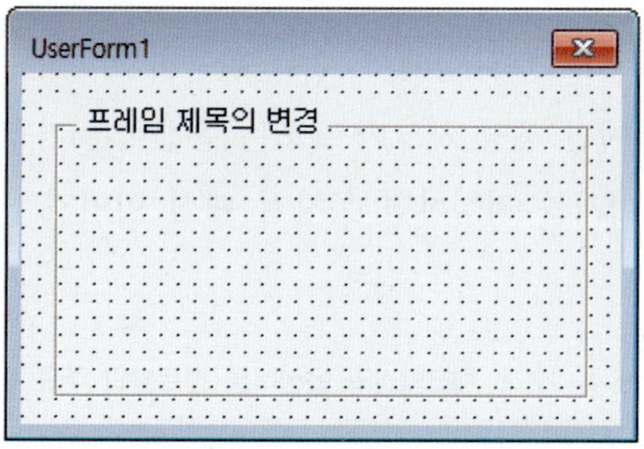

‖ 그림 4-26 ‖ 프레임의 제목 변경

그대로 옮겨진다.

프레임 컨트롤에서 꼭 필요한 속성은 프레임 제목을 설정하는 **'Caption'** 속성뿐이다. 프레임컨트롤을 선택하고 속성 창에서 'Caption' 속성의 값을 '프레임 제목의 변경'으로 조정하면 <그림 4-26>과 같이 해당 프레임의 제목을 변경할 수 있다.

4.8 체크 박스(Check Box : ☑)와 옵션버튼(Option : ◉)

체크박스(Check Box) 컨트롤과 **옵션버튼(Option)** 컨트롤은 선택 유무를 알아낼 때 사용한다. 다만 체크박스 컨트롤은 여러 개 항목을 복수로 선택할 수 있으나 옵션버튼 컨트롤은 그룹 안에서 오직 1개의 항목만을 선택할 수 있다는 점에서 차이가 있다. 이들 컨트롤들은 <그림 4-27>과 같이 프레임 컨트롤을 이용해서 그룹 단위로 묶어서 사용한다.

체크박스는 여러 개의 항목을 선택할 수 있지만 옵션버튼은 하나의 그룹에서 한 개의 항목만을 선택할 수 있다. 예를 들어, <그림 4-27>의 오른편에 있는 옵션버튼 사용 예의 '성별' 그룹에서 '남'을 선택하고 다시 '여'를 선택하면 이전에 선택한 '남'은 해제가 된다.

체크박스나 옵션버튼 컨트롤이 주로 사용하는 속성은 <표 4-12>와 같다. 이들 컨트롤들은 어떤 항목의 선택여부를 프로그램 상에서 주로 활용하기 때문에 **'Value'** 속성이 특별히 중요하다. 이 속성이 True이면 해당 체크박스(또는 옵션버튼)가 선택(∨표시, 또는 ◉표시) 된다. **'Picture'** 속성에 이미지를 지정하면 문자열 대신 이미지가 포함된 체크박스나 옵션 버튼을 이용할 수도 있다.

|| 표 4-12 || 체크박스와 옵션버튼 컨트롤의 주요 속성

속성	초깃값	설명
Caption	Check1	체크 박스의 문자열을 설정
Picture	(없음)	그림파일을 읽어옴
Value	False	체크박스의 선택 유무를 반환하거나 설정. 이 속성을 True로 설정하면 초기에 실행할 때 선택되어져 나타남

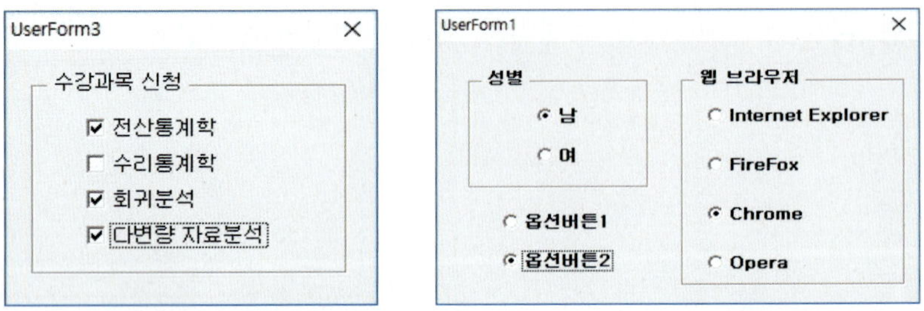

|| 그림 4-27 || 프레임 컨트롤에 담긴 체크박스와 옵션버튼 컨트롤의 사용 예

다음의 [예 4-3]은 옵션버튼을 이용해 신뢰수준을 입력받고, 체크박스 컨트롤로 출력할 기초통계량들을 지정해서 출력하는 프로그램이다.

예 4-3

사용자 정의 폼을 삽입한 후 <그림 4-28>과 같이 각 컨트롤들을 배치해보자. 폼과 폼 위에 배치된 컨트롤들에 대한 개체명과 수정된 속성 값들을 정리하면 <표 4-13>과 같다. <표 4-14>의 코드는 폼 개체의 코드 창에 기록한 명령버튼 2개에 대한 이벤트 프로시저이다. <표 4-15>의 코드는 폼을 화면에 표시하기 위한 서브 프로시저로 모듈의 코드 창에 기록한다. <표 4-15>의 ex4_3( )을 실행해 나타나 폼에서 자료의 범위를 드래그해서 입력하고 신뢰수준의 옵션버튼, 출력통계량들을 체크박스로 선택한 후 '통계량 계산' 명령버튼을 누르면 <그림 4-29>와 <그림 4-30>과 같이 선택옵션에 따라 서로 다른 출력결과를 준다.

‖ 표 4-13 ‖ 폼과 컨트롤들에서 변경된 속성들

컨트롤 종류	번호	(이름) 개체명	속성	변경된 속성값
폼	①	fmEx3	Caption	예 4-3
라벨	②	Label1	Caption	자료의 범위
	⑦	Label2	Caption	
	⑧	Label3	Caption	
명령버튼	④	CommandButton1	Caption	통계량 계산
	⑤	CommandButton2	Caption	프로그램 종료
RefEdit	③	RefEdit1		
프레임	⑥	Frame1	Caption	계 산 결 과
	⑨	Frame2	Caption	신뢰수준
	⑬	Frame3	Caption	출력 통계량
옵션버튼	⑩	OptionButton1	Caption	90%
	⑪	OptionButton2	Caption	95%
	⑫	OptionButton3	Caption	99%
체크박스	⑭	CheckBox1	Caption	평 균
	⑮	CheckBox2	Caption	표준편차
	⑯	CheckBox3	Caption	중앙값

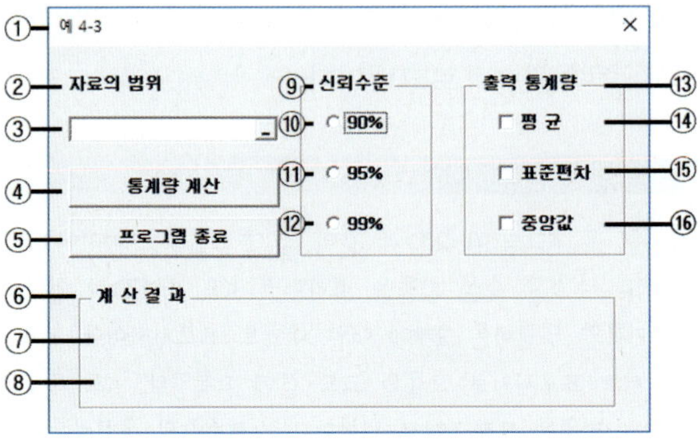

‖ 그림 4-28 ‖ 폼 위에 배치된 컨트롤들

‖ 표 4-14 ‖ 폼 개체의 코드 창에 기록한 소스 코드

```
Sub CommandButton1_Click()
    data = RefEdit1.Value
    Set xdat = Range(data)
    mean = Application.WorksheetFunction.Average(xdat)
    s1 = Format(mean, "0.000")
    sd = Application.WorksheetFunction.StDev_S(xdat)
    s2 = Format(sd, "0.000")
    med = Application.WorksheetFunction.Median(xdat)
    s3 = Format(med, "0.000")
    n = Application.WorksheetFunction.Count(xdat)
    If OptionButton1.Value = True Then
       alpha = 0.1
    ElseIf OptionButton2.Value = True Then
        alpha = 0.05
    Else
        alpha = 0.01
    End If
    p = Application.WorksheetFunction.T_Inv_2T(alpha, n - 1)
    conf = p * sd / Sqr(n)
    c1 = mean - conf
    c2 = mean + conf
    c3 = Format(c1, "0.000")
    c4 = Format(c2, "0.000")
    Label2.Caption=100*(1-alpha) & "% 신뢰구간 : (" & c3 & "," & c4 & ")"
    If CheckBox1.Value = True Then result = "평균 = " & s1
    If CheckBox2.Value = True Then result = result + ", 표준편차 = " & s2
    If CheckBox3.Value = True Then result = result + ", 중앙값 = " & s3
    Label3.Caption = result
End Sub
Sub CommandButton2_Click()
    Unload Me
End Sub
```

‖ 표 4-15 ‖ [예 4-3]의 폼을 표시하는 Sub 프로시저(모듈의 코드 창에 작성)

```
Sub ex4_3( )
    fmEx3.Show
End Sub
```

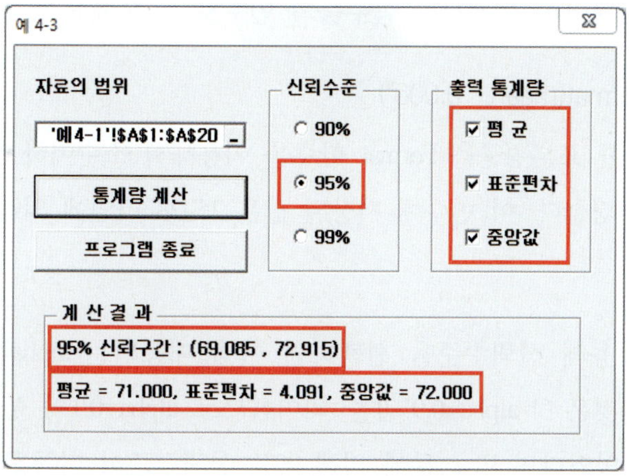

‖ 그림 4-29 ‖ 폼을 실행한 결과(1)

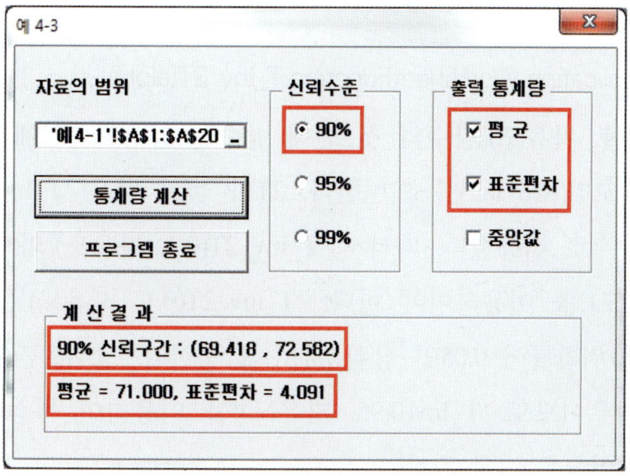

‖ 그림 4-30 ‖ 폼을 실행한 결과(2)

<표 4-14> 코드의 라인별 설명

① 02~04 라인 :

RefEdit의 Value속성으로 영역을 읽어온 후, Set문을 이용해 이 영역을 Range 개체로 만든다. 이제부터 다양한 통계관련 함수들의 인수로 이 Range 개체를 이용한다.

② 05 라인 : s1 = Format(mean, "0.000")

04 라인에서 계산한 표본평균을 Format 함수를 이용해서 소수이하 3째 자리끼지 표기된 값을 변수 s1에 저장한다. 이 변수에 저장된 값은 25~28 라인에 의해 label3에 출력된다.

③ 11~17 라인 :

각 옵션버튼을 이용해 신뢰수준을 선택하면 이에 대응되는 alpha값을 지정한다. 신뢰수준이 90%라는 것은 '1-alpha=0.9'임을 의미하므로 alpha=0.1이 된다. 만약 어떤 옵션버튼도 선택하지 않았다면 Else 문에 의해 99% 신뢰수준이 디폴트로 적용된다. 이렇게 신뢰수준에 따라 지정된 alpha 값은 18 라인의 'T_inv_2T' 함수의 첫 번째 인수로 사용되어 대응되는 상위분위수 값을 계산하는데 이용된다.

④ 18 라인 : p = Application.WorksheetFunction.T_Inv_2T(alpha, n - 1)

'T_Inv_2T(양측확률, 자유도)'함수의 첫 번째 인수는 양측확률임에 유의하자. 마지막에 붙은 2T는 양쪽 꼬리(two tail)를 의미한다. 2T가 붙지 않은 'T_Inv(누적확률, 자유도)'는 누적확률을 인수로 사용한다. 따라서 'T_Inv_2T(0.1, 자유도)'와 같은 값을 얻으려면 'T_Inv(0.95, 자유도)'를 이용하여야 한다. 'T_Inv_2T(0.1, 자유도)'는 양쪽확률이 0.1인 상위분위수, 즉 상위확률이 0.05인 상위분위수를 구한다. 상위확률이 0.05인 것은 누적확률이 0.95인 경우이므로 'T_Inv(0.95, 자유도)'를 이용하여 누적확률이 0.95인 누적분위수를 구하면 이들은 결국 같다.

⑤ 19~24 라인 :

19 라인에서 계산해 저장했던 변수 conf의 값은 $\frac{s}{\sqrt{n}} \cdot t(n-1; \frac{\alpha}{2})$이며 이 값을 표본

평균 $\bar{x}$ 에서 빼거나 더해서 $100 \times (1-\alpha)\%$ 신뢰구간의 하한과 상한을 계산해 포맷을 지정하고 Label2에 출력한다.

⑥ 25~28 라인 :

각 체크박스가 선택되면 필요한 내용을 변수 result에 저장한다. 체크박스는 여러 개가 동시에 선택될 수도 있기 때문에 이전 결과에 새롭게 추가되는 내용을 연결해서 변수 result에 저장해야만 한다. 최종적인 결과 result를 Label3에 출력한다.

⑦ 31 라인 : Unload Me

프로그램 종료를 담당하는 버튼에 대한 이벤트 프로시저로 현재의 폼(Me)을 닫고 메모리에서도 삭제한다.

연 . 습 . 문 . 제

1. 간단한 유형의 계산기를 만들어 보려고 한다. 다음 순서에 따라 프로그램을 작성하라.

1) 다음 그림과 같이 사용자 정의 폼에 2개의 텍스트박스, 3개의 라벨('?'와 '=', 마지막 라벨문은 계산 결과가 출력될 곳으로 'BorderStyle' 속성을 조정), 5개의 명령버튼을 배치하고 아래의 2)와 3)의 설명처럼 동작하도록 명령버튼의 클릭이벤트 프로시저들을 작성하라.

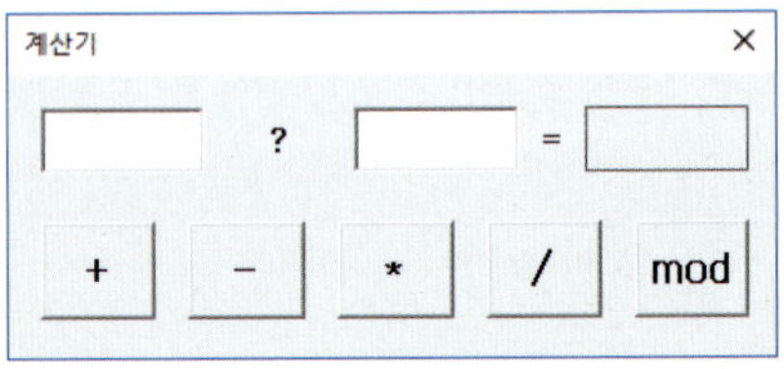

2) 만약 아래 그림과 같이 텍스트 박스에 두 수를 입력하고 '+' 버튼을 눌렀다면 '?'부분의 연산자도 '+'로 바뀌면서 연산의 결과가 출력된다.

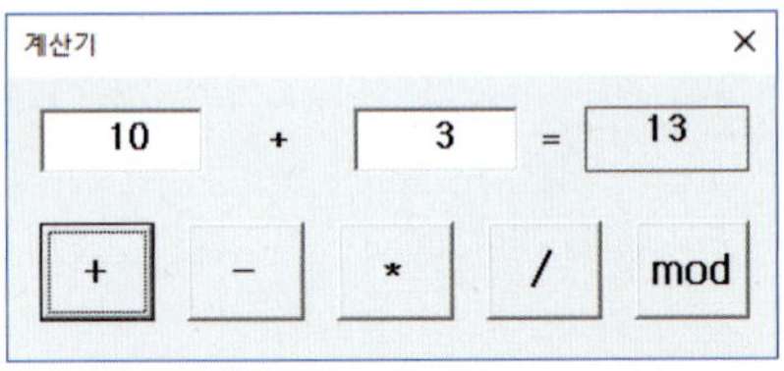

3) 만약 아래 그림과 같이 텍스트 박스에 두 수를 입력하고 'mod' 버튼을 눌렀다면 '?'부분의 연산자도 'mod'로 바뀌면서 연산의 결과가 출력된다.

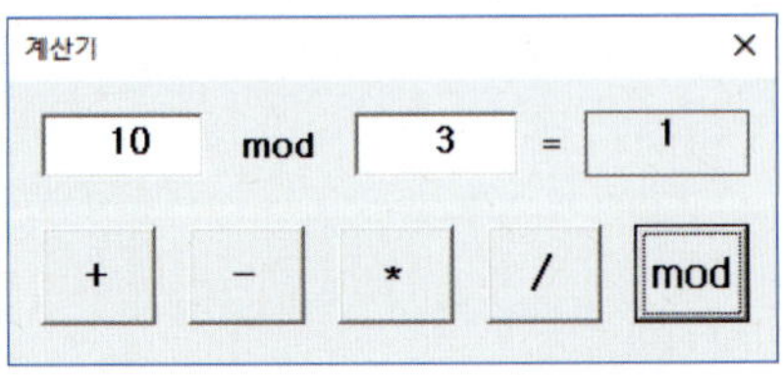

VISUAL BASIC FOR APPLICATION

2. t-분포의 상위분위수를 구하는 프로그램의 한 예이다. 아래 그림의 왼편과 같이 폼을 만들어 텍스트박스에 자유도 및 상위확률을 입력한 후 [계산]버튼을 누르면 오른편 그림과 같이 하단의 라벨에 상위분위수가 출력되는 프로그램을 작성하라.

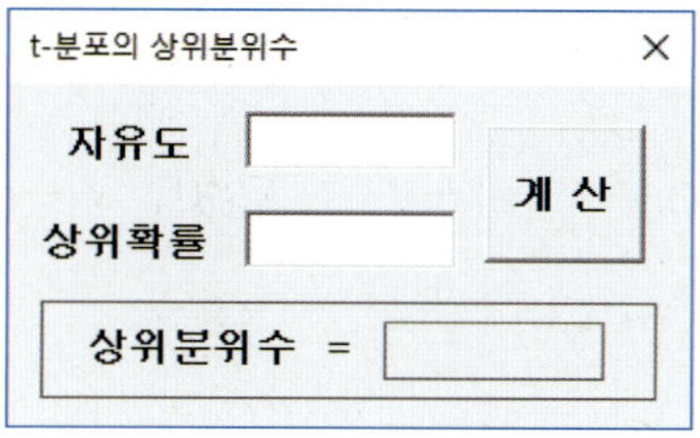

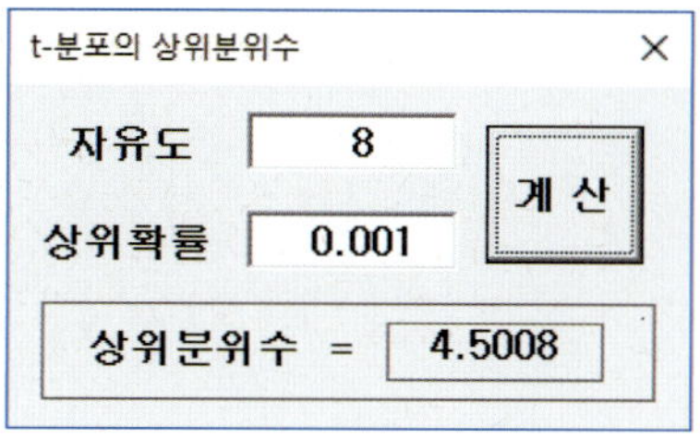

3. t-분포의 상위확률을 구하는 프로그램의 한 예이다. 아래 그림의 왼편과 같이 폼을 만들어 텍스트박스에 자유도 및 경계값을 입력한 후 [계산]버튼을 누르면 오른편 그림과 같이 하단의 라벨에 상위확률이 출력되는 프로그램을 작성하라.

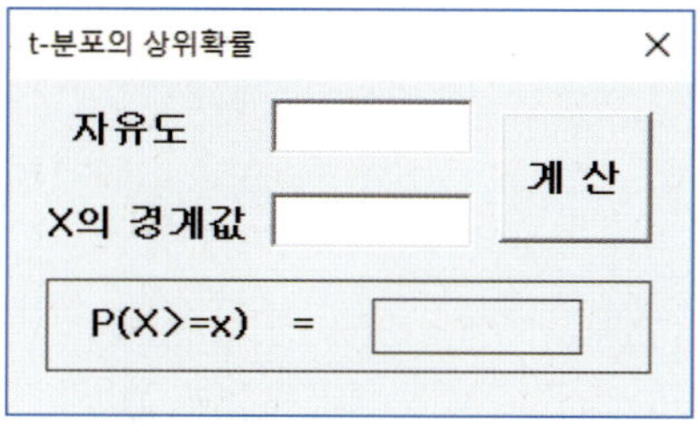

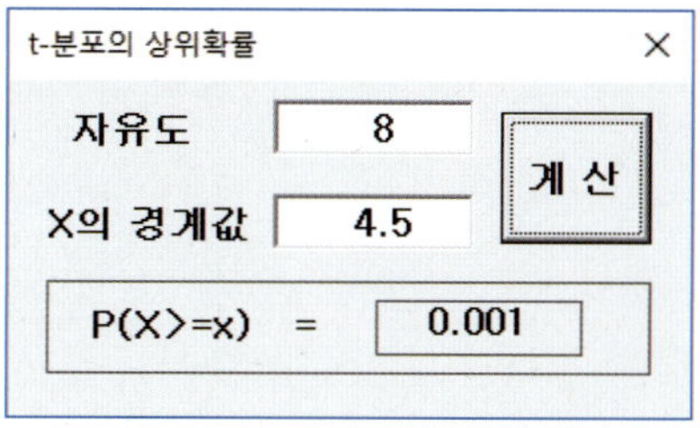

CHAPTER 05

05

VBA(Visual Basic for Application)로 통계분석시스템 만들기 II 신 봉 섭 저

각종 통계분포의 이해와 활용

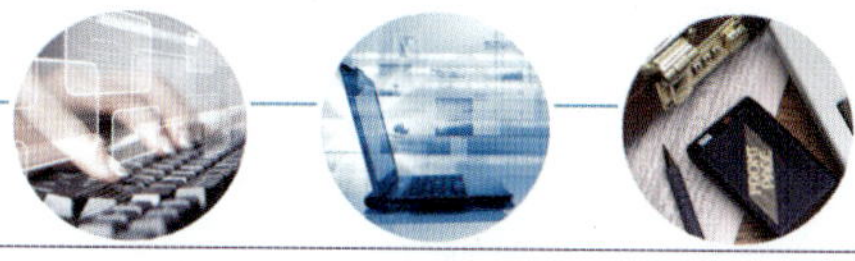

Visual Basic for Application

CHAPTER 05

각종 통계분포의 이해와 활용

엑셀에는 각종 통계분포에 대한 워크시트함수가 마련돼 있다. 이미 앞의 [예 3-2]와 [예 3-3]에서 접미사가 'Dist'와 'Inv'인 함수에 대해 간단히 언급한바 있다. 이번 장에서는 우리가 자주 이용하는 확률분포와 관련된 엑셀의 워크시트 함수들을 소개하려고 한다. 연속형 확률분포 중에서는 표준정규분포, t-분포, 카이제곱 분포, F-분포에 대해 살펴보고 이들 분포에 대한 통계분포표를 출력하는 프로그램을 직접 작성할 것이다. 이산형 확률분포 중에서 초기하분포, 이항분포, 포아송분포, 음의 이항분포와 기하분포에 대해 다루려고 한다.

5.1 통계분포와 관련된 엑셀 워크시트함수

<표 5-1>은 엑셀의 워크시트함수 중에서 통계분포의 확률과 관련이 있는 함수들을 정리한 것이다.

모든 함수들의 이름은 "분포명.Dist"와 같이 분포이름과 'Dist' 사이에 마침표(.)가 사용되고 있다. 예를 들어, 정규분포는 "NORM.DIST", 표준정규분포는 "NORM.S.DIST"와 같은 식이다. 그러나 엑셀 2010 이전 버전에서 사용되던 함수 이름에는 마침표가 없이 "NORMDIST", "NORMSDIST"가 있다. 마침표(.)가 사용되는 함수가 계산의 정확도도 높아지고 이름에 따른 개념도 명확하게 정의되었으니 여러분들은 반드시 개선된 함수를 이용하기 바란다.

‖ 표 5-1 ‖ 통계분포의 확률과 관련이 있는 엑셀의 워크시트함수들

워크시트 함수	설명
BINOM.DIST	이항분포(Binomial Distribution)
NEGBINOM.DIST	음의 이항분포(Negative Binomial Distribution)
POISSON.DIST	포아송 분포(Poisson Distribution)
HYPGEOM.DIST	초기하분포(Hyper Geometric Distribution)
NORM.DIST	정규분포(Normal Distribution)
NORM.S.DIST	표준정규분포(Standard Normal Distribution)
LOGNORM.DIST	로그정규분포(Log Normal Distribution)
T.DIST	t-분포(t-Distribution)
T.DIST.2T	
T.DIST.RT	
CHISQ.DIST	카이제곱분포(Chi Square Distribution)
CHISQ.DIST.RT	
F.DIST	F-분포(F-Distribution)
F.DIST.RT	
GAMMA.DIST	감마분포(Gamma Distribution)
BETA.DIST	베타분포(Beta Distribution)
EXPON.DIST	지수분포(Exponential Distribution)
WEIBULL.DIST	와이블분포(Weibull Distribution)

먼저 ".Dist"가 붙은 함수는 가장 기본적으로 (누적)확률을 구하는 함수이다. 이들 함수의 인수들 중에 누적할지를 묻는 인수가 있는데 이 인수의 값이 'True'이면 누적확률을 계산하고, 'False'이면 확률 또는 확률밀도함수의 값을 계산한다. 이에 대해서는 다음 절부터 상세히 소개될 것이다.

".Dist" 다음에 '.RT'가 추가된 ".Dist.Rt"형태의 함수는 '오른쪽 꼬리(Right Tail)'라는 의미가 추가돼 우측확률(상위확률)을 구한다. t-분포의 경우에는 양쪽확률을 계산하는 ".Dist.2T"형태의 함수도 있다. t-분포는 0에 대해 대칭인 분포이기 때문에 상위확률 $\Pr(T \geq x)$을 2배하면 양쪽확률 $\Pr(|T| \geq x) = \Pr(T \geq x) + \Pr(T \leq -x)$과 같다.

연속형 확률분포인 경우에는 분포명에 '.Inv'가 추가된 "분포명.Inv" 형태의 함수들이 있다. 이 기본형에 '.Dist'에서와 같이 ".Inv.Rt", ".Inv.2T"같은 변형도 있다. 'Inv'는 분포함수의 역함수(Inverse Function)에서 따온 접미사로 분포함수에 대한 역함수의 값, 즉 (누적)분위수를 계산하는 함수이다. 이에 대하여는 다음 절에서 연속형인 각 분포별로 상세히 설명하겠다.

5.2 연속형 확률분포

5.2.1 정규분포

정규분포(Normal Distribution)는 평균 μ 와 표준편차 σ 에 의하여 결정되는 분포로서, 다음과 같은 종 모양(bell shape)의 확률밀도함수를 갖는다.

$$f(x) = \frac{1}{\sqrt{2\pi}\ \sigma} e^{-\frac{(x-\mu)^2}{2\sigma^2}}, \quad -\infty < x < \infty .$$

정규분포의 확률밀도함수는 평균값 μ 에 관해 좌우대칭이고 평균값 μ 에서 그 높이가 최고점이 된다. 또, 평균값 μ 의 변화는 중심위치만 바뀌게 할 뿐 곡선의 형태에는 변화를 주지 않는다. 그러나 표준편차 σ 가 작아지면 평균값 μ 근처의 $f(x)$값이 커지고, 표준편차 σ 가 커짐에 따라 곡선의 형태가 점차 평평해진다.

확률변수 X 의 평균이 μ 이고 표준편차가 σ 인 정규분포를 따를 때, $X \sim N(\mu, \sigma)$ 라 표시한다. $X \sim N(\mu, \sigma)$ 일 때,

$$Z = \frac{X - \mu}{\sigma} \sim N(0, 1)$$

이 성립하게 된다. 이렇게 평균이 0이고 표준편차가 1인 정규분포를 **표준정규분포(standard normal distribution)**라 하며 일반적인 정규분포의 확률을 계산할 때 Z로 변환하여 계산하는 것이 편리하다.

엑셀에서 정규분포 및 표준정규분포의 확률 또는 누적확률을 계산하는 워크시트 함수에는'NORM.DIST'와 'NORM.S.DIST'가 있다. 다음의 <표 5-2>와 <표 5-3>은 이들 함수의 사용법을 정리한 것이다.

‖ 표 5-2 ‖ 'NORM.DIST' 함수의 사용법

함 수 명	NORM.DIST
사용 목적	정규분포 $N(\mu, \sigma)$ 의 누적확률(또는 확률밀도)을 계산한다.
사용 형식	NORM.DIST(x , μ , σ , cumulative)
인수 설명	① x - (누적)확률을 구할 경곗값 ② μ - 모수(평균) ③ σ - 모수(표준편차) ④ cumulative - 구할 확률의 형태를 결정하는 값으로(누적할지를 물음) True(1)이면 누적확률 $F(x) = P(X \leq x) = \int_{-\infty}^{x} f(x)dx$ 을, False(0)이면 $f(x)$ 값을 계산함
비 고	※ $\sigma \leq 0$ 이면 #NUM! 오류 발생 ※ μ =0 이고 σ =1이면 'NORM.S.DIST'를 이용하는 것이 더 편리함

‖ 표 5-3 ‖ 'NORM.S.DIST' 함수의 사용법

함 수 명	NORM.S.DIST
사용 목적	표준정규분포 $N(0, 1)$ 의 누적확률(또는 확률밀도)을 계산함
사용 형식	NORM.S.DIST(x , cumulative)
인수 설명	① x - 누적확률(또는 확률밀도)을 구할 경곗값 ② cumulative - 구할 확률의 형태를 결정하는 값으로(누적할지를 물음) True(1)이면 누적확률 $F(x) = P(X \leq x) = \int_{-\infty}^{x} f(x)dx$ 을, False(0)이면 $f(x)$ 값을 계산함

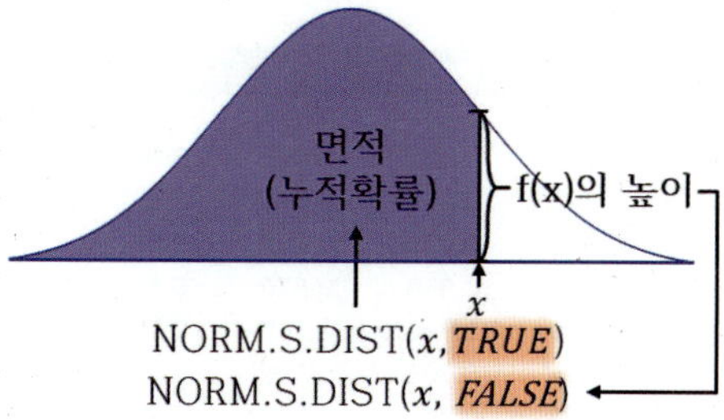

‖ **그림 5-1** ‖ 'NORM.S.DIST' 함수의 인수 'cumulative'의 역할

'NORM.DIST'와 'NORM.S.DIST'의 마지막에 있는 인수 'cumulative'의 역할을 그림으로 설명하면 <그림 5-1>과 같다. 비단 정규분포뿐만 아니라 앞으로 배울 모든 분포관련 함수에서 인수 'cumulative'의 역할은 모두 같은 개념으로 이해하면 되겠다.

예 5-1

모든 통계학 서적의 부록에는 표준정규분포표가 포함되어 있다. 이중 For-루프 속에서 'NORM.S.DIST'를 이용해 표준정규분포를 작성하는 예이다. <표 5-4>의 서브프로시저 'ex5_1'을 실행하면 <그림 5-2>와 같이 표준정규분포표를 얻을 수 있다. 워크시트의 1열과 1행은 미리 기록해둔 것이다.

‖ **표 5-4** ‖ 표준정규분포표 만들기 소스 코드

```
Sub ex5_1()
    x1 = 0
    For i = 2 To 35
        x2 = 0
        For j = 2 To 11
            Cells(i, j).Value=WorksheetFunction.Norm_S_Dist(x1+x2, True)
            x2 = x2 + 0.01
        Next j
        x1 = x1 + 0.1
    Next i
    Columns("B:K").Select
    Selection.NumberFormatLocal = "0.000"
End Sub
```

	A	B	C	D	E	F	G	H	I	J	K
1		0.000	0.010	0.020	0.030	0.040	0.050	0.060	0.070	0.080	0.090
2	0	0.500	0.504	0.508	0.512	0.516	0.520	0.524	0.528	0.532	0.536
3	0.1	0.540	0.544	0.548	0.552	0.556	0.560	0.564	0.567	0.571	0.575
4	0.2	0.579	0.583	0.587	0.591	0.595	0.599	0.603	0.606	0.610	0.614
5	0.3	0.618	0.622	0.626	0.629	0.633	0.637	0.641	0.644	0.648	0.652
6	0.4	0.655	0.659	0.663	0.666	0.670	0.674	0.677	0.681	0.684	0.688
7	0.5	0.691	0.695	0.698	0.702	0.705	0.709	0.712	0.716	0.719	0.722
8	0.6	0.726	0.729	0.732	0.736	0.739	0.742	0.745	0.749	0.752	0.755
9	0.7	0.758	0.761	0.764	0.767	0.770	0.773	0.776	0.779	0.782	0.785
10	0.8	0.788	0.791	0.794	0.797	0.800	0.802	0.805	0.808	0.811	0.813
11	0.9	0.816	0.819	0.821	0.824	0.826	0.829	0.831	0.834	0.836	0.839
12	1	0.841	0.844	0.846	0.848	0.851	0.853	0.855	0.858	0.860	0.862
13	1.1	0.864	0.867	0.869	0.871	0.873	0.875	0.877	0.879	0.881	0.883
14	1.2	0.885	0.887	0.889	0.891	0.893	0.894	0.896	0.898	0.900	0.901
15	1.3	0.903	0.905	0.907	0.908	0.910	0.911	0.913	0.915	0.916	0.918
16	1.4	0.919	0.921	0.922	0.924	0.925	0.926	0.928	0.929	0.931	0.932
17	1.5	0.933	0.934	0.936	0.937	0.938	0.939	0.941	0.942	0.943	0.944
18	1.6	0.945	0.946	0.947	0.948	0.949	0.951	0.952	0.953	0.954	0.954

‖ 그림 5-2 ‖ 만들어진 표준정규분포표

먼저 표준정규분포표가 만들어진 원리를 이해하는 것이 중요하다. 연속형 확률변수의 확률은 확률밀도함수를 적분해서 얻어진다. 그러나 정규분포의 확률을 구할 때마다 매번 확률밀도함수를 적분한다는 것은 매우 번거로울 뿐만 아니라 그 적분이 결코 쉬운 일도 아니다. 그래서 평균이 0이고 표준편차가 1인 표준정규분포에 한해서 필요한 누적확률(적분 값)을 미리 계산해둔 것이 표준정규분포표이다. 그러나 모든 x 값에 대한 누적확률(적분 값)을 모두 구할 수는 없으니 0부터 0.01씩 증가시켜 가면서 x 값을 정하고, 그 때의 누적확률 $\Pr(Z \leq x)$을 구한 것이다. <그림 5-2>의 14행 J열에 있는 0.900은 14행의 값(1.2)과 J열의 값(0.08)을 더한 1.28을 이용해 $\Pr(Z \leq 1.28)$을 계산한 결과가 0.9임을 의미한다. 이는 거꾸로 누적확률이 0.9인 누적분위수는 1.28임을 의미한다. <그림 5-2>의 18행에 표시된 영역은 누적확률이 0.95인 값은 1.64와 1.65 사이에 있을 것이라 예상되므로 누적분위수로 흔히 1.645를 사용한다.

<표 5-4> 코드의 라인별 설명

① 03~10 라인 : 바깥 루프

변수 x1은 워크시트의 행(i; 2행부터 35행)이 바뀔 때 0에서부터 시작해서 바깥쪽 For-루프의 끝에서 0.1씩 증가한다. 변수 x2는 워크시트의 열(j; 2열부터 11열)이 바뀔 때 0에서부터 시작해서 안쪽 For-루프의 끝에서 0.01씩 증가한다. 누적확률을 계산할 때에는 이들 두 값을 더한 (x1+x2)의 값을 'NORM_S_DIST'의 인수에 적용한다. 이렇게 함으로써 워크시트의 2행에는 고정된 x1(=0)에 대해 x2의 값이 0.01씩 증가하여 P(Z<=0), P(Z<=0.01), P(Z<=0.02), …, P(Z<=0.09)가 각각 2열, 3열, …, 11번째 열에 기록된다. 다음 줄인 3행에는 0.1이 증가한 x1(=0.1)에 대해 x2의 값이 0.01씩 증가하여 P(Z<=0.1), P(Z<=0.11), P(Z<=0.12), …, P(Z<=0.19)가 2열, 3열, …, 11번째 열에 기록된다. 이러한 과정이 35행까지 계속 반복된다.

② 04 라인 : x2=0

이 문장은 매우 중요한 의미가 있다. 반드시 안쪽 For-루프의 밖에서 정의되어야 한다. 예를 들어, 2행에 대한 과정(j가 2부터 11까지 10번 반복을 수행하면)을 모두 마 치면 x2의 값은 0.01이 계속 더해져서 0.09(실제로는 0.1이 되지만 0.09까지만 사용된다)가 되어 있다. 그러나 다음 행인 3행에서의 작업은 다시 0부터 0.01씩 증가시키는 과정이어야 하므로 안쪽 For-루프의 밖에서 다시 'x2=0'으로 정의되어야 하는 것이다.

③ 06 라인 : Cells(i, j).Value=WorksheetFunction.Norm_S_Dist(x1+x2, True)

i행 j열의 셀에 누적확률을 계산해 출력하는 문장이다. 워크시트함수에 사용된 마침표(.)를 'WorksheetFunction.'과 함께 사용할 때는 개체관계의 충돌을 피하기 위해 마침표(.)를 밑줄(_)로 대신한다. 따라서 함수가 'Norm_S_Dist(x1+x2, True)'와 같이 사용되었다.

④ 11, 12 라인 :

두 줄의 문장은 워크시트에 출력된 값을 소수점이하 3자리까지로 조정하는 문장이다.

표준정규분포표에서 누적확률이 0.9인 누적분위수(또는 상위확률이 0.1인 상위분위수)는 1.28이고 누적확률이 0.95인 누적분위수(또는 상위확률이 0.05인 상위분위수)는 1.645임을 찾을 수 있다. 그러나 엑셀에는 누적분위수의 값을 바로 출력해주는 워크시트 함수도 마련돼 있다. 다음의 <표 5-5>와 <표 5-6>은 정규분포와 표준정규분포에서 각각 누적분위수를 계산하는 'NORM.INV', 'NORM.S.INV'에 대한 사용법을 정리한 것이다.

|| 표 5-5 || 'NORM.INV' 함수의 사용법

함 수 명	NORM.INV
사용 목적	$N(\mu, \sigma)$ 에 따르는 X에 대하여, $F(x) = P(X \leq x) = p$ 인 x 값을 구함 $x = F^{-1}(p)$ 를 누적확률이 p 인 누적분위수라고 함
사용 형식	NORM.INV(p , μ , σ)
인수 설명	① p - 누적확률(0과 1사이의 값) ② μ - 모수(평균) ③ σ - 모수(표준편차)

|| 표 5-6 || 'NORM.S.INV' 함수의 사용법

함 수 명	NORM.S.INV
사용 목적	$N(0,1)$ 에 따르는 Z에 대하여, $\Phi(x) = P(Z \leq x) = p$ 인 x 값을 구함 $x = \Phi^{-1}(p)$ 를 누적확률이 p 인 누적분위수라고 함
사용 형식	NORM.S.INV(p)
인수 설명	p - 누적확률(0과 1사이의 값)

5.2.2 카이제곱 분포

카이제곱분포(chi-squared distribution)는 정규모집단에서의 중요한 표본분포 중에 하나이다. 정규분포 $X \sim N(\mu, \sigma)$ 으로부터의 확률표본을 $X_1, X_2, \cdots, X_n$ 이라 할 때, 표본분산

$$S^2 = \frac{1}{n-1} \sum_{i=1}^{n} (X_i - \overline{X})^2$$

에 대한 표본분포는 모분산 σ^2 의 추론에 유용하게 이용된다. 이 때, 이 때, 표본분산 S^2 에 관계되는 분포로서 다음과 같은 카이제곱분포가 있다.

확률변수 $Z_1, Z_2, \cdots, Z_k$ 이 각각 표준정규분포 $N(0,1)$ 을 따르고 서로 독립일 때,

$$Z_1^2 + Z_2^2 + \cdots + Z_k^2$$

의 분포를 **자유도(degrees of freedom; df)** k **인 카이제곱분포**라 하며, 기호로

$$Z_1^2 + Z_2^2 + \cdots + Z_k^2 \sim \chi^2(k)$$

로 나타낸다.

정규모집단으로부터 계산된 표본분산 S^2 에 대하여

$$\frac{(n-1)S^2}{\sigma^2} \sim \chi^2(n-1)$$

이 성립한다. 이 성질은 σ^2 의 추론에 매우 유용하게 이용된다.

엑셀에서 카이제곱 분포의 확률과 관련된 워크시트 함수에는 누적확률 및 확률밀도 함수 값을 계산하는 'CHISQ.DIST'와 상위확률(우측확률)을 계산하는 'CHISQ.DIST.RT'가 있다. 다음의 <표 5-7>과 <표 5-8>은 각각 이들 함수의 사용법을 정리한 것이다.

‖ 표 5-7 ‖ 'CHISQ.DIST' 함수의 사용법

함 수 명	CHISQ.DIST
사용 목적	$\chi^2(k)$ 에 따르는 X 에 대하여 cdf(누적확률) $F(x)=P(X \leq x)$, 또는 pdf(확률밀도함수) $f(x)$ 값을 구함
사용 형식	CHISQ.DIST(x , k , cumulative)
인수 설명	① x - (누적)확률을 구할 경곗값 ② k - 자유도(정수) ③ cumulative - 구할 확률의 형태를 결정하는 값으로(누적할지를 물음) True(1)이면 cdf $F(x)=P(X \leq x)=\int_{-\infty}^{x} f(t)dt$ 값을 , False(0)이면 pdf $f(x)$ 값을 계산.

‖ 표 5-8 ‖ 'CHISQ.DIST.RT' 함수의 사용법

함 수 명	CHISQ.DIST.RT
사용 목적	$\chi^2(k)$에 따르는 X에 대하여 상위(오른쪽)확률 $P(X \geq x)$값을 구함
사용 형식	CHISQ.DIST.RT(x , k)
인수 설명	① x - 상위확률을 구할 경곗값 ② k - 자유도(정수)

‖ 표 5-9 ‖ 'CHISQ.INV' 함수의 사용법

함 수 명	CHISQ.INV
사용 목적	$\chi^2(k)$에 따르는 X에 대하여, 누적확률이 $P(X \leq x) = p$인 x 값을 구함
사용 형식	CHISQ.INV(p , k)
인수 설명	① p - 누적확률(0과 1사이의 값) ② k - 자유도(정수)

‖ 표 5-10 ‖ 'CHISQ.INV.RT' 함수의 사용법

함 수 명	CHISQ.INV.RT
사용 목적	$\chi^2(k)$에 따르는 X에 대하여, $P(X \geq x) = p$인 x 값을 구함
사용 형식	CHISQ.INV.RT(p , k)
인수 설명	① p - 상위확률(0과 1사이의 값) ② k - 자유도(정수)

이제 카이제곱 분포의 분위수와 관련된 함수에는 누적분위수를 계산하는 'CHISQ.INV'와 상위분위수를 계산하는 'CHISQ.INV.RT'가 있다. 다음의 <표 5-9>와 <표 5-10>은 각각 이들 함수의 사용법을 정리한 것이다.

표준정규분포표는 누적확률을 계산하는 'NORM.S.DIST'함수를 이용하였지만 카이제곱 분포, t-분포, F-분포표는 분위수를 계산하는 함수를 이용하여 작성한다. 다음의 [예 5-2]는 카이제곱 분포표를 작성하는 예이다. 특히, 카이제곱 분포는 대칭이 아니므로 상위 10%, 5%, 2.5%, 1%, 0.5% 분위수와 누적 0.5%, 1%, 2.5%, 5%, 10% 분위수가 모두 필요하다.

예 5-2

워크시트의 1행에는 일반적으로 요구되는 누적확률 0.005, 0.01, 0.025, 0.05, 0.1, 0.9, 0.95, 0.975, 0.99, 0.995를 미리 입력해 두었다. 이중 For-루프 속에서 'Chisq_inv'를 이용해 카이제곱 분포표를 작성하는 예이다. <표 5-11>의 서브프로시저 'ex5_2'를 실행하면 <그림 5-3>과 같이 카이제곱 분포표를 얻을 수 있다. 워크시트의 1열에는 자유도가 기록되고 각 행에는 1행의 각 열에 기록된 누적확률에 대한 누적분위수들이 출력돼 있다.

‖ 표 5-11 ‖ 카이제곱 분포표 만들기 소스 코드

```
Sub ex5_2()
    For i = 2 To 31
        Cells(i, 1) = i - 1
        For j = 2 To 11
            Cells(i, j) = WorksheetFunction.ChiSq_Inv(Cells(1, j), i - 1)
        Next j
    Next i
    Columns("B:K").Select
    Selection.NumberFormatLocal = "0.000"
End Sub
```

	A	B	C	D	E	F	G	H	I	J	K
1	**df \ 누적확률**	**0.005**	**0.010**	**0.025**	**0.050**	**0.100**	**0.900**	**0.950**	**0.975**	**0.990**	**0.995**
2	1	0.000	0.000	0.001	0.004	0.016	2.706	3.841	5.024	6.635	7.879
3	2	0.010	0.020	0.051	0.103	0.211	4.605	5.991	7.378	9.210	10.597
4	3	0.072	0.115	0.216	0.352	0.584	6.251	7.815	9.348	11.345	12.838
5	4	0.207	0.297	0.484	0.711	1.064	7.779	9.488	11.143	13.277	14.860
6	5	0.412	0.554	0.831	1.145	1.610	9.236	11.070	12.833	15.086	16.750
7	6	0.676	0.872	1.237	1.635	2.204	10.645	12.592	14.449	16.812	18.548
8	7	0.989	1.239	1.690	2.167	2.833	12.017	14.067	16.013	18.475	20.278
9	8	1.344	1.646	2.180	2.733	3.490	13.362	15.507	17.535	20.090	21.955
10	9	1.735	2.088	2.700	3.325	4.168	14.684	16.919	19.023	21.666	23.589
11	10	2.156	2.558	3.247	3.940	4.865	15.987	18.307	20.483	23.209	25.188
12	11	2.603	3.053	3.816	4.575	5.578	17.275	19.675	21.920	24.725	26.757
13	12	3.074	3.571	4.404	5.226	6.304	18.549	21.026	23.337	26.217	28.300
14	13	3.565	4.107	5.009	5.892	7.042	19.812	22.362	24.736	27.688	29.819
15	14	4.075	4.660	5.629	6.571	7.790	21.064	23.685	26.119	29.141	31.319
16	15	4.601	5.229	6.262	7.261	8.547	22.307	24.996	27.488	30.578	32.801
17	16	5.142	5.812	6.908	7.962	9.312	23.542	26.296	28.845	32.000	34.267
18	17	5.697	6.408	7.564	8.672	10.085	24.769	27.587	30.191	33.409	35.718
19	18	6.265	7.015	8.231	9.390	10.865	25.989	28.869	31.526	34.805	37.156
20	19	6.844	7.633	8.907	10.117	11.651	27.204	30.144	32.852	36.191	38.582
21	20	7.434	8.260	9.591	10.851	12.443	28.412	31.410	34.170	37.566	39.997
22	21	8.034	8.897	10.283	11.591	13.240	29.615	32.671	35.479	38.932	41.401
23	22	8.643	9.542	10.982	12.338	14.041	30.813	33.924	36.781	40.289	42.796
24	23	9.260	10.196	11.689	13.091	14.848	32.007	35.172	38.076	41.638	44.181

‖ 그림 5-3 ‖ 출력된 카이제곱 분포표

카이제곱분포표 만들기 코드의 라인별 설명

① 02~07 라인 : 바깥 For 루프

2행부터 31행까지 행을 지칭하는 변수 'i'를 사용해 반복한다.

② 04~06 라인 : 안쪽 For 루프

2열부터 11열까지 열을 지칭하는 변수 'j'를 사용해 반복한다.

③ 03 라인 : Cells(i, 1) = i - 1

A열의 2행부터 자유도를 출력한다. 자유도는 1부터 출력되므로 행보다 1이 작은 값이다.

④ 05 라인 : Cells(i, j) = WorksheetFunction.ChiSq_Inv(Cells(1, j), i - 1)

i행 j열의 셀에 누적분위수를 계산해 출력하는 문장이다. 워크시트함수 'ChiSq_Inv'의 첫 번째 인수에는 1행 j열의 셀에 있는 누적확률을 이용하였고, 두 번째 인수는 자유도이다.

5.2.3 t-분포

t-분포는 정규모집단에서 표본의 크기가 작을 때 특히 유용하게 쓰이는 분포로 일반적인 정의는 다음과 같다.

$Z \sim N(0,1)$ 이고 $V \sim \chi^2(k)$ 이며 Z 와 V 는 서로 독립일 때, $T = \dfrac{Z}{\sqrt{V/k}}$ 의 분포를 **자유도 k 인 t-분포**라 하며, 기호로 $T \sim t(k)$ 와 같이 나타낸다.

엑셀에서 t-분포의 확률과 관련된 워크시트 함수에는 누적확률 및 확률밀도함수 값을 계산하는 'T.DIST', 상위확률(우측확률)을 계산하는 'T.DIST.RT', 양쪽확률을 계산하는 'T.DIST.2T'가 있다. 다음의 <표 5-12>부터 <표 5-14>까지는 각각 이들 함수의 사용법을 정리한 것이다.

‖ 표 5-12 ‖ 'T.DIST' 함수의 사용법

함 수 명	T.DIST
사용 목적	$T \sim t(k)$ 인 확률변수 T에 대하여, cdf(누적확률) $F(x)=P(X \leq x)$, 또는 pdf(확률밀도함수) $f(x)$ 값을 구함
사용 형식	T.DIST(x , k , cumulative)
인수 설명	① x - 누적확률을 구할 경곗값 ② k - 자유도(정수) ③ cumulative - 구할 확률의 형태를 결정하는 값으로(누적할지를 물음) True(1)이면 cdf $F(x)=P(X \leq x)=\int_{-\infty}^{x} f(t)dt$ 값을 , False(0)이면 pdf $f(x)$ 값을 계산

‖ 표 5-13 ‖ 'T.DIST.RT' 함수의 사용법

함 수 명	T.DIST.RT
사용 목적	$T \sim t(k)$ 인 확률변수 T에 대하여, 상위확률 $P(T \geq x)$의 값을 구함.
사용 형식	T.DIST.RT(x , k)
인수 설명	① x - 상위확률을 구할 경곗값 ② k - 자유도(정수)

‖ 표 5-14 ‖ 'T.DIST.RT' 함수의 사용법

함 수 명	T.DIST.2T
사용 목적	$T \sim t(k)$ 인 확률변수 T에 대하여, 양쪽확률(상위확률의 2배)을 구함 즉, $P(\lvert T\rvert \geq x)=P(T \geq x)+P(T \leq -x)=2P(T \geq x)$ 의 값을 구함
사용 형식	T.DIST.2T(x , k)
인수 설명	① x - 상위확률을 구할 경곗값 ② k - 자유도(정수)

t-분포의 그래프는 0에 관해 대칭이며, 자유도가 증가하면 t-분포의 pdf(확률밀도함수)는 표준정규분포의 pdf에 근사하게 된다. 특히, 자유도가 1인 t-분포를 **Cauchy 분포**라 부르는데 표준정규분포에 비해 꼬리 부분이 매우 두꺼운 분포이다. 이제 x가 $-4 \leq x \leq 4$의 영역에서 표준정규분포와 자유도가 각각 1과 5인 t-분포의 그래프를 그리기 위해 pdf의

값 $f(x)$의 값들을 '?.Dist' 함수를 이용해 구해보는 다음 예를 살펴보자.

예 5-3

<표 5-15>의 서브프로시저 'ex5_3'를 실행하면 워크시트의 1열에는 x 값을, 2열에는 x에서 계산된 표준정규분포의 pdf 값을, 3열에는 x에서 계산된 자유도 1인 t-분포의 pdf 값을, 4열에는 x에서 계산된 자유도 5인 t-분포의 pdf 값을 각각 <그림 5-4>와 같이 기록하였다. x 값은 -4부터 4까지 0.1 간격으로 설정하였다. 표준정규분포의 pdf 값은 'Norm_S_Dist(x, False)'를 이용하였고, t-분포의 pdf 값은 'T_Dist(x, 자유도, False)'를 이용하였다. 두 함수 모두 마지막 인수가 False임에 유의하자. "A1:D82"영역에 대한 '곡선이 있는 분산형' 차트를 그리면 <그림 5-5>를 얻을 수 있다.

‖ 표 5-15 ‖ pdf 값 구하기 소스 코드

```
Sub ex5_3()
    x = -4
    For i = 2 To 82
        Cells(i, 1) = x
        Cells(i, 2) = WorksheetFunction.Norm_S_Dist(x, False)
        Cells(i, 3) = WorksheetFunction.T_Dist(x, 1, False)
        Cells(i, 4) = WorksheetFunction.T_Dist(x, 5, False)
        x = x + 0.1
    Next I
End Sub
```

	A	B	C	D
1	x	N(0,1)	t(1)	t(5)
2	-4	0.00013383	0.01872411	0.005124
3	-3.9	0.00019866	0.01963664	0.005748
4	-3.8	0.00029195	0.02061593	0.006459
5	-3.7	0.00042478	0.02166847	0.007268

(중간생략)

78	3.6	0.0006119	0.02280157	0.008191
79	3.7	0.00042478	0.02166847	0.007268
80	3.8	0.00029195	0.02061593	0.006459
81	3.9	0.00019866	0.01963664	0.005748
82	4	0.00013383	0.01872411	0.005124

‖ 그림 5-4 ‖ 각 분포의 pdf 값들이 출력된 워크시트

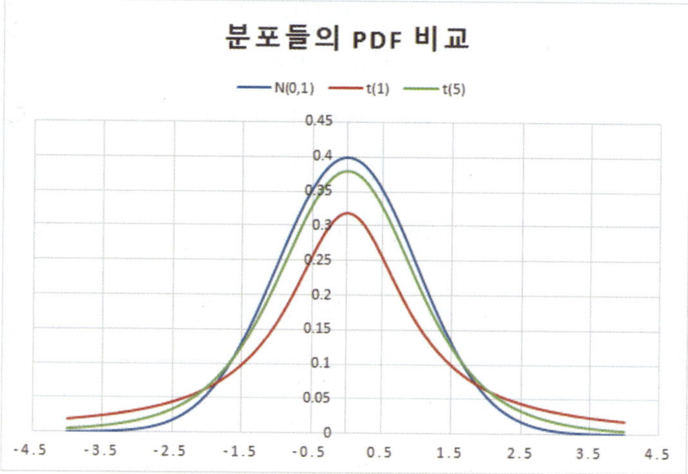

‖ 그림 5-5 ‖ 각 분포의 pdf 값들이 출력된 워크시트

<그림 5-5>의 pdf들을 살펴보면 다음과 같은 내용들을 확인할 수 있다.

1) 표준정규분포와 t-분포의 pdf는 모두 0에 대해 대칭이다.
2) 자유도 1인 t-분포의 pdf인 t(1)은 표준정규분포의 pdf에 비해 양쪽 꼬리부분이 매우 두껍다. 이는 양쪽 꼬리부분에 위치한 큰 x값이나 작은 x값들에 대한 확률밀도가 상대적으로 높음을 의미하며, 따라서 0으로부터 먼 양쪽에서의 극단 값이 발생할 가능성이 표준정규분포에 비해 훨씬 높다. t(1)의 그래프는 꼬리가 두꺼운 대신 중앙부분이 낮아져 pdf의 조건인 전체 면적은 1이 된다.
3) 자유도 5인 t-분포의 pdf인 t(5)는 t(1)보다 양쪽 꼬리부분이 덜 두껍고 중심부분은 더 높아져 표준정규분포의 pdf에 조금씩 근사하게 된다. 실제로 자유도가 증가하면 할수록 t-분포의 pdf는 표준정규분포의 pdf에 매우 근사하게 됨을 확인할 수 있다.

<그림 5-5>의 차트를 우리가 직접 그렸다. 그러나 다음 장에서는 프로그램을 이용해서 여러 종류의 차트를 그리고, 그려진 차트를 이미지 파일로 저장해두었다가 폼 위의 이미지컨트롤에 표시하는 방법들에 대해서도 학습할 예정이다.

우리는 이미 3장의 [예 3-3]에서 t-분포표를 만들어 보았고, [연습문제 3-9]에서 이중

For-루프를 이용해서 더 간단한 코드로도 바꿔보는 연습도 해보았다. 여기서는 t-분포의 분위수와 관련된 함수만 소개하도록 하겠다. 다음의 <표 5-16>과 <표 5-17>은 각각 누적 분위수를 계산하는 'T.INV'와 양쪽확률을 통해 상위분위수를 구할 수 있는 'T.INV.2T'에 대해 정리한 것이다. 특히, 'T.INV.2T'를 이용해 상위분위수를 구할 때에는 인수에 양쪽확률(상위확률의 2배)을 사용해야 됨에 유의하자.

|| 표 5-16 || 'T.INV' 함수의 사용법

함 수 명	T.INV
사용 목적	$T \sim t(k)$ 인 확률변수 T에 대하여, 누적확률이 p 인 누적분위수를 계산 즉, $P(T \leqq x)=p$ 인 x 값을 구함
사용 형식	T.INV(p , k)
인수 설명	① p - 누적확률 ② k - 자유도(정수)

|| 표 5-17 || 'T.INV.2T' 함수의 사용법

함 수 명	T.INV.2T
사용 목적	$T \sim t(k)$ 인 확률변수 T에 대하여, 양쪽확률이 p 인 상위분위수를 계산 즉, $P(\|T\| \geqq x)=2P(T \geqq x)=p$ 인 x 값을 구함 결국, 상위확률이 $p/2$ 인 상위분위수를 구함
사용 형식	T.INV.2T(p , k)
인수 설명	① p - 양측 꼬리 확률 ($P(\|T\| \geqq x)=2P(T \geqq x)$) ② k - 자유도(정수).

5.2.4 F-분포

F-분포는 두 정규모집단에서 분산의 비교에 대한 추론에 주로 사용되는 분포로서 일반적인 정의는 다음과 같다.

V_1 과 V_2 가 각각 자유도 k_1 , k_2 인 카이제곱분포에 따르는 서로 독립인 확률변수들일 때

$$F = \frac{V_1/k_1}{V_2/k_2}$$

의 분포를 **자유도 (k_1 , k_2)인 F-분포**라 하며 기호로는 $F \sim F(k_1, k_2)$ 라 나타낸다.

F-분포가 가지는 다음 성질은 자유도 (k_1 , k_2)인 F-분포표를 가지고 있을 때, 자유도 (k_2 , k_1)인 F-분포에 따르는 확률변수에 대한 여러 확률들을 계산하는데 유용하게 이용될 수 있다.

확률변수 F가 자유도 (k_1 , k_2)인 F-분포에 따를 때, $\frac{1}{F} \sim F(k_2, k_1)$ 이 성립한다.

또한, F-분포와 t-분포와의 관계를 알아보기 위해 다음을 살펴보자. 자유도가 k 인 t-분포에 따르는 확률변수를 T 라 하면

$$T = \frac{Z}{\sqrt{V/k}}, \quad Z \sim N(0,1), \ V \sim \chi^2(k) \text{ 이며 서로 독립}$$

이 성립하며. 따라서

$$T^2 = \frac{Z^2/1}{V/k}, \ Z^2 \sim \chi^2(1) \text{ 이고 } Z \text{ 와 } V \text{ 는 서로 독립}$$

이므로 $T^2 \sim F(1, k)$ 임을 알 수 있다.

F-분포와 관련된 워크시트 함수에는 확률을 구하는 'F.DIST'와 'F.DIST.RT'가 있으며 누적분위수를 계산하는 'F.INV', 상위분위수를 계산하는 'F.INV.RT'가 있다. 다음의 <표 5-18>부터 <표 5-21>까지는 각각 이들 함수의 사용법을 정리한 것이다.

‖ 표 5-18 ‖ 'F.DIST' 함수의 사용법

함 수 명	F.DIST
사용 목적	$F(k_1, k_2)$ 에 따르는 확률변수 X에 대하여, cdf $F(x) = P(X \leq x)$, 또는 pdf $f(x)$ 값을 구함
사용 형식	F.DIST(x , k_1 , k_2 , cumulative)
인수 설명	① x - (누적)확률을 구할 경곗값 ② k_1 - 분자의 자유도(정수) ③ k_2 - 분모의 자유도(정수) ④ cumulative - 구할 확률의 형태를 결정하는 값으로(누적할지를 물음) True(1)이면 cdf $F(x) = P(X \leq x) = \int_{-\infty}^{x} f(t)dt$ 값을 , False(0)이면 pdf $f(x)$ 값을 계산

‖ 표 5-19 ‖ 'F.DIST.RT' 함수의 사용법

함 수 명	F.DIST.RT
사용 목적	$F(k_1, k_2)$ 에 따르는 확률변수 F에 대하여, 상위확률 $P(F \geq x)$ 을 구함
사용 형식	F.DIST.RT(x , k_1 , k_2)
인수 설명	① x - 상위확률을 구할 경곗값 ② k_1 - 분자의 자유도(정수) ③ k_2 - 분모의 자유도(정수)

‖ 표 5-20 ‖ 'F.INV' 함수의 사용법

함 수 명	F.INV
사용 목적	$F(k_1, k_2)$ 에 따르는 확률변수 F에 대하여, 누적확률이 p 인 누적분위수 계산 즉, $P(F \leq x)$ $=p$ 인 x 값을 구함
사용 형식	F.INV(p , k_1 , k_2)
인수 설명	① p - 누적확률(0과 1사이의 값) ② k_1 - 분자의 자유도(정수) ③ k_2 - 분모의 자유도(정수)

‖ 표 5-21 ‖ 'F.INV.RT' 함수의 사용법

함 수 명	F.INV.RT
사용 목적	$F(k_1, k_2)$ 에 따르는 확률변수 F 에 대하여, 상위확률이 p 인 상위분위수 계산 즉, $P(F \geq x)$ $=p$ 인 x 값을 구함
사용 형식	F.INV.RT(p , k_1 , k_2)
인수 설명	① p - 상위확률(0과 1사이의 값) ② k_1 - 분자의 자유도(정수) ③ k_2 - 분모의 자유도(정수)

F-분포표는 정해진 상위확률에 대해 한 장씩 따로 작성해야만 한다. F-분포는 자유도가 2개이므로 워크시트의 1열에는 분자의 자유도를, 1행에는 분모의 자유도를 각각 기록하고 각 행과 열에 있는 자유도의 조합으로 이루어진 셀에는 상위분위수를 출력해야 한다. 다음의 [예 5-4]는 상위확률이 0.05인 경우의 F-분포표이다. 나머지 상위확률 0.005, 0.01, 0.025, 0.1에 대한 F-분포표와 반대로 누적확률이 0.005, 0.01, 0.025, 0.05, 0.1인 F-분포표는 연습문제로 남겨둔다.

예 5-4

<표 5-22>의 서브프로시저 'ex5_4'를 실행하면 <그림 5-6>과 같이 상위확률이 0.05인 F-분포표를 얻을 수 있다. <표 5-22>의 05라인에 사용된 'F_Inv_RT' 함수의 첫 번째 인자만 바꾸면 다른 상위확률에 대한 F-분포표도 얻을 수 있다. 분자의 자유도는 30까지 출력했다. 그러나 분모의 자유도는 화면에 표시되는 폭을 고려하여 10까지만 출력하였다.

‖ 표 5-22 ‖ pdf 값 구하기 소스 코드

```
01  Sub ex5_4()
02      For i = 2 To 31
03          Cells(i, 1) = i - 1
04          For j = 2 To 11
05              Cells(i, j) = WorksheetFunction.F_Inv_RT(0.05, i - 1, j - 1)
06          Next j
07      Next i
08      Range("B2:K31").Select
09      Selection.NumberFormatLocal = "0.000"
10  End Sub
```

	A	B	C	D	E	F	G	H	I	J	K
1	**α=0.05: df1 \ df2**	**1**	**2**	**3**	**4**	**5**	**6**	**7**	**8**	**9**	**10**
2	1	161,448	18,513	10,128	7,709	6,608	5,987	5,591	5,318	5,117	4,965
3	2	199,500	19,000	9,552	6,944	5,786	5,143	4,737	4,459	4,256	4,103
4	3	215,707	19,164	9,277	6,591	5,409	4,757	4,347	4,066	3,863	3,708
5	4	224,583	19,247	9,117	6,388	5,192	4,534	4,120	3,838	3,633	3,478
6	5	230,162	19,296	9,013	6,256	5,050	4,387	3,972	3,687	3,482	3,326
7	6	233,986	19,330	8,941	6,163	4,950	4,284	3,866	3,581	3,374	3,217
8	7	236,768	19,353	8,887	6,094	4,876	4,207	3,787	3,500	3,293	3,135
9	8	238,883	19,371	8,845	6,041	4,818	4,147	3,726	3,438	3,230	3,072
10	9	240,543	19,385	8,812	5,999	4,772	4,099	3,677	3,388	3,179	3,020
11	10	241,882	19,396	8,786	5,964	4,735	4,060	3,637	3,347	3,137	2,978
12	11	242,983	19,405	8,763	5,936	4,704	4,027	3,603	3,313	3,102	2,943

|| 그림 5-6 || 상위확률이 0.05인 F-분포표

만약 분모의 자유도가 10을 초과하는 경우를 생각해보자. 분포표의 폭을 고려해 분모의 자유도는 10까지만 출력했지만 분자의 자유도는 더 큰 값까지도 출력할 수 있다. 분자의 자유도가 커지더라도 분포표는 아래로만 길어지기 때문이다. 자유도가 (n_1, n_2)이고 상위 확률이 α 인 F-분포의 상위분위수를 $F_\alpha(n_1, n_2)$라고 할 때, 다음이 성립한다.

$$F_\alpha(n_1, n_2) = \frac{1}{F_{1-\alpha}(n_2, n_1)}$$

이 성질을 이용하면 분모의 자유도가 10까지만 있더라도 분자의 자유도는 더 큰 값까지 분포표가 준비돼 있으므로 분모의 자유도가 10을 초과해도 이 분포표를 이용해 원하는 분위수를 구할 수 있다. 또한 분자와 분모의 자유도를 바꾸고 상위분위수의 역수를 취하면 누적분위수를 계산할 수도 있다.

5.3 콤보박스(Combo Box :)와 리스트박스(List Box :) 컨트롤

4장에서 다루었던 기본 컨트롤에 추가하여 여기에서는 **콤보박스**와 **리스트박스** 컨트롤에 대해 소개하고 다음 절에서는 이를 이산형 확률분포에 적용해보려고 한다. 콤보박스와 리스트박스 컨트롤은 여러 항목들이 있는 리스트에서 하나 혹은 여러 개의 항목을 선택

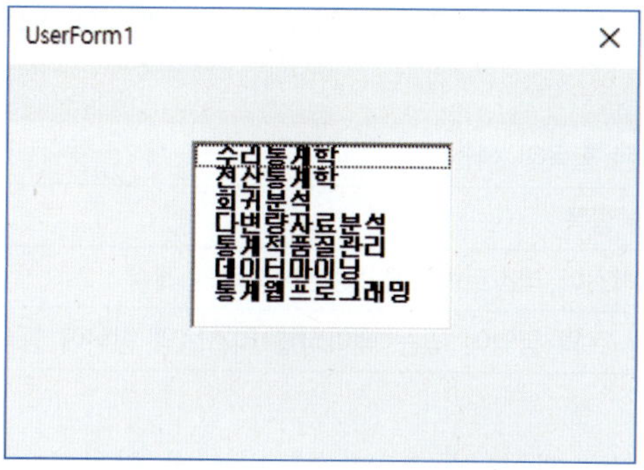

‖ 그림 5-7 ‖ 리스트박스의 사용 예

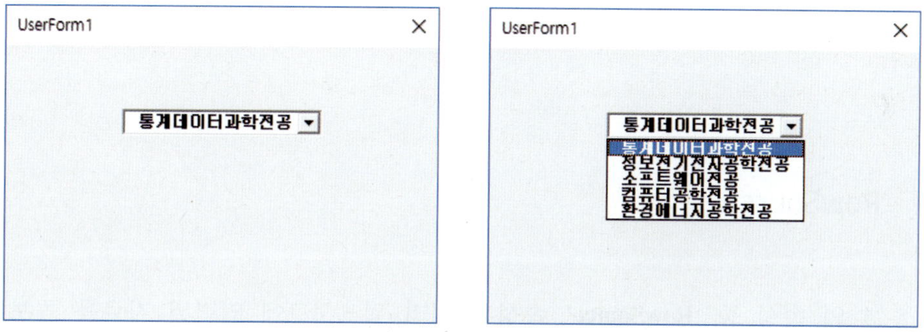

‖ 그림 5-8 ‖ 콤보박스가 펼쳐지기 전과 펼쳐진 후

하는 경우에 사용된다. 리스트박스는 <그림 5-7>과 같이 리스트가 항상 펼쳐져 있다. 그러나 콤보박스는 <그림 5-8>의 왼쪽과 같은 모양으로 폼에 존재하다가 이를 마우스로 클릭하면 오른쪽 그림과 같이 리스트가 펼쳐진다.

콤보박스나 리스트박스에서 사용하는 메서드와 속성들을 정리하면 각각 다음의 <표 5-23>과 <표 5-24>와 같다.

‖ 표 5-23 ‖ 콤보박스와 리스트박스의 주요 메서드

메서드	설명
AddItem	리스트에 항목을 추가
RemoveItem	리스트에 항목을 삭제
RemoneAllItems	리스트에서 모든 항목을 삭제

‖ 표 5-24 ‖ 콤보박스와 리스트박스의 주요 속성

속성	설명
ListIndex	선택된 항목의 색인
List(i)	i번째 항목
ListCount	콤보박스나 리스트박스에 등록된 항목의 개수
RowSource	워크시트의 영역에 있는 데이터를 리스트의 항목에 등록

특히, <표 5-23>에 정리된 메서드들은 리스트박스에 항목을 추가하거나 삭제하기 위해 자주 이용되므로 잘 알아두어야 한다. 다음절에서 우리는 리스트박스를 확률을 출력하는 공간으로 사용하는데, 이때 출력은 'AddItem' 메서드를 이용하게 된다.

5.3.1 RowSource 속성

<표 5-24>의 속성 중 **'RowSource' 속성**은 미리 워크시트에 입력된 자료를 콤보박스나 리스트박스의 리스트에 입력할 때 사용하는 속성으로 VBA에서만 가능하다. 다음 [예 9-2]는 워크시트에 데이터가 입력된 영역을 참조영역으로 지정해서 해당 데이터를 리스트박스와 콤보박스의 리스트에 항목으로 표시한다.

예 5-5

<그림 5-9>와 같이 워크시트에 데이터는 미리 입력되어 있으며, 오른편과 같이 콤보박스와 리스트박스가 포함된 사용자 정의 폼을 작성해둔다. 이제 <표 5-25>의 모듈의 코드 창에 있는 서브 프로시저 'ex5_5()'를 실행하면 <표 5-26>에 있는 폼의 코드 창에 있는 이벤트 프로시저가 동작한다. 이 'Activate' 이벤트는 폼이 활성화될 때 발생한다. <그림 5-9>의 결과를 살펴보면 'RowSource' 속성에 지정한 워크시트의 영역에 있던 내용들이 콤보박스와 리스트박스의 리스트에 등록된 것을 확인할 수 있다.

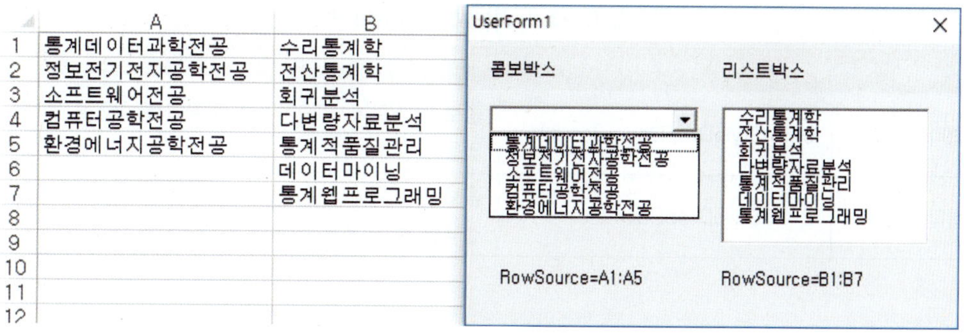

‖ 그림 5-9 ‖ 워크시트에 데이터를 입력하고 폼을 실행한 화면

‖ 표 5-25 ‖ 모듈의 코드 창에 있는 서브 프로시저

```
Sub ex5_5()
    fmEx5.Show
End Sub
```

‖ 표 5-26 ‖ 폼의 코드 창에 입력한 이벤트 프로시저

```
Sub UserForm_Activate()
    ComboBox1.RowSource = "a1:a5"
    ListBox1.RowSource = "b1:b7"
End Sub
```

5.3.2 콤보박스의 종류

디폴트 상태인 콤보박스는 **드롭다운(Drop Down)콤보**라고 부르는데, 이는 텍스트 박스와 리스트박스를 결합한 것이다. 상단의 텍스트 박스에는 새로운 문자열을 직접 입력할 수도 있으며 하단의 리스트에서 항목을 선택하면 상단의 텍스트박스에 입력된다. 콤보박스의 **Style 속성**을 이용하면 드롭다운 콤보와 드롭다운 목록 중에서 하나를 선택할 수 있다. 이에 대한 차이점은 <표 5-27>의 설명을 참고하라.

‖ 표 5-27 ‖ 콤보박스의 Style 속성

종류	속성 값	설 명
드롭다운 콤보	0-fmStyleDropDownCombo	콤보 텍스트에 입력하거나 목록에서 항목을 선택할 수 있음
드롭다운 목록	2-fmStyleDropDownList	콤보 텍스트에서 입력할 수는 없으나 목록에서 항목을 선택할 수 있음

5.3.3 리스트박스

리스트박스 컨트롤은 여러 항목 중에서는 하나 또는 그 이상을 선택하여 입력받는 경우에 사용한다. 콤보박스는 텍스트에서 문자열을 추가로 입력할 수 있지만, 리스트박스는 리스트에서 선택한 항목만을 입력받을 수 있다. 리스트박스 컨트롤의 크기보다 많은 양의 항목들이 리스트에 추가되면 자동으로 오른쪽에 스크롤바가 생기며 이를 이용해서 목록의 전체를 조회할 수 있다.

항목의 추가나 삭제 등은 콤보박스와 동일하다. 리스트박스에는 **'MultiSelect' 속성**이 있는데 이에 대한 설명은 <표 5-28>과 같다.

<그림 5-10>은 리스트 박스의 MultiSelect 속성에 <표 5-28>의 각 값을 차례로 적용해본 세 가지 예이다. 왼쪽부터 차례로 MultiSelect 속성이 0, 1, 2가 적용되었으며, 제일 왼쪽에 있는 디폴트 리스트박스에서는 한 개의 항목만을 선택할 수 있다.

‖ 표 5-28 ‖ 리스트박스의 'MultiSelect' 속성

속성 값	설 명
0-fmMultiSelectSingle	한 개의 항목만을 선택할 경우에 설정
1-fmMultiSelectMulti	여러 개의 항목을 선택할 경우에 설정함. Alt키나 Ctrl키를 누른 상태에서 마우스 왼쪽 버튼으로 다른 항목을 선택하여 항목을 추가 선택할 수 있음
2-fmMultiSelectExtended	여러 개의 항목을 선택할 경우에 설정함. 마우스 왼쪽 버튼을 드래그하여 여러 항목을 선택할 수 있음

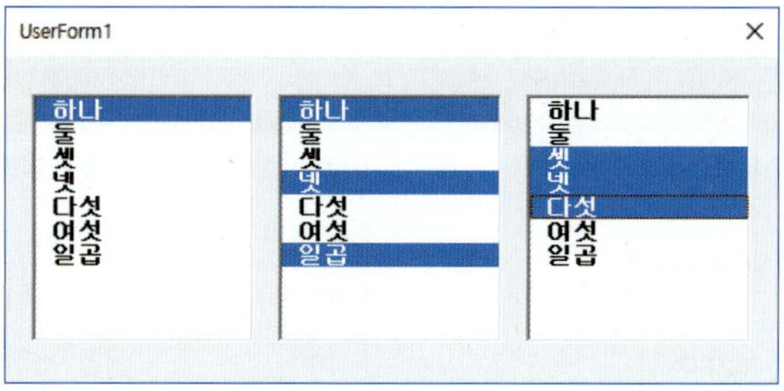

‖ 그림 5-10 ‖ MultiSelect 속성이 0, 1, 2인 리스트박스의 예

예 5-6

리스트박스에서 항목을 추가하거나 삭제하는 방법과 리스트 중에서 선택한 항목을 표시하는 방법 등 주요 속성과 메서드를 두루 연습할 수 있는 예제이다. 먼저 사용자 정의 폼에 <그림 5-11>과 같이 컨트롤들을 배치하자. 사용된 각 컨트롤의 종류 및 수정한 속성들에 대한 목록은 <표 5-29>에 정리하였다. <표 5-30>은 모듈의 코드 창에 있는 서브 프로시저이며, <표 5-31>은 폼의 코드 창에 입력한 이벤트 프로시저들이다. 모두 4개의 이벤트 프로시저로 구성되어 있다. 첫 번째는 폼이 활성화될 때 발생하는 Activate 이벤트이고, 나머지 세 개는 각 명령버튼이 눌려졌을 때 발생할 Click 이벤트 프로시저이다. <표 5-30>의 'ex5_6()'을 실행하면 이 예제가 실행된다.

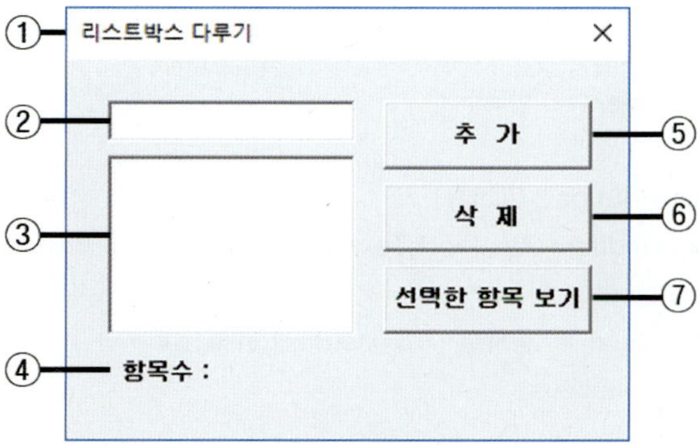

‖ 그림 5-11 ‖ 사용자 정의 폼 위에 배치한 컨트롤들

‖ 표 5-29 ‖ 각 컨트롤의 종류 및 수정한 속성들의 목록

번호	컨트롤 종류	컨트롤 이름	속성	설정
①	폼	fmEx6	Caption	리스트박스 다루기
②	텍스트박스	Textbox1	Caption	(없음)
			Font	글꼴 스타일 : 굵게, 크기 : 10
③	리스트박스	listbox1	Font	글꼴 스타일 : 굵게, 크기 : 10
④	라벨	label1	Caption	(없음)
			Font	글꼴 스타일 : 굵게, 크기 : 10
⑤	커맨드버튼	CommandButton1	Caption	추 가
⑥		CommandButton2	Caption	삭 제
⑦		CommandButton3	Caption	선택한 항목 보기

‖ 표 5-30 ‖ 모듈의 코드 창에 있는 서브 프로시저

```
Sub ex5_6()
    fmEx6.Show
End Sub
```

‖ 표 5-31 ‖ 폼의 코드 창에 입력한 이벤트 프로시저

```
Sub UserForm_Activate()
    TextBox1.Text = ""
    Label1.Caption = "항목수 :"
End Sub
Sub CommandButton1_Click()
    ListBox1.AddItem TextBox1.Text
    TextBox1.Text = " "
    Label1.Caption = "항목수 :" & ListBox1.ListCount
    TextBox1.SetFocus
End Sub
Sub CommandButton2_Click()
    If ListBox1.ListIndex = -1 Then
        MsgBox "선택된 항목이 없습니다", , "확인"
    Else
        ListBox1.RemoveItem (ListBox1.ListIndex)
```

∥ 표 5-31 계속 ∥ 폼의 코드 창에 입력한 이벤트 프로시저

```
16          Label1.Caption = "항목수 :" & ListBox1.ListCount
17      End If
18  End Sub
19  Sub CommandButton3_Click()
20      If ListBox1.ListIndex = -1 Then
21          MsgBox "선택한 항목이 없습니다", , "확인"
22      Else
23          Label1.Caption = ListBox1.List(ListBox1.ListIndex)
24      End If
25  End Sub
```

최초의 실행화면에서 <그림 5-12>와 같이 텍스트박스에 과목을 입력하고 [추가] 버튼을 누르면 <그림 5-13>과 같이 입력한 내용이 하단의 리스트박스에 추가된다. 또한 폼의 하단에 위치한 '항목수 :' 옆의 라벨에 리스트에 포함된 총 항목의 개수가 나타난다. 한편, <표 5-31>의 코드에서 09 라인('CommandButton1'에 대한 이벤트 프로시저의 제일 마지막 줄)에 사용된 'TextBox1.SetFocus'는 텍스트박스가 포커스(커서가 위치해서 값을 입력할 수 있도록 대기)를 설정하는 역할을 수행한다.

앞에서와 같은 방법을 이용하여 리스트에 여러 개의 항목들을 추가해보자. 이제 리스트에서 항목을 삭제하는 과정을 알아보자. <그림 5-14>와 같이 삭제할 항목을 리스트박스에서 선택한 후 [삭제] 버튼을 누르면 <그림 5-15>와 같이 해당 항목이 리스트에서 삭제되며, 항목의 개수도 하나가 줄어서 표시된다.

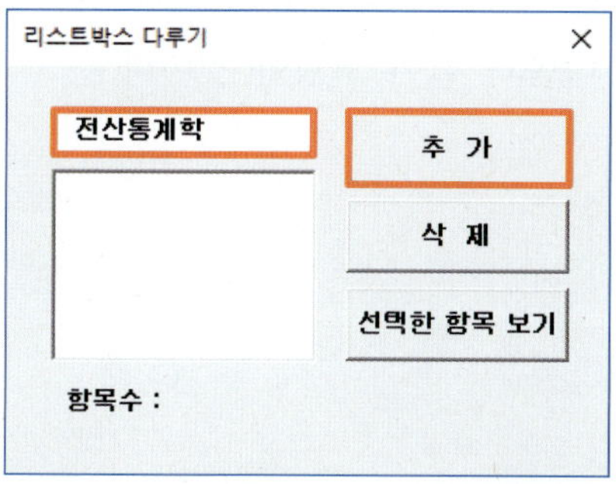

∥ 그림 5-12 ∥ 텍스트박스에 과목을 입력

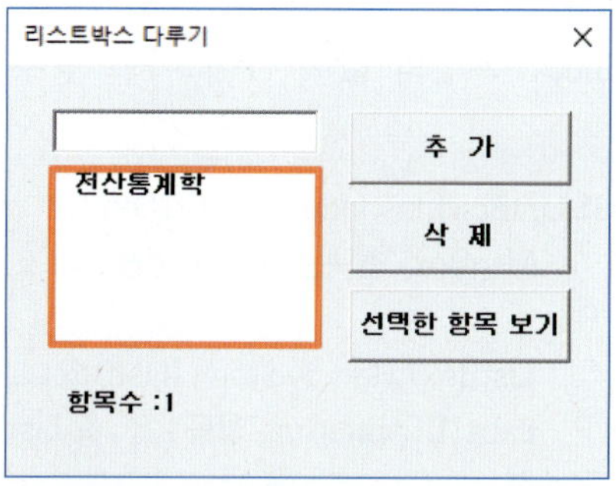

∥ 그림 5-13 ∥ [추가] 버튼을 누른 후

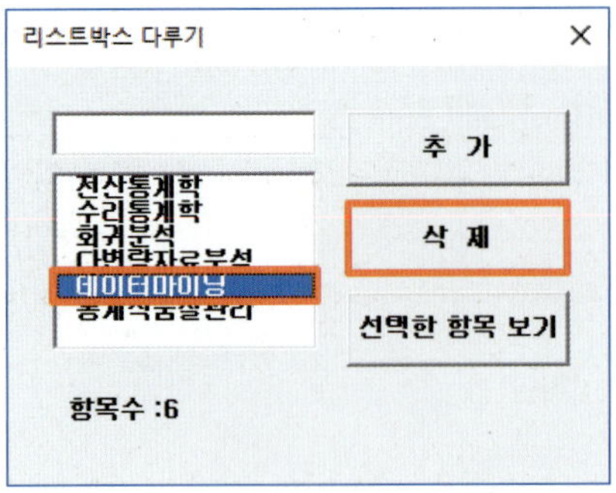

‖ 그림 5-14 ‖ 삭제할 항목을 리스트박스에서 선택

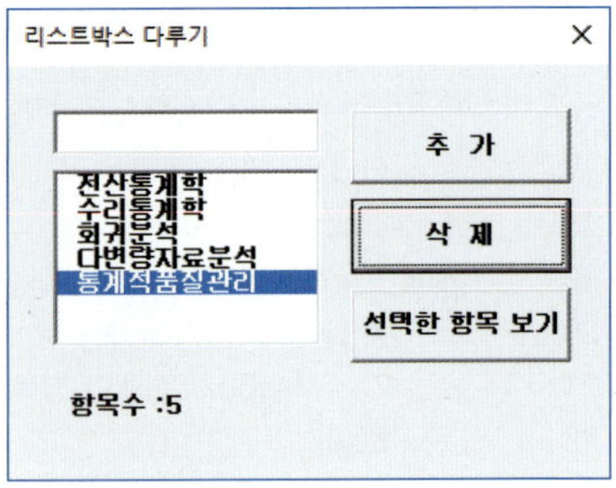

‖ 그림 5-15 ‖ [삭제] 버튼을 누른 후

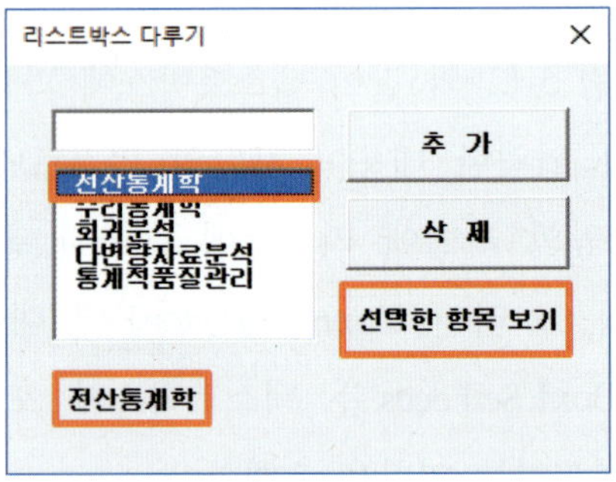

‖ 그림 5-16 ‖ [선택한 항목 보기] 버튼을 누른 후

이제 <표 5-31>의 코드의 12~16 라인('CommandButton2'에 대한 이벤트 프로시저)에 대해 설명을 해보려고 한다. **ListIndex 속성**은 리스트박스에서 선택된 항목의 인덱스 번호를 반환하는 속성이다. 인덱스 번호는 0부터 시작을 하는데, 만약 선택된 항목이 없을 경우에는 -1을 반환한다. 그러므로 삭제할 항목이나 표시할 항목이 선택되지 않은 경우에는 ListIndex 속성의 값이 -1이 아닌 경우에 수행하도록 다음과 같이 코딩한 것이다.

```
If ListBox1.ListIndex = -1 Then
    MsgBox "선택된 항목이 없습니다.", , "확인"
Else
    ListBox1.RemoveItem (ListBox1.ListIndex)
    Label1.Caption = "항목수 :" & ListBox1.ListCount
End If
```

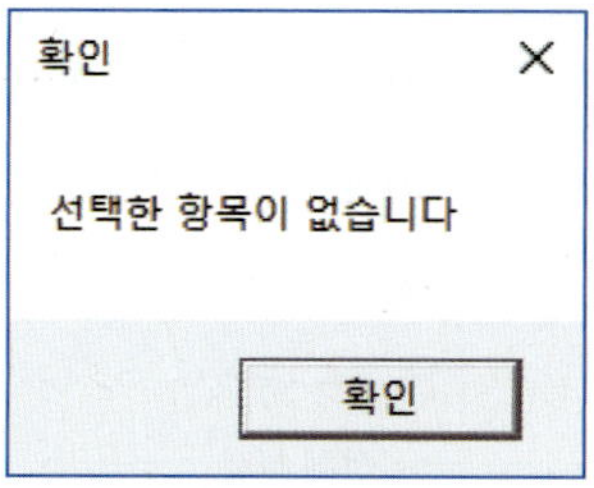

‖ 그림 5-17 ‖ 항목을 선택하지 않았을 때 나타나는 메시지 창

만약 입력된 리스트에서 한 항목을 선택한 후 [선택한 항목 보기] 버튼을 누르면 <그림 5-16>과 같이 항목의 개수가 기록되어 있던 하단의 라벨에 선택한 항목이 출력된다.

만약 입력된 리스트에서 어떤 항목도 선택하지 않고 [삭제]나 [선택한 항목 보기] 버튼을 누른다면 <그림 5-17>과 같은 메시지 창이 나타날 것이다.

5.4 이산형 확률분포

5.4.1 초기하분포

크기 N 인 유한모집단에서 M 개가 특별한 속성을 갖고 있고 나머지 $(N-M)$ 개는 이러한 속성을 갖고 있지 않다고 가정하자. 이러한 모집단에서 크기 $n\,(n \leq N)$ 인 표본을 단순랜덤추출을 했을 때, 추출된 표본에서 특별한 속성을 갖고 있는 것의 개수 X 의 확률분포를 **초기하분포**(hyper-geometric distribution)라 부른다. 이런 관계를 그림으로 나타내면 <그림 5-18>과 같다.

확률변수 X 의 값이 x 일 경우의 수는, M 개중에서 x 개를 뽑고 나머지 $(N-M)$ 개중에서 $(n\text{-}x\,)$개를 뽑는 경우의 수이므로 $\binom{M}{x}\binom{N-M}{n-x}$ 가지이며, 각각의 경우가 나타날

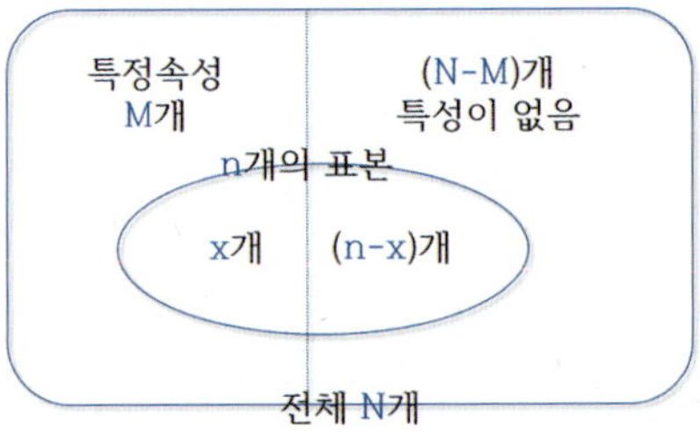

‖ 그림 5-18 ‖ 초기하분포의 모수들 사이의 관련도

확률은 모두 $1/\binom{N}{n}$ 로 동일하므로 다음과 같은 초기하분포의 확률분포를 얻을 수 있다.

$$\Pr(X=x)=\frac{\binom{M}{x}\binom{N-M}{n-x}}{\binom{N}{n}},\ n-x\leq N-M,\ x\leq n,\ x\leq M,\ n\leq N.$$

엑셀에는 초기하분포의 확률 및 누적확률을 계산하는 워크시트 함수 'HYPGEOM.DIST'가 마련돼 있다. 이 함수의 사용법을 위 통계모형에서 사용한 모수를 이용해 정리하면 다음의 <표 5-32>와 같다.

‖ 표 5-32 ‖ 'HYPGEOM.DIST' 함수의 사용법

함 수 명	HYPGEOM.DIST
사용 목적	초기하분포에서 해당 (누적)확률을 계산
사용 형식	HYPGEOM.DIST(x, n, M, N, cumulative)
인수 설명	① x - 추출된 표본에서 특별한 속성을 가지고 있는 개수 ② n - 표본의 크기 ③ M - 모집단에서 특별한 속성을 가지고 있는 개수 ④ N - 유한모집단의 크기 ⑤ cumulative - 누적확률을 구할지 결정하는 논리 값으로 True(1)이면 $\Pr(X\leq x)$을, False(0)이면 $\Pr(X=x)$을 계산

예 5-7

텍스트 박스를 이용해서 각 모수들을 입력하면 초기하분포의 확률변수가 취할 수 있는 모든 값에 대한 확률과 누적확률을 2개의 리스트박스에 출력하는 프로그램이다. 프로그램의 실행 결과는 <그림 5-19>와 같으며 사용된 컨트롤들에 대한 설명은 생략하겠다. <표 5-33>은 모듈의 코드 창에 있는 서브 프로시저이며, <표 5-34>는 폼의 코드 창에 입력한 이벤트 프로시저들이다. <표 5-33>의 'ex5_7()'을 실행하면 이 예제가 실행된다.

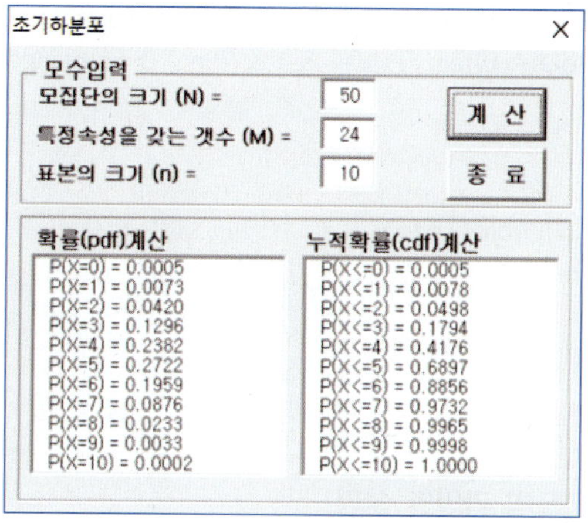

‖ 그림 5-19 ‖ 프로그램의 실행 결과

‖ 표 5-33 ‖ 모듈의 코드 창에 있는 서브 프로시저

```
Sub ex5_7()
    fmEx7.Show
End Sub
```

|| 표 5-34 || 폼의 코드 창에 입력한 이벤트 프로시저

```
01 Sub CommandButton1_Click()
02     C_N = Val(TextBox1.Text)
03     n = Val(TextBox2.Text)
04     M = Val(TextBox3.Text)
05     ListBox1.Clear: ListBox2.Clear
06     For i = 0 To n
07         pdf = WorksheetFunction.HypGeom_Dist(i, n, M, C_N, False)
08         cdf = WorksheetFunction.HypGeom_Dist(i, n, M, C_N, True)
09         ListBox1.AddItem "P(X=" & i & ") = " & Format(pdf, "0.0000")
10         ListBox2.AddItem "P(X<=" & i & ") = " & Format(cdf, "0.0000")
11     Next
12 End Sub
13
14 Sub CommandButton2_Click()
15     Unload Me
16 End Sub
```

<표 5-34> 코드의 라인별 설명

① 05 라인 : ListBox1.Clear: ListBox2.Clear

2개의 리스트박스에 있던 이전 목록들을 모두 삭제하는 명령이다. 이는 한번 계산을 하고 난 이후에 다시 모수를 설정하고 실행하면 이전 결과는 모두 지우고 새로운 결과를 출력하기 위함이다.

② 06~11 라인 : For-루프

초기하분포의 확률변수 X가 가질 수 있는 값 x는 일반적으로 $0 \leq x \leq n$이다. 이를 For-루프를 이용하여 x(코딩에서는 변수 i)에 대한 확률 $\Pr(X=x)$과 누적확률 $\Pr(X \leq x)$을 계산해 각각 리스트박스에 'AddItem' 메서드를 이용해 출력한다. 확률과 누적확률은 'HypGeom_Dist' 함수의 마지막 인수에 각각 False와 True를 사용하여 얻을 수 있다.

5.4.2 베르누이 시행과 이항분포

어떤 실험의 결과가 오직 두 가지의 가능한 결과만을 가질 때 이를 **베르누이 시행(Bernoulli trial)**이라 한다. 예를 들어, 동전을 던지는 실험은 그 결과가 '앞면' 또는 '뒷면'이 되는 베르누이 시행이며, 공정에서 나온 제품을 하나 뽑아 검사하는 실험은 그 결과가 '합격' 또는 '불합격'이 되는 베르누이 시행이다. 또한, 베르누이 시행의 표본공간은 $\{s$(성공), f(실패)$\}$이며 표본공간의 원소인 성공은 1에, 실패는 0에 대응시키는 함수관계, 즉, $X(s)=1$, $X(f)=0$ 인 확률변수 X를 **베르누이 확률변수**라 한다.

성공률이 p 인 베르누이 시행을 n 번 독립적으로 반복시행 하였을 때, 확률변수 X 를 총 성공회수라고 정의하면, 이 때 X 의 확률분포를 시행횟수 n 과 성공률 p 인 **이항분포(binomial distribution)**라 하고 $b(n,p)$ 로 나타낸다. 이항분포의 pdf는

$$f(x)=\Pr(X=x)=\binom{n}{x}p^x(1-p)^{n-x}\ ,\ x=0,1,\cdots,n$$

와 같다. X 가 시행횟수 n , 성공률 p 인 이항분포를 따를 때, $X\sim b(n,p)$ 라는 기호를 사용한다. 또한 $X\sim b(n,p)$ 일 때, X 의 평균과 분산이 다음과 같음을 알아두면 좋을 것이다.

$$E(X)=np\ ,\ Var(X)=np(1-p)\ .$$

엑셀에서 이항분포의 확률이나 누적확률을 계산하는 워크시트 함수는 'BINOM.DIST' 이며, 이 함수의 사용법을 정리하면 다음의 <표 5-35>와 같다.

‖ 표 5-35 ‖ 'BINOM.DIST' 함수의 사용법

함 수 명	BINOM.DIST
사용 목적	이항분포의 확률 또는 누적확률을 계산한다.
사용 형식	BINOM.DIST(x , n , p , cumulative)
인수 설명	① x - 성공 횟수. ② n - 시행횟수. ③ p - 각 시행의 성공 확률. ④ cumulative - 누적확률을 구할지 결정하는 논리 값으로 True(1)이면 $\Pr(X\le x)$을, False(0)이면 $\Pr(X=x)$ 을 계산

예 5-8

텍스트 박스를 이용해서 시행횟수 n과 성공확률 p를 입력하면 이항분포의 확률변수가 가질 수 있는 모든 값에 대한 확률과 누적확률을 2개의 리스트박스에 출력하는 프로그램이다. 프로그램의 실행 결과는 <그림 5-20>과 같다. <표 5-36>에 폼의 코드 창에 입력한 이벤트 프로시저들 대해서만 기록하였다. 모듈에 있는 서브 프로시저는 예제파일을 참고하라.

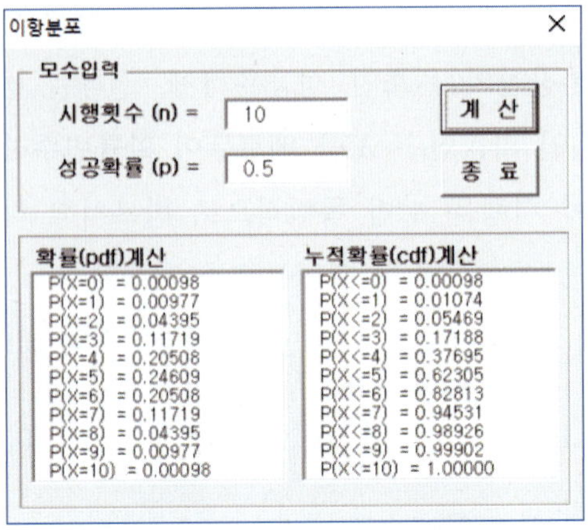

‖ 그림 5-20 ‖ 프로그램의 실행 결과

‖ 표 5-36 ‖ 폼의 코드 창에 입력한 이벤트 프로시저

```
Private Sub CommandButton1_Click()
    n = Val(TextBox1.Text)
    p = Val(TextBox2.Text)
    ListBox1.Clear: ListBox2.Clear
    For i = 0 To n
        pdf = Application.WorksheetFunction.Binom_Dist(i, n, p, False)
        cdf = Application.WorksheetFunction.Binom_Dist(i, n, p, True)
        ListBox1.AddItem "P(X=" & i & ")  = " & Format(pdf, "0.00000")
        ListBox2.AddItem "P(X<=" & i & ")  = " & Format(cdf, "0.00000")
    Next
End Sub

Private Sub CommandButton2_Click()
    Unload Me
End Sub
```

5.4.3 기하분포와 음의 이항분포

이항분포나 초기하분포에서는 표본크기 n 을 미리 정해놓고 표본을 택하여, 이 중에서 몇 회의 성공이 나타나는지에 관심을 두었다. 이제 n 을 미리 정하지 않고 표본을 계속 선택하다가 우리가 요구하는 수만큼의 성공이 일어나면 표본 추출을 멈추는 경우를 생각하자. 이는 성공률 p 인 베르누이 시행을 r 회 성공이 일어날 때까지 계속하는 경우와 같다.

r 회의 성공이 일어날 때까지 실패하는 횟수를 확률변수 X 라 하면 X 을 모수 (r, p) 인 **음의 이항분포(negative binomial distribution)**이라 하며, X 의 pdf는 다음과 같다.

$$f(x) = \binom{x+r-1}{x} p^r (1-p)^x, \quad x = 0, 1, 2, \cdots.$$

음의 이항분포에서 $r=1$ 인 경우를 생각하자. 즉, 확률변수 X 가 첫 번째 성공이 일어날 때까지 실패하는 횟수라고 하면, 이 때 X 는 모수가 p 인 **기하분포(geometric distribution)**라 한다. 모수가 p 인 기하분포에 따르는 확률변수 X 의 pdf는 다음과 같다.

$$f(x) = p(1-p)^x, \quad x = 0, 1, 2, \cdots.$$

엑셀에서 음의 이항분포의 확률을 계산하는 워크시트함수는 'NEGBINOM.DIST'이다. 이 함수의 사용법을 위에서 설명한 모수를 이용해서 설명하면 다음의 <표 5-37>과 같다. 만약 기하분포의 확률을 계산하려면 인수 중 r 의 값을 1로 하면 된다.

‖ 표 5-37 ‖ 'NEGBINOM.DIST' 함수의 사용법

함 수 명	NEGBINOM.DIST
사용 목적	음이항분포의 확률을 계산한다.
사용 형식	NEGBINOM.DIST(x , r , p , cumulative)
인수 설명	① x - 실패 횟수 ② r - 성공 횟수 ③ p - 각 시행의 성공 확률 ④ cumulative - 누적확률을 구할지 결정하는 논리 값으로 True(1)이면 $\Pr(X \leq x)$을, False(0)이면 $\Pr(X = x)$ 을 계산

5.4.4 포아송분포

Simeon Denis Poisson(1781 ~ 1840)은 프랑스의 유명한 수학자이자 물리학자였다. 그 당시에는 요즘과 같이 계산기가 없었기 때문에 이항확률을 계산하는 것이 쉬운 일이 아니었으며, 이에 포아송은 이항확률의 근삿값을 쉽게 계산하기 위한 지수식을 발표하였다. 즉, 이항분포 $b(n,p)$ 에서 평균을 $np=m$ 으로 고정하고 n 을 충분히 크게 하는 경우의 근사분포를 생각하였다. n 이 충분히 크고 p 가 0에 가까운 경우에, 이항분포 $b(n,p)$ 를 따르는 확률변수 X 에 대하여 x 가 n 에 비하여 상당히 작은 0이상의 정수라면

$$\Pr(X=x) \approx \frac{e^{-m}m^x}{x!}$$

의 근사관계가 성립하게 된다. 이러한 이항분포의 근사분포로서 다음과 같은 **포아송분포 (Poisson distribution)**의 pdf를 정의할 수 있다.

$$f(x)=\Pr(X=x)=\frac{e^{-m}m^x}{x!},\quad x=0,1,2,\cdots$$

포아송분포의 평균과 분산은 모두 m 이며, 확률변수 X 가 모수(혹은 평균) m 인 포아송분포를 따를 때, 기호로서 $X \sim P(m)$ 와 같이 나타내기도 한다. 엑셀에서 포아송분포의 확률을 계산하는 워크시트함수는 'POISSON.DIST'이다. 이 함수의 사용법을 위에서 설명한 모수를 이용해서 설명하면 다음의 <표 5-38>과 같다.

‖ 표 5-38 ‖ 'POISSON.DIST' 함수의 사용법

함 수 명	POISSON.DIST
사용 목적	포아송분포의 확률(또는 누적확률)을 계산한다.
사용 형식	POISSON.DIST(x , m , cumulative)
인수 설명	① x - 사건의 발생 횟수(정수). ② m - 평균. ③ cumulative - 누적확률을 구할지 결정하는 논리 값으로 True(1) 이면 $\Pr(X \le x)$을, False(0) 이면 $\Pr(X=x)$을 계산

예 5-9

텍스트 박스를 이용해서 평균 m을 입력하면 포아송 확률변수가 가질 수 있는 모든 값에 대한 확률과 누적확률을 2개의 리스트박스에 출력하는 프로그램이다. 프로그램의 실행 결과는 <그림 5-21>과 같다. <표 5-39>에는 폼의 코드 창에 입력한 이벤트 프로시저들에 대한 코드만 기록하였다. 모듈에 있는 서브 프로시저는 예제파일을 참고하라.

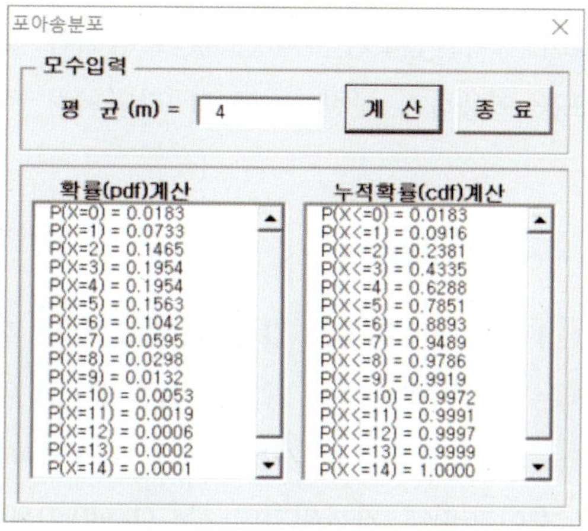

‖ 그림 5-21 ‖ 프로그램의 실행 결과

‖ 표 5-39 ‖ 폼의 코드 창에 입력한 이벤트 프로시저

```
Private Sub CommandButton1_Click()
    m = Val(TextBox1.Text)
    i = 0
    ListBox1.Clear: ListBox2.Clear
    Do Until (1 - cdf) < 0.00001
        pdf = WorksheetFunction.Poisson_Dist(i, m, False)
        cdf = WorksheetFunction.Poisson_Dist(i, m, True)
        ListBox1.AddItem "P(X=" & i & ") = " & Format(pdf, "0.0000")
        ListBox2.AddItem "P(X<=" & i & ") = " & Format(cdf, "0.0000")
        i = i + 1
    Loop
End Sub
Private Sub CommandButton2_Click()
    Unload Me
End Sub
```

<표 5-39> 코드의 라인별 설명

① 03, 10 라인 : 변수 'i' = 확률변수가 취하는 값

포아송 확률변수는 주로 단위시간에 대한 발생 횟수 등에 이용되며 0, 1, 2, …와 같이 무한한 값을 취할 수 있다. 물론 이 값이 커지면 대응되는 확률은 거의 0에 가까워진다. 따라서 포아송 분포에서는 확률변수가 취하는 값의 범위가 정해져 있지 않기 때문에 이항분포처럼 For-루프를 이용하지 못한다. 05~11 라인처럼 조건을 이용한 Do-루프를 이용한다.

② 05 라인 : Do Until (1 - cdf) 〈 0.00001

포아송분포의 확률변수 X가 가질 수 있는 값 x=0, 1, 2, …와 같이 무한한 값을 취할 수 있지만 는 x(코딩에서는 변수 i)의 값이 커지면 확률 $\Pr(X=x)$의 값은 0에 가까워지고 누적확률 $\Pr(X \leq x)$의 값은 1에 가까워진다. 누적확률(변수 cdf)이 충분히 1에 가까워지면(1과 cdf의 차이가 0에 가까워지면 즉, (1-cdf)<0.00001) 반복을 멈추는 Do Until-루프를 이용하였다.

연 . 습 . 문 . 제

1. 표준정규분포는 0에 관해 대칭인 분포이므로 상위확률이 α 인 상위분위수를 z_α 라 표시할 때, 아래 그림과 같이 '$z_{1-\alpha} = -z_\alpha$'인 관계가 있다. α 의 값이 각각 0.005, 0.01, 0.025, 0.05, 0.1인 경우에 'Norm_S_Inv'를 이용해서 '$z_{1-\alpha} = -z_\alpha$'의 관계가 성립함을 보여라.

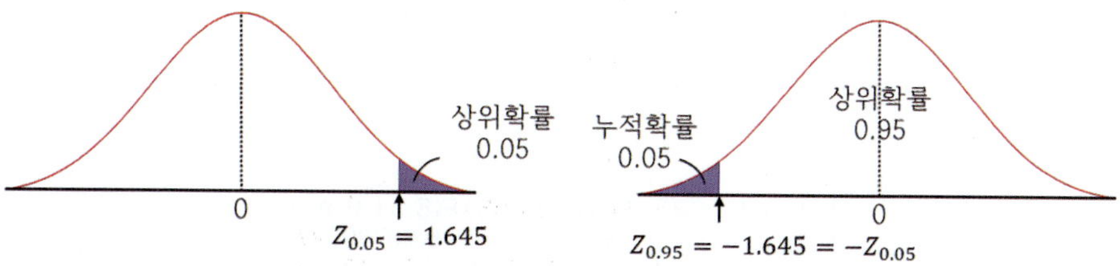

2. 자유도 k 인 t-분포에서 상위확률이 α 인 상위분위수를 $t_\alpha(k)$로 나타낼 때, 누적확률이 α 인 누적분위수는 상위확률이 (1-α)인 상위분위수이므로 $t_{1-\alpha}(k)$라 표시할 수 있다. t-분포의 확률밀도함수는 0에 대해 대칭이므로 '$t_{1-\alpha}(k) = - t_\alpha(k)$'이 성립한다. 다음 그림과 같이 A열에는 자유도, 'T_INV'를 이용해 B열에는 누적 5% 분위수를 C열에는 상위 5% 분위수를 각각 출력해보라. B열과 C열의 값이 서로 부호만 다름을 확인하라.

	A	B	C
1	자유도	누적 5% 분위수	상위 5% 분위수
2	1	-6.313751515	6.313751515
3	2	-2.91998558	2.91998558
4	3	-2.353363435	2.353363435
5	4	-2.131846786	2.131846786
6	5	-2.015048373	2.015048373
7	6	-1.943180281	1.943180281
8	7	-1.894578605	1.894578605
9	8	-1.859548038	1.859548038
10	9	-1.833112933	1.833112933
11	10	-1.812461123	1.812461123
12	11	-1.795884819	1.795884819
13	12	-1.782287556	1.782287556
14	13	-1.770933396	1.770933396

3. 다음 물음에 대한 F-분포표를 각각 작성하라. 방법은 [예 5-4]를 참고하라.

   1) 상위확률이 0.005, 0.01, 0.025, 0.1인 F-분포표를 각각 작성하라.

   2) 누적확률이 0.005, 0.01, 0.025, 0.05, 0.1인 F-분포표를 각각 작성하라.

4. 자유도가 (n_1, n_2)이고 상위확률이 α 인 F-분포의 상위분위수를 $F_\alpha(n_1, n_2)$라고 할 때, 다음 관계식이 성립함을 그림과 같이 워크시트에서 확인하라.

$$F_\alpha(n_1, n_2) = \frac{1}{F_{1-\alpha}(n_2, n_1)}$$

	A	B	C
1	n1	F(n1,5;0.05)	F(5,n1;0.95)
2	1	6.60789097	6.60789097
3	2	5.78613504	5.78613504
4	3	5.40945132	5.40945132
5	4	5.19216777	5.19216777
6	5	5.05032906	5.05032906
7	6	4.95028807	4.95028807
8	7	4.8758717	4.8758717
9	8	4.81831954	4.81831954
10	9	4.77246561	4.77246561
11	10	4.73506307	4.73506307

   1) 자유도 n_1은 A열에 1부터 10까지 기술하고, 자유도 n_2는 5로 고정했다.

   2) B열에는 $F_{0.05}(n_1, n_2)$의 값을, C열에는 $1/F_{0.95}(n_2, n_1)$의 값을 출력한 것이다.

5. 이산형 확률변수 X가 x_i 값들을 취하고, 이때의 확률을 $p_i = \Pr(X = x_i)$라고 할 때, 기댓값과 분산에 대한 다음 관계식이 성립한다.

$$E(X) = \sum_i x_i p_i \ , \ E(X^2) = \sum_i x_i^2 p_i \ , \ Var(X) = E(X^2) - E(X)^2$$

이항분포에 따르는 확률변수 X에 대해 $E(X) = np$, $Var(X) = np(1-p)$ 임을 값을 계산해서 성립하는지 알아보자. 아래 그림은 이항분포 b(10, 0.2)에서 실행한 결과이다. 워크시트의 1행을 그림과 같이 채운 후 다음 절차에 따르는 프로그램을 작성하라.

1) InputBox를 이용하여 시행횟수 n과 성공확률 p를 입력받아라.

2) A열에는 x_i 값(0부터 n까지)들을, B열에는 확률 $p_i = \Pr(X = x_i)$ 값들을, C열에는 $x_i p_i$ 값들을, D열에는 $x_i^2 p_i$ 값들을 각각 기록하라.

3) 마지막 행에 B, C, D열에 출력한 값들의 합계를 각각 계산하라.

4) C열의 합계는 바로 기댓값이다. 그림에선 b(10, 0.2)의 기댓값=10×0.2=2가 확인되었다. D열의 합계는 $E(X^2)$이고, 따라서 $Var(X) = E(X^2) - E(X)^2$을 이용하면 b(10, 0.2)의 분산=10×0.2×0.8=1.6 임을 확인할 수 있다.

	A	B	C	D	E
1	x	p	x*p	x^2 * p	
2	0	0.107374	0	0	
3	1	0.268435	0.268435	0.268435	
4	2	0.30199	0.60398	1.20796	
5	3	0.201327	0.60398	1.811939	
6	4	0.08808	0.352322	1.409286	
7	5	0.026424	0.132121	0.660603	
8	6	0.005505	0.03303	0.198181	
9	7	0.000786	0.005505	0.038535	
10	8	7.37E-05	0.00059	0.004719	
11	9	4.1E-06	3.69E-05	0.000332	
12	10	1.02E-07	1.02E-06	1.02E-05	
13	합계	1	2	5.6	1.6
14			E(X)	E(X^2)	Var(X)

6. 표준정규분포의 상위확률과 상위분위수를 계산하기 위한 프로그램을 작성하려고 한다. 아래 그림의 왼편과 같이 폼을 작성하고 텍스트박스에 값을 입력한 후 [계산]버튼을 누르면 그림의 오른편과 같이 결과가 출력되도록 각 버튼에 이벤트 프로시저를 적용하라.

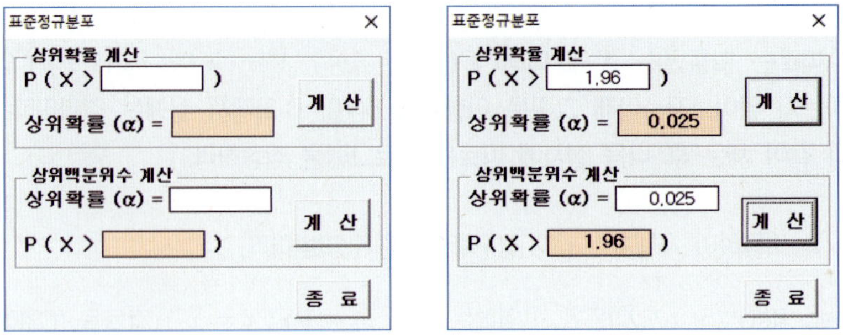

7. t-분포의 상위확률과 상위분위수를 계산하기 위한 프로그램을 작성하려고 한다. 아래 그림의 왼편과 같이 폼을 작성하고 텍스트박스에 값을 입력한 후 [계산]버튼을 누르면 그림의 오른편과 같이 결과가 출력되도록 각 버튼에 이벤트 프로시저를 적용하라.

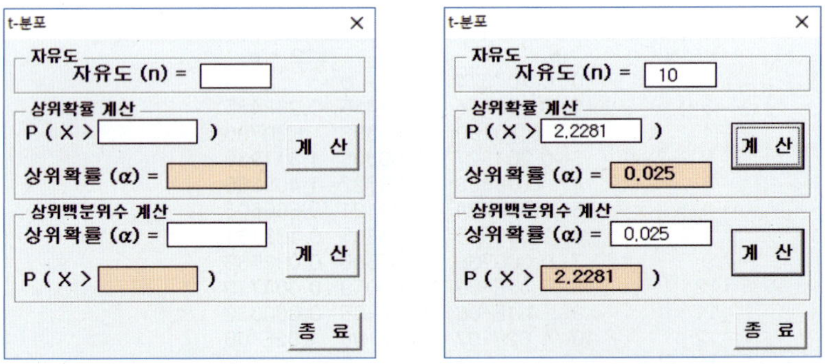

VISUAL BASIC FOR APPLICATION

8. 카이제곱분포의 상위확률과 상위분위수를 계산하기 위한 프로그램을 작성하려고 한다. 아래 그림의 왼편과 같이 폼을 작성하고 텍스트박스에 값을 입력한 후 [계산]버튼을 누르면 그림의 오른편과 같이 결과가 출력되도록 각 버튼에 이벤트 프로시저를 적용하라.

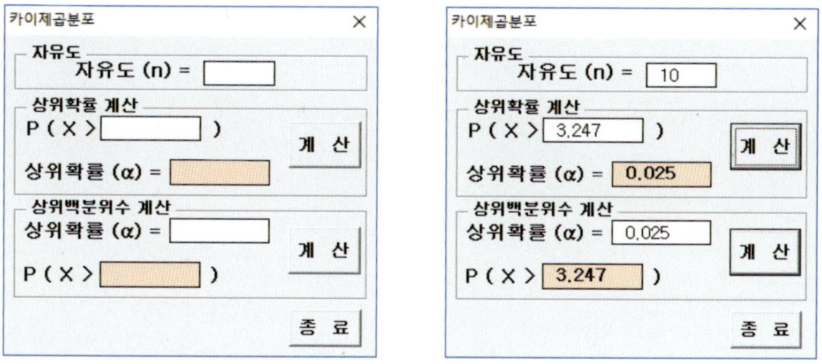

9. F-분포의 상위확률과 상위분위수를 계산하기 위한 프로그램을 작성하려고 한다. 아래 그림의 왼편과 같이 폼을 작성하고 텍스트박스에 값을 입력한 후 [계산]버튼을 누르면 그림의 오른편과 같이 결과가 출력되도록 각 버튼에 이벤트 프로시저를 적용하라.

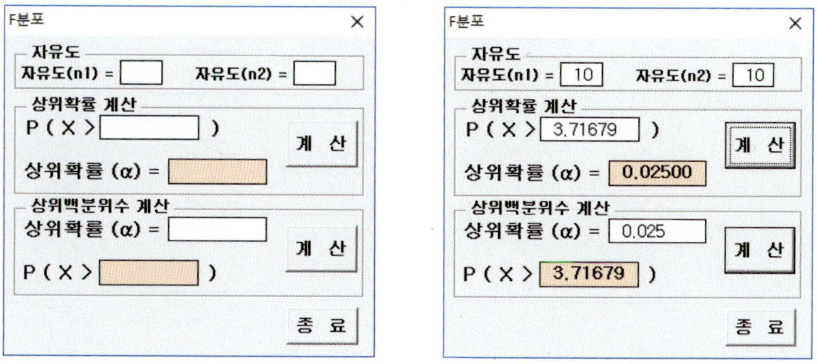

CHAPTER 06

06

VBA(Visual Basic for Application)로 통계분석시스템 만들기 II 신봉섭 저

차트 개체의 활용

Visual Basic for Application

CHAPTER

06

차트 개체의 활용

엑셀의 차트는 매우 다양한 그래프들을 제공하고 있다. 버전이 업데이트될 때마다 새로운 차트들도 계속 추가되고 있다. 엑셀의 2016버전에는 통계학에서 중요하게 다루는 상자수염그림이 추가되었다. 일반적으로 차트를 그리는 프로그램은 다양한 그래픽 기능을 이용하기 때문에 매우 어려운 범주에 속한다. 하지만 VBA를 이용한 프로그래밍에서는 엑셀의 차트를 몇 줄의 코드로 자유롭게 활용할 수 있다. 물론 차트 개체를 활용하는 프로그래밍 기법은 다소 어렵게 느껴질 수 있다. 그러나 차트 프로그램의 기본기를 잘 익히고, 매크로 기록기를 이용해서 새로운 시도를 하다보면 차트 개체를 활용하는 과정도 조금씩 익숙해질 것이다.

이 장에서는 차트 개체를 활용하여 통계학에서 중요하게 다루는 차트들을 생성하고, 생성한 차트를 이미지 파일로 저장하고, 이를 다시 폼의 이미지 컨트롤에서 활용하는 방법들을 다루려고 한다.

6.1 엑셀의 차트 개체 이해하기

6.1.1 엑셀 차트의 개체모형

차트는 일반적으로 워크시트 내에 삽입해서 사용한다. 이렇게 워크시트 안에 삽입된 차트들은 **'ChartObject'**로 실제 **'Chart'** 개체를 담고 있는 개체이다. VBA를 이용해 차트를 조작하기 위해서는 차트를 구성하고 있는 하위 개체들에 대해서도 잘 이해하고 있어야 한다. <그림 6-1>은 차트의 개체모델을 나타낸다.

차트의 하위개체들 중에 차트의 제목을 다루는 개체인 **ChartTitle**, 차트의 축을 의미하는 개체인 **Axis**, 차트의 막대(선) 그래프에 해당하는 데이터 계열 개체인 **Series**는 매우 중요하게 활용된다. **DataLabel**은 데이터 계열(Series)의 값, 항목, 계열 이름을 표시하는 데이터 레이블 개체이며 **Legend**는 계열 이름이 표시되는 차트의 범례 개체이다.

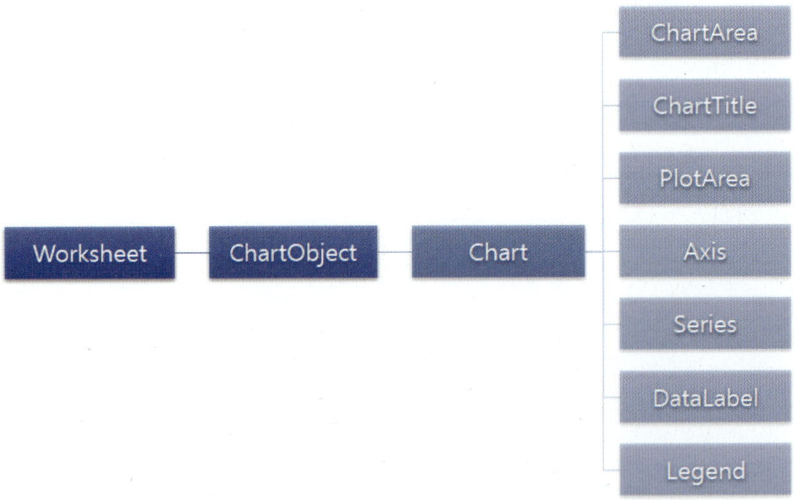

‖ **그림 6-1** ‖ 차트의 개체모델

6.1.2 엑셀 2007 이후의 모든 버전에서 동작하는 일반적인 방법

먼저 엑셀 2007 이후의 모든 버전에서 동작하는 일반적인 방법을 이용해 차트를 작성하고 차트의 하위 개체들을 조작하는 방법에 대해 알아보자. 다음의 [예 6-1]은 이항분포의 확률을 막대그래프로 나타내는 비교적 간단한 차트를 다루는 예이다.

예 6-1

이항분포 b(10, 0.5)에 따르는 확률변수가 취하는 값을 A열에 출력하고 그 값을 취할 확률을 B열에 출력한다. A열의 값을 x축에, B열의 확률 값을 막대그래프로 출력하는 프로그램이다. <표 6-1>의 서브프로시저 'ex1'을 실행하면 <그림 6-2>와 같이 A열과 B열에 데이터가 출력되며, 이 데이터를 기반으로 <그림 6-2>의 차트를 얻을 수 있다.

‖ 표 6-1 ‖ 막대그래프를 출력하는 프로그램의 소스 코드

```
Sub ex1()
    Worksheets("예6-1").Activate
    Range("A1").Value = "x"
    Range("B1").Value = "P(X=x)"
    For i = 0 To 10
        Cells(i+2, 1).Value= i
        Cells(i+2, 2).Value=WorksheetFunction.Binom_Dist(i, 10, 0.5, False)
    Next i
    Set mycht = ActiveSheet.ChartObjects.Add(120, 30, 450, 300)
    With mycht.Chart
        .ChartType = xlColumnClustered
        .SetSourceData Source:=ActiveSheet.Range("B2:B12"), _
            PlotBy:=xlColumns
        .SeriesCollection(1).XValues = ActiveSheet.Range("A2:A12")
        .HasTitle = True
        .ChartTitle.Characters.Text = "이항분포 B(10, 0.5)의 확률"
        .Axes(xlCategory, xlPrimary).HasTitle = True
        .Axes(xlCategory, xlPrimary).AxisTitle.Characters.Text="x(성공횟수)"
        .Axes(xlValue, xlPrimary).HasTitle = True
        .Axes(xlValue, xlPrimary).AxisTitle.Characters.Text = "확률 P(X=x)"
        .Legend.Delete
    End With
End Sub
```

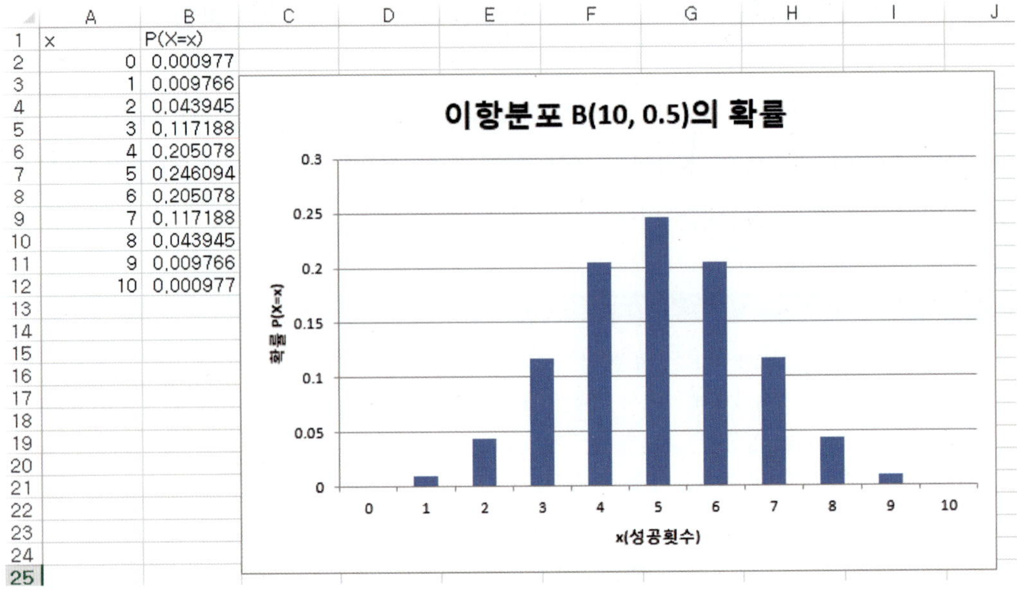

‖ 그림 6-2 ‖ 워크시트에 삽입된 차트

<표 6-1> 코드의 라인별 설명

① 02 라인 : Worksheets("예6-1").Activate

이름이 "예6-1"인 워크시트를 활성화한다.

② 09 라인 : Set mycht = ActiveSheet.ChartObjects.Add(120, 30, 450, 300)

제일 중요한 문장으로 차트 개체를 생성해서 개체변수에 담는 내용이다. 차트개체를 생성하는 방법은 엑셀의 버전에 따라 몇 가지의 방법이 있다. 지금 소개하는 방법은 **ChartObjects 컬렉션**을 이용하는 방법으로 엑셀 2007 이후의 모든 버전에서 동작하는 가장 일반적인 방법이다. ChartObjects 컬렉션에 **Add 메서드**를 사용하여 현재 활성화된 워크시트 안에 차트개체를 생성하고 만들어진 개체를 'mycht'란 이름의 개체변수에 담았다. Add 메서드에는 **(Left, Top, Width, Height)**라는 4가지 인수가 있다. Left와 Top은 워크시트에 삽입될 차트의 위치(워크시트의 왼쪽 끝과 위쪽에서의 거리)를 나타내며, Width과 Height는 차트의 크기(차트 영역의 너비와 높이)를 픽셀단위로 나타낸다. <그림 6-2>의 삽입된 차트는 왼편과 위에서 각각 120과 30 픽셀만큼 떨어진 위치에 크기는 450×300 픽셀임을 나타낸다. 픽셀은 절대적인 크기가 아니고 화면의 해상도에 따라 실제 크기는 다르게 나타난다. 해상도가 높을수록 크기는 작게 보이지만 더 섬세한 화면으로 보인다.

③ 10~22 라인 : 공통부분 'mycht.Chart'

'With'문을 이용해 mycht(새로 생성한 ChartObject개체)내의 Chart개체를 모든 문장에서 공통인수로 뽑아내었다. 즉, 15 라인은 실제로 'mycht.Chart.HasTitle=True'이지만 공통 부분을 제외하고 '.HasTitle=True'만 적은 것이다.

④ 11 라인 : .ChartType = xlColumnClustered

차트의 종류를 지정하는 속성 **'ChartType'**에는 엑셀에서 가능한 차트의 종류를 엑셀상수(이름이 'xl'로 시작하는 엑셀 고유의 상수)를 이용해서 지정할 수 있다. 여기에서 이용한 **'xlColumnClustered'**는 세로막대형 차트를 나타낸다. 이들 상수를 <표 6-2>에 정리해두었다. VBE의 도움말을 이용하거나 매크로 기록기를 구동한 후에 자신이 원하는 종류의 차트를 그려보면 삽입되는 코드를 통해 알 수도 있다.

⑤ 12~13 라인 :

차트를 그릴 데이터의 범위나 기준이 되는 데이터 계열을 **'SetSourceData'** 속성에 지정한다. 데이터 범위는 인수 **'Source:='**에, 데이터의 계열은 인수 **'PlotBy:='**에 지정한다. 차트를 그릴 확률은 현재 시트의 "B2:B12"이며 데이터의 방향은 열을 나타내는 엑셀상수 **'xlColumns'**가 사용되었다.

⑥ 14 라인 : .SeriesCollection(1).XValues = ActiveSheet.Range("A2:A12")

차트의 계열1(**SeriesCollection(1)**)의 x축에 기록할 값(**XValues**)은 현재 활성화된 워크시트의 'A2:A12'에 기록된 값을 이용한다.

⑦ 15~16 라인 : 차트의 제목과 관련

'HasTitle' 속성으로 차트의 제목이 있는지의 여부를 설정하고 만약 제목이 있다면 제목에 기록할 문자열은 **'ChartTitle'** 개체에 **'Characters.Text'** 속성을 이용해서 기록한다.

⑧ 17~18 라인 : x축(가로축) 제목과 관련

'Axes(xlCategory, xlPrimary)'는 x축(가로축)을 의미하므로 **'Axes(xlCategory, …) .HasTitle'** 속성으로 x축(가로축)의 제목이 있는지의 여부를 설정하고 만약 축 제목이 있다면 축의 제목에 기록할 문자열은 **'Axes(xlCategory, xlPrimary).AxisTitle'** 개체에 **'Characters.Text'** 속성을 이용해 기록한다.

⑨ 19~20 라인 : y축(세로축) 제목과 관련

'Axes(xlValue, xlPrimary)'는 y축(세로축)을 의미하므로 **'Axes(xlValue, xlPrimary) .HasTitle'** 속성으로 y축(세로축)의 제목이 있는지의 여부를 설정하고 만약 축 제목이 있다면 축의 제목에 기록할 문자열은 **'Axes(xlValue, xlPrimary).AxisTitle'** 개체에 **'Characters.Text'** 속성을 이용해 기록한다.

⑩ 21 라인 : .Legend.Delete

이 차트의 경우 범례(**Legend**)가 큰 의미가 없어서 삭제하였다. 차트의 종류에 따라서는 반드시 범례가 필요한 경우도 있다.

이상을 정리하면 일반적으로 차트를 그리는 과정을 다음과 같이 요약할 수 있다.

1) ChartObjects 컬렉션에 Add 메서드를 사용해서 객체를 생성한 후 개체변수에 담는다.
2) 생성된 개체변수를 이용해 '개체변수.Chart'를 'With'문을 이용해 공통인수로 설정한다.
3) 'ChartType' 속성에 차트의 종류를 지정한다. 차트의 종류는 <표 6-2>를 참고하라.
4) 'SetSourceData' 속성에 차트를 그릴 데이터의 영역을 지정한다. 데이터 범위와 방향은 각각 인수 'Source:='와 'PlotBy:='에 지정한다.
5) 제목(차트, x축, y축)과 관련된 코드(15~20 라인)는 그대로 복사해두고 필요한 문자열만 각'.Text' 속성에 바꾸어 입력한다.

‖ 표 6-2 ‖ 매크로기록기에 의한 코드를 간단하게 정리한 코드

차트종류	내장 상수	설명
세로 막대형	xlColumnClustered	묶은 세로 막대형
	xlColumnStacked	누적 세로 막대형
	xlColumnStacked100	100% 기준 누적 세로 막대형
꺾은선 형	xlLine	꺾은선형
	xlLineStacked	누적 꺾은선형
	xlLineStacked100	100% 기준 누적 꺾은선형
	xlLineMarkers	표식이 있는 꺾은선형
	xlLineMarkersStacked	표식이 있는 누적 꺾은선형
	xlLineMarkersStacked100	표식이 있는 100% 기준 누적 꺾은선형
원형	xlPie	원형
	xlPieExploded	쪼개진 원형
	xl3DPieExploded	쪼개진 3차원 원형
	xlPieOfPie	원형 대 원형
	xlBarOfPie	원형 대 가로 막대형
가로 막대형	xlBarClustered	묶은 가로 막대형
	xlBarStacked	누적 가로 막대형
	xlBarStacked100	100% 기준 누적 가로 막대형
영역형	xlArea	영역형
	xlAreaStacked	누적 영역형
	xlAreaStacked100	100% 기준 누적 영역형
분산형	xlXYScatter	분산형
	xlXYScatterLines	직선 및 표식이 있는 분산형
	xlXYScatterLinesNoMarkers	직선이 있는 분산형
	xlXYScatterSmooth	곡선 및 표식이 있는 분산형
	xlXYScatterSmoothNoMarkers	곡선이 있는 분산형

6.1.3 엑셀 2013 이후의 버전에서 동작하는 일반적인 방법

이제 엑셀의 최근 버전들에서는 어떤 방법으로 향상된 차트를 얻는지 부분적으로 '매크로 기록기'를 활용하는 방법을 소개하려고 한다. 다음은 엑셀 2013에서 수행한 과정이다. 여러분들도 다음 순서와 같이 함께 실습해보자.

1) [예 6-1]의 워크시트에서 차트의 데이터가 될 "B1:B12"의 영역을 블록으로 설정한 후 '매크로 기록기'를 동작한다.

2) 리본메뉴의 [삽입]에서 '차트' 그룹에 있는 [추천차트]를 선택해 나타나는 "차트 종류 변경" 대화상자에서 첫 번째에 있는 '묶은 세로 막대형'을 선택하고 <확인>버튼을 누르면 <그림 6-3>과 같이 선택한 종류의 차트가 워크시트 안에 삽입된다.

3) 차트의 x축에 표시된 값의 범위(1, 2, …)가 A열에 있는 값(0, 1, …)과 일치하지 않으므로 이를 수정하기 위해 <그림 6-3>에 표시된 것과 같이 '데이터 선택' 명령아이콘을 눌러 <그림 6-4>의 "데이터 원본 선택" 대화상자를 부른다.

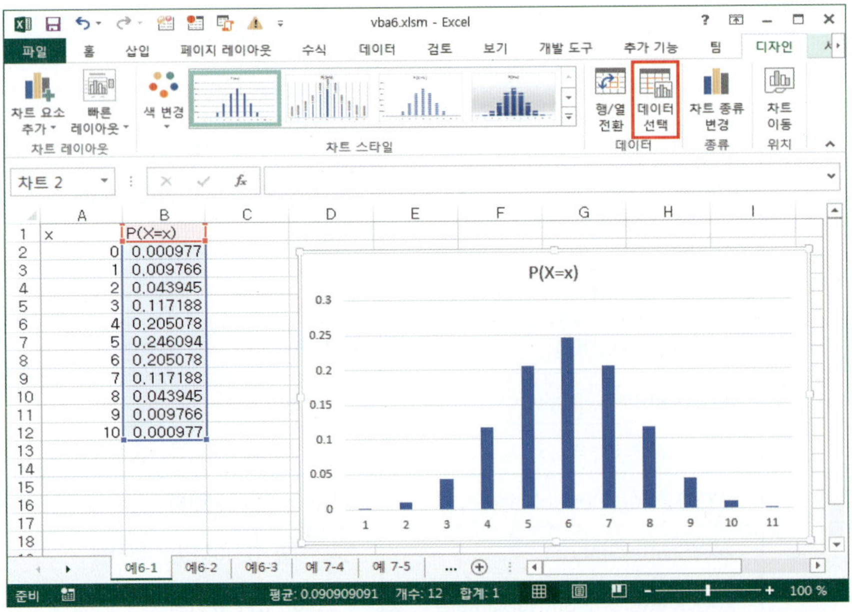

|| 그림 6-3 || 차트를 그릴 영역을 선택한 후 '매크로 기록기'를 동작하고 차트를 삽입

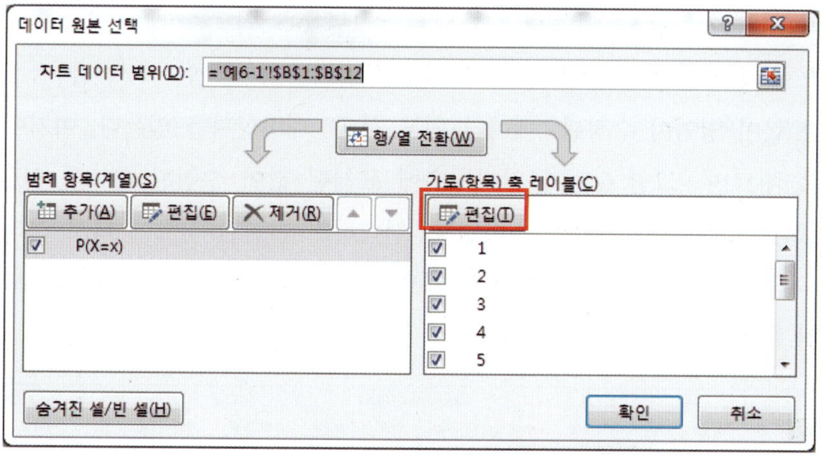

‖ 그림 6-4 ‖ "데이터 원본 선택" 대화상자

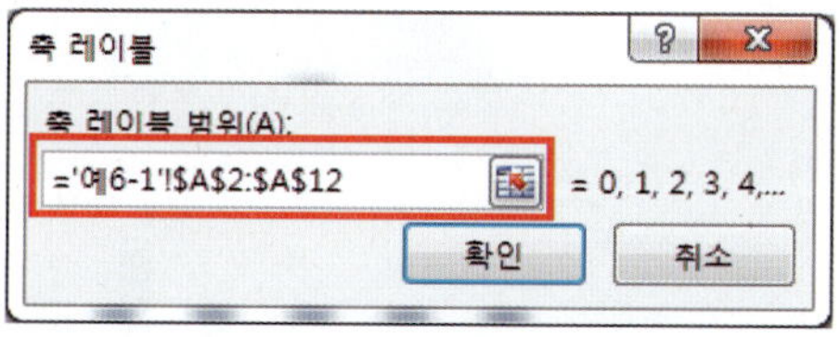

‖ 그림 6-5 ‖ "축 레이블" 대화상자에 영역 "A2:A12"를 드래그해서 입력

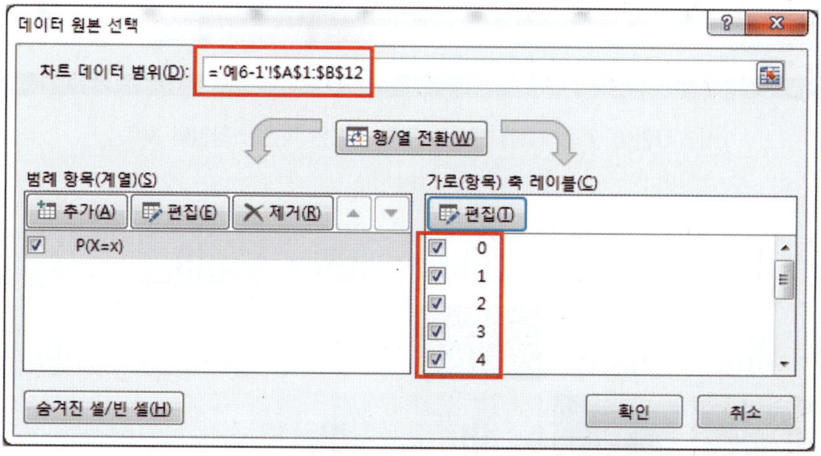

‖ 그림 6-6 ‖ 영역이 수정된 "데이터 원본 선택" 대화상자

4) <그림 6-4>에서 '편집'을 눌러 나타나는 <그림 6-5>의 "축 레이블" 대화상자에 x축 영역으로 표시될 "A2:A12"을 드래그해서 입력하고 <확인> 버튼을 누르면 <그림 6-6>과 같이 영역이 수정된 "데이터 원본 선택" 대화상자를 얻는다. 여기에서 <확인> 버튼을 누르면 <그림 6-7>과 같이 x축에 표시된 값이 수정된 차트를 얻을 수 있다. 또한 화면의 상단에서 '차트 스타일'을 선택하면 삽입된 차트에 바로 스타일이 적용된다. <그림 6-8>에는 세로 막대형 차트에 적용이 가능한 스타일들을 모두 모아서 나열한 것이다.

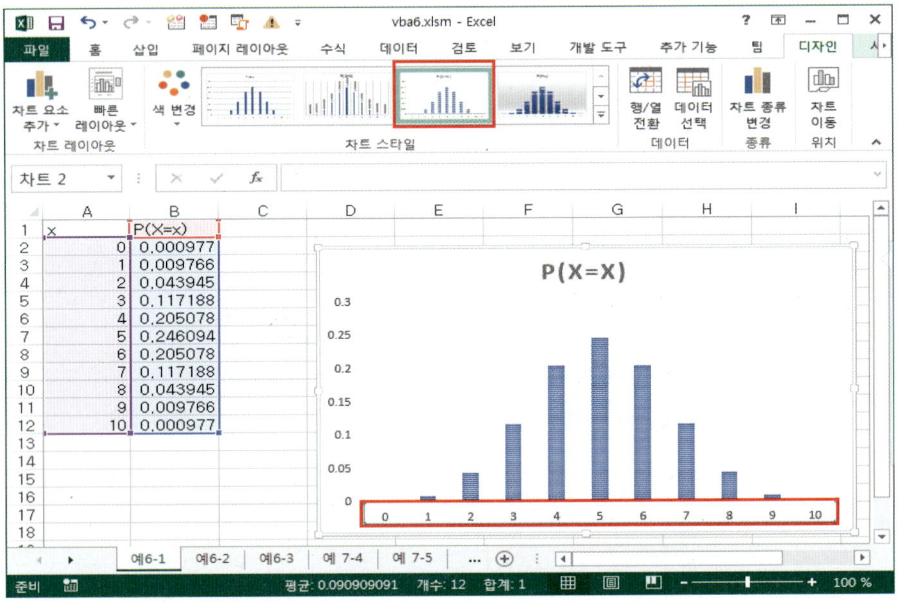

|| 그림 6-7 || x축에 표시된 값이 수정된 다른 스타일의 차트

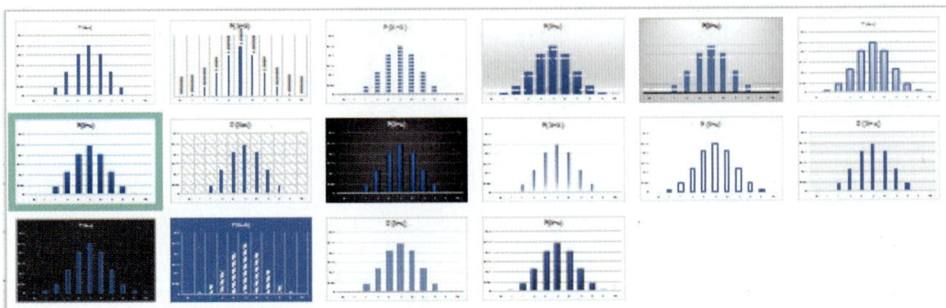

|| 그림 6-8 || 세로 막대형 차트에 적용이 가능한 스타일들

5) 이제 차트의 제목과 각 축의 제목을 수정하기 위해 <그림 6-9>와 같이 차트 오른쪽에 위치한 ⊞를 눌러 '차트 요소'에서 '축 제목'을 추가로 체크한다. <그림 6-10>은 차트의 제목, x축과 y축의 제목을 모두 수정한 차트이다.

6) 이제 '매크로 기록기'를 중지하고 모듈 창에 기록된 코드를 살펴보자. 매우 길고 복잡한 코드가 만들어져 있을 것이다. 꼭 필요한 부분들만 골라서 설명하면 다음과 같다.

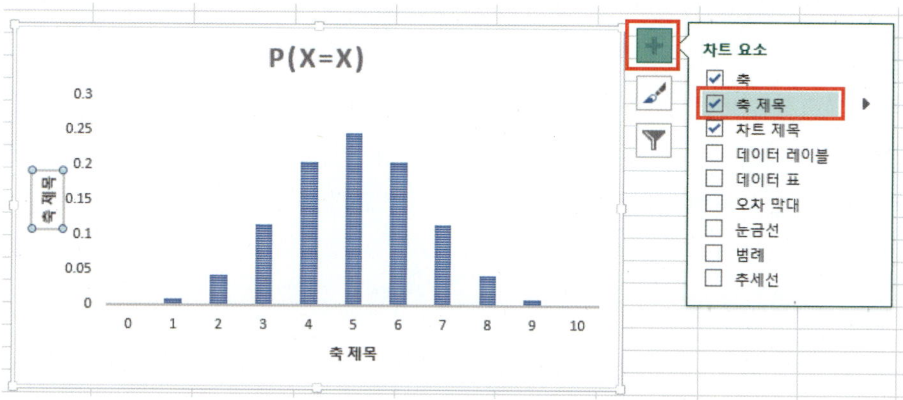

‖ 그림 6-9 ‖ 차트의 제목을 수정하는 과정

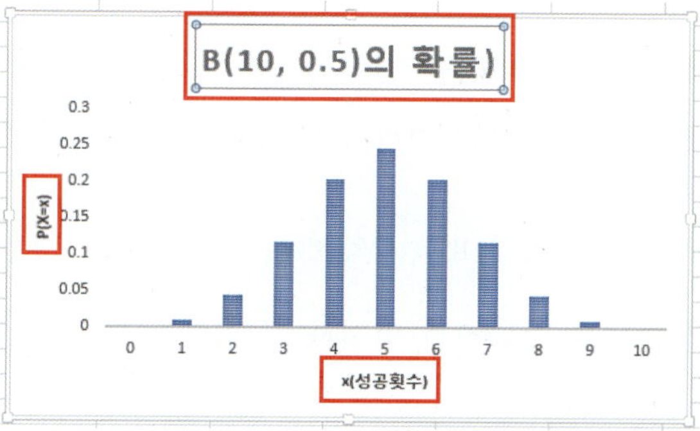

‖ 그림 6-10 ‖ 수정을 모두 마친 차트

매크로 기록기에 의한 코드 이해하기

①
```
ActiveSheet.Shapes.AddChart2(201, xlColumnClustered).Select
ActiveChart.SetSourceData Source:=Range("'예6-1'!$B$1:$B$12")
```

엑셀 2013부터는 **Shapes 컬렉션**의 **'AddChart2'**라는 메서드를 통해서 현재의 워크시트에 차트를 삽입한다. 워크시트에서 미리 설정한 영역은 'SetSourceData' 속성의 'Source:='에 기록된다. 'AddChart2(201, xlColumnClustered)'의 첫 번째 인수인 201은 디폴트로 그려지는 차트스타일의 번호이다. 두 번째 인자는 바로 차트의 종류를 나타낸다. 이 두 개의 문장이 차트를 생성하는 가장 기본적인 문장으로 매크로 작성과정 1)과 2)에 의해 생성된 문장이다.

②
```
ActiveChart.FullSeriesCollection(1).XValues = "='예6-1'!$A$2:$A$12"
```

x축에 표시된 값을 수정하는 과정에서 생성된 코드로 이전의 'SeriesCollection(1)'이 'FullSeriesCollection(1)'으로 변경되었다.

③
```
ActiveChart.ChartStyle = 203
```

매크로 기록 중간에 차트의 스타일을 변화시키면 생성되는 코드이다. 'AddChart2' 메서드의 첫 번째 인수에 203을 지정한 것과 같다.

④
```
ActiveChart.ChartTitle.Text = "B(10, 0.5)의 확률"
```

차트의 제목을 입력하는 코드로 이전 버전과 큰 차이가 없다.

⑤
```
ActiveChart.SetElement (msoElementPrimaryCategoryAxisTitleAdjacentToAxis)
ActiveChart.SetElement (msoElementPrimaryValueAxisTitleAdjacentToAxis)
```

<그림 6-9>의 '차트 요소'에서 '축 제목'을 체크할 때 생성되는 코드로 x축과 y축의 제목을 추가하기 위해 필용한 코드이다.

⑥
```
ActiveChart.Axes(xlCategory, xlPrimary).AxisTitle.Text = "x(성공횟수)"
ActiveChart.Axes(xlValue, xlPrimary).AxisTitle.Text = "P(X=x)"
```

x축과 y축의 제목에 실제로 기록하는 문자열을 지정하는 코드이다.

이상의 내용을 바탕으로 [예 6-1]에서 차트를 그리는 부분의 코드는 새 버전의 방법을 적용한 <표 6-3>을 이용할 수도 있다. 또한 차트는 새 버전의 방법으로 그리고 차트의 제목과 축의 제목은 직관적인 구 버전의 방법을 함께 사용한 <표 6-4>의 방법을 이용할 수도 있다. 두 방법 모두 <그림 6-11>과 같은 차트를 생성한다.

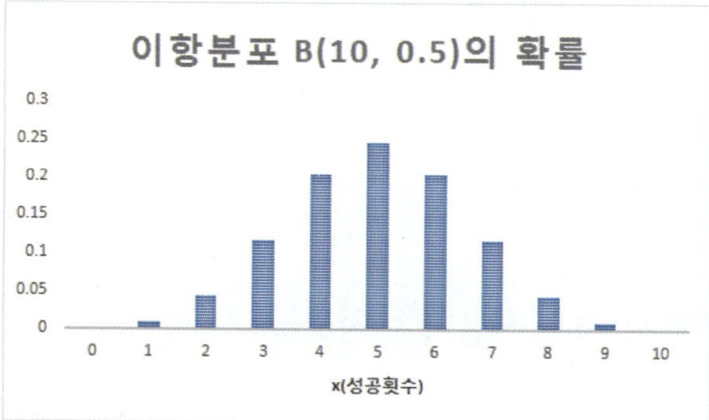

‖ 그림 6-11 ‖ 수정을 모두 마친 차트

‖ 표 6-3 ‖ 새 버전의 방법만을 사용한 차트의 작성

```
Sub ex1_1()
  Worksheets("예6-1").Activate
  ActiveSheet.Shapes.AddChart2(203, xlColumnClustered).Select
  With ActiveChart
      .SetSourceData Source:=ActiveSheet.Range("B1:B12")
      .ChartTitle.Text = "이항분포 B(10, 0.5)의 확률"
      .FullSeriesCollection(1).XValues = ActiveSheet.Range("A2:A12")
      .SetElement (msoElementPrimaryCategoryAxisTitleAdjacentToAxis)
      .Axes(xlCategory, xlPrimary).AxisTitle.Text = "x(성공횟수)"
  End With
End Sub
```

|| 표 6-4 || 새 버전의 방법과 구 버전의 방법을 혼용한 차트의 작성

```
Sub ex1_2()
  Worksheets("예6-1").Activate
  ActiveSheet.Shapes.AddChart2(203, xlColumnClustered).Select
  With ActiveChart
      .SetSourceData Source:=ActiveSheet.Range("B1:B12")
      .ChartTitle.Text = "B(10, 0.5)의 pdf"
      .FullSeriesCollection(1).XValues = ActiveSheet.Range("A2:A12")
      .HasTitle = True
      .ChartTitle.Characters.Text = "이항분포 B(10, 0.5)의 확률"
      .Axes(xlCategory, xlPrimary).HasTitle = True
      .Axes(xlCategory, xlPrimary).AxisTitle.Characters.Text = "x(성공횟수)"
  End With
End Sub
```

6.2 통계학에서 자주 사용하는 차트들

6.2.1 두 변수간의 산점도(분산형 차트)

상관분석이나 **회귀분석**에서 자주 다루어지는 **산점도**(엑셀에서는 분산형 차트)를 활용하는 방법에 대해 학습하자. 또한, 산점도에 추정된 **회귀직선** 및 **결정계수**를 추가하는 방법도 학습하게 될 것이다.

예 6-2

워크시트에는 광고료(x)와 총 판매액(y)에 관한 자료가 입력돼 있다. 이 자료를 이용하여 자료의 산점도(xlXYScatter)를 그리고 그 위에 추정된 회귀직선을 함께 출력하는 프로그램을 작성해보자. 다음의 <표 6-5>의 코드를 실행하면 <그림 6-12>와 같은 차트를 얻을 수 있다. 그려진 차트에는 추정된 회귀식과 결정계수도 포함되어 있다.

‖ 표 6-5 ‖ 산점도와 추정된 회귀직선을 함께 표시하는 차트를 위한 코드

```
Sub ex2_new()
  Worksheets("예6-2").Activate
  ActiveSheet.Shapes.AddChart2(240, xlXYScatter).Select
  With ActiveChart
    .SetSourceData Source:=Range("'예6-2'!$A$1:$B$11")
    .HasTitle = True
    .ChartTitle.Characters.Text = "광고료와 총판매액의 산점도"
    .Axes(xlCategory, xlPrimary).HasTitle = True
    .Axes(xlCategory, xlPrimary).AxisTitle.Characters.Text = "광고료"
    .Axes(xlValue, xlPrimary).HasTitle = True
    .Axes(xlValue, xlPrimary).AxisTitle.Characters.Text = "총판매액"
    .SeriesCollection(1).Trendlines.Add Type:=xlLinear, _
    DisplayEquation:=True, DisplayRSquared:=True, Name:="추정된 회귀직선“
    .Axes(xlCategory).MinimumScale = 3
    .SetElement (msoElementLegendRight)
  End With
End Sub
```

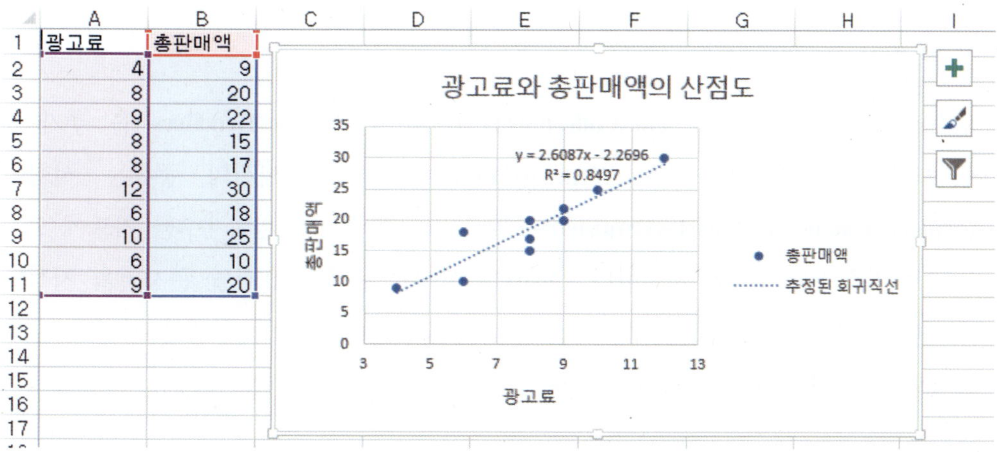

‖ 그림 6-12 ‖ 산점도와 추정된 회귀직선이 포함된 차트

<표 6-5> 코드의 라인별 설명

① 03 라인 : ActiveSheet.Shapes.AddChart2(240, xlXYScatter).Select

02 라인에서 활성화된 워크시트 "예6-2"에 'AddChart2' 메서드를 이용해서 분산형 차트 **(xlXYScatter)** 중에 스타일 번호가 240인 차트를 생성한다. 매크로 기록기를 구동하고 차트의 스타일을 바꿀 때마다 '**ActiveChart.ChartStyle**'에 기록되는 스타일 번호를 참고하면 된다.

② 04~16 라인 : 공통인수 ActiveChart 개체를 With 문에 지정

③ 05 라인 : .SetSourceData Source:=Range("'예6-2'!$A$1:$B$11")

차트를 그릴 데이터의 범위를 'SetSourceData' 속성의 인수 '**Source:=**'에 지정한 문장이다. 워크시트가 이미 활성화된 상태이므로 'Source:=Range("A1:B11")'와 같이 영역의 셀 주소만 Range 개체로 전달하면 된다.

④ 06~11 라인 : 차트 제목, 축 제목의 설정(구 버전의 방법)

⑤ 12~13 라인 : '추세선 서식'

차트에 표시된 계열자료('**SeriesCollection(1)**' 개체)에 추세선('**Trendlines**')을 추가('Add' 메서드)하는 명령이다. 인수 '**Type:=xlLinear**'에 의해 추세선의 종류는 선형이며, '**DisplayEquation:=**'과 '**DisplayRSquared:=**'에는 각각 회귀식과 결정계수를 차트에 표시할지의 여부를 논리형으로 지정한다. '**Name**'속성에는 범례에 표시될 문자열을 지정한다. 이 과정은 매크로 기록기를 구동시킨 후 <그림 6-13>과 같이 '추세선 서식'을 이용하면 작성되는 매크로 코드 중에서 필요한 부분만 이용한 것이다.

⑥ 14 라인 : .Axes(xlCategory).MinimumScale = 3

차트의 각 축에 매겨진 눈금은 자동으로 지정되며 원점을 포함하고 있기 때문에 산점도가 차트의 한쪽으로 치우쳐 나타난다. '축 서식'에서 '축 옵션'의 최솟값을 0에서 3

으로 조정하여 생긴 코드이다.

⑦ 15 라인 : .SetElement (msoElementLegendRight)

매크로 기록기를 구동하고 <그림 6-14>와 같이 '범례 서식'을 이용하여 범례의 위치를 지정하면 기록되는 코드이다. **'SetElement'**에 사용된 인수를 살펴보면 범례가 표시될 위치를 알 수 있다. 여기에선 **'msoElementLegendRight'**이 사용되어 범례가 차트의 오른쪽에 표시된다. 범례를 상단에 표시하려면 **'msoElementLegendTop'**, 하단에 표시하려면 **'msoElementLegendBottom'**을 사용하면 된다. 상수 앞에 사용된 접두사 'mso'는 마이크로소프트사의 오피스제품군에서 사용하는 상수임을 나타낸다.

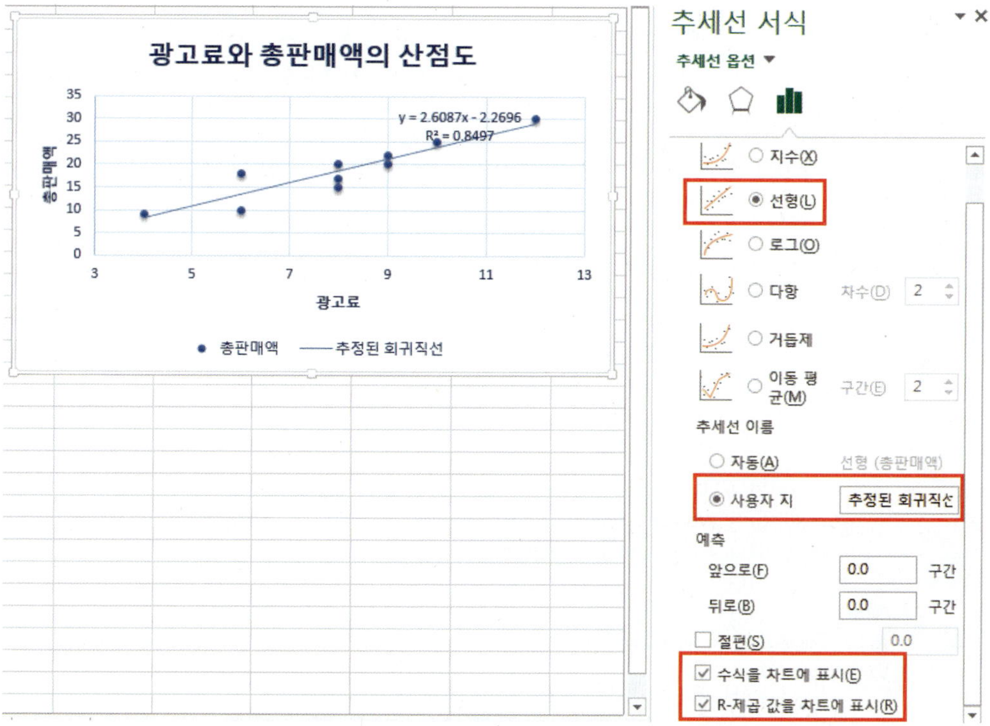

‖ 그림 6-13 ‖ '추세선 서식'을 이용하여 차트를 편집하는 과정

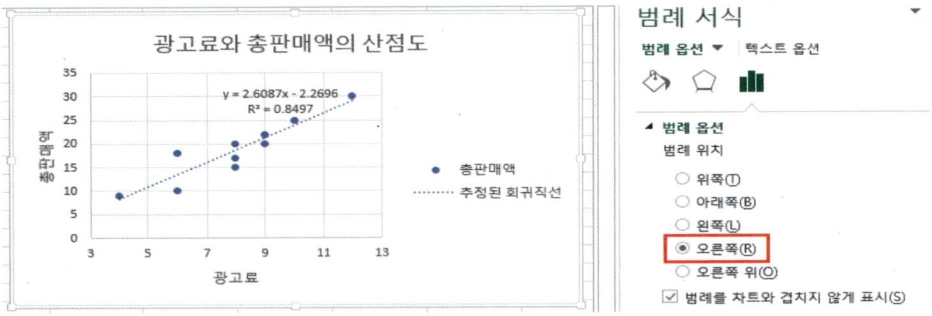

‖ 그림 6-14 ‖ '범례 서식'을 이용하여 범례의 위치를 지정하는 과정

예 6-3

정규분포 $N(\mu, \sigma)$ 의 pdf의 개형은 평균 μ와 표준편차 σ의 변화에 따라 어떻게 달라지는지를 보여주는 예제이다. 동일한 σ에 대해 μ가 서로 다른 경우와, 반대로 μ는 동일하지만 σ가 서로 다른 경우의 pdf들을 하나의 차트에 같이 표시해보자. 정규분포의 pdf f(x)의 값은 워크시트함수 'NORM_DIST'를 이용해서 구할 수 있다. 다음의 <표 6-6>의 코드를 실행하면 <그림 6-15>와 같은 차트를 얻을 수 있다.

‖ 표 6-6 ‖ 모수가 다른 정규분포의 pdf들을 차트로 작성하는 코드

```
Sub ex3_new()
    Worksheets("예6-3").Activate
    Range("A1").Value = "x"
    Range("B1").Value = "N(0,1)"
    Range("C1").Value = "N(0,2)"
    Range("D1").Value = "N(2,1)"
    x = -6
    For i = 2 To 122
        Cells(i, 1) = x
        Cells(i, 2) = WorksheetFunction.Norm_Dist(x, 0, 1, 0)
        Cells(i, 3) = WorksheetFunction.Norm_Dist(x, 0, 2, 0)
        Cells(i, 4) = WorksheetFunction.Norm_Dist(x, 2, 1, 0)
        x = x + 0.1
    Next i
    ActiveSheet.Shapes.AddChart2(240, xlXYScatterSmoothNoMarkers).Select
    With ActiveChart
        .SetSourceData Source:=ActiveSheet.Range("A1:D122")
        .HasTitle = True
        .ChartTitle.Characters.Text = "정규분포들의 그래프"
        .Axes(xlCategory).MinimumScale = -6
        .Axes(xlCategory).MaximumScale = 6
    End With
End Sub
```

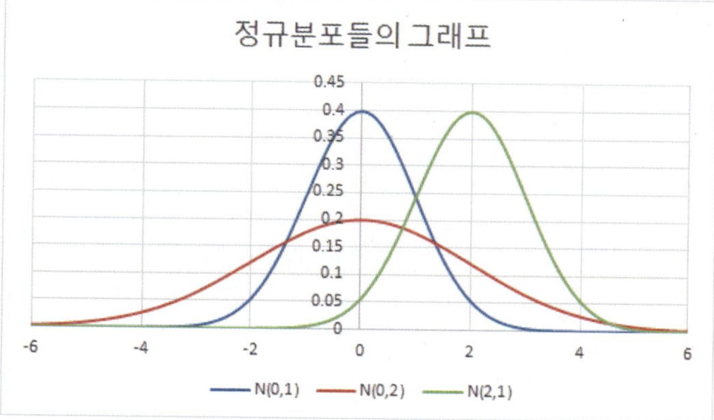

‖ 그림 6-15 ‖ 완성된 차트 : 모수가 다른 정규분포의 pdf 그래프들

<표 6-6> 코드의 라인별 설명

① 03~06 라인 : 1행에 변수(이름표) 기록

여기에 기록된 변수가 나중에 범례에 표시된다.

② 07~14 라인 : 차트를 그릴 데이터 생성

x축에 사용할 값과 모수가 다른 3개의 pdf 값들을 각각 계산해서 각 열의 셀에 기록하는 부분으로 매우 중요한 방법이 사용되고 있다. 3개의 그래프를 그리기 위한 x축의 구간을 [-6, 6]으로 설정하였다. 이는 x의 초깃값 -6부터 시작해서 For-루프 안쪽의 마지막 행에서 0.1씩 증가하는 과정을 121번(i=2 to 122) 반복하면 x의 마지막 값은 6이 된다. For-루프를 이용해 x값과 모수가 서로 다른 3개의 pdf 값은 워크시트 함수인 'NORM_DIST(x, mu, sigma, T/F)'를 이용해 계산한 후 각 열에 기록한다. 이때 For-루프의 제어변수인 i의 값은 'Cells(i, j)'에서 행을 지정하는 인수로도 작용한다. 'NORM_DIST' 함수의 마지막 인수를 False(0)로 지정하여 pdf 값을 계산하였다.

③ 15 라인 : ActiveSheet.Shapes.AddChart2(240, xlXYScatterSmoothNoMarkers).Select

'AddChart2' 메서드를 이용해 분산형 차트 중에서 부드러운 곡선을 이용해 자료들을 연결하는 형태의 차트 '**xlXYScatterSmoothNoMarkers**'을 생성하였다. 이미 차트를 생성한 이후에라도 매크로 기록기를 구동하고 차트 스타일을 바꾸면 스타일을 나타내는 번호가 바뀐다. 마음에 드는 차트 스타일이 결정되면 이 때의 스타일 번호를 'AddChart2' 메서드의 첫 번째 인수 240을 대신해 사용하면 된다.

④ 17 라인 : .SetSourceData Source:=ActiveSheet.Range("A1:D122")

'SetSourceData' 속성에는 현재 시트의 "A1:D122" 영역이 지정되었다. 영역에 1행이 포함되었기에 여기에 기록된 변수(이름표)가 나중에 범례에 표시된다.

⑤ 20~21 라인 : x축 표시 영역 지정

차트에 적용되는 각 축의 영역은 자동으로 설정된다. x축의 영역을 -6부터 6까지로 축소하기 위한 코드이다. '**Axes(xlCategory)**'는 x축을 의미하며 '**MinimumScale**'은 최솟값, '**MaximumScale**'은 최댓값을 나타낸다. 매크로 기록기를 구동하고 '축 서식'을 조정하면 얻어지는 코드이다.

6.2.2 원그래프(Pie Chart)

다음의 <표 6-7>은 1987년 12월 16일에 실시된 우리나라 대통령선거에서 한국갤럽연구소가 발표한 각 후보별 예상득표율과 개표가 완료된 후에 공개된 실제득표율에 대한 자료이다. 예상득표율은 한국갤럽연구소가 당해 12월 12~14일 사이에 제주도를 제외한 전국에서 2,234명의 표본을 추출하여 여론조사를 실시한 결과이다. 이 여론조사의 예상득표율과 실제득표율이 매우 근사함을 알 수 있으며, 이후 통계적 조사에 대한 인식도 많이 달라졌다. 현재 우리나라의 각종 선거에서도 여론조사에 의한 지지율조사가 매우 광범위하게 실시되고 있다.

‖ 표 6-7 ‖ 각 후보별 예상득표율과 실제득표율(%)

	노태우	김영삼	김대중	김종필	기타
예상득표율	34.4	28.7	28.0	8.4	0.5
실제득표율	36.6	28.0	27.0	8.1	0.3

지지율과 같이 항목 간의 비율을 서로 비교할 때 원그래프가 자주 이용된다. 엑셀에는 2차원 및 3차원 형태의 원형차트들이 준비되어 있다.

예 6-4

<표 6-7>의 자료를 워크시트에 입력한 후 실제득표율과 예상득표율에 대한 원그래프들을 그려보자. 다음 <표 6-8>의 각 서브 프로시저를 실행하면 <그림 6-16> 및 <그림 6-17>과 같다.

‖ 표 6-8 ‖ 원형차트를 그리기 위한 코드

```
Sub ex4_new1()
    Worksheets("예6-4").Activate
    ActiveSheet.Shapes.AddChart2(251, xlPie).Select
    ActiveChart.SetSourceData Source:=Range("A1:B6")
    ActiveChart.SetElement (msoElementDataLabelBestFit)
End Sub

Sub ex4_new2()
    Worksheets("예6-4").Activate
    ActiveSheet.Shapes.AddChart2(262, xl3DPie).Select
    ActiveChart.SetSourceData Source:=Range("A18:B23")
    ActiveChart.SetElement (msoElementDataLabelOutSideEnd)
End Sub
```

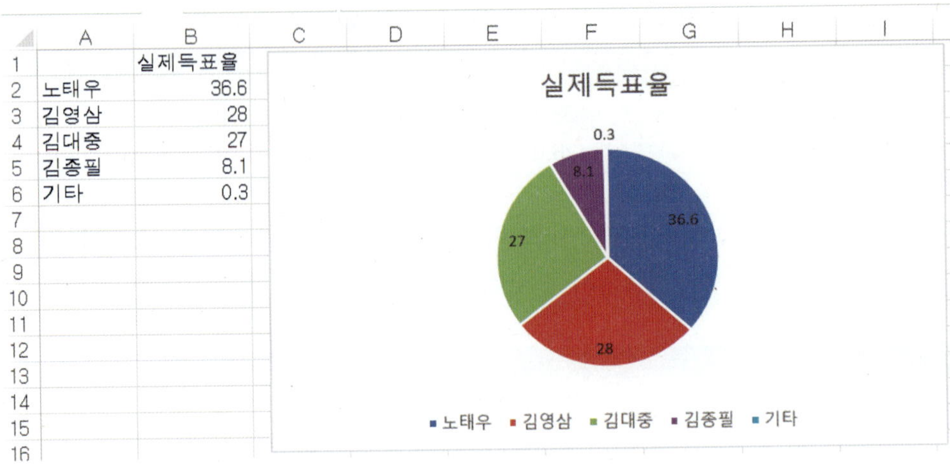

|| 그림 6-16 || 완성된 차트 : 2D 원그래프

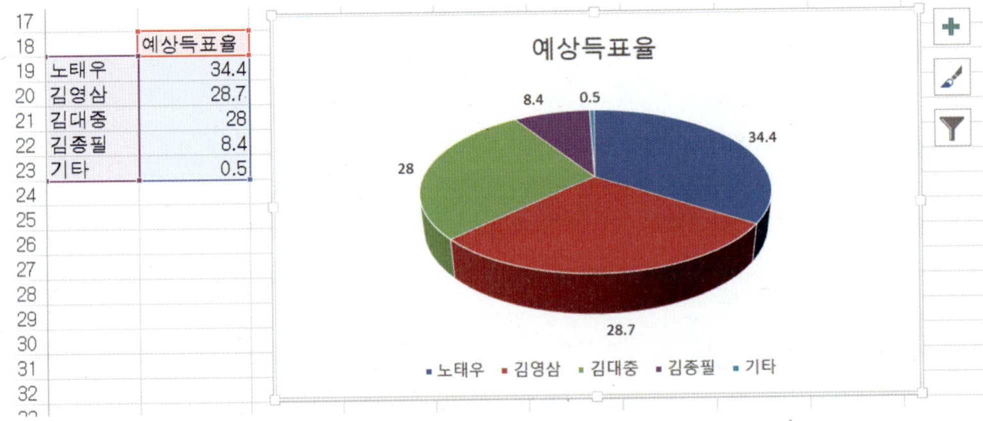

|| 그림 6-17 || 완성된 차트 : 3D 원그래프

<표 6-8> 코드의 라인별 설명

① 03~04 라인 : 2D 파이차트의 작성

'AddChart2' 메서드로 "A1:B6" 영역의 자료에 대해 2D 파이차트를 작성하는 명령이다. 2D 파이차트는 인수 **'xlPie'**가 사용되었다. 영역의 첫 행이 차트의 제목으로 적용되니

'SetSourceData' 속성의 'Source:=' 인수에 제목으로 사용될 문자열도 반드시 포함시켜야 한다.

② 05 라인 : ActiveChart.SetElement (msoElementDataLabelBestFit)

파이차트에 데이터 레이블을 추가하는 명령이다. **'msoElementDataLabelBestFit'**은 <그림 6-16>과 같이 데이터 레이블이 파이차트의 내부에 기록된다. <그림 6-9>에서와 같이 "차트 요소"에서 '데이터 레이블'의 값을 선택하면 데이터 레이블의 표시 형식이 정해진다.

③ 10~11 라인 : 3D 파이차트의 작성

'AddChart2' 메서드로 "A18:B23" 영역의 자료에 대해 3D 파이차트를 작성하는 명령이다. 3D 파이차트는 인수 **'xl3DPie'**가 사용되었다. 영역의 첫 행이 차트의 제목으로 적용되니 'SetSourceData' 속성의 'Source:=' 인수에 제목으로 사용될 문자열도 반드시 포함시켜야 한다.

④ 12 라인 : ActiveChart.SetElement (msoElementDataLabelOutSideEnd)

데이터 레이블을 추가하는 명령이다. **'msoElementDataLabelOutSideEnd'**은 <그림 6-17>과 같이 데이터 레이블이 파이차트의 외부에 기록된다.

6.2.3 정규확률도(Normal Q-Q plot)

우리는 많은 경우에 모집단이 정규분포에 따른다고 가정한다. 데이터가 정규분포를 따르는지를 시각적으로 살펴볼 수 있는 도구 중에 정규확률도를 들 수 있다. 정확하게 표현하면 정규분포의 분위수-분위수 그림(Quantile-Quantile Plot)이라 불러야 옳은 표현이다.

관측된 데이터 $x_1, x_2, \cdots, x_n$ 을 표준화한 자료를 $z_1, z_2, \cdots, z_n$ 이라 하자. 그리고 표준화된 자료를 정렬하여 $z_{(1)} \leqq z_{(2)} \leqq \cdots \leqq z_{(n)}$ 이 만족될 때, i 번째의 값 $z_{(i)}$ 는

표본자료에서

$$p_i = \frac{i - 1/2}{n}, \quad i = 1, 2, \cdots, n$$

에 해당하는 분위수라고 생각할 수 있다. 만약 원래의 데이터 $x_1, x_2, \cdots, x_n$ 들이 정규분포를 따른다면 $z_{(i)}$ 는 표준정규분포의 p_i 분위수인 $\Phi^{-1}(p_i)$ 와 확률적인 변동 때문에 꼭 일치하지는 않더라도 매우 근사하게 된다. 즉, $x_1, x_2, \cdots, x_n$ 들이 정규분포를 충실히 따르는 경우에는

$$z_{(i)} \approx \Phi^{-1}(p_i)$$

가 성립함을 기대할 수 있다. 이를 이용하여 수평축(x축)에 표준정규분포로부터의 분위수를 넣고 수직축(y축)에는 표준화된 자료를 정렬하여 넣으면 정규분포의 Q-Q plot을 얻을 수 있다. 즉, 점 ($\Phi^{-1}(p_i)$, $z_{(i)}$)을 좌표축에 찍어보면 만약 데이터들이 정규분포를 따르는 경우라면 이 점들이 직선 y=x 위에 나타나게 될 것이다.

이상에서 설명한 정규확률도(정규분포의 Q-Q plot)를 작성하는 프로그램은 무엇보다 통계적인 알고리즘을 이해하는 것이 중요하다. 다음의 [예 6-5]는 데이터의 범위를 RefEdit를 이용해 입력하면 워크시트에 정규확률도를 삽입해주는 예이다.

예 6-5

모듈에 작성된 <표 6-9>의 서브 프로시저 'ex5_new()'를 실행해 나타나는 폼에서 <그림 6-18>과 같이 데이터의 범위를 드래그하여 RefEdit에 입력하고 [그래프 출력] 버튼을 누르면 워크시트 안에 정규확률도가 출력된다.

‖ 표 6-9 ‖ 모듈의 코드 창에 기록된 프로시저

```
Sub ex5_new()
    fmNQQ.Show
End Sub
```

‖ 표 6-10 ‖ 폼의 코드 창에 기록된 2개 버튼에 대한 이벤트 프로시저

```
Sub CommandButton1_Click()
    rng = RefEdit1.Value
    Set dat = Range(rng)
    n = WorksheetFunction.COUNT(dat)
    u = WorksheetFunction.Average(dat)
    s = WorksheetFunction.StDev_S(dat)
    For i = 1 To n
        Cells(i, 20) = (dat.Cells(i, 1) - u) / s
        Cells(i, 22) = (i - 0.5) / n
        Cells(i, 21) = WorksheetFunction.Norm_S_Inv(Cells(i, 22))
    Next i
    Range("T:T").Sort Key1:=Range("T1"), Order1:=xlAscending
 ActiveSheet.Shapes.AddChart2(240, xlXYScatter).Select
 With ActiveChart
    .SetSourceData Source:=ActiveSheet.Range(Cells(1, 20), Cells(n, 21))
    .HasTitle = True
    .ChartTitle.Characters.Text = "정규확률도(Normal Q-Q plot)"
    .Axes(xlCategory, xlPrimary).HasTitle = True
    .Axes(xlCategory, xlPrimary).AxisTitle.Characters.Text = _
        "정규분포의 이론적 분위수"
    .Axes(xlCategory).MinimumScale = -3
    .Axes(xlCategory).MaximumScale = 3
    .Axes(xlValue, xlPrimary).HasTitle = True
    .Axes(xlValue, xlPrimary).AxisTitle.Characters.Text = "관측된 분위수"
    .SetElement (msoElementLegendNone)
  End With
End Sub
Private Sub CommandButton2_Click()
    Unload Me
End Sub
```

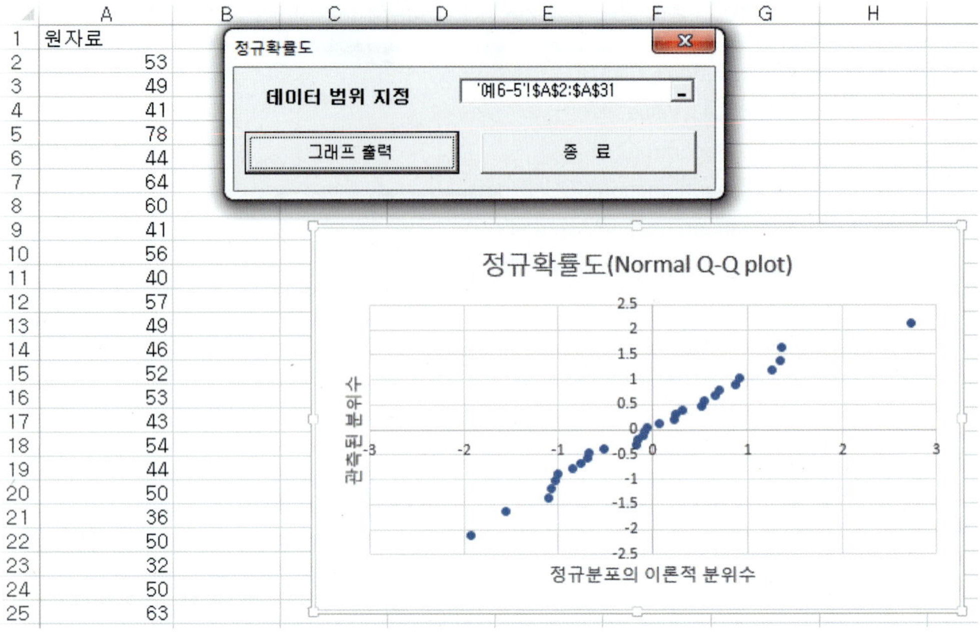

‖ 그림 6-18 ‖ 폼의 실행과 정규확률도의 출력

<표 6-10> 코드의 라인별 설명

① 02~06 라인 : RefEdit로 입력한 범위에 대한 기초통계량 계산

RefEdit의 value속성으로 영역을 입력받아 Range 개체 'dat'를 만들고 이 개체의 개수, 평균, 표준편차를 계산했다. 이는 원래 데이터를 표준화하기 위해 사용된다.

② 07~11 라인 : 표준화와 누적분위수 계산

①에서 계산한 통계량을 이용하여 워크시트의 T열(20번째 열)에는 원 데이터를 표준화하여 기록한다. V열(22번째 열)에는 등간격인 확률을 기록하고, U열(21번째 열)에서는 이 확률에 대응되는 표준정규분포의 누적분위수를 기록하였다. 표준화 된 데이터가 있는 T열(20번째 열)과 표준정규분포의 누적분위수가 입력된 U열(21번째 열)은 나란히 붙어

있어야 한다. 이 2개의 열을 블록으로 설정해서 분산형 차트를 그릴 예정이다.

③ 12 라인 : Range("T:T").Sort Key1:=Range("T1"), Order1:=xlAscending

T열(20번째 열)의 원소를 오름차순으로 정렬한다.

④ 13~15 라인 : 분산형 차트를 그림

'SetSourceData'에 입력된 영역 'Range(Cells(1, 20), Cells(n, 21))'에 T열(20번째 열)의 데이터는 x축, U열(21번째 열)의 데이터는 y축 데이터 영역으로 적용된다.

⑤ 21~22 라인 : x축 영역

'Axes(xlCategory)'는 x축을 의미하며, 영역의 최솟값과 최댓값을 이용해 x축의 범위를 -3부터 3까지로 설정함.

⑥ 25 라인 : .SetElement (msoElementLegendNone)

디폴트로 출력되는 범례를 삭제함.

6.3 추가 컨트롤들과 차트를 이미지로 저장하는 방법

6.3.1 이미지(Image :) 컨트롤

이미지 컨트롤은 지정한 그래픽 파일(bmp, gif, jpg 등)을 폼 위에 삽입하고자 할 때 사용한다. 이미지 컨트롤에 표시할 이미지는 **'Picture' 속성**에서 파일을 지정하면 된다. 'Picture' 속성에 파일을 지정하려면 <그림 6-19>에 표시된 버튼('속성' 창의 Picture 속성값 오른쪽에 위치한 점이 3개 찍힌)을 눌러 <그림 6-20>과 같은 "그림 로드" 대화상자에서 원하는 파일을 지정하면 된다.

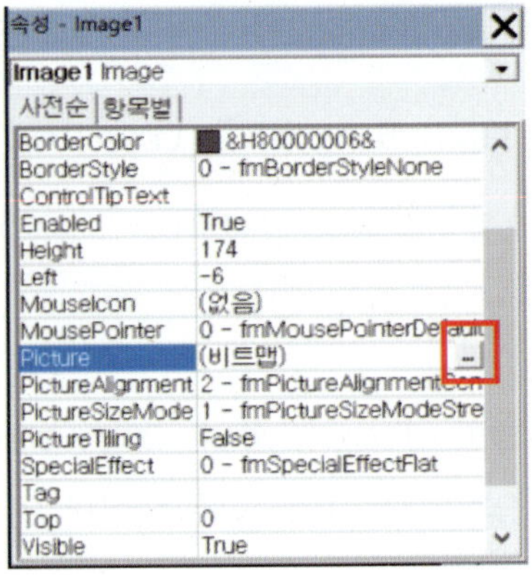

‖ 그림 6-19 ‖ '속성' 창의 Picture 속성

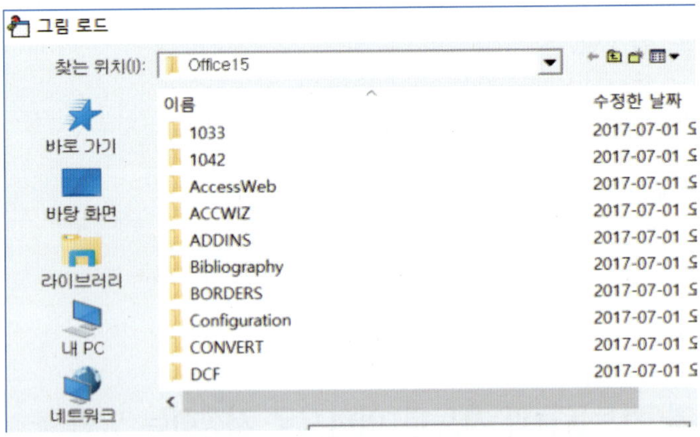

‖ 그림 6-20 ‖ "그림 로드" 대화상자

만약 <그림 6-19>에서와 같이 Picture 속성 값의 오른쪽에 버튼이 없다면 값을 지정하는 '(비트맵)'이라 기록된 부분을 마우스로 클릭하면 버튼이 표시된다.

다음의 [예 6-6]은 표준정규분포의 상위 확률 및 분위수를 계산하는 예이다. 확률 및 분위수의 개념을 돕기 위해 폼의 왼편에는 이들의 관계를 설명하는 그림파일을 이미지 컨트롤을 이용해 삽입하였다.

예 6-6

사용자 정의 폼 위에 <그림 6-21>과 같이 컨트롤들을 배치하자. 폼의 왼편에 위치한 이미지 컨트롤에 삽입된 이미지 파일은 그래픽 프로그램을 이용해서 별도로 제작하였으며 'Picture' 속성을 이용하여 파일을 지정하였다. <그림 6-22>는 제작된 이미지 파일을 윈도우의 사진뷰어로 확인한 것을 캡처한 것이다. <표 6-11>의 서브 프로시저 'ex6_new()'를 실행하면 <그림 6-21>의 폼이 실행되고 이곳의 텍스트박스에 값을 입력하고 명령버튼을 누르면 결과를 얻을 수 있다. 폼이 실행된 이후의 프로그램 동작은 폼의 코드 창에 기록된 <표 6-12>의 코드에 의해 이루어진다. <그림 6-21>의 결과는 표준정규분포의 상위 2.5% 분위수가 1.96임을 잘 보여주고 있다.

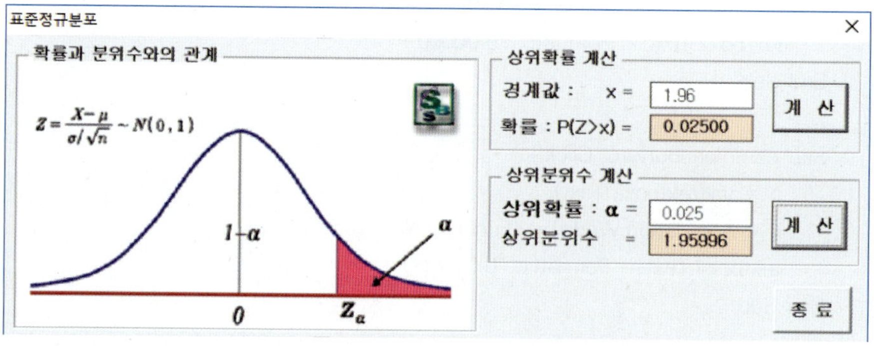

‖ 그림 6-21 ‖ 폼 위에 배치한 컨트롤들과 실행 결과

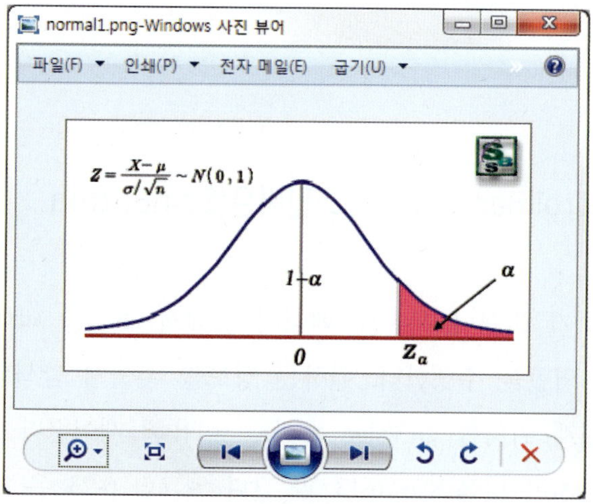

‖ 그림 6-22 ‖ 그래픽 프로그램을 이용하여 제작된 이미지 파일

‖ 표 6-11 ‖ 모듈의 코드 창에 기록된 프로시저

```
Sub ex6_new()
    fmZPr.Show
End Sub
```

‖ 표 6-12 ‖ 폼의 코드 창에 기록된 3개 버튼에 대한 이벤트 프로시저

```
Sub commandbutton1_Click()
    zv = Val(textbox1.Text)
    p = 1 - Application.WorksheetFunction.NormSDist(zv)
    textbox2.Text = Format(p, "0.00000")
End Sub

Sub commandbutton2_Click()
    p = Val(textbox3.Text)
    x = Application.WorksheetFunction.NormSInv(1 - p)
    textbox4.Text = Format(x, "0.00000")
End Sub

Sub commandbutton3_Click()
     Unload Me
End Sub
```

6.3.2 스크롤바(ScrollBar :)와 스핀버튼(SpinButton :) 컨트롤

스크롤바 컨트롤은 긴 문서나 목록의 페이지 등에서 스크롤 막대를 이용해 페이지를 이동하거나 조회하는 역할을 수행한다. 원하는 정보를 손쉽게 탐색할 수 있도록 전체 범위에서 스크롤바의 현재 위치를 값(Value 속성)을 이용해 제어한다. 스크롤바 컨트롤에서 가장 중요한 속성 5가지는 다음 <표 6-13>과 같다. <그림 6-23>은 이들 속성들에 적용되는 값의 관계를 그림으로 표시한 것이다.

스핀버튼 컨트롤은 숫자를 증가시키거나 감소시켜서 특정 범위의 값을 지정하거나 목록에서 앞뒤로 이동하는데 주로 사용한다. 기능은 스크롤바 컨트롤과 동일하며, 바(막대)가 없이 단지 위아래의 단추만 존재한다는 차이점만 있다. 스핀버튼의 값도 **Value 속성**으로 구하거나 설정한다.

‖ 표 6-13 ‖ 스크롤바 컨트롤에서 가장 중요한 속성

속성	기본값	설명
LargeChange	1	스크롤바의 양쪽 끝 화살표[◀,▶]사이의 몸통 부분을 마우스로 누를 때 증가 또는 감소할 간격을 설정
Max	32767	스크롤바의 최댓값을 반환하거나 설정
Min	0	스크롤바의 최솟값을 반환하거나 설정
SmallChange	1	스크롤바의 양쪽 화살표[◀,▶]를 마우스로 누를 때 증가 또는 감소하는 간격을 설정
Value	0	스크롤바의 현재 위치를 나타내는 위치의 값을 반환하거나 설정

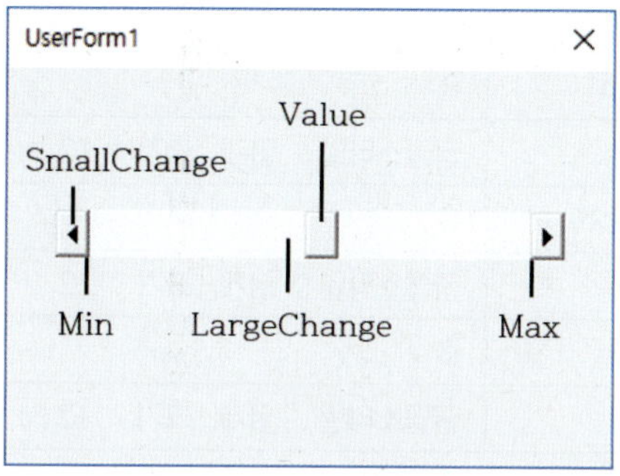

‖ 그림 6-23 ‖ 스크롤바의 속성들에 적용되는 값의 관계

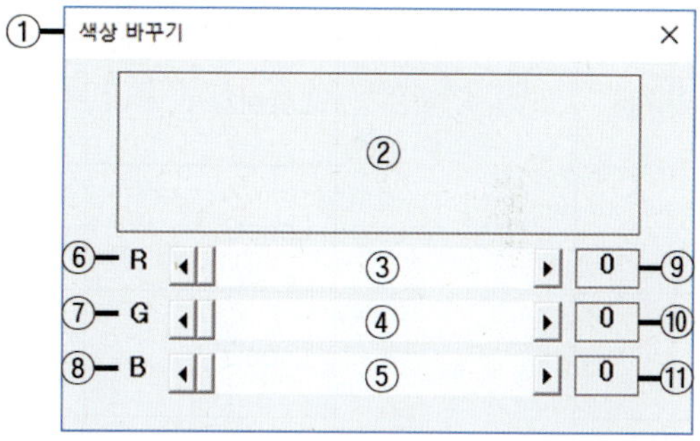

‖ 그림 6-24 ‖ 사용자 정의 폼 위에 컨트롤들을 배치

예 6-7

각각 R(Red), G(Green), B(Blue)의 값을 조정하는 스크롤바 3개를 이용해서 이미지 박스에 혼합된 색상을 나타내는 예이다. 먼저 <그림 6-24>와 같이 사용자 정의 폼 위에 컨트롤들을 배치하고 <표 6-14>와 같이 각 컨트롤의 속성들을 조절한다. 모듈 시트에 있는 'ex7_new()'를 실행하면 프로그램이 구동된다.

|| 표 6-14 || 각 컨트롤과 조정된 속성들

번호	컨트롤종류	컨트롤명	속성	설정
①	폼	UserForm1	Caption	색상 바꾸기
②	이미지	Image1		
③	스크롤바	SB1	Min	0
			Max	255
			LargeChange	10
			Value	0
④		SB2	Min	0
			Max	255
			LargeChange	10
			Value	0
⑤		SB3	Min	0
			Max	255
			LargeChange	10
			Value	0
⑥	라벨	Label1	Caption	R
			Font	글꼴스타일 : 굵게, 크기 : 12
⑦		Label2	Caption	G
			Font	글꼴스타일 : 굵게, 크기 : 12
⑧		Label3	Caption	B
			Font	글꼴스타일 : 굵게, 크기 : 12
⑨		Label4	Caption	0
			Font	글꼴스타일 : 굵게, 크기 : 12
			BorderStyle	1-fmBoderStyleSingle
⑩		Label5	Caption	0
			Font	글꼴스타일 : 굵게, 크기 : 12
			BorderStyle	1-fmBoderStyleSingle
⑪		Label6	Caption	0
			Font	글꼴스타일 : 굵게, 크기 : 12
			BorderStyle	1-fmBoderStyleSingle

<그림 6-24>의 ②에 있는 **이미지 컨트롤**은 원래 그림파일을 불러와 보여줄 때 사용하는 컨트롤이지만 여기에서는 이미지 없이 컨트롤의 배경색을 **'BackColor 속성'**으로 조정해서 색상만 표시하는데 사용할 것이다.

<표 6-15>는 폼의 코드 창에 기록된 것으로 각 스크롤바의 값에 변화가 생길 때 발생할 **Change 이벤트**에 대한 프로시저를 작성한 것이다.

‖ 표 6-15 ‖ 폼의 코드 창에 기록된 3개의 스크롤바에 대한 이벤트 프로시저

```
Sub SB1_Change()
    Image1.BackColor = RGB(SB1.Value, SB2.Value, SB3.Value)
    Label4.Caption = SB1.Value
End Sub

Sub SB2_Change()
    Image1.BackColor = RGB(SB1.Value, SB2.Value, SB3.Value)
    Label5.Caption = SB2.Value
End Sub

Sub SB3_Change()
    Image1.BackColor = RGB(SB1.Value, SB2.Value, SB3.Value)
    Label6.Caption = SB3.Value
End Sub
```

<표 6-15>의 코드에 사용된 **'RGB' 함수**는 Red 성분, Green 성분, Blue 성분을 조합하여 색상을 설정하는 함수이다. 각 색상의 성분은 0~255 사이의 범위를 설정하여 사용하고 설정된 색상은 RGB 함수에 의해 Long형식의 정수를 반환한다. 세 개의 이벤트 프로시저에 모두 'Image1.BackColor=RGB(…)'가 사용되고 있기 때문에 어떤 스크롤바의 값이 변하더라도 이벤트가 발생하고 색상이 변하게 된다.

<그림 6-25>는 이 프로그램을 실행한 예이다. R, G, B 각각 세 개의 스크롤바를 움직일 때마다 각 스크롤바의 **Value 속성**의 값이 라벨에 기록되며, 위에 있는 이미지 컨트롤의 배경색이 변하게 된다.

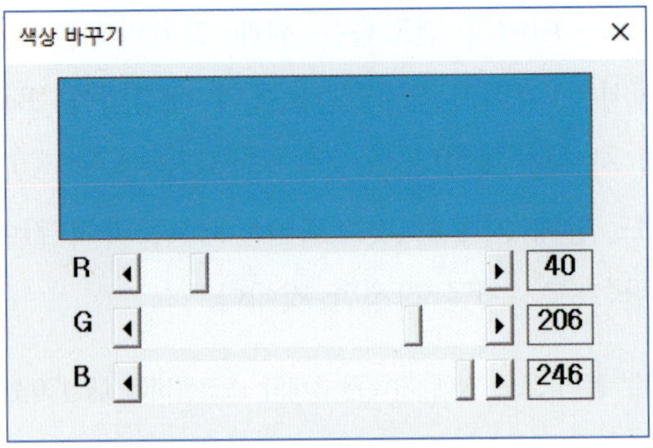

|| 그림 6-25 || 프로그램의 실행 예

6.3.3 다중 페이지(MultiPage :)와 연속 탭((TabStrip :) 컨트롤

다중 페이지와 **연속 탭 컨트롤**은 응용 프로그램의 창이나 대화상자에서 같은 영역에 여러 개의 페이지를 정의할 수 있도록 할 때 사용한다. <그림 6-26>은 연속 탭 컨트롤과 다중 페이지 컨트롤을 폼 위에 올려놓은 모습이다. 이 두 개의 컨트롤은 비슷한 기능을 수행하므로 여기에서는 다중 페이지에 대한 예만 소개하기로 한다.

[예 6-6]에서 표준정규분포의 상위확률과 분위수를 계산하는 폼을 만들어 보았다. 다중 페이지 컨트롤을 이용하면 주요 연속형 분포(t-분포, 카이제곱-분포, F-분포)에 대한 폼들

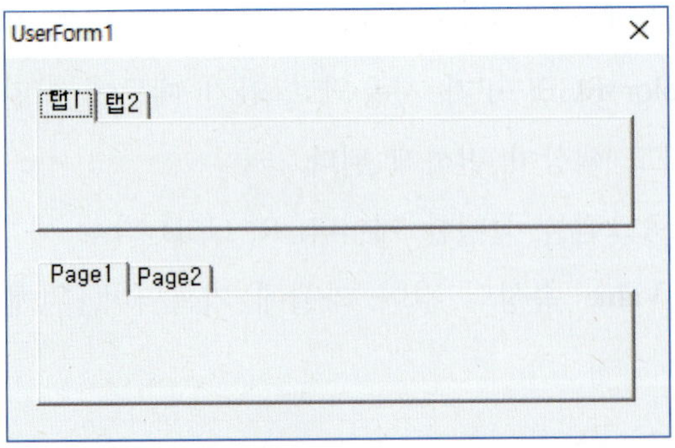

|| 그림 6-26 || 폼 위에 올려놓은 연속 탭과 다중페이지 컨트롤

을 하나의 폼 안에 모두 표시할 수 있다. 다음의 [예 6-8]을 통해서 다중 페이지 컨트롤의 쓰임새를 익혀보도록 하자.

예 6-8

사용자 정의 폼 위에 다중 페이지 컨트롤을 올려놓고, 연속형 분포 4개의 폼을 <그림 6-27>부터 <그림 6-30>까지와 같이 각 페이지를 구성해보자. 각 페이지에 사용된 컨트롤들의 개체명과 기능을 <표 6-16>에 정리하였다. 각각의 페이지에 포함된 이미지 컨트롤 내에 삽입된 이미지들은 모두 그래픽 프로그램을 이용해 별도로 제작한 것이다.

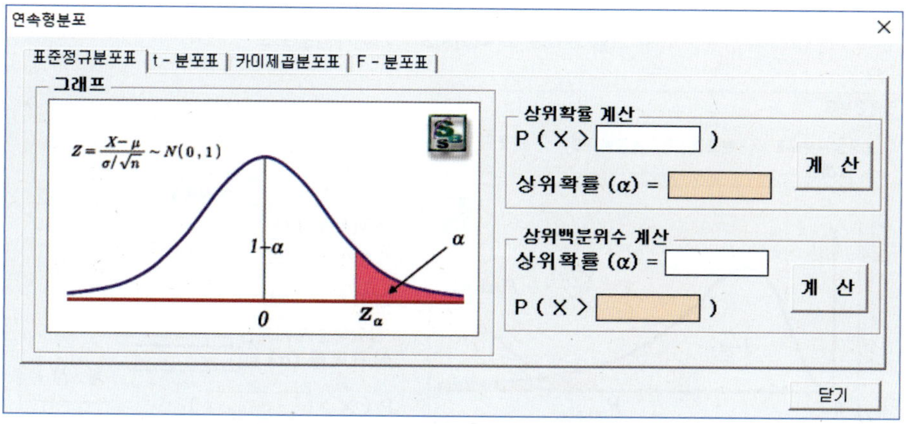

‖ 그림 6-27 ‖ 페이지1 : 표준정규분포표

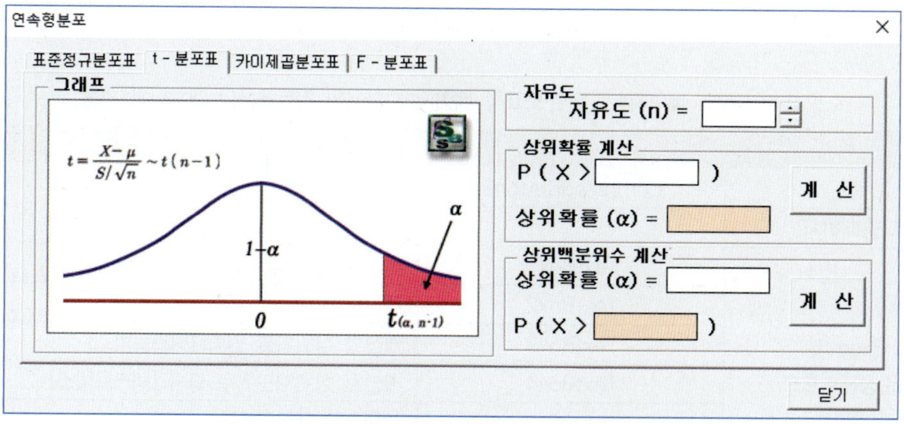

‖ 그림 6-28 ‖ 페이지2 : t-분포표

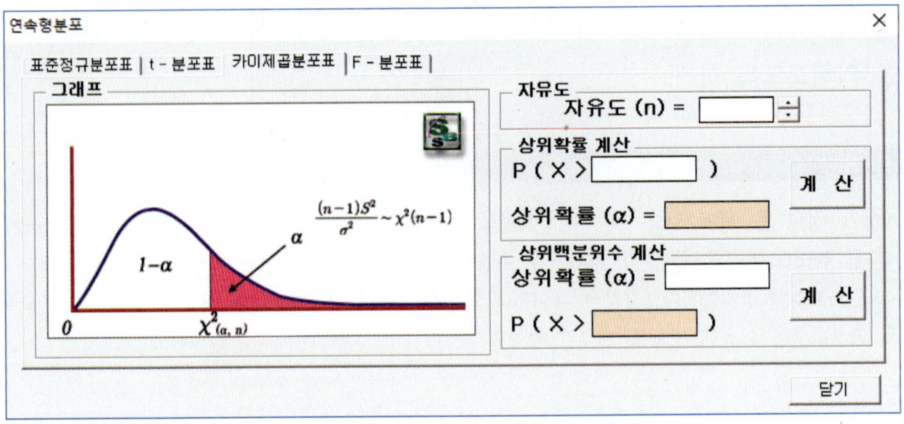

‖ 그림 6-29 ‖ 페이지3 : 카이제곱분포표

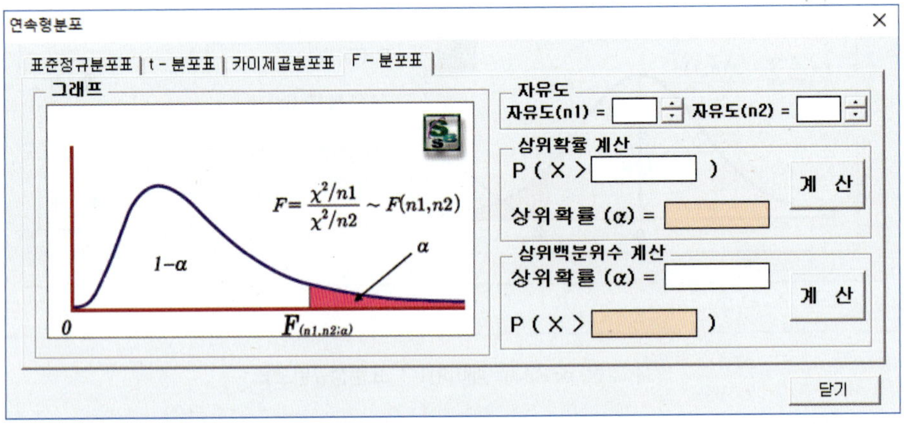

‖ 그림 6-30 ‖ 페이지4 : F-분포표

‖ 표 6-16 ‖ 페이지4 : F-분포표각 페이지에 사용된 컨트롤들의 개체명과 기능

컨트롤 종류	주요 컨트롤 이름	기능
폼	CommandButton9	폼 닫기 [버튼]
다중페이지		
Page 1 표준정규분포표	TextBox1	계산할 경계 값 입력 [텍스트박스]
	TextBox2	계산된 상위확률 출력 [텍스트박스]
	TextBox3	계산할 상위확률 입력 [텍스트박스]
	TextBox4	계산된 상위백분위수 출력 [텍스트박스]
	CommandButton1	상위확률 계산 [버튼]
	CommandButton2	상위백분위수 계산 [버튼]

‖ 표 6-16 계속 ‖ 페이지4 : F-분포표각 페이지에 사용된 컨트롤들의 개체명과 기능

컨트롤 종류	주요 컨트롤 이름	기능
Page 2 t - 분포표	TextBox5	자유도 입력 [텍스트박스]
	TextBox6	계산할 경계 값 입력 [텍스트박스]
	TextBox7	계산된 상위확률 출력 [텍스트박스]
	TextBox8	계산할 상위확률 입력 [텍스트박스]
	TextBox9	계산된 상위백분위수 출력 [텍스트박스]
	SpinButton1	자유도 컨트롤 [버튼]
	CommandButton3	상위확률 계산 [버튼]
	CommandButton4	상위백분위수 계산 [버튼]
Page 3 카이제곱분포표	TextBox10	자유도 입력 [텍스트박스]
	TextBox11	계산할 경계 값 입력 [텍스트박스]
	TextBox12	계산된 상위확률 출력 [텍스트박스]
	TextBox13	계산할 상위확률 입력 [텍스트박스]
	TextBox14	계산된 상위백분위수 출력 [텍스트박스]
	SpinButton2	자유도 컨트롤 [버튼]
	CommandButton5	상위확률 계산 [버튼]
	CommandButton6	상위백분위수 계산 [버튼]
Page 4 F - 분포표	TextBox15	자유도1 입력 [텍스트박스]
	TextBox16	자유도2 입력 [텍스트박스]
	TextBox17	계산할 경계 값 입력 [텍스트박스]
	TextBox18	계산된 상위확률 출력 [텍스트박스]
	TextBox19	계산할 상위확률 입력 [텍스트박스]
	TextBox20	계산된 상위백분위수 출력 [텍스트박스]
	SpinButton3	자유도1 컨트롤 [버튼]
	SpinButton4	자유도2 컨트롤 [버튼]
	CommandButton7	상위확률 계산 [버튼]
	CommandButton8	상위백분위수 계산 [버튼]

폼의 코드 창에 작성된 프로그램 중에서 2페이지(t-분포)와 3페이지(카이제곱분포)에 관련된 코드를 정리하면 각각 <표 6-17>과 <표 6-18>과 같다. 이들 코드에 대해서만 설명하고 나머지 분포들에 대한 설명은 생략하고 연습문제로 남겨둔다.

‖ 표 6-17 ‖ 폼의 코드 창에 작성된 소스(페이지2 : t-분포)

```
Private Sub CommandButton3_Click()
    n = Val(TextBox5.Text)
    x = Val(TextBox6.Text)
    p = WorksheetFunction.T_Dist(x, n, True)
    TextBox7.Text = Format((1 - p), "0.00000")
End Sub

Private Sub CommandButton4_Click()
    n = Val(TextBox5.Text)
    p = Val(TextBox8.Text)
    x = WorksheetFunction.T_Inv(1 - p, n)
    TextBox9.Text = Format(x, "0.00000")
End Sub

Sub TextBox5_Change()
    If TextBox5.Text <> " " Then
        SpinButton1.Value = Val(TextBox5.Text)
    End If
End Sub

Sub SpinButton1_Change()
    TextBox5.Text = SpinButton1.Value
End Sub
```

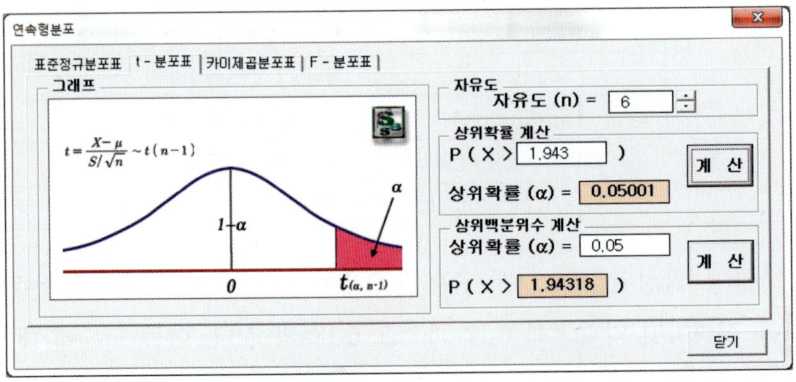

‖ 그림 6-31 ‖ 다중페이지의 2번째 페이지(t-분포)를 실행한 예

‖ 표 6-18 ‖ 폼의 코드 창에 작성된 소스(페이지3 : 카이제곱-분포)

```
Private Sub CommandButton5_Click()
    n = Val(TextBox10.Text)
    x = Val(TextBox11.Text)
    p = WorksheetFunction.ChiSq_Dist_RT(x, n)
    TextBox12.Text = Format(p, "0.00000")
End Sub

Private Sub CommandButton6_Click()
    n = Val(TextBox10.Text)
    p = Val(TextBox13.Text)
    x = WorksheetFunction.ChiSq_Inv_RT(p, n)
    TextBox14.Text = Format(x, "0.00000")
End Sub

Private Sub TextBox10_Change()
    If TextBox10.Text <> "" Then
        SpinButton2.Value = Val(TextBox10.Text)
    End If
End Sub

Private Sub SpinButton2_Change()
    TextBox10.Text = SpinButton2.Value
End Sub
```

<표 6-17>의 코드 중에서 텍스트박스의 값이 바뀌는 이벤트(Change 이벤트)가 발생하면 텍스트박스의 바뀐 값(text 속성)을 스핀버튼의 value 속성에 전달하고, 스핀버튼의 값이 바뀌는 이벤트가 발생하면 스핀버튼의 바뀐 값(value 속성)을 텍스트박스의 text 속성에 전달한다. 이렇게 함으로써 자유도를 입력하는 텍스트박스와 스핀버튼이 항상 같은 값을 가지도록 연동되어있다. <그림 6-31>은 이 프로그램의 2번째 페이지를 실행한 예이다.

<표 6-18>의 코드에서도 자유도를 다루는 텍스트박스10과 스핀버튼2가 항상 같은 값을 가지도록 연동돼 있음을 알 수 있다. 또한 카이제곱분포에서는 오른쪽(상위)확률을 계산하는 함수인 'ChiSq_Dist_RT'와 오른쪽(상위)분위수를 계산하는 함수인 'ChiSq_Inv_RT'를 이용하였다. <그림 6-32>는 이 프로그램의 3번째 페이지를 실행해서 10% 누적분위수와 관련된 결과를 얻은 화면이다.

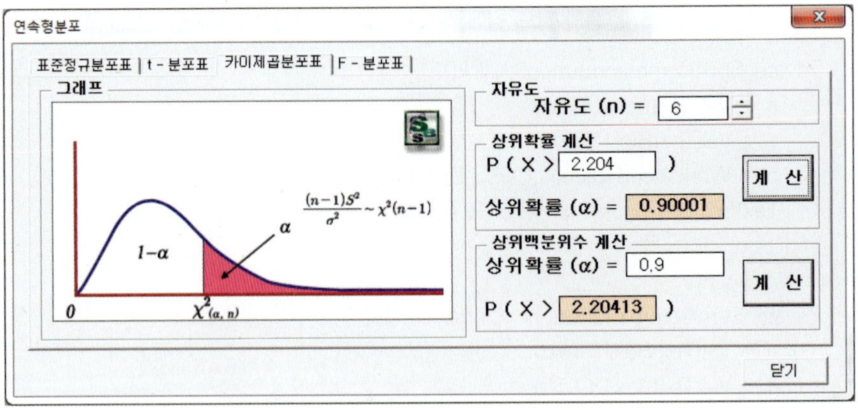

‖ 그림 6-32 ‖ 다중페이지의 3번째 페이지(카이제곱-분포)를 실행한 예

6.3.4 엑셀의 차트를 이미지로 저장하기

이미지 컨트롤에는 다양한 형식의 이미지 파일들을 삽입할 수 있다. 우리가 생성한 차트 개체를 이미지 컨트롤에서 이용하려면 생성된 차트 개체를 이미지 파일로 저장해두어야 한다. 이를 위해 여기에서는 생성된 차트개체를 이미지 파일로 저장하고 저장된 이미지 파일을 이미지 컨트롤에서 불러와 표시하는 방법에 대해 학습하기로 하자.

차트를 이미지 파일로 저장하기 위해서는 차트개체의 **'Export' 메서드**를 이용한다. 이 메서드의 필수 인자는 **'Filename:='**으로 여기에 저장할 파일의 이름을 지정하면 된다. 이미지 파일의 종류를 지정하는 **'filtername:='** 인자는 생략해도 무방하다. 저장된 이미지 파일은 디폴트로 윈도우의 '내문서' 폴더에 저장된다. 만약 사용자가 저장될 폴더를 지정하고 싶다면 『Filename:="c:\temp\normdist.jpg"』 와 같이 경로를 지정하면 된다.

다음의 [예 6-9]는 자유도에 따른 t-분포의 그래프를 표준정규분포의 그래프와 함께 출력해주는 프로그램이다. 엑셀의 워크시트에 작성된 차트를 이미지 파일로 저장하고, 저장된 이미지 파일을 이미지 컨트롤에 불러와서 표시하는 과정을 연습할 수 있다. t-분포의 자유도는 스크롤바를 이용해서 값을 바꿀 수 있도록 하였다. 자유도에 따른 t-분포의 개형과 표준정규분포의 그래프를 비교하기에 좋은 예이다.

예 6-9

모듈시트의 'ex9_new()'를 실행하면 <그림 6-33>과 같은 최초의 폼이 동작한다. 스크롤바를 이용하거나 텍스트박스에 직접 자유도를 입력하고 [그래프 그리기] 버튼을 누르면 <그림 6-34>와 같이 왼쪽에 위치한 이미지 컨트롤에 해당 자유도의 t-분포 그래프와 표준정규분포의 그래프가 함께 출력된다. <그림 6-35>와 <그림 6-36>은 자유도를 증가해가며 실행한 화면이다. <표 6-19>는 폼의 코드 창에 작성된 소스코드이다.

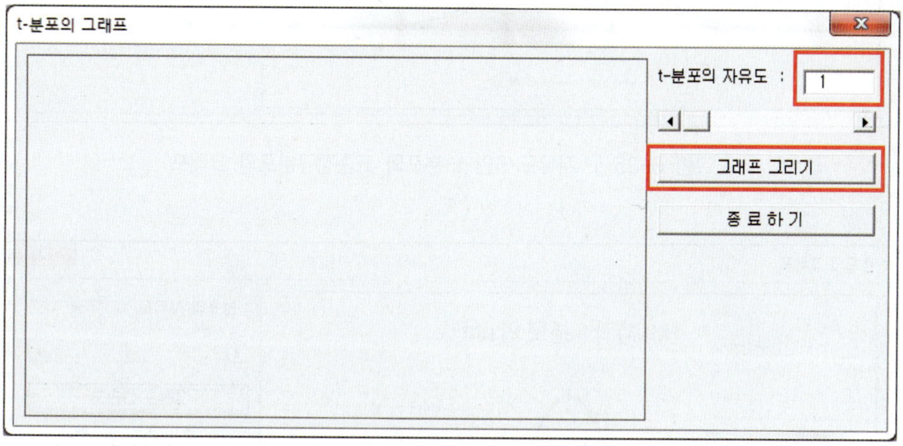

‖ 그림 6-33 ‖ 처음 동작한 폼

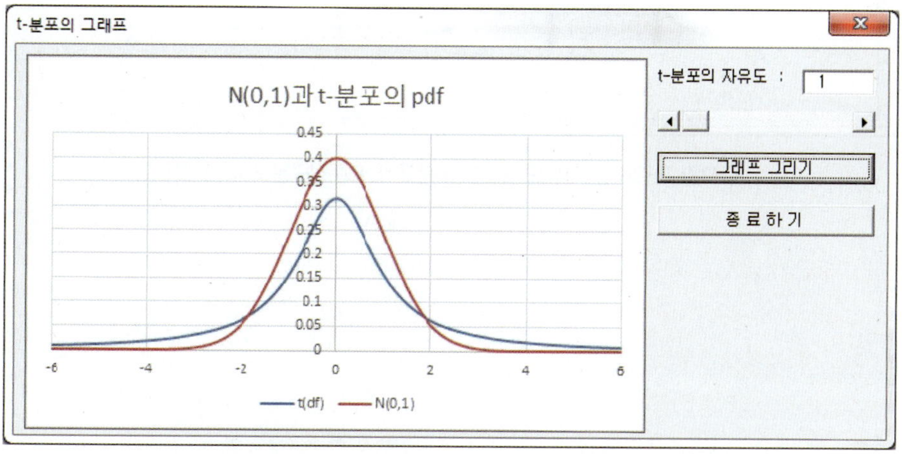

‖ 그림 6-34 ‖ 자유도 1인 t-분포와 표준정규분포의 그래프

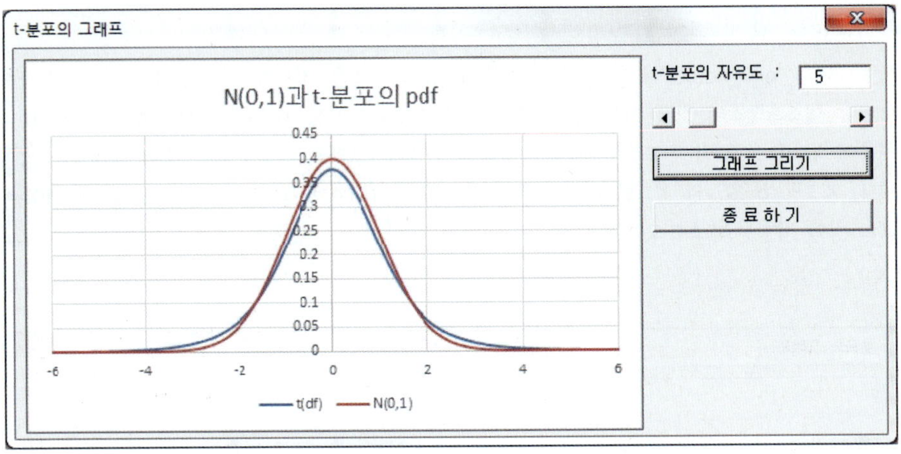

‖ 그림 6-35 ‖ 자유도 5인 t-분포와 표준정규분포의 그래프

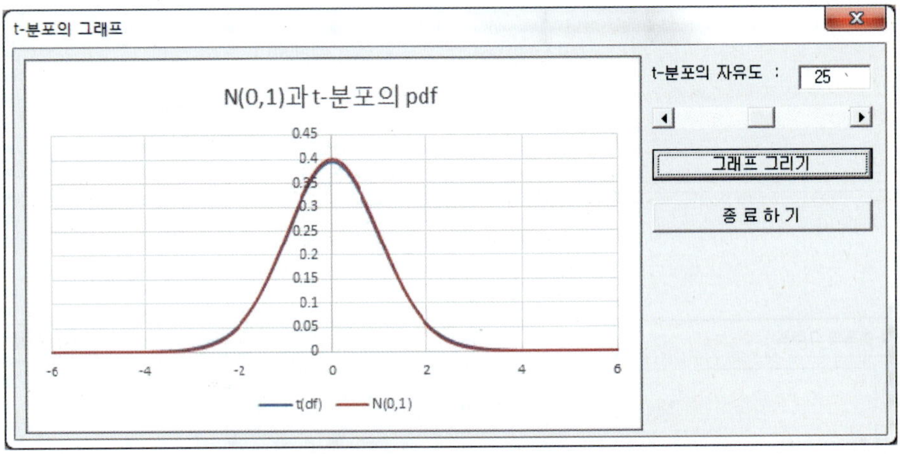

‖ 그림 6-36 ‖ 자유도 25인 t-분포와 표준정규분포의 그래프

‖ 표 6-19 ‖ 폼의 코드 창에 작성된 소스(명령버튼1의 이벤트 프로시저)

```
01  Private Sub CommandButton1_Click()
02      Worksheets("예6-9").Activate
03      Columns("A:C").Select
04      Selection.Font.ColorIndex = 2
05      df = Val(TextBox1.Text)
06      x = -6
07      For i = 2 To 122
08          Cells(i, 1) = x
09          Cells(i, 2) = Application.WorksheetFunction.T_Dist(x, df, 0)
10          Cells(i, 3) = Application.WorksheetFunction.Norm_S_Dist(x, 0)
11          x = x + 0.1
12      Next i
13      ActiveSheet.Shapes.AddChart2(240,_
14              xlXYScatterSmoothNoMarkers).Select
15      With ActiveChart
16          .SetSourceData Source:=Range("A1:C122")
17          .ChartTitle.Text = "N(0,1)과 t-분포의 pdf"
18          .Axes(xlCategory).MinimumScale = -6
19          .Axes(xlCategory).MaximumScale = 6
20          .Export Filename:="pdfs.jpg"
21          .Parent.Delete
22      End With
23      Image1.Picture = LoadPicture("pdfs.jpg")
24  End Sub
```

<표 6-19> 코드의 라인별 설명

① 02 라인 : Worksheets("예6-9").Activate

이름이 "예6-9"인 워크시트를 활성화한다. t-분포와 표준정규분포의 확률밀도함수를 그리기 위한 데이터를 워크시트에 출력하기 때문에 이 예제를 실행하기 위해서는 워크시트가 요구된다.

② 03~04 라인 : A, B, C열에 사용할 글자색 설정

워크시트의 A, B, C열에 사용할 글자의 색을 흰색(ColorIndex =2)으로 설정한다. 세 개의 열에는 x값과 t-분포와 표준정규분포의 확률밀도함수의 값이 저장된다. 기록된 데이터는 'SetSourceData' 속성에 전달하여 차트를 그리게 된다. 그러나 이렇게 계산된 값들을 화면에서 숨기고 싶은 경우에 글자의 색을 흰색으로 표시하는 방법을 사용한다. 화면에서는 보이지 않지만 실제로 셀에는 결과들이 존재하므로 이들 값만을 참조하여 차트를 그리는 일종의 눈속임이다. 만약 이런 코드를 사용하지 않는다면 <그림 6-37>과 같이 열에 기록된 데이터들이 다 보이게 된다.

③ 05 라인 : df = Val(TextBox1.Text)

자유도가 입력된 텍스트박스의 값(text 속성)을 수치로 변환해 변수 df에 저장한다. <표 6-20>의 스핀버튼과 텍스트박스의 값이 바뀌면 동작하는 change 이벤트 프로시저에 의해 스핀버튼과 텍스트박스는 항상 같은 값을 가지고 있다.

④ 06~12 라인 : 차트에 사용될 데이터 기록

x값의 범위를 -6부터 6까지 0.1 간격으로 생성하여 워크시트의 A열에 기록한다. 이 x값을 이용하여 B열에는 자유도가 df인 t-분포의 pdf f(x)값을, C열에는 표준정규분포의 pdf f(x)값을 각각 기록한다.

⑤ 13~19 라인 : 차트 작성

④에서 기록한 데이터의 영역 "A1:C122"을 'SetSourceData' 속성에 지정하여 타입이 'xlXYScatterSmoothNoMarkers'인 차트를 작성한다. 18~19 라인에 의해 x축의 범위를 -6부터 6까지로 설정하였다.

⑥ 20 라인 : .Export Filename:="pdfs.jpg"

차트개체의 'Export' 메서드를 이용해 파일이름이 'pdfs.jpg'인 이미지 파일로 차트를 저장한다.

⑦ 21 라인 : .Parent.Delete

차트를 파일로 저장하고 난 이후에는 워크시트에 있는 차트를 삭제하기 위해 추가한 코드이다. 매크로 기록기를 이용해 차트를 삭제하면 기록되는 코드이다. 만약 이 코드가 없다면 <그림 6-37>과 같이 워크시트 내에 차트가 존재한다.

⑧ 23 라인 : Image1.Picture = LoadPicture("pdfs.jpg")

저장해두었던 이미지 파일을 이미지 컨트롤에 삽입하기 위해 'LoadPicture' 함수를 이용해 이미지 컨트롤의 picture 속성에 전달한다.

	A	B	C
1	x	t(df)	N(0,1)
2	-6	0.008603	6.08E-09
3	-5.9	0.008889	1.1E-08
4	-5.8	0.009189	1.98E-08
5	-5.7	0.009505	3.51E-08
6	-5.6	0.009837	6.18E-08
7	-5.5	0.010186	1.08E-07
8	-5.4	0.010554	1.86E-07
9	-5.3	0.010942	3.17E-07
10	-5.2	0.011352	5.36E-07
11	-5.1	0.011785	8.97E-07
12	-5	0.012243	1.49E-06
13	-4.9	0.012727	2.44E-06
14	-4.8	0.013241	3.96E-06
15	-4.7	0.013786	6.37E-06
16	-4.6	0.014364	1.01E-05
17	-4.5	0.014979	1.6E-05
18	-4.4	0.015634	2.49E-05
19	-4.3	0.016332	3.85E-05
20	-4.2	0.017077	5.89E-05
21	-4.1	0.017873	8.93E-05
22	-4	0.018724	0.000134
23	-3.9	0.019637	0.000199
24	-3.8	0.020616	0.000292
25	-3.7	0.021668	0.000425

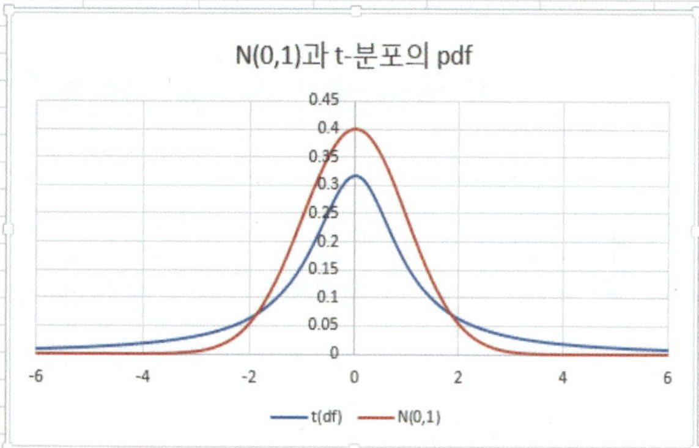

‖ 그림 6-37 ‖ 자유도 25인 t-분포와 표준정규분포의 그래프

|| 표 6-20 || 폼의 코드 창에 작성된 소스(명령버튼1 이외의 이벤트 프로시저들)

```
Private Sub ScrollBar1_Change()
TextBox1.Text = ScrollBar1.Value
End Sub

Private Sub TextBox1_Change()
    ScrollBar1.Value = Val(TextBox1.Text)
End Sub

Private Sub CommandButton2_Click()
    Unload Me
End Sub
```

6.4 엑셀 2016에서 추가된 차트들

엑셀 2016에는 통계학에서 아주 중요하게 다루어지는 상자 수염 그림(Box and whisker plot)과 히스토그램 및 파레토차트 등이 새롭게 추가되었다. 히스토그램의 경우는 이전에도 추가기능인 데이터분석을 통해서 작성하는 것이 가능하였다.

6.4.1 상자 수염 그림(Box and whisker plot)

상자 수염 그림(Box and whisker plot)은 간단히 박스플롯(상자그림)이라 불리며, 여러 개의 집단을 서로 비교하고자할 때 특히 유용하다. 엑셀 2016에 새롭게 추가된 박스플롯을 매크로 기록기에 의해서 작성하면 마치 암호문 같은 숫자들에 의해 옵션들이 표현된다. 다음 [예 6-10]을 통해 매크로 기록기로 생성된 코드의 일부를 확인해보자. 7장에서는 이 예제를 활용하여 RefEdit에 의해 영역을 입력하면 이미지 컨트롤에 상자그림을 표시하는 프로그램을 작성할 것이다.

예 6-10

모듈시트의 'ex10()'을 실행하면 <그림 6-38>과 같이 워크시트 안에 상자그림이 그려진다. 데이터의 영역에 포함된 이름표는 범례에 이용된다. 작성된 차트에 대해 매크로 기록기를 구동하고 차트를 수정하면서 기록되는 코드를 관찰해보면 많은 도움이 될 것이다. <표 6-21>은 모듈의 코드 창에 작성된 소스코드이다.

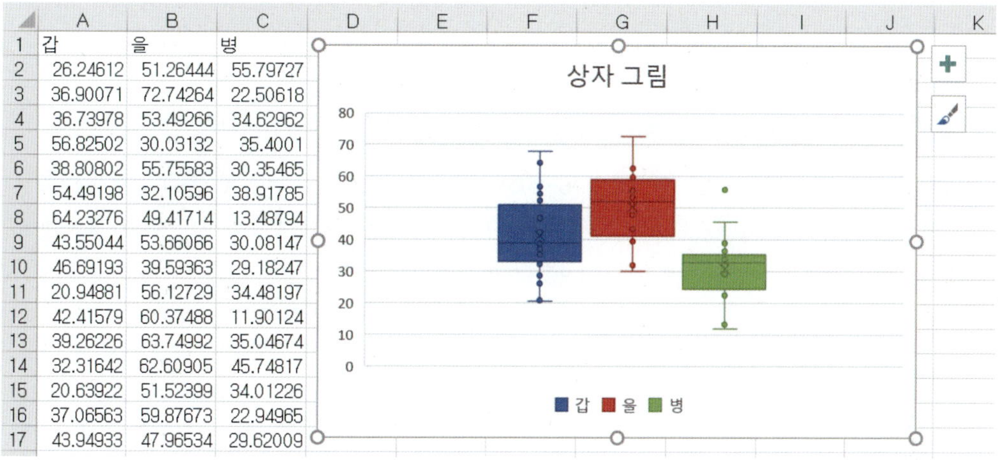

	A	B	C
1	갑	을	병
2	26.24612	51.26444	55.79727
3	36.90071	72.74264	22.50618
4	36.73978	53.49266	34.62962
5	56.82502	30.03132	35.4001
6	38.80802	55.75583	30.35465
7	54.49198	32.10596	38.91785
8	64.23276	49.41714	13.48794
9	43.55044	53.66066	30.08147
10	46.69193	39.59363	29.18247
11	20.94881	56.12729	34.48197
12	42.41579	60.37488	11.90124
13	39.26226	63.74992	35.04674
14	32.31642	62.60905	45.74817
15	20.63922	51.52399	34.01226
16	37.06563	59.87673	22.94965
17	43.94933	47.96534	29.62009

‖ 그림 6-38 ‖ 워크시트 안에 삽입된 상자그림

‖ 표 6-21 ‖ 모듈의 코드 창에 작성된 서브 프로시저

```
Sub ex10()
    Worksheets("예6-10").Activate
    Range("A1:C21").Select
    ActiveSheet.Shapes.AddChart2(373, xlBoxwhisker).Select
    ActiveChart.ChartTitle.Text = "상자 그림"
    ActiveChart.SetElement (348)
End Sub
```

6.4.2 히스토그램

엑셀의 추가기능인 데이터분석에서 '히스토그램'을 이용하면 도수분포표와 히스토그램, 파레토차트 등을 작성하는 것이 가능하였다. 그러나 엑셀 2016에서는 차트에서 히스토그램을 작성할 수 있도록 바뀌었다. 앞의 상자그림과 마찬가지로 엑셀 2016에 새롭게 추가된 히스토그램을 매크로 기록기에 의해서 작성하면 암호문 같은 숫자들에 의해 옵션들이 표현된다. 다음 [예 6-11]을 통해 매크로 기록기로 생성된 코드의 일부를 확인해보고 7장에서는 이를 활용하여 RefEdit에 의해 영역을 입력하면 이미지 컨트롤에 히스토그램이 표시되는 프로그램을 작성할 것이다.

예 6-11

모듈시트의 'ex11()'을 실행하면 <그림 6-39>와 같이 워크시트 안에 히스토그램이 그려진다. 작성된 차트에 대해 매크로 기록기를 구동하고 차트를 수정하면서 기록되는 코드를 관찰해보면 많은 도움이 될 것이다. <표 6-22>는 모듈의 코드 창에 작성된 소스코드이다.

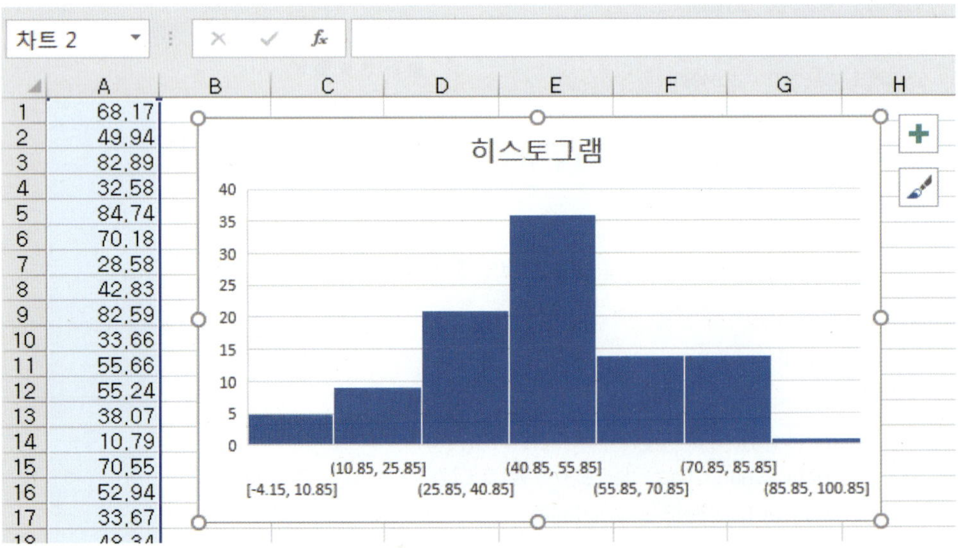

|| 그림 6-39 || 워크시트 안에 삽입된 히스토그램

‖ 표 6-22 ‖ 모듈의 코드 창에 작성된 서브 프로시저

```
Sub ex11()
    Worksheets("예6-11").Activate
    Range("a1:a100").Select
    ActiveSheet.Shapes.AddChart2(366, xlHistogram).Select
    ActiveChart.ChartTitle.Text = "히스토그램"
End Sub
```

연 . 습 . 문 . 제

1. [예 5-8]에서 사용한 폼의 하단에 이미지 컨트롤을 추가하여 n가 p의 값을 입력하고 [계산]버튼을 누르면 확률과 누적확률의 출력뿐만 아니라 추가한 이미지 컨트롤에 각 확률에 대한 막대그래프가 차트로 출력되는 프로그램을 다음 물음에 따라 작성하라.

   1) n가 p의 값을 텍스트박스에 입력하는 방식

   2) n가 p의 값을 스크롤바와 텍스트박스를 이용하여 입력하는 방식(스크롤바와 텍스트박스는 연동되어 같은 값을 공유해야 함)

   3) n가 p의 값을 텍스트박스와 스핀버튼을 이용하여 입력하는 방식(텍스트박스와 스핀버튼은 연동되어 같은 값을 공유해야 함)

참고 1. 이미지 컨트롤에 차트를 표시하려면 먼저 차트를 이미지 파일로 저장한 후 이미지 컨트롤의 picture 속성에 저장된 파일을 지정한다. 이 때 loadpicture 함수를 이용한다.

참고 2. 스크롤바나 스핀버튼 컨트롤의 min, max, value 속성들은 모두 정수 값만 가질 수 있다. 따라서 0과 1 사이의 값인 확률에 이들 컨트롤을 적용하려면 min=0, max=100으로 지정한 후 value 속성을 100으로 나눈 값을 확률에 사용하면 된다. 일반적으로 smallchange=1이므로 스크롤바의 양쪽 끝 삼각형버튼을 누르면 확률이 0.01씩 변화하게 된다. 또한, 만약 largechange=10이라면 스크롤바의 막대 중간을 누르면 확률이 0.1씩 변화하게 된다.

2. [예 5-9]에서 사용한 폼의 하단에 이미지 컨트롤을 추가하여 평균 m의 값을 입력하고 [계산]버튼을 누르면 확률과 누적확률의 출력분만 아니라 추가한 이미지 컨트롤에 각 확률에 대한 막대그래프가 차트로 출력되는 프로그램을 다음 물음에 따라 작성하라.

   1) 평균 m의 값을 텍스트박스에 입력하는 방식

   2) 평균 m의 값을 스크롤바와 텍스트박스를 이용하여 입력하는 방식(스크롤바와 텍스트박스는 연동되어 같은 값을 공유해야 함)

   3) 평균 m의 값을 텍스트박스와 스핀버튼을 이용하여 입력하는 방식(텍스트박스와 스핀버튼은 연동되어 같은 값을 공유해야 함)

3. 차트를 이미지 파일로 저장할 때, 가능한 이미지 파일 형식들에 대해 설명하라.

4. 정규확률도에 대한 다음 물음에 답하라.

   1) [예 6-5]에서 사용한 데이터에 대해 엑셀을 이용해서 정규확률도를 작성하는 과정을 순서대로 설명하라.

   2) [예 6-5]에서 사용한 폼의 하단에 이미지 컨트롤을 추가하고 여기에 정규확률도를 출력하는 프로그램을 작성하라.

5. [예 6-7]에서 스크롤바 대신해 텍스트박스 옆에 스핀버튼을 배치하고 이를 이용하는 프로그램으로 바꾸어 보라.

6. [예 5-7], [예 5-8], [예 5-9]에서 사용한 3개의 폼을 [예 6-8]과 같이 다중페이지 컨트롤을 사용하여 작성하라.

7. 자유도가 각각 1, 5, 20인 카이제곱-분포의 확률밀도함수들을 하나의 차트에 표현하는 프로그램을 작성해보라.

8. 자유도가 각각 (2, 2), (10, 5), (5, 10), (20, 20)인 F-분포의 확률밀도함수들을 하나의 차트에 표현하는 프로그램을 작성해보라.

CHAPTER 07

단일표본에 대한 추정과 검정

Visual Basic for Application

CHAPTER

07

단일표본에 대한 추정과 검정

이번 장에서는 지금까지 배운 내용을 토대로 기초통계학 수준의 내용에 대응되는 통계 분석시스템을 만들어 보도록 할 예정이다. 기초통계량의 출력과 단일 표본에서의 추정 및 검정에 대한 내용을 정리해보고 프로그램으로 작성해보자.

7.1 기초통계량들의 계산

엑셀의 워크시트 함수들 중에서 기초통계량들의 계산에 기본적으로 활용될 함수들을 정리하면 다음의 <표 7-1>과 같다.

<표 7-1>에 없는 통계량이라 하더라도 이들 함수들을 이용해서 계산할 수 있다. 예를 들어, 범위(range)는 최댓값과 최솟값의 차이므로 'MAX()-MIN()'을 이용하면 된다. 또한, 박스플롯의 작성이나 이상치(outlier)의 검출에 사용하는 사분위수범위(IQR; Inter Quartile Range)는 제3사분위수와 제1사분위수의 차이므로 'QUARTILE.INC(자료,3)-QUARTILE.INC(자료,1)'을 적용하면 계산이 가능하다.

이제 기술통계량(Descriptive Statistic)을 계산해서 출력하는 프로그램을 세 가지 형태로 작성해보려 한다. 새로운 워크시트를 삽입해서 결과를 워크시트에 출력하는 방법, 폼 위의 미리 설정된 위치에 결과들을 출력하는 방법, 또한 출력통계량을 사용자가 선택할 수 있는 형태인 방법 등을 차례로 소개하기로 한다.

‖ 표 7-1 ‖ 기초통계량 계산에 사용하는 워크시트 함수들

기초통계량	워크시트 함수 및 인자 형식	비 고
평균	AVERAGE(자료)	
중앙값	MEDIAN(자료)	
최빈값	MODE(자료)	
절사평균	TRIMMEAN(자료,p)	0<p<1, p는 절사비율, 양쪽 끝에서 (p/2)*100%씩 잘라냄
분산	VAR.S(자료)	표본버전, 분모에 (n-1) 사용
표준편차	STDEV.S(자료)	표본버전, 분모에 (n-1) 사용
제곱합	DEVSQ(자료)	$\sum_{i=1}^{n}(x_i - \overline{x})^2$
절대편차의 평균	AVEDEV(자료)	$\sum_{i=1}^{n}\lvert x_i - \overline{x}\rvert / n$
자료의 개수	COUNT(자료)	수치가 입력된 셀의 개수
최댓값	MAX(자료)	
최솟값	MIN(자료)	
사분위수	QUARTILE.INC(자료,k) QUARTILE.EXC(자료,k)	k값에 따라 0(최솟값), 제 1/2/3 사분위수, 4(최댓값)
백분위수	PERCENTILE.INC(자료,p) PERCENTILE.EXC(자료,p)	0<p<1, 100*p% 분위수 계산 경계값 포함(inc), 제외(exc)
왜도	SKEW(자료)	
첨도	KURT(자료)	
k 번째로 큰 값	LARGE(자료,k)	
k 번째로 작은 값	SMALL(자료,k)	

7.1.1 워크시트에 결과 출력하기

다음의 [예 7-1]은 가장 쉽고 간단한 방법으로 새로운 워크시트를 삽입하고 여기에 결과들을 출력하는 예이다. 엑셀의 데이터 분석도구가 사용하고 있는 방법이다.

예 7-1

분석하려는 자료가 있는 워크시트가 활성화된 상태에서 모듈에 있는 서브 프로시저 'ex1()'을 실행하면 <그림 7-1>의 왼편 화면과 같이 자료의 입력범위를 지정하는 폼이 열리고 마우스를 이용해 영역을 드래그하면 RefEdit에 영역이 입력된다. [기술통계량 출력] 버튼을 누르면 <그림 7-1>의 오른편 화면과 같이 '기술통계량'이라는 이름을 가진 새로운 워크시트가 추가되어 각종 통계량들이 출력된다. <표 7-2>는 폼의 코드 창에 기술된 버튼들에 대한 이벤트 프로시저이다.

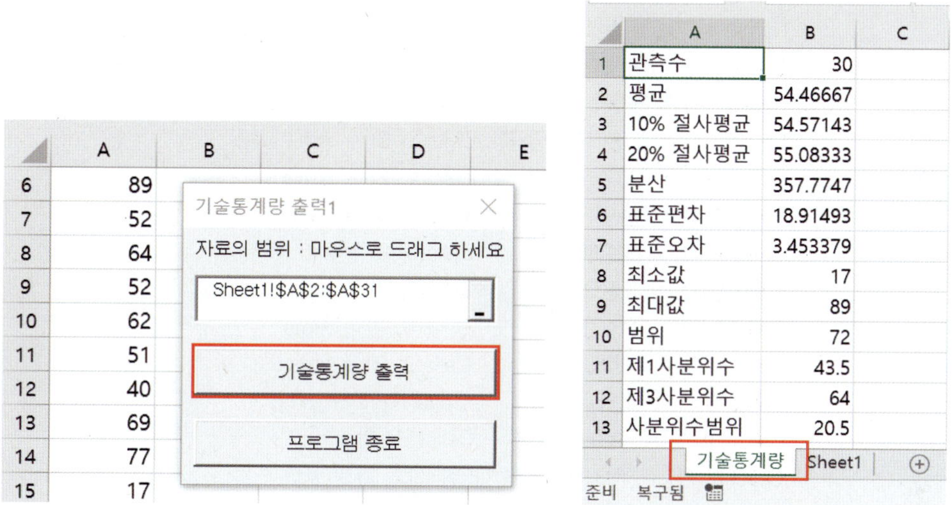

‖ 그림 7-1 ‖ 워크시트 위에 폼이 실행된 화면(좌)과 추가된 워크시트(우)

‖ 표 7-2 ‖ 폼의 코드 창에 입력한 이벤트 프로시저

```
Private Sub CommandButton1_Click()
    xrng = RefEdit1.Value
    Set DTA = Range(xrng)
    xn = WorksheetFunction.COUNT(DTA)
    xmean = WorksheetFunction.Average(DTA)
    xtm1 = WorksheetFunction.TrimMean(DTA, 0.1)
    xtm2 = WorksheetFunction.TrimMean(DTA, 0.2)
    xvar = WorksheetFunction.Var_S(DTA)
    xsd = WorksheetFunction.StDev_S(DTA)
    xmin = WorksheetFunction.MIN(DTA)
```

|| 표 7-2 계속 || 폼의 코드 창에 입력한 이벤트 프로시저

```
        xmax = WorksheetFunction.MAX(DTA)
        xrng = xmax - xmin
        xq1 = WorksheetFunction.Quartile_Inc(DTA, 1)
        xq3 = WorksheetFunction.Quartile_Inc(DTA, 3)
        iqr = xq3 - xq1

        Worksheets.Add BEFORE:=Worksheets(1)
        With Worksheets(1)
            .Name = "기술통계량"
            .Cells(1, 1) = "관측수":          .Cells(1, 2) = xn
            .Cells(2, 1) = "평균":            .Cells(2, 2) = xmean
            .Cells(3, 1) = "10% 절사평균": .Cells(3, 2) = xtm1
            .Cells(4, 1) = "20% 절사평균": .Cells(4, 2) = xtm2
            .Cells(5, 1) = "분산":            .Cells(5, 2) = xvar
            .Cells(6, 1) = "표준편차":        .Cells(6, 2) = xsd
            .Cells(7, 1) = "표준오차":        .Cells(7, 2) = xsd / Sqr(xn)
            .Cells(8, 1) = "최소값":          .Cells(8, 2) = xmin
            .Cells(9, 1) = "최대값":          .Cells(9, 2) = xmax
            .Cells(10, 1) = "범위":           .Cells(10, 2) = xrng
            .Cells(11, 1) = "제1사분위수":  .Cells(11, 2) = xq1
            .Cells(12, 1) = "제3사분위수":  .Cells(12, 2) = xq3
            .Cells(13, 1) = "사분위수범위": .Cells(13, 2) = iqr
        End With
    End Sub

    Private Sub CommandButton2_Click()
        Unload Me
    End Sub
```

<표 7-2> 코드의 라인별 설명

① 02~03 라인 : 영역개체 생성

자료가 있는 영역을 마우스로 드래그하면 RefEdit의 value 속성에 입력된다. 이 영역에 대한 Range 개체를 만들어 개체변수 DTA에 저장하였다. 앞으로 이 개체변수를 각종 통계관련 함수들에 인수로 전달할 예정이다.

② 04~15 라인 : 각종 통계량 계산

개체변수 DTA를 각종 통계량 관련 함수들에 인수로 전달하여 값을 계산한 후 변수에 담는다. 범위나 사분위수범위(IQR) 등을 바로 계산하는 함수는 없지만 다른 함수들을 이용해서 계산할 수가 있다.

③ 17 라인 : Worksheets.Add BEFORE:=Worksheets(1)

워크시트 컬렉션에 Add 메서드를 이용해 새로운 워크시트를 추가한다. 단 추가하는 위치를 처음으로 열린(가장 왼편에 있는) 워크시트 개체, 즉 'sheet1'의 앞(왼편)에 삽입한다.

④ 18~33 라인 : With Worksheets(1) ~ End With

Worksheets(1)을 공통인수로 묶어냈다. Worksheets(1)는 가장 왼편에 있는 워크시트 개체로 ③에서 새로 추가한 워크시트를 의미한다.

⑤ 19 라인 : Worksheets(1).Name = "기술통계량"

새로 추가한 워크시트의 이름을 "기술통계량"으로 지정한다.

⑥ 20~32 라인 : A열엔 이름표, B열에는 통계량의 계산된 값을 출력

Cells(행,열) 개체를 이용해서 각 행의 1열(A열)에는 통계량의 이름표를, 2열(B열)에는 계산된 통계량의 값들을 각각 출력한다. 원래는 두 줄에 출력될 문장이나 한 줄의 명령문 다음에 콜론(:)을 넣어 두 줄의 명령을 한 줄에 기술하였다..

7.1.2 폼 위에 결과 출력하기

다음의 [예 7-2]에서는 각 통계량들이 폼 위의 라벨이나 텍스트박스에 출력되도록 미리 출력될 위치를 지정한 예이다. 처음 실행할 때는 폼에서 데이터를 입력하는 부분만 보여주고 범위를 입력한 후 실행하면 폼의 나머지 부분이 펼쳐지며 결과가 출력되도록 구성해보았다. 이 예를 통해 폼의 길이를 조절하는 방법도 익혀두도록 하자.

예 7-2

사용자 정의 폼을 삽입한 후 <그림 7-2>와 같이 컨트롤들을 배치한다. 모듈에 있는 서브 프로시저 'ex2()'를 실행하면 <그림 7-3>과 같이 폼이 데이터를 입력하는 부분만으로 축소돼 실행된다. 자료의 입력범위를 지정하고 [기술통계량 출력] 버튼을 누르면 <그림 7-4>와 같이 결과가 출력된 전체의 폼이 나타난다. <표 7-3>은 폼의 코드 창에 기술된 이벤트 프로시저들이다.

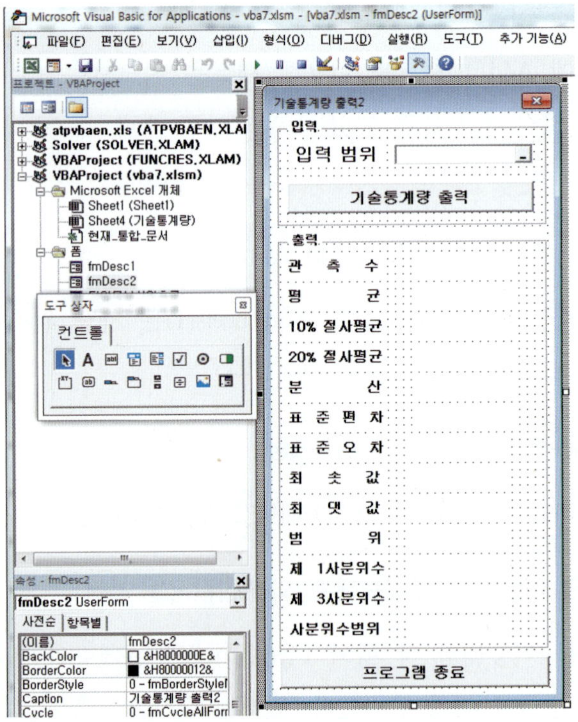

‖ 그림 7-2 ‖ 폼 위에 컨트롤들을 배치하는 과정

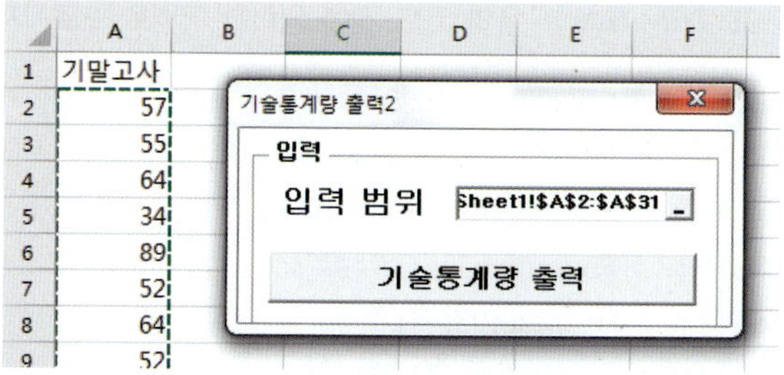

‖ 그림 7-3 ‖ 폼이 실행되면 데이터를 입력하는 부분만으로 축소된 모습

‖ 표 7-3 ‖ 폼의 코드 창에 입력한 이벤트 프로시저

```
Private Sub UserForm_Activate()
    Me.Height = 117
End Sub
Private Sub CommandButton1_Click()
    Dim DTA As Range
    Set DTA = Range(RefEdit1.Value)
    xn = WorksheetFunction.Count(DTA)
    xmean = WorksheetFunction.Average(DTA)
    xtm1 = WorksheetFunction.TrimMean(DTA, 0.1)
    xtm2 = WorksheetFunction.TrimMean(DTA, 0.2)
    xvar = WorksheetFunction.Var_S(DTA)
    xsd = WorksheetFunction.StDev_S(DTA)
    xmin = WorksheetFunction.Min(DTA)
    xmax = WorksheetFunction.Max(DTA)
    xrng = xmax - xmin
    xq1 = WorksheetFunction.Quartile_Inc(DTA, 1)
    xq3 = WorksheetFunction.Quartile_Inc(DTA, 3)
    iqr = xq3 - xq1
    Label15.Caption = xn
    Label16.Caption = Format(xmean, "0.####")
    Label17.Caption = Format(xtm1, "0.####")
    Label18.Caption = Format(xtm2, "0.####")
    Label19.Caption = Format(xvar, "0.####")
    Label20.Caption = Format(xsd, "0.####")
    TextBox1.Text = Format(xsd / Sqr(xn), "0.####")
```

|| 표 7-3 계속 || 폼의 코드 창에 입력한 이벤트 프로시저

```
26        TextBox2.Text = Format(xmin, "0.####")
27        TextBox3.Text = Format(xmax, "0.####")
28        TextBox4.Text = Format(xrng, "0.####")
29        TextBox5.Text = Format(xq1, "0.####")
30        TextBox6.Text = Format(xq3, "0.####")
31        TextBox7.Text = Format(iqr, "0.####")
32        Me.Height = 485.25
33    End Sub
34    Private Sub CommandButton2_Click()
35        Unload Me
36    End Sub
```


<표 7-3> 코드의 라인별 설명

① 01~03 라인 : 폼이 활성화될 때 동작하는 이벤트 프로시저

폼이 활성화될 때 02 라인의 'Me.Height = 117'에 의해 폼의 길이가 117픽셀로 줄어든다. 원래 폼의 길이는 485.25이다. 이는 결과를 출력하는 버튼의 이벤트 프로시저인 32 라인에 기술돼 있다. **'Me'**는 폼 자신의 개체를 의미하며, **'Height'** 속성에 의해 폼의 길이를 지정한다. Height 속성에 기록된 숫자는 실제로 폼의 길이를 조정하면서 폼의 '속성' 창의 Height 속성에 기록된 숫자를 참고하면 된다.

② 19~31 라인 : 각종 통계량들의 결과 출력

변수에 담아두었던 계산된 통계량들을 라벨의 Caption 속성과 텍스트박스의 Text 속성에 Format 함수로 포맷을 서지정해 전달한다.

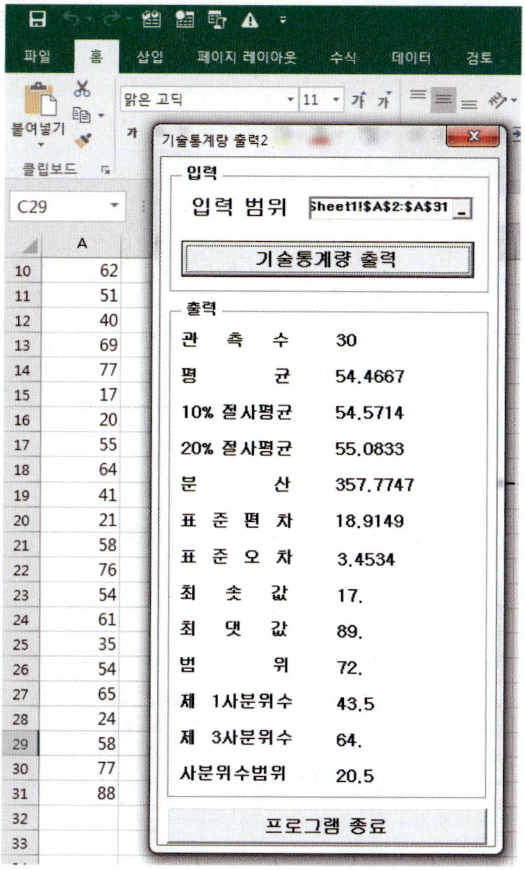

‖ 그림 7-4 ‖ 폼의 전체가 펼쳐져 통계량들을 출력한 모습

7.1.3 출력통계량을 선택할 수 있게 구성하기

다음의 [예 7-3]에서는 체크박스를 이용해 출력하고 싶은 통계량들을 선택할 수 있도록 하였다. 선택된 통계량들을 이번에는 리스트박스에 출력되도록 구성해보았다. 신뢰구간을 구할 때 사용할 신뢰수준을 드롭다운 콤보를 통해 선택하도록 하였다. 또한, 폼을 처음 실행하면 폼의 왼쪽부분만 보여주고 범위의 입력과 출력할 통계량을 선택한 후 실행하면 폼의 나머지 오른쪽 부분이 펼쳐지며 결과가 출력되도록 구성해보았다. 이 예를 통해 폼

의 너비를 조절하는 방법, 드롭다운 콤보의 사용법, 리스트박스를 출력에 활용하는 방법들에 대해 익혀보자.

예 7-3

사용자 정의 폼을 삽입한 후 <그림 7-5>와 같이 컨트롤들을 배치한다. 모듈에 있는 서브 프로시저 'ex3()'을 실행하면 <그림 7-6>과 같이 오른편 결과를 출력할 부분은 잘린 폼이 나타난다. 여기에서 RefEdit에 자료의 범위를 입력하고 드롭다운 콤보를 이용해 모평균에 대한 신뢰구간을 위한 신뢰수준을 설정한다. 만약 특별히 지정하지 않으면 95%가 디폴트로 지정된다. 하단에 위치한 통계량들 중에서 출력을 원하는 통계량들을 체크박스를 통해 지정한다. 밑에 있는 [모두선택] 버튼을 누르면 모든 통계량들이 선택된다. 또한 [모두취소]버튼을 누르면 선택했던 모든 통계량들의 선택을 취소할 수 있다. 자료의 입력범위와 출력통계량을 선택한 후 [계산] 버튼을 누르면 <그림 7-7>과 같이 폼의 너비가 옆으로 늘어난 온전한 폼이 나타나고 오른편에 위치한 리스트박스에 선택한 통계량들만 출력한다. 폼의 코드 창에 기술된 이벤트 프로시저들을 <표 7-4>와 <표 7-5>에 나누어 실었다.

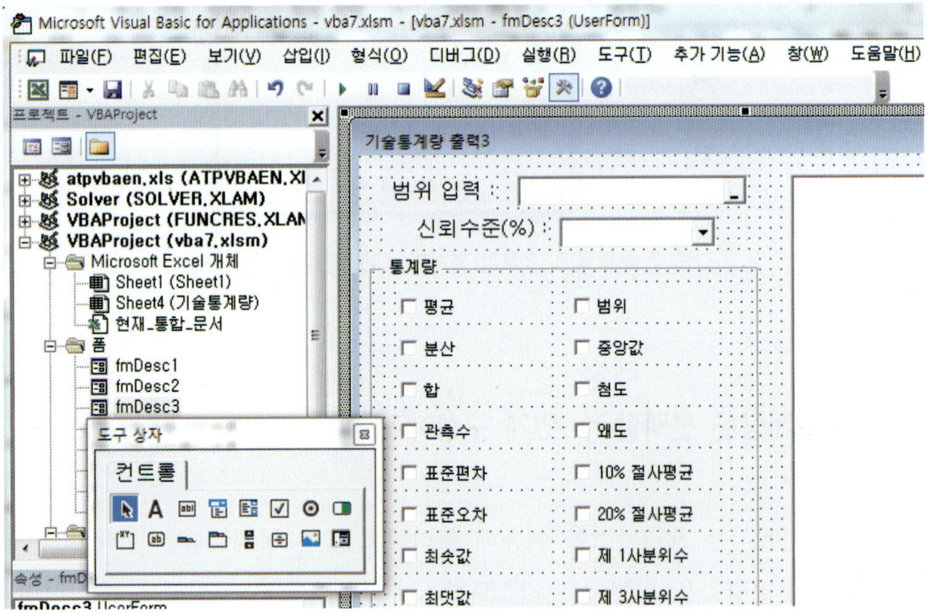

‖ 그림 7-5 ‖ 폼 위에 컨트롤들을 배치하는 과정

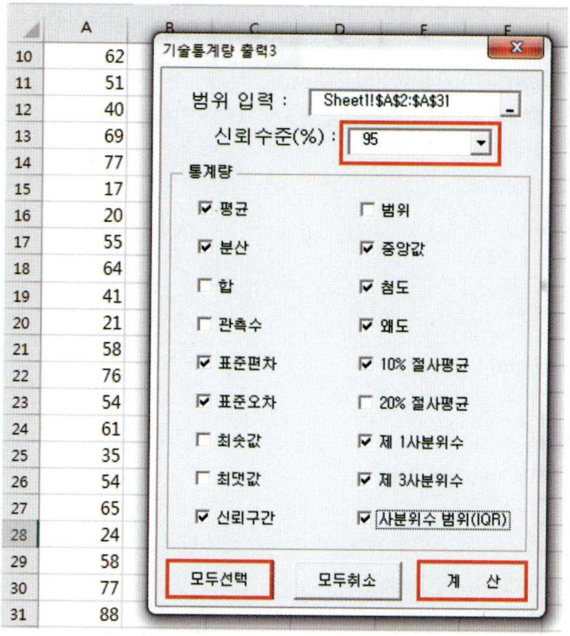

‖ 그림 7-6 ‖ 폼의 왼쪽만 위에 컨트롤들을 배치하는 과정

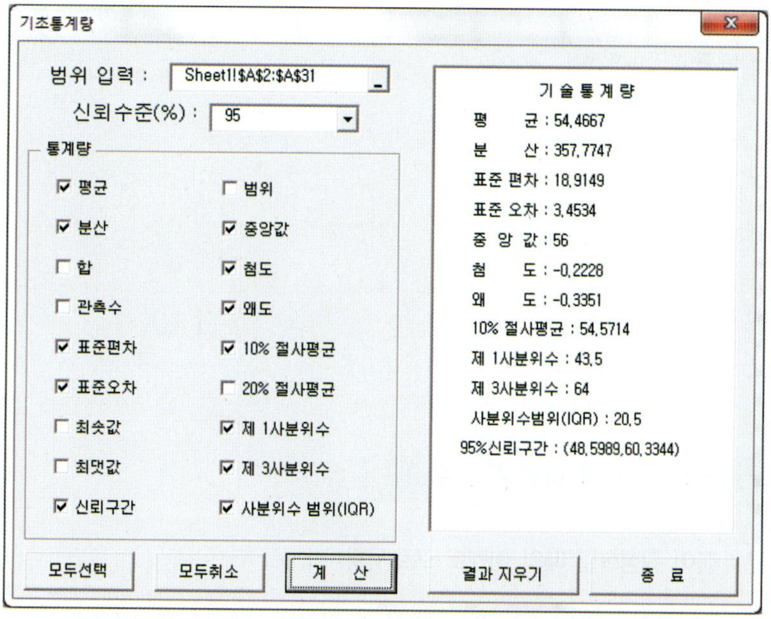

‖ 그림 7-7 ‖ 폼의 오른쪽이 펼쳐지며 결과가 출력된 리스트박스

‖ 표 7-4 ‖ 폼의 코드 창에 입력된 이벤트 프로시저들

```
01  Private Sub UserForm_Activate()
02      Cmb1.AddItem 90
03      Cmb1.AddItem 95
04      Cmb1.AddItem 99
05      Cmb1.Value = 95
06      Me.Width = 246
07  End Sub
08
09  Private Sub CmdALL_Click()
10      CheckBox1.Value = True
11      … 중간생략 …
12      CheckBox18.Value = True
13  End Sub
14
15  Private Sub CmdDelete_Click()
16      CheckBox1.Value = False
17      … 중간생략 …
18      CheckBox18.Value = False
19  End Sub
20
21  Private Sub CmdClear_Click()
22      ListBox1.Clear
23      Me.Width = 246
24  End Sub
25
26  Private Sub CMdEND_Click()
27      Unload Me
28  End Sub
```

<표 7-4> 코드의 라인별 설명

① 01~07 라인 : 폼이 활성화될 때의 이벤트 프로시저

신뢰수준으로 사용할 항목들(90, 95, 99)을 'additem' 메서드를 이용해서 콤보상자에 추

가한다. 사용자가 신뢰수준을 지정하지 않으면 디폴트로 95%가 선택된다. 이를 콤보박스의 value 속성에 지정하였다. 'Me.Width = 240'에 의해 폼의 폭을 좁혀서 왼쪽 입력 부분만이 나타나게 한다. **'Width' 속성**은 폼의 폭을 지정하는 속성으로 폼의 너비를 조정할 때 속성 창의 'Width' 속성에 기록된 값으로 알 수 있다. 나중에 [계산] 버튼의 이벤트 프로시저에서 폼이 펼쳐져 너비가 452.25로 환원된다.

② 09~13 라인 : [모두선택] 버튼의 이벤트 프로시저

모든 체크박스의 Value 속성을 True로 바꾼다.

③ 15~19 라인 : [모두취소] 버튼의 이벤트 프로시저

모든 체크박스의 Value 속성을 False로 바꾼다.

④ 21~24 라인 : [결과 지우기] 버튼의 이벤트 프로시저

결과가 출력됐던 리스트박스의 내용을 Clear 메서드로 모두 지우고, 다시 ①의 상태처럼 폼의 왼편만 표시되게 한다.

‖ 표 7-5 ‖ 폼의 코드 창에 입력된 [계산] 버튼의 이벤트 프로시저

```
Private Sub Cmdstat_Click()
  rng = RefEdit1.Value
  Set DTA = Range(rng)
  ALPHA = 1-Cmb1.Value * 0.01
  xmean = WorksheetFunction.Average(DTA)
  xn = WorksheetFunction.Count(DTA)
  xsd = WorksheetFunction.StDev_S(DTA)
      … 중간생략 …
  conlmt = WorksheetFunction.Confidence_T(ALPHA, xsd, xn)
  ci_1 = xmean - conlmt
  ci_2 = xmean + conlmt
  xci = "(" & Format(ci_1, "0.####") & " , " & Format(ci_2, "0.####") & ")"
    ListBox1.AddItem " "
    ListBox1.AddItem "                    기 술 통 계 량 "
    ListBox1.AddItem " "
```

‖ 표 7-5 계속 ‖ 폼의 코드 창에 입력된 [계산] 버튼의 이벤트 프로시저

```
16
17        If CheckBox1.Value = True Then
18            ListBox1.AddItem "      평          균 : " & Format(xmean, "0.####")
19            ListBox1.AddItem ""
20        End If
21         … 중간생략 …
22        If CheckBox18.Value = True Then ListBox1.AddItem "    " & _
23           Cmb1.Value & "%" & "신뢰구간 : " & xci
24         Me.Width = 452.25
25    End Sub
```


<표 7-5> 코드의 라인별 설명

① 04 라인 : ALPHA = 1-Cmb1.Value * 0.01

신뢰수준으로 입력받은 콤보박스의 value 속성은 백분율이므로 1에서 이 값을 100으로 나눈 값을 빼면 $100\times(1-\alpha)\%$ 신뢰구간의 α 에 해당하는 값이다. 이 값을 10 라인에서 신뢰한계를 계산하는 함수 'Confidence_T'의 인수에 사용된다.

② 09 라인 : conlmt = WorksheetFunction.Confidence_T(ALPHA, xsd, xn)

정규모집단의 모평균에 대한 신뢰구간은 모표준편차를 알고 있는지의 여부와 표본크기에 따라 <표 7-6>과 같은 절차에 따른다. 모표준편차를 모르는 경우가 일반적이므로 (2)의 경우를 사용한다. 이 경우에는 <표 7-7>의 'CONFIDENCE.T'를 사용하면 오차한계를 계산해주므로 평균에서 이 값을 빼거나 더해서 신뢰구간의 하한과 상한을 쉽게 계산할 수 있다. 모표준편차를 알고 있는 (1)의 경우에는 <표 7-8>에 설명된 'CONFIDENCE.NORM'을 이용하면 된다.

③ 10~12 라인 : 신뢰구간

②에서 'CONFIDENCE.T'를 사용해 구한 오차한계(conlmt)를 이용해 신뢰구간의 하한

(ci_1=xmean-conlmt)과 상한(ci_2=xmean+conlmt)을 계산하였다. 최종적인 신뢰구간을 양 끝에 괄호를 추가하여 '(하한, 상한)'의 형태로 작성해 변수 xci에 저장하였다.

④ 17~23 라인 : 선택된 통계량들만 출력하기

선택된(해당 체크박스의 value 속성이 true인) 통계량들만 출력한다.

⑤ 17~23 라인 : 선택된 통계량들만 출력하기

선택된(해당 체크박스의 value 속성이 true인) 통계량들만 리스트박스에 additem 메서드로 출력한다.

⑥ 24 라인 : Me.Width = 452.25

폼의 너비를 원래 너비로 전환해 오른편 결과도 다 보이게 한다.

‖ 표 7-6 ‖ 정규모집단 $N(\mu, \sigma)$ 의 모평균 μ 에 대한 $100\times(1-\alpha)$%신뢰구간

(1) 모표준편차 σ를 알고 있을 때 : $\left(\overline{X}-z_{\alpha/2}\frac{\sigma}{\sqrt{n}},\ \overline{X}+z_{\alpha/2}\frac{\sigma}{\sqrt{n}}\right)$

(2) 모표준편차 σ를 모를 때 : $\left(\overline{X}-t_{\alpha/2}(n-1)\frac{S}{\sqrt{n}},\ \overline{X}+t_{\alpha/2}(n-1)\frac{S}{\sqrt{n}}\right)$

(3) σ는 모르지만 표본크기 n이 충분히 클 때 : $\left(\overline{X}-z_{\alpha/2}\frac{S}{\sqrt{n}},\ \overline{X}+z_{\alpha/2}\frac{S}{\sqrt{n}}\right)$

‖ 표 7-7 ‖ 'CONFIDENCE.T' 함수의 사용법

함 수 명	CONFIDENCE.T
사용 목적	모표준편차 σ 를 모르는 정규모집단에서 모평균 μ 에 대한 $100(1-\alpha)$% 신뢰구간을 구할 때, 오차한계 $t_{\alpha/2}(n-1)\frac{S}{\sqrt{n}}$ 의 값을 구함
사용 형식	CONFIDENCE.T(α , S, n)
인수 설명	α - 유의수준 (0과 1사이의 값으로 신뢰수준이 $(1-\alpha)$가 되도록 설정함) S - 표본표준편차 n - 표본의 개수

‖ 표 7-8 ‖ 'CONFIDENCE.NORM' 함수의 사용법

함 수 명	CONFIDENCE.NORM
사용 목적	모표준편차 σ 를 알고 있는 정규모집단의 모평균 μ 에 대한 $100(1-\alpha)$% 신뢰구간을 구할 때, 오차한계 $z_{\alpha/2}\dfrac{\sigma}{\sqrt{n}}$ 의 값을 구함
사용 형식	CONFIDENCE.NORM(α , σ , n)
인수 설명	α - 유의수준 (0과 1사이의 값으로 신뢰수준이 $(1-\alpha)$가 되도록 설정함) σ - 모표준편차 n - 표본의 개수

이상과 같이 기초통계량을 출력하는 방법도 다양하게 구성할 수 있다. 각 방법의 장·단점과 사용된 기술들을 익혀서 본인만의 독특한 방법으로 발전시켜 보기 바란다.

7.2 단일 표본에서의 추정 및 검정

7.2.1 모평균에 대한 추·검정 시스템

정규모집단 $N(\mu, \sigma)$ 의 모평균 μ 에 대한 가설검정의 절차를 모표준편차 σ 를 알고 있는 경우와 모르는 경우로 나누어서 정리하면 각각 다음의 <표 7-9>과 <표 7-10>와 같다.

‖ 표 7-9 ‖ σ 을 알고 있는 정규모집단에서 모평균의 검정

※ 검정통계량 : $Z=\dfrac{\overline{X}-\mu_0}{\sigma/\sqrt{n}}$, Z의 실제 관측값을 z

귀무가설	대립가설	유의수준 α 인 기각역	유의확률
$H_0 : \mu \leq \mu_0$	$H_1 : \mu > \mu_0$	$z \geq z_\alpha$	$P(X \geq z)$
$H_0 : \mu \geq \mu_0$	$H_1 : \mu < \mu_0$	$z \leq -z_\alpha$	$P(X \leq z)$
$H_0 : \mu = \mu_0$	$H_1 : \mu \neq \mu_0$	$\lvert z\rvert \geq z_{\alpha/2}$	$P(\lvert X\rvert \geq \lvert z\rvert)$
			여기서 $X \sim N(0, 1)$

‖ 표 7-10 ‖ σ을 모르는 정규모집단에서 모평균의 검정

※ 검정통계량 : $T = \dfrac{\overline{X} - \mu_0}{S/\sqrt{n}}$, T의 실제 관측값을 t

귀무가설	대립가설	유의수준 α인 기각역	유의확률
$H_0 : \mu \leqq \mu_0$	$H_1 : \mu > \mu_0$	$t \geqq t_\alpha(n-1)$	$P(X \geq t)$
$H_0 : \mu \geqq \mu_0$	$H_1 : \mu < \mu_0$	$t \leqq -t_\alpha(n-1)$	$P(X \leq t)$
$H_0 : \mu = \mu_0$	$H_1 : \mu \neq \mu_0$	$\lvert t \rvert \geqq t_{\alpha/2}(n-1)$	$P(\lvert X \rvert \geqq \lvert t \rvert)$
			여기서 $X \sim t\,(n-1)$

<표 7-9>과 <표 7-10>의 유의확률 계산법에서 표준정규분포나 t-분포는 모두 0에 대해 대칭이므로 양측검정의 유의확률은 단측검정의 유의확률을 2배한 것과 같다. 물론 단측검정의 유의확률을 2배한 값이 1을 넘지 않는 경우를 선택해야 할 것이다.

다음의 [예 7-4]는 모평균에 대한 추·검정 시스템을 모표준편차 σ를 아는 경우와 모르는 경우에 모두 적용할 수 있는 형태로 제작한 것이다.

예 7-4

먼저 <그림 7-8>과 같이 폼 위에 컨트롤들을 배치하자. 오른편에 통계량들이 출력될 위치가 마치 표와 같이 보일 것이다. 그러나 표의 각 셀들은 라벨 컨트롤과 텍스트박스 컨트롤에 테두리('BorderStyle' 속성을 1번으로)를 지정하여 표와 같은 효과를 낸 것이다. 모듈에 있는 'ex4()'를 실행하면 <그림 7-9>와 같이 입력과 관련된 폼의 왼쪽만이 출력된다. 폼의 라벨이나 옵션버튼에 사용된 특수문자는 키보드에서 한글로 'ㅎ'(영문 g)을 누른 후 '한자'키를 눌러 나타나는 목록에서 원하는 문자를 선택하면 입력할 수 있다. 아래첨자나 위첨자는 키보드에서 한글로 'ㅊ'(영문 c)을 누른 후 같은 방법으로 입력이 가능하다. <그림 7-9>에서 자료의 입력범위와 가설의 설정, 검정조건 등을 선택하고 [자료분석] 버튼을 누르면 <그림 7-10>과 같이 폼의 너비가 옆으로 늘어난 온전한 폼의 오른편에 결과들이 출력된다. <그림 7-11>과 <그림 7-12>는 대립가설이나 검정의 조건을 바꾸어 출력한 화면이다. 폼의 코드 창에 기술된 이벤트 프로시저들을 <표 7-11>부터 <표 7-15>까지 5개의 표에 나누어 실었다.

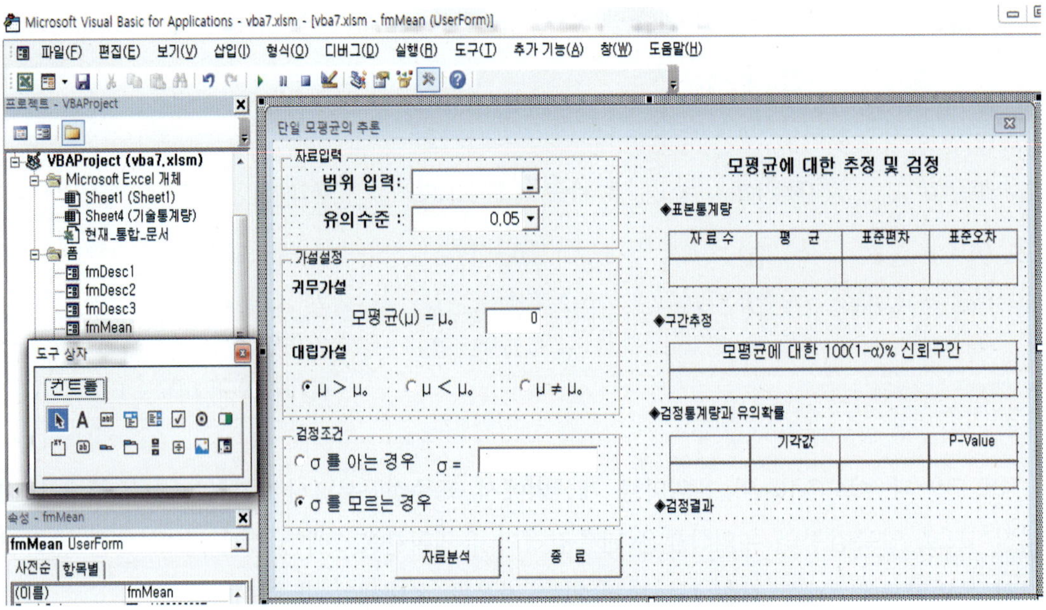

‖ 그림 7-8 ‖ 모평균에 대한 추 · 검정을 위한 폼 작성

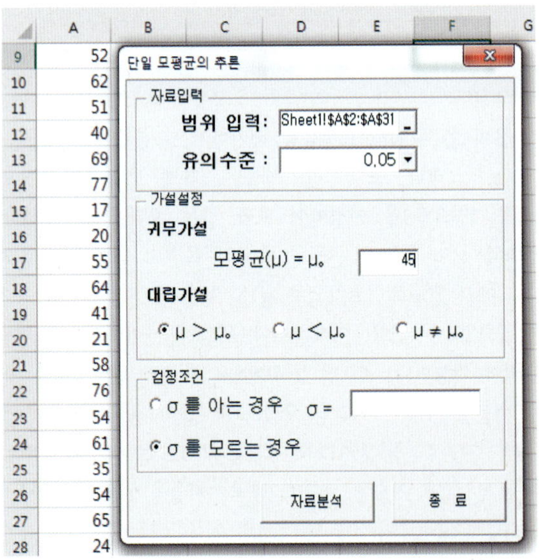

‖ 그림 7-9 ‖ 폼이 처음 실행되면 왼편의 입력부분만 보여짐

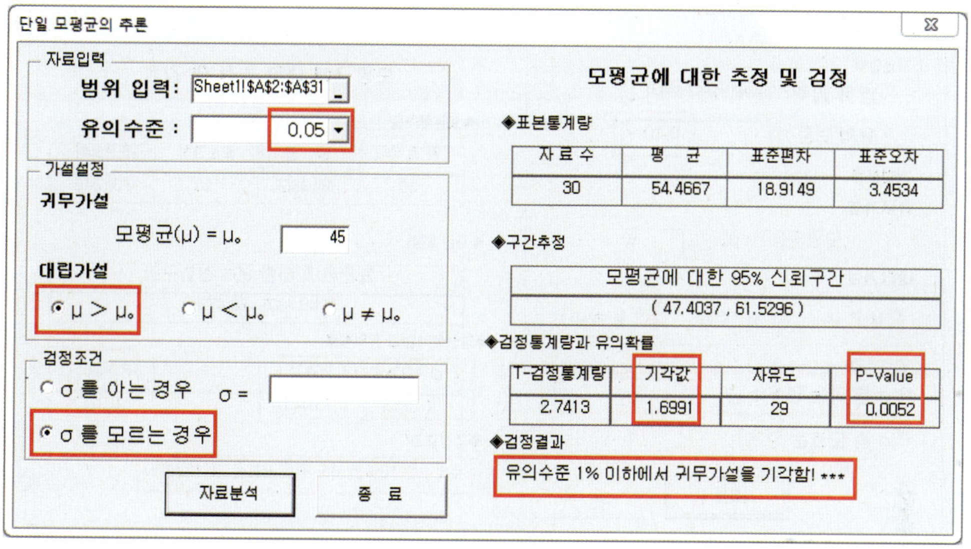

‖ 그림 7-10 ‖ 폼이 모두 펼쳐지며 결과가 출력된 화면

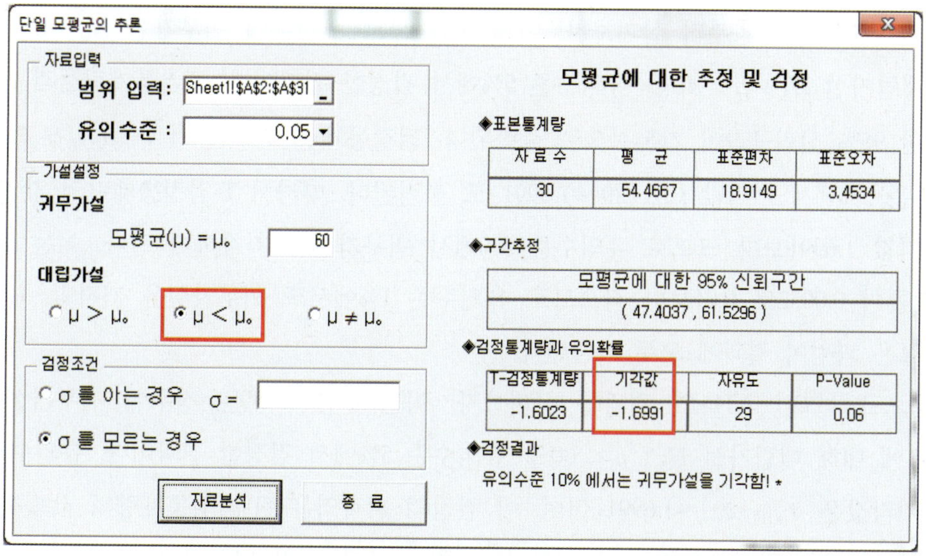

‖ 그림 7-11 ‖ σ를 모르는 경우의 실행 결과

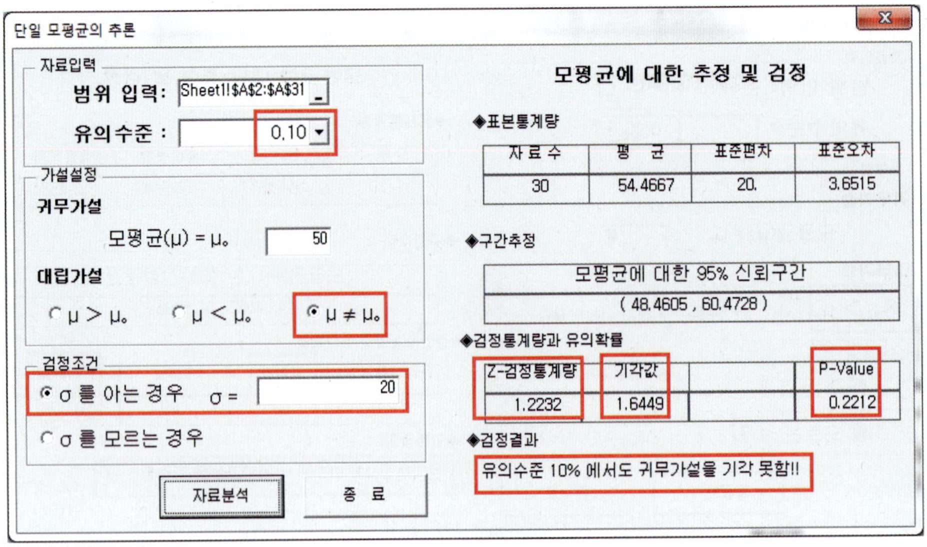

‖ 그림 7-12 ‖ σ를 아는 경우에 실행한 결과

<그림 7-10>의 결과부터 살펴보자. 이는 σ을 모르는 경우에 귀무가설 $H_0 : \mu = 45$에 대해 대립가설 $H_1 : \mu > 45$을 유의수준 5%에서 검정한 결과이다. 표본통계량들과 모평균에 대한 95% 신뢰구간이 기본적으로 출력된다. 검정통계량 $T = \sqrt{n}(\overline{X} - \mu_0)/S$ 의 값과 유의수준 5%에서 기각값 $t_{0.05}(29)$=1.6991 도 출력된다. 따라서 T-검정통계량의 값 2.7413이 기각값 1.6991보다 크므로 유의수준 5%에서 귀무가설을 기각하게 된다. 이는 출력된 유의확률이 0.0052로 0.01보다 작으므로 유의수준 1%에서도 귀무가설을 기각할 수 있다. 이와 같은 과정이 결과에 모두 기술된다.

다음으로 <그림 7-11>의 결과를 살펴보자. 이는 σ을 모르는 경우에 귀무가설 $H_0 : \mu = 60$에 대해 대립가설 $H_1 : \mu < 60$을 유의수준 5%에서 검정한 결과이다. 유의수준 5%에서 기각값은 -$t_{0.05}(29)$=-1.6991 이며, 이 검정의 기각역은 "T-검정통계량의 값≤-1.6991"이다. 검정통계량의 값(-1.6023)이 기각값(-1.6991) 보다 작지 않으므로 유의수준 5%에서 귀무가설을 기각할 수 없다. 출력된 유의확률이 0.06으로 0.05보다 작지 않으므로 유의수준 5%에서는 귀무가설을 기각할 수 없으나 유의확률 0.06은 0.10보다는 작으므로 유의수준 10%에서는 귀무가설을 기각할 수 있다. 이와 같은 과정이 결과에 모두 기술돼 있다.

<그림 7-12>는 σ를 아는 경우에 귀무가설 $H_0 : \mu = 50$ 에 대해 대립가설 $H_1 : \mu \neq 50$ 을 유의수준 10%에서 검정한 결과이다. 이 경우에는 '검정조건'에서 'σ를 아는 경우'를 선택하고 알고 있는 σ 값을 입력해 주어야 한다. 검정통계량 $Z = \sqrt{n}(\overline{X} - \mu_0)/\sigma$의 값과 유의수준 10%에서 양측검정의 기각값 $z_{0.05}$=1.645도 출력된다. 유의확률이 0.2212로 0.1보다도 크므로 유의수준 10%에서 귀무가설을 기각할 수 없다.

‖ **표 7-11** ‖ 폼의 코드 창에 입력된 [자료분석] 버튼의 이벤트 프로시저(1)

```
Private Sub CommandButton1_Click()
    rng = RefEdit1.Value
    Set data = Range(rng)
    alpha = Val(ComboBox1.Value)
    mu0 = Val(TextBox1.Value)
    n = WorksheetFunction.Count(data)
    mean = WorksheetFunction.Average(data)
    If OptionButton5.Value = True Then 'sigma unknown
        sd = WorksheetFunction.StDev_S(data)
        sterr = sd / Sqr(n)
        conf = WorksheetFunction.Confidence_T(alpha, sd, n)
        If OptionButton1.Value = True Then
            x = WorksheetFunction.T_Inv(1 - alpha, n - 1)
        ElseIf OptionButton2.Value = True Then
            x = WorksheetFunction.T_Inv(alpha, n - 1)
        Else
            x = WorksheetFunction.T_Inv(1 - alpha / 2, n - 1)
        End If
        testst = (mean - mu0) / sterr
        p = 1 - WorksheetFunction.T_Dist(testst, n - 1, True)
        Label18.Caption = "T-검정통계량"
        Label20.Caption = "자유도"
        TextBox10.Text = n - 1
    Else 'sigma known
        …
    End If
```

<표 7-11> 코드의 라인별 설명

① 02~07 라인 : 공통부분

σ를 모르는 경우와 아는 경우 모두에 필요한 계산들이다.

② 08~23 라인 : σ를 모르는 경우에만 적용될 계산들

24 라인의 Else 부터는 σ를 아는 경우에 적용될 코드로 <표 7-12>에서 설명한다.

③ 11 라인 : conf = WorksheetFunction.Confidence_T(alpha, sd, n)

유의수준 α에 따라 신뢰수준 100(1-α)%인 신뢰구간을 구한다. 이때의 오차한계 $t_{\alpha/2}(n-1) \cdot S/\sqrt{n}$를 계산해서 변수 conf에 저장한다. 후에 평균에서 이 값을 빼거나 더해서 신뢰하한과 신뢰상한을 구한다.

④ 12~18 라인 : 유의수준 α인 기각역을 위한 기각값 계산

<표 7-10>에서 정리한 바와 같이 대립가설의 방향에 따라 $t_\alpha(n-1)$와 -$t_\alpha(n-1)$를 구하며, 양측검정인 경우 $t_{\alpha/2}(n-1)$를 구한다.

⑤ 20 라인 : p = 1 - WorksheetFunction.T_Dist(testst, n - 1, True)

<표 7-10>의 첫 번째 형태인 단측검정의 유의확률을 구해 변수 p에 저장하였다. 즉, $T \sim t(n-1)$일 때 유의확률은 $\Pr(T \geq 검정통계량)$에 의해 구해진다. 뒤에서 출력할 때 이를 이용하게 된다.

‖ 표 7-12 ‖ 폼의 코드 창에 입력된 [자료분석] 버튼의 이벤트 프로시저(2)

```
01        Else
02            sd = Val(TextBox2.Text)
03            sterr = sd / Sqr(n)
04            testst = (mean - mu0) / sterr
05            conf = WorksheetFunction.Confidence_Norm(alpha, sd, n)
06            p = 1 - WorksheetFunction.Norm_S_Dist(testst, True)
07            If OptionButton1.Value = True Then
08                X = WorksheetFunction.Norm_S_Inv(1 - alpha)
09            ElseIf OptionButton2.Value = True Then
10                X = WorksheetFunction.Norm_S_Inv(alpha)
11            Else
12                X = WorksheetFunction.Norm_S_Inv(1 - alpha / 2)
13            End If
14            Label18.Caption = "Z-검정통계량"
15            TextBox10.Text = " " :        Label20.Caption = " "
16        End If
17        ci_low = Format(mean - conf, "0.####")
18        ci_up = Format(mean + conf, "0.####")
19        TextBox3.Text = n
20        TextBox4.Text = Format(mean, "0.####")
21        TextBox5.Text = Format(sd, "0.####")
22        TextBox6.Text = Format(sterr, "0.####")
23        TextBox7.Text = "( " & ci_low & " , " & ci_up & " ) "
24        TextBox8.Text = Format(testst, "0.####")
25        TextBox9.Text = Format(X, "0.####")
```

<표 7-12> 코드의 라인별 설명

① 01~16 라인 : σ 를 아는 경우

<표 7-11>의 08 라인에 있는 If 문에 연결되는 Else 문으로 σ 를 아는 경우에 적용할 계산들이다.

② 05 라인 : conf = WorksheetFunction.Confidence_Norm(alpha, sd, n)

유의수준 α에 따라 신뢰수준 100(1-α)%인 신뢰구간을 구한다. 이 때의 오차한계인 $z_{\alpha/2} \cdot \sigma / \sqrt{n}$를 계산해서 변수 conf에 저장한다. 후에 평균에서 이 값을 빼거나 더해서 신뢰하한과 신뢰상한을 구한다.

③ 06 라인 : p = 1 - WorksheetFunction.Norm_S_Dist(testst, True)

<표 7-9>의 첫 번째 형태인 단측검정의 유의확률을 구해 변수 p에 저장하였다. 즉, $X \sim N(0,1)$일 때 유의확률은 $\Pr(X \geq$ 검정통계량$)$에 의해 구해진다. 뒤에서 출력할 때 이를 이용하게 된다.

④ 07~13 라인 : 유의수준 α인 기각역을 위한 기각값 계산

<표 7-9>에서 정리한 바와 같이 대립가설의 방향에 따라 z_α와 -z_α를 구하며, 양측검정인 경우 $z_{\alpha/2}$를 구한다.

⑤ 18~26 라인 : 각 경우에서 계산된 변수를 출력

σ를 아는 경우와 모르는 경우 각각 미리 저장한 변수를 이용해서 표본의 수, 평균, 표준편차, 표준오차, 신뢰구간, 검정통계량, 기각값 등을 출력하는 부분이다.

‖ 표 7-13 ‖ 폼의 코드 창에 입력된 [자료분석] 버튼의 이벤트 프로시저(3)

```
If OptionButton1.Value = True Then
    p_value = p
ElseIf OptionButton2.Value = True Then
    p_value = 1 - p
Else
   If 2 * (1 - p) > 1 Then
       p_value = 2 * p
   Else
       p_value = (1 - p) * 2
   End If
End If
TextBox11.Text = Format(p_value, "0.####")
```

<표 7-13> 코드의 라인별 설명

① 01~11 라인 : 유의확률 계산

앞에서 각 경우에 상위확률 형태의 유의확률을 변수 p에 저장했었다. 대립가설의 형태에 따라 단측검정의 유의확률은 상위확률 또는 누적확률 형태이다. 양측검정의 유의확률은 단측검정의 유의확률을 2배 하되 1을 넘지 않는 쪽을 선택하면 된다. 최종적인 각 경우의 유의확률을 변수 p_value에 저장한다.

② 12 라인 : TextBox11.Text = Format(p_value, "0.####")

최종적인 유의확률을 텍스트박스에 출력한다.

∥ 표 7-14 ∥ 폼의 코드 창에 입력된 [자료분석] 버튼의 이벤트 프로시저(4)

```
    If p_value < 0.01 Then
        res = "유의수준 1% 이하에서 귀무가설을 기각함! ***"
    ElseIf p_value < 0.05 Then
        res = "유의수준 5% 에서는 귀무가설을 기각함! **"
    ElseIf p_value < 0.1 Then
        res = "유의수준 10% 에서는 귀무가설을 기각함! *"
    Else
        res = "유의수준 10% 에서도 귀무가설을 기각 못함!!"
    End If
    Label22.Caption = res

    Me.Width = 572.25
End Sub
```

<표 7-14> 코드의 라인별 설명

① 01~10 라인 : 유의확률의 결과에 따라 검정의 결과 출력

유의확률의 크기를 일반적인 유의수준 1%, 5%, 10%와 비교하여 결과를 변수 res에 저장하였다가 이를 라벨에 출력한다.

② 12 라인 : Me.Width = 572.25

모든 계산을 다 마친 후 폼의 너비를 모든 결과들이 보이도록 넓혀준다.

‖ 표 7-15 ‖ 폼의 코드 창에 입력된 기타 이벤트 프로시저들

```
Private Sub UserForm_Activate()
    ComboBox1.AddItem "0.10"
    ComboBox1.AddItem "0.05"
    ComboBox1.AddItem "0.01"
    ComboBox1.value =0.05
    Me.Width = 276
    RefEdit1.SetFocus
End Sub

Private Sub OptionButton4_Click()
    TextBox2.Enabled = True
End Sub

Private Sub OptionButton5_Click()
    TextBox2.Enabled = False
End Sub

Private Sub CommandButton2_Click()
    Unload Me
End Sub
```

<표 7-15> 코드의 라인별 설명

① 01~08 라인 : 폼이 활성화될 때 동작할 이벤트 프로시저

콤보박스에 3개의 유의수준 1%, 5%, 10%을 추가하고 디폴트 유의수준으로 0.05를 설정하였다. 폼의 너비를 축소해 입력부분만 보이도록 하였으며, RefEdit가 포커스를 받도록 지정해서 바로 워크시트의 영역을 드래그해서 RefEdit에 넘겨줄 수 있다.

② 10~16 라인 : 옵션버튼의 선택에 따라 텍스트박스의 사용유무 설정

OptionButton5(σ를 모르는 경우)를 누르면 σ를 입력할 필요가 없으므로 TextBox2의 **Enabled** 속성을 False로 하고, OptionButton4(σ를 아는 경우)를 누르면 σ를 입력해야 하므로 TextBox2의 Enabled 속성을 true 로 전환한다.

③ 18~20 라인 : [종료] 버튼에 대한 이벤트 프로시저

'Unload Me'로 자신의 폼을 메모리에서 삭제한다.

7.2.2 모분산에 대한 추·검정 시스템

모평균 μ와 모분산 σ^2을 모두 모르는 정규모집단 $N(\mu, \sigma)$에서 모분산 σ^2에 대한 100×(1 − α)% 신뢰구간은

$$\left(\frac{(n-1)S^2}{\chi^2_{\alpha/2}(n-1)}, \frac{(n-1)S^2}{\chi^2_{1-\alpha/2}(n-1)} \right)$$

와 같이 주어지며, 대립가설의 형태에 따라 유의수준 α인 기각역과 유의확률의 계산법을 정리하면 <표 7-16>과 같다.

‖ 표 7-16 ‖ 정규모집단에서 모분산의 검정

검정통계량 : $\chi^2 = \dfrac{(n-1)S^2}{\sigma_0^2}$, χ^2 의 실제 관측값을 c

귀무가설	대립가설	유의수준 α 인 기각역	유의확률
$H_0 : \sigma^2 \leq \sigma_0^2$	$H_1 : \sigma^2 > \sigma_0^2$	$c \geq \chi_{\alpha}^2(n-1)$	$P(X \geq c)$
$H_0 : \sigma^2 \geq \sigma_0^2$	$H_1 : \sigma^2 < \sigma_0^2$	$c \leq \chi_{1-\alpha}^2(n-1)$	$P(X \leq c)$
$H_0 : \sigma^2 = \sigma_0^2$	$H_1 : \sigma^2 \neq \sigma_0^2$	$c \geq \chi_{\alpha/2}^2(n-1)$	$2P(X \geq c)$ 또는
		또는 $c \leq \chi_{1-\alpha/2}^2(n-1)$	$2P(X \leq c)$
			여기서 $X \sim \chi^2(n-1)$

<표 7-16>의 유의확률 중에서 대립가설이 양측가설인 경우에는 자유도 $(n-1)$ 인 카이제곱분포를 이용하여 $2P(X \geq c)$ 또는 $2P(X \leq c)$를 계산하고 이들 중에서 1보다 작은 값을 양측가설에 대한 유의확률로 구하면 된다.

예 7-5

먼저 <그림 7-13>과 같이 폼 위에 컨트롤들을 배치하자. 모듈에 있는 'ex5()'를 실행하면 <그림 7-14>와 같이 입력과 관련된 폼의 왼쪽 상단만이 출력된다. <그림 7-14>에서 자료의 입력범위와 가설의 설정하고 [자료분석] 버튼을 누르면 <그림 7-15>와 같이 폼의 너비와 높이가 늘어난 온전한 폼의 오른편에 결과들이 출력된다. <그림 7-16>과 <그림 7-17>는 다른 대립가설에 대한 출력결과이다. 폼의 코드 창에 기술된 이벤트 프로시저들을 <표 7-17>과 <표 7-18>에 나누어 실었다.

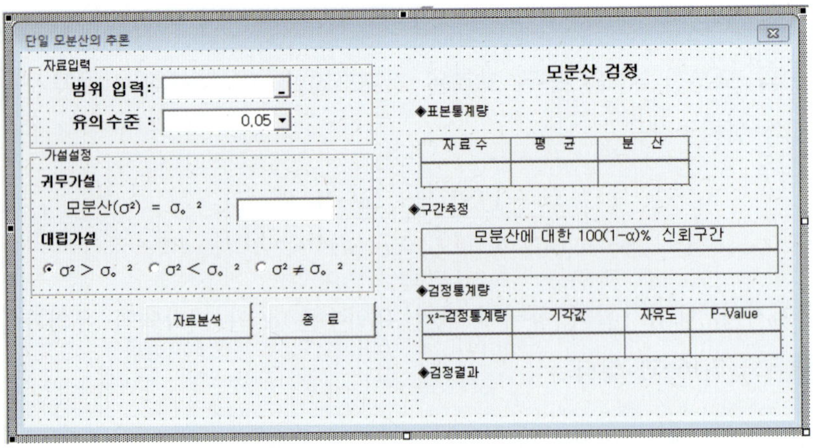

‖ 그림 7-13 ‖ 모분산에 대한 추 · 검정을 위한 폼 작성

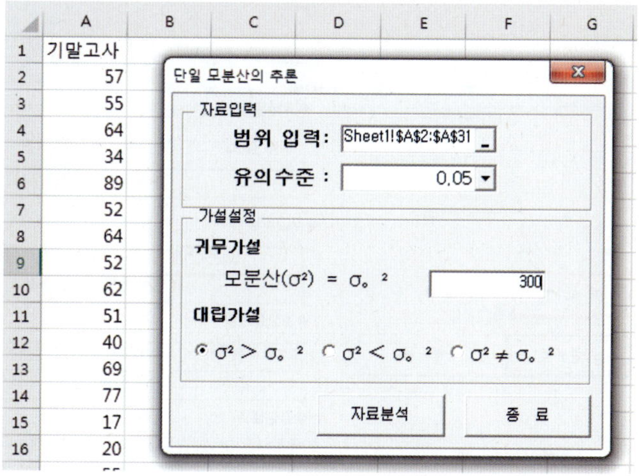

‖ 그림 7-14 ‖ 실행된 모분산에 대한 추 · 검정 시스템

<그림 7-15>부터 <그림 7-17>까지는 대립가설의 종류를 바꿔서 프로그램을 실행한 결과이다. 각 결과를 살펴보면 대립가설의 종류와 선택한 유의수준에 따라 요구하는 기각값이 바뀌는 것을 알 수 있다. 또한 선택한 유의수준에 따라 신뢰구간의 신뢰수준이 정해진다. 앞의 모평균에 대한 시스템에서 고려하였던 많은 부분들을 여기에서도 그대로 적용하였다.

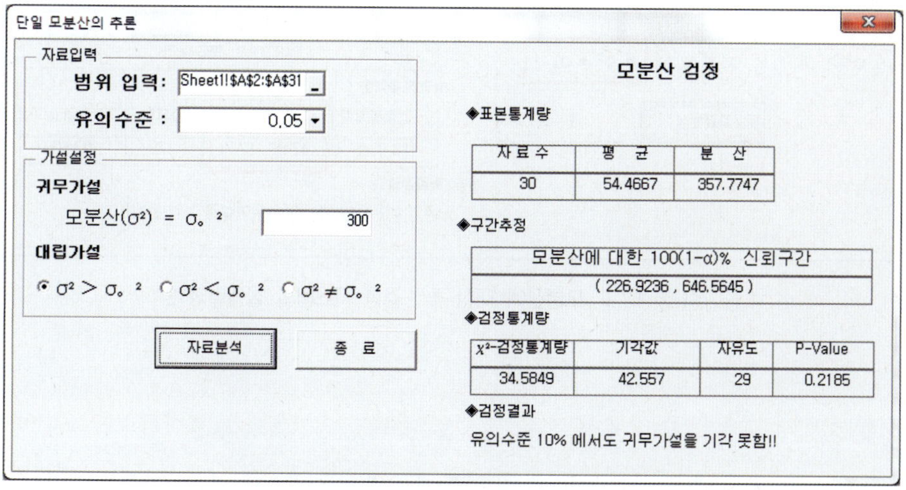

‖ 그림 7-15 ‖ 모분산에 대한 추 · 검정 시스템의 실행결과 1

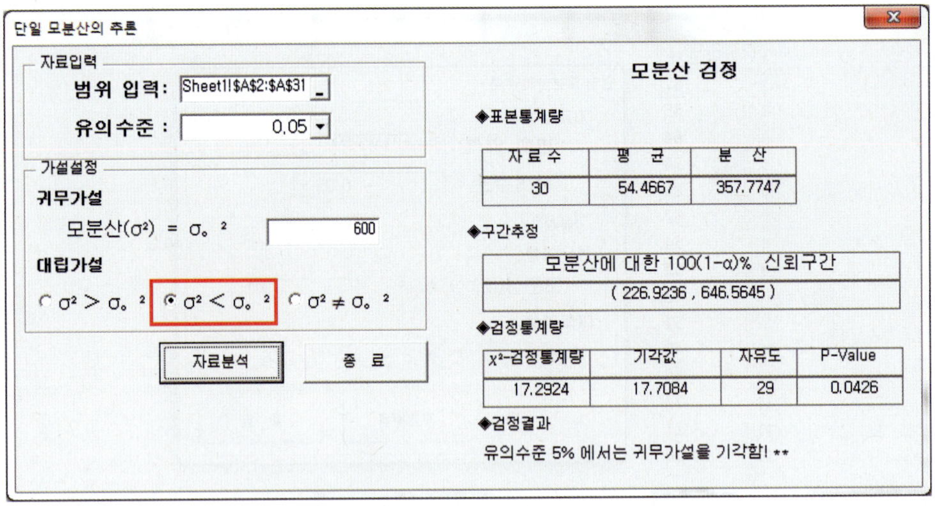

‖ 그림 7-16 ‖ 모분산에 대한 추 · 검정 시스템의 실행결과 2

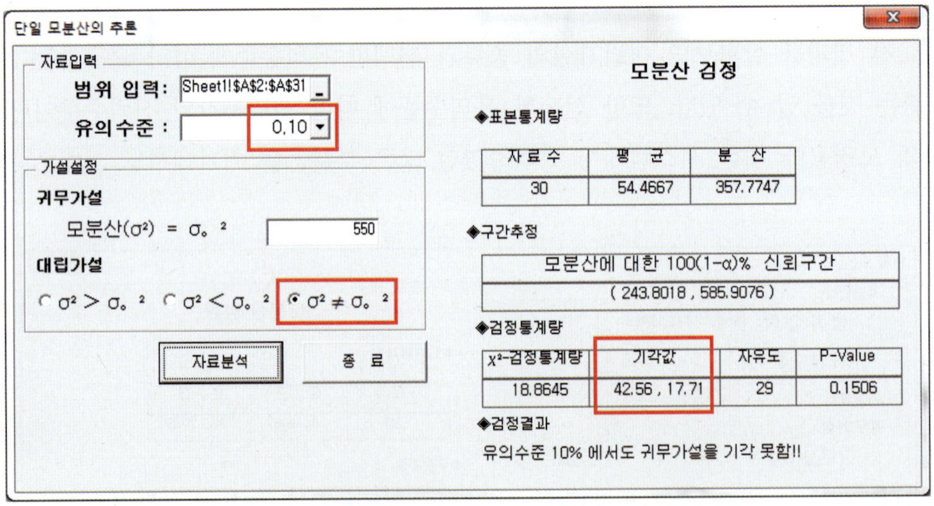

‖ 그림 7-17 ‖ 모분산에 대한 추 · 검정 시스템의 실행결과 3

VISUAL BASIC FOR APPLICATION

‖ 표 7-17 ‖ 폼의 코드 창에 입력된 [자료분석] 버튼의 이벤트 프로시저(1)

```
Private Sub CommandButton1_Click()
    rng = RefEdit1.Value
    Set Data = Range(rng)
    alpha = Val(ComboBox1.Value)
    s0 = Val(TextBox1.Value)
    n = WorksheetFunction.Count(Data)
    mean = WorksheetFunction.Average(Data)
    Var = WorksheetFunction.Var_S(Data)
    q1 = WorksheetFunction.ChiSq_Inv_RT((alpha / 2), n - 1)
    q2 = WorksheetFunction.ChiSq_Inv(alpha / 2, n - 1)
    ci_low = Format((n - 1) * Var / q1, "0.####")
    ci_up = Format((n - 1) * Var / q2, "0.####")
    testst = (n - 1) * Var / s0
    p = WorksheetFunction.ChiSq_Dist_RT(testst, n - 1)
    If OptionButton1.Value = True Then
        p_value = p
    ElseIf OptionButton2.Value = True Then
        p_value = 1 - p
    Else
        If 2 * p > 1 Then
            p_value = (1 - p) * 2
        Else
            p_value = p * 2
        End If
    End If
    If OptionButton1.Value = True Then
      X=Format(WorksheetFunction.ChiSq_Inv_RT(alpha, n-1), "0.####")
    ElseIf OptionButton2.Value = True Then
        X=Format(WorksheetFunction.ChiSq_Inv(alpha, n-1), "0.####")
    Else
        x1 = WorksheetFunction.ChiSq_Inv_RT(alpha / 2, n - 1)
        x2 = WorksheetFunction.ChiSq_Inv(alpha / 2, n - 1)
        X = Format(x1, "0.##") & " , " & Format(x2, "0.##")
    End If
    TextBox3.Text = n
    … 중간생략
    TextBox10.Text = Format(p_value, "0.####")
```

<표 7-17> 코드의 라인별 설명

① 09~12 라인 : 신뢰구간 구하기

q1=$\chi^2_{\alpha/2}(n-1)$, q2=$\chi^2_{1-\alpha/2}(n-1)$를 계산한 후 신뢰하한=$(n-1)S^2/\chi^2_{\alpha/2}(n-1)$과 신뢰상한=$(n-1)S^2/\chi^2_{1-\alpha/2}(n-1)$을 계산하였다.

② 14 라인 : p = WorksheetFunction.ChiSq_Dist_RT(testst, n - 1)

<표 7-16>의 첫 번째 형태인 단측검정의 유의확률을 구해 변수 p에 저장하였다. 즉, $X \sim \chi^2(n-1)$일 때 유의확률은 $\Pr(X \geq 검정통계량)$에 의해 구해진다.

③ 15~25 라인 : 유의확률계산

②에서 상위확률 형태의 유의확률을 변수 p에 저장했었다. 대립가설의 형태에 따라 단측검정의 유의확률은 상위확률 또는 누적확률 형태이며 양측검정의 유의확률은 단측검정의 유의확률을 2배 하되 1을 넘지 않는 쪽을 선택하면 된다. 최종적인 유의확률을 변수 p_value에 저장한다.

④ 26~34 라인 : 유의수준 α인 기각역을 위한 기각값 계산

<표 7-16>에서 정리한 바와 같이 대립가설의 방향에 따라 $\chi^2_{\alpha}(n-1)$와 $\chi^2_{1-\alpha}(n-1)$를 구하며, 양측검정인 경우 $\chi^2_{\alpha/2}(n-1)$와 $\chi^2_{1-\alpha/2}(n-1)$를 구한다. χ^2-분포는 좌우 대칭이 아님에 유의하자.

⑤ 35~37 라인 : 계산된 통계량들 출력

계산된 통계량들을 각 TextBox에 Text 속성을 이용해서 출력한다.

‖ 표 7-18 ‖ 폼의 코드 창에 입력된 [자료분석] 버튼의 이벤트 프로시저(2)

```
01        If p_value < 0.01 Then
02            res = "유의수준 1% 이하에서 귀무가설을 기각함! ***"
03        … 중간생략
04        Else
05            res = "유의수준 10% 에서도 귀무가설을 기각 못함!!"
06        End If
07        Label22.Caption = res
08
09        Me.Height = 307.5
10        Me.Width = 574.5
11    End Sub
```

<표 7-18> 코드의 라인별 설명

① 01~07 라인 : 유의확률에 따른 출력결과 준비하기

유의확률의 크기에 따라 출력할 메시지를 변수 res에 저장하였다가 이를 라벨에 caption 속성을 이용해 출력한다.

② 09~10 라인 : 폼의 크기 원래대로 환원

모든 출력결과들이 다 보일 수 있도록 폼의 높이와 너비를 늘려준다.

7.2.3 모비율에 대한 추·검정 시스템

만약 모비율 p 를 모수로 하는 베르누이시행을 독립적으로 n 번 행하였을 때, 성공의 횟수를 확률변수 X 라고 하면 X 는 이항분포 $b(n, p)$ 에 따르고 p 의 직관적인 추정량은 바로 표본비율 $\hat{p} = X/n$ 임은 당연하다. 표본크기 n 이 큰 경우에 표본비율 $\hat{p}$ 의 분포가 근사적으로 $N(p, p(1-p)/n)$ 에 따르므로

$$\frac{\hat{p}-p}{\sqrt{p(1-p)/n}} \sim N(0,1) \quad (n \to \infty)$$

이 성립한다. 또한, $\hat{p}=X/n$ 은 p 에 대한 일치추정량이므로 n 이 큰 경우에 $\hat{p}$ 과 p 가 매우 가까우리라 생각할 수 있다. 따라서

$$\frac{\hat{p}-p}{\sqrt{\hat{p}(1-\hat{p})/n}} \sim N(0,1) \quad (n \to \infty)$$

이 성립하므로 표본크기 n 이 충분히 클 때, p 에 대한 100(1 − α)% 근사신뢰구간은

$$\left(\hat{p}-z_{\alpha/2}\sqrt{\hat{p}(1-\hat{p})/n}\ ,\ \hat{p}+z_{\alpha/2}\sqrt{\hat{p}(1-\hat{p})/n}\ \right)$$

와 같다. 또한, 모비율 p 에 대한 귀무가설 $H_0 : p=p_0$ 에 대해 표본크기 n 이 크고 p_0 가 작지 않은 경우(즉, n 이 크고, $np_0 \geq 5$, $n(1-p_0) \geq 5$ 인 경우)에는 정규근사를 이용하여 <표 7-19>와 같이 모비율에 대한 근사검정을 이용할 수 있다.

‖ 표 7-19 ‖ 모비율에 대한 근사적인 검정

※ 검정통계량 : $Z=\dfrac{\hat{p}-p_0}{\sqrt{p_0(1-p_0)/n}}$, Z 의 실제 관측값을 z

귀무가설	대립가설	유의수준 α 인 기각역(근사)	유의확률(근사)
$H_0 : p \leq p_0$	$H_1 : p > p_0$	$z \geq z_\alpha$	$\Pr(X \geq z)$
$H_0 : p \geq p_0$	$H_1 : p < p_0$	$z \leq -z_\alpha$	$\Pr(X \leq z)$
$H_0 : p = p_0$	$H_1 : p \neq p_0$	$\lvert z\rvert \geq z_{\alpha/2}$	$\Pr(\lvert X\rvert \geq \lvert z\rvert)$
			다만 $X \sim N(0,1)$

예 7-6

먼저 <그림 7-18>과 같이 폼 위에 컨트롤들을 배치하자. 모듈에 있는 'ex6()'를 실행하면 <그림 7-19>와 같이 입력과 관련된 폼의 왼쪽 상단만이 출력된다. 여기에 표본의 크기, 성공횟수, 유의수준을 입력하고 가설을 설정한 후 [자료분석] 버튼을 누르면 <그림 7-20>과 같이 폼의 너비와 높이가 늘어난 온전한 폼의 오른편에 결과들이 출력된다. <그림 7-16>과 <그림 7-17>는 다른 대립가설에 대한 출력결과이다. 폼의 코드 창에 기술된 이벤트 프로시저들을 <표 7-17>과 <표 7-18>에 나누어 실었다.

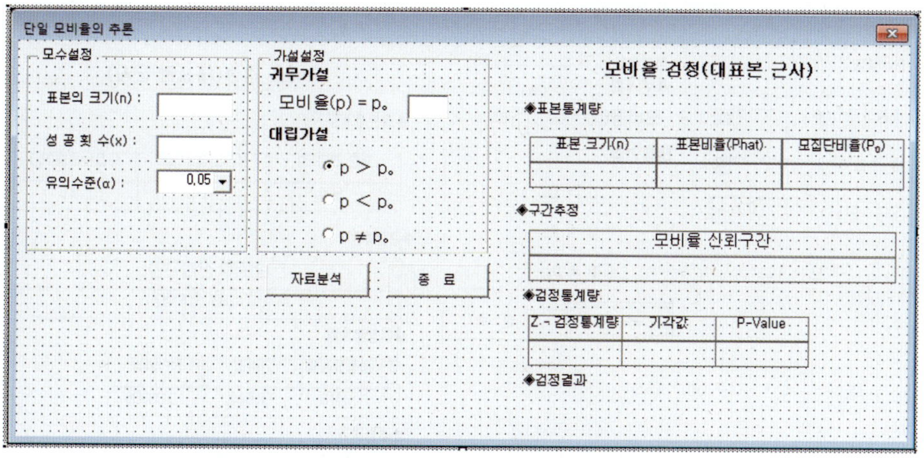

‖ 그림 7-18 ‖ 모비율에 대한 추 · 검정 시스템을 위한 폼 작성

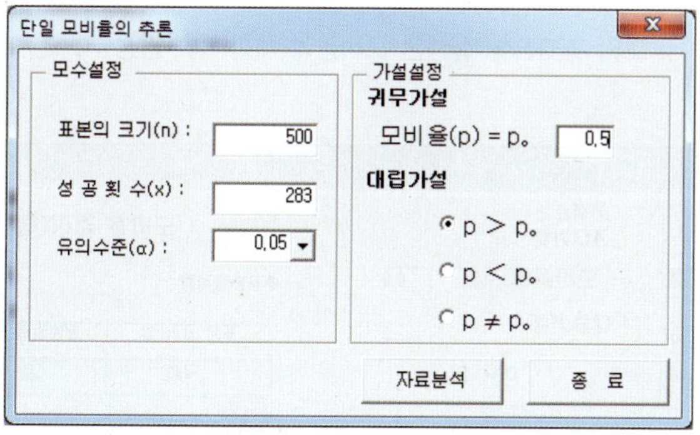

‖ 그림 7-19 ‖ 모비율에 대한 추 · 검정을 위한 폼 작성

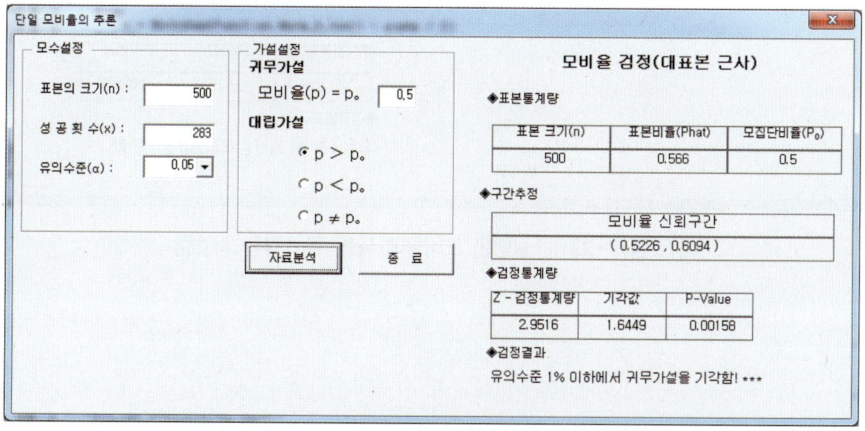

‖ 그림 7-20 ‖ 실행된 모비율에 대한 추 · 검정 시스템

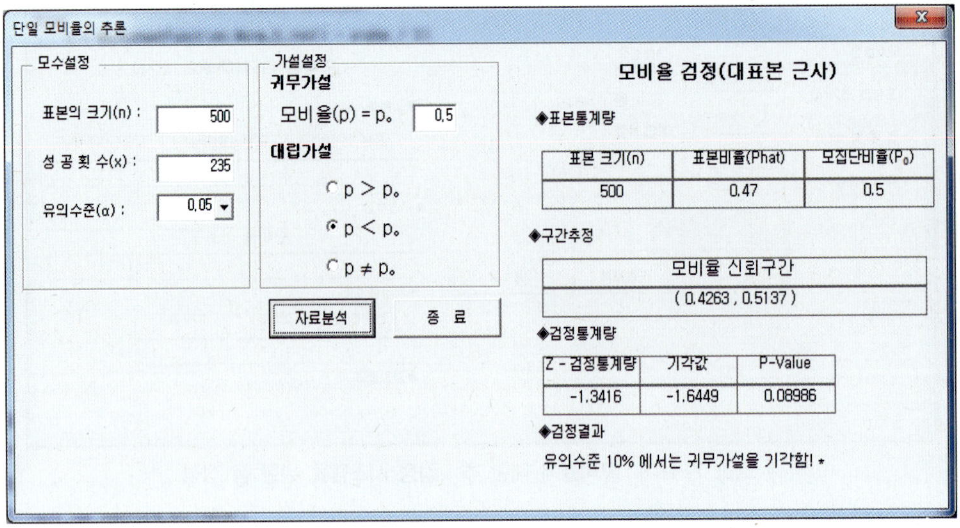

|| 그림 7-21 || 실행된 모비율에 대한 추 · 검정 시스템

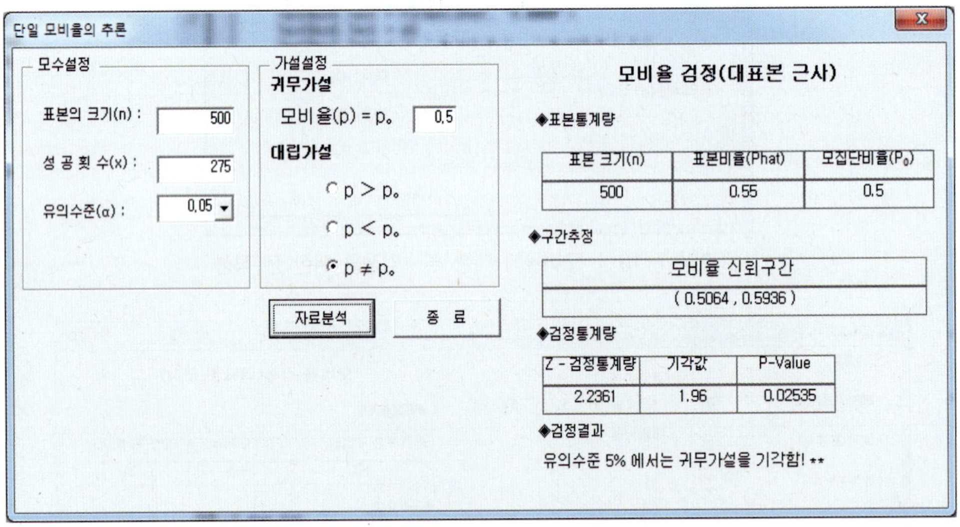

|| 그림 7-22 || 실행된 모비율에 대한 추 · 검정 시스템

‖ 표 7-20 ‖ 폼의 코드 창에 입력된 [자료분석] 버튼의 이벤트 프로시저

```
Private Sub CommandButton1_Click()
    n = Val(TextBox1.Text)
    X = Val(TextBox2.Text)
    phat = X / n
    p0 = Val(TextBox3.Text)
    alpha = Val(ComboBox1.Value)
    zq = WorksheetFunction.Norm_S_Inv(1 - alpha / 2)
    conf = zq * Sqr(phat * (1 - phat) / n)
    ci1 = Format((phat - conf), "0.####")
    ci2 = Format((phat + conf), "0.####")
    testst = (phat - p0) / Sqr(p0 * (1 - p0) / n)
    p = 1 - WorksheetFunction.Norm_S_Dist(testst, True)
    If OptionButton1.Value = True Then
        p_value = p
    … 중간생략
    End If
    If OptionButton1.Value = True Then
       c = WorksheetFunction.Norm_S_Inv(1 - alpha)
    … 중간생략
    End If
    TextBox4.Text = n
    TextBox5.Text = Format(phat, "0.####")
    TextBox6.Text = p0
    TextBox7.Text = "( " & ci1 & " , " & ci2 & " ) "
    TextBox8.Text = Format(testst, "0.####")
    TextBox9.Text = Format(c, "0.####")
    TextBox10.Text = Format(p_value, "0.#####")
    If p_value < 0.01 Then
       res = "유의수준 1% 이하에서 귀무가설을 기각함! ***"
    … 중간생략
    End If
    Label22.Caption = res
    Me.Height = 315
    Me.Width = 641.25
End Sub
```

<표 7-20> 코드의 라인별 설명

① 07~10 라인 : 신뢰구간 구하기

zq=$z_{\alpha/2}$, conf=zq* $\sqrt{\hat{p}(1-\hat{p})/n}$ 를 계산한 후 $\hat{p}$ 에서 conf 값을 빼거나 더해서 신뢰하한=ci1과 신뢰상한=ci2을 계산하였다.

② 11 라인 : testst = (phat - p0) / Sqr(p0 * (1 - p0) / n)

<표 7-19>의 검정통계량 $Z=(\hat{p}-p_0)/\sqrt{p_0(1-p_0)/n}$ 의 값을 변수 testst에 저장한다.

③ 12~16 라인 : 유의확률의 계산

<표 7-19>의 첫 번째 형태인 단측검정의 유의확률을 구해 변수 p에 저장하였다. 즉, $X \sim N(0,1)$ 일 때 유의확률은 $\Pr(X \geq$ 검정통계량$)$에 의해 구해진다. 대립가설의 형태에 따라 구해진 유의확률을 변수 p_value에 저장한다.

④ 17~20 라인 : 유의수준 α 인 기각역을 위한 기각값 계산

<표 7-19>에서 정리한 바와 같이 대립가설의 방향에 따라 z_α 와 -z_α 를 구하며, 양측검정인 경우 $z_{\alpha/2}$ 를 구한다.

⑤ 21~27 라인 : 계산된 통계량들 출력

계산된 통계량들을 각 TextBox에 Text 속성을 이용해서 출력한다.

⑥ 28~32 라인 : 유의확률에 따른 출력결과 준비하기

유의확률의 크기에 따라 출력할 메시지를 변수 res에 저장하였다가 이를 라벨에 caption 속성을 이용해 출력한다.

⑦ 33~34 라인 : 폼의 크기 원래대로 환원

모든 출력결과들이 다 보일 수 있도록 폼의 높이와 너비를 늘려준다.

7.3 그림분석

7.3.1 정규확률도(정규 Q-Q plot)의 작성

[예 6-5]에서 정규확률도에 대한 이론적인 배경을 설명하고 이를 바탕으로 정규확률도를 작성하는 방법에 대해 이미 다루었다. 다음의 [예 7-7]은 차트에 삽입한 이미지를 파일로 저장한 후, 폼 위의 이미지 컨트롤에 표시하는 형태로 작성하였다.

예 7-7

먼저 <그림 7-23>과 같이 폼 위에 컨트롤들을 배치하자. 모듈에 있는 'ex7()'을 실행하면 <그림 7-24>와 같이 폼이 실행된다. 여기에서 RefEdit를 이용해 자료의 영역을 입력하고 [차트 만들기] 버튼을 누르면 이미지 컨트롤 안에 정규확률도가 삽입된다. <표 7-21>은 폼의 코드 창에 기술된 코드이다. 코드의 대부분은 [예 6-5]에서 이미 설명한 내용이다.

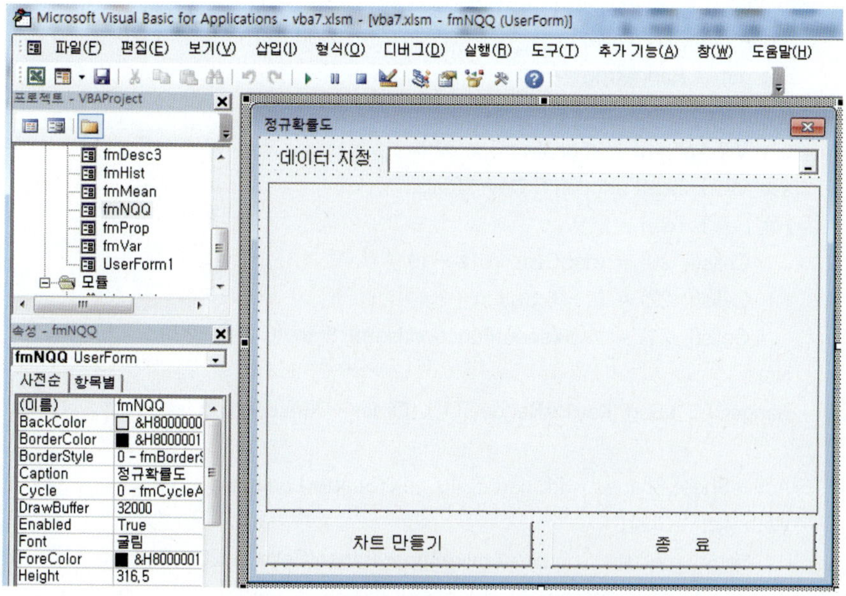

‖ 그림 7-23 ‖ 정규확률도를 위한 폼 작성

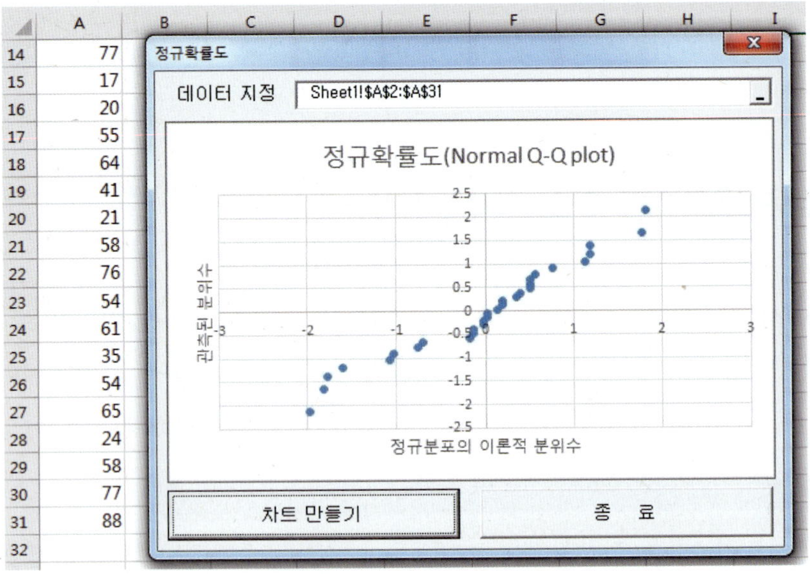

|| 그림 7-24 || 폼의 이미지 컨트롤 안에 출력된 정규확률도

|| 표 7-21 || 폼의 코드 창에 입력된 이벤트 프로시저들

```
Private Sub CommandButton1_Click()
    rng = RefEdit1.Value
    Set dat = Range(rng)
    n = WorksheetFunction.COUNT(dat)
    u = WorksheetFunction.Average(dat)
    s = WorksheetFunction.StDev_S(dat)
    For i = 1 To n
        Cells(i, 20) = (dat.Cells(i, 1) - u) / s
        Cells(i, 22) = (i - 0.5) / n
        Cells(i, 21) = WorksheetFunction.Norm_S_Inv(Cells(i, 22))
    Next
    Range("T:T").Sort Key1:=Range("T1"), Order1:=xlAscending

    ActiveSheet.Shapes.AddChart2(240, xlXYScatter).Select
    With ActiveChart
      .SetSourceData Source:=ActiveSheet.Range(Cells(1, 20), Cells(n, 21))

```

‖ 표 7-21 ‖ 폼의 코드 창에 입력된 이벤트 프로시저들

```
18              … 중간생략
19
20              .Export ("qqchart.jpg")
21              .Parent.Delete
22          End With
23          Image1.Picture = LoadPicture("qqchart.jpg")
24      End Sub
25
26      Private Sub CommandButton2_Click()
27          Unload Me
28      End Sub
29
30      Private Sub UserForm_Activate()
31          RefEdit1.SetFocus
32      End Sub
```

<표 7-21> 코드의 라인별 설명

① 20 라인 : ActiveChart.Export ("qqchart.jpg")

생성한 차트를 "qqchart.jpg"라는 이미지 파일로 저장한다.

② 21 라인 : ActiveChart.Parent.Delete

①에서 차트를 이미 저장하였으므로 워크시트 안에 있는 차트는 삭제한다.

③ 23 라인 : Image1.Picture = LoadPicture("qqchart.jpg")

①에서 저장했던 이미지 파일 "qqchart.jpg"를 LoadPicture( ) 메서드를 이용해 이미지 컨트롤의 Picture 속성에 전달한다. 이렇게 함으로써 이미지 컨트롤 안에 차트가 삽입된다.

④ 30~32 라인 : 폼이 활성화될 때의 이벤트 프로시저

RefEdit1에 SetFocus 메서드를 지정해 폼이 실행되면 포커스가 RefEdit에 있게 된다.

7.3.2 히스토그램

히스토그램 및 파레토차트는 엑셀 2016에 새롭게 추가된 차트이므로 다음 [예 7-8]은 엑셀 2016 버전을 이용해야만 된다.

예 7-8

먼저 <그림 7-25>과 같이 폼 위에 컨트롤들을 배치하자. 모듈에 있는 'ex8()'을 실행하면 <그림 7-26>와 같이 폼이 실행된다. 여기에서 RefEdit를 이용해 자료의 영역을 입력하고 [차트 만들기] 버튼을 누르면 이미지 컨트롤 안에 히스토그램이 삽입된다. <표 7-22>은 폼의 코드 창에 기술된 코드이다.

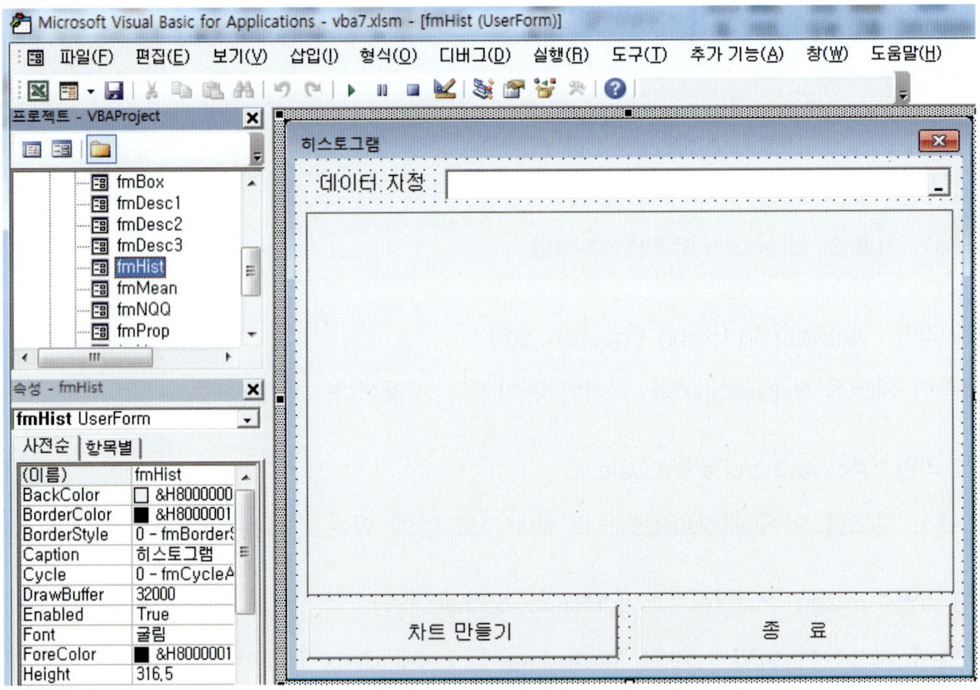

‖ 그림 7-25 ‖ 히스토그램을 위한 폼을 작성

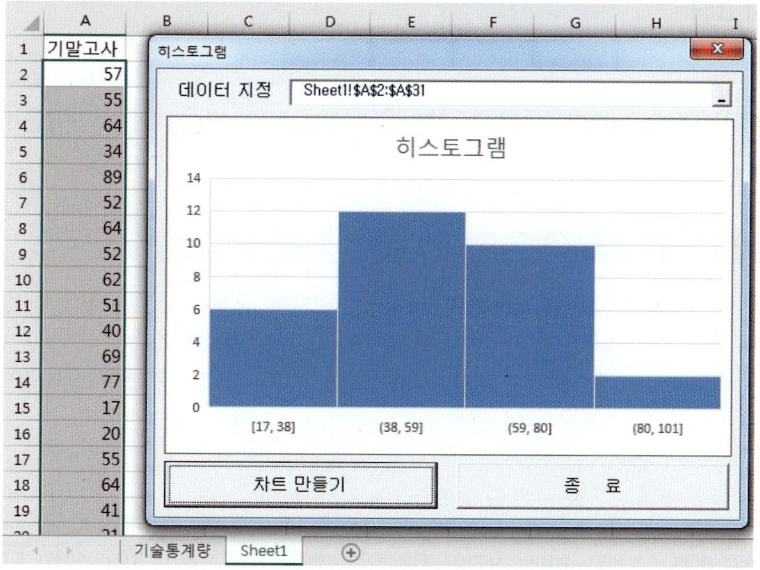

‖ 그림 7-26 ‖ 출력된 히스토그램

‖ 표 7-22 ‖ 폼의 코드 창에 입력된 이벤트 프로시저들

```
Private Sub CommandButton1_Click()
    Range(RefEdit1.Value).Select
    ActiveSheet.Shapes.AddChart2(366, xlHistogram).Select
    With ActiveChart
        .ChartTitle.Text = "히스토그램"
        .Export ("histchart.jpg")
        .Parent.Delete
    End With
    Image1.Picture = LoadPicture("histchart.jpg")
End Sub

Private Sub CommandButton2_Click()
    Unload Me
End Sub

Private Sub UserForm_Activate()
    RefEdit1.SetFocus
End Sub
```

7.3.3 상자그림

상자그림 역시 엑셀 2016에 새롭게 추가된 차트이므로 다음의 [예 7-9]은 엑셀 2016 버전을 이용해야만 된다.

예 7-9

먼저 <그림 7-27>과 같이 폼 위에 컨트롤들을 배치하자. 모듈에 있는 'ex9()'을 실행하면 <그림 7-28>와 같이 폼이 실행된다. 여기에서 RefEdit를 이용해 자료의 영역을 입력하고 [차트 만들기] 버튼을 누르면 이미지 컨트롤 안에 상자그림이 삽입된다. <표 7-23>은 폼의 코드 창에 기술된 코드이다.

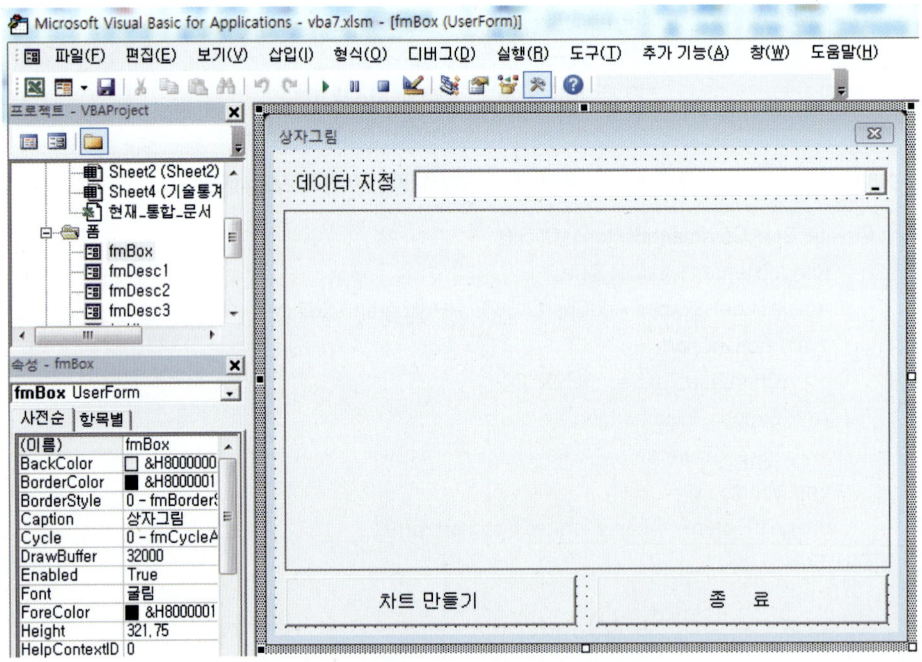

‖ 그림 7-27 ‖ 상자그림을 위한 폼을 작성

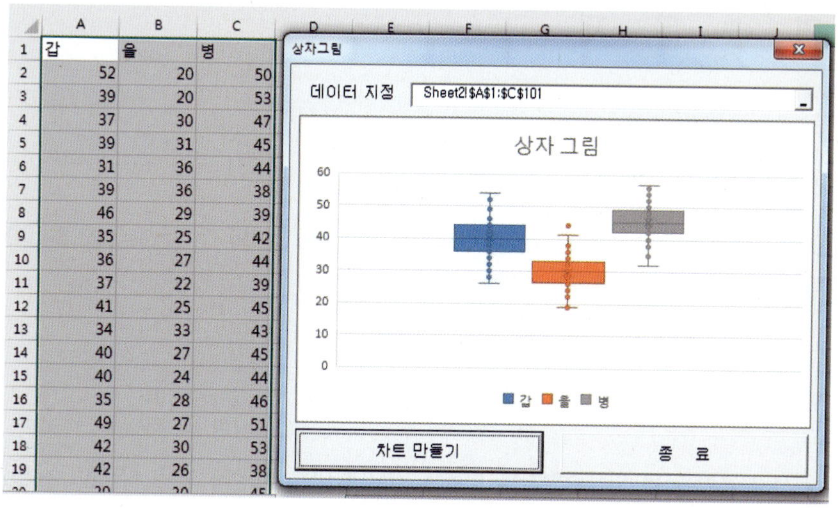

‖ 그림 7-28 ‖ 출력된 히스토그램

‖ 표 7-23 ‖ 폼의 코드 창에 입력된 이벤트 프로시저들

```
Private Sub CommandButton1_Click()
    Range(RefEdit1.Value).Select
    ActiveSheet.Shapes.AddChart2(373, xlBoxwhisker).Select
    With ActiveChart
        .ChartTitle.Text = "상자 그림"
        .SetElement (348)
        .Export ("boxchart.jpg")
        .Parent.Delete
    End With
    Image1.Picture = LoadPicture("boxchart.jpg")
End Sub

Private Sub CommandButton2_Click()
    Unload Me
End Sub

Private Sub UserForm_Activate()
    RefEdit1.SetFocus
End Sub
```

연 . 습 . 문 . 제

1. 1부터 100까지의 자연수로 구성된 데이터에 대해 'quartile.inc'와 'quartile.exc'를 이용해서 계산한 사분위수에 어떤 차이가 있는지 설명하라.

2. [예 7-4]에서 사용한 폼은 모표준편차를 모르는 경우와 아는 경우에 모두 사용할 수 있는 프로그램이다. 이 프로그램을 모표준편차를 모르는 경우에 사용하는 프로그램과 모표준편차를 아는 경우에 사용하는 프로그램으로 나누어 작성하려고 한다. 각 경우의 폼을 어떻게 작성하면 효과적일지를 고려하여 프로그램을 작성해보라.

3. 어떤 사안에 대해 구성원 250명에게 의견을 물었더니 202명이 찬성하였다. 이 사안에 대한 찬성률이 70%를 넘는다고 할 수 있는지 통계적 가설을 세우고, [예 7-6]의 프로그램을 이용하여 가설을 검정하라.

4. 엑셀의 추가기능인 데이터분석의 '난수생성'을 이용하여 평균이 50, 표준편차가 10인 정규분포에 따르는 난수 50개를 워크시트에 생성하고 다음 물음에 답하라.

   1) [예 7-8]의 프로그램을 이용하여 이 데이터에 대한 히스토그램을 그려보라.

   2) [예 7-9]의 프로그램을 이용하여 이 데이터에 대한 상자그림을 그려보라.

3) [예 7-7]의 프로그램을 이용하여 이 데이터에 대한 정규확률도를 그려보라.

4) [예 7-3]의 프로그램을 이용하여 이 데이터에 대한 기술통계량들을 출력하라.

5) 4)에서 구한 왜도와 첨도의 값은 얼마인가? 정규분포의 이론적인 왜도와 첨도의 값은 얼마인가?

6) [예 7-4]의 프로그램을 이용하여 모평균이 50이 아니라고 할 수 있는가? 가설을 세우고 가설검정을 시행하라.

7) [예 7-4]의 프로그램을 이용하여 모평균에 대한 90%, 95%, 99% 신뢰구간을 각각 구하라.

CHAPTER 08

08 두 모집단에 대한 추론과 상관분석

Visual Basic for Application

CHAPTER

08 두 모집단에 대한 추론과 상관분석

이번 장에서는 표본이 두 개인 경우에 추정 및 검정, 상관분석에 대한 내용들을 간단히 정리하고, 이를 바탕으로 프로그램으로 만들어 활용해보도록 하자.

서로 독립인 두 개의 정규모집단이 각각 $N(\mu_1, \sigma_1)$ 과 $N(\mu_2, \sigma_2)$ 에 따르고, 각 모집단으로부터 각각 크기가 n_1 과 n_2 인 확률표본 $X_1, X_2, \cdots, X_{n_1}$ 과 $Y_1, Y_2, \cdots, Y_{n_2}$ 을 얻었다고 하자.

8.1 두 모평균의 비교

모평균 μ_1 과 μ_2 간에 유의한 차가 있는가를 검정하는 문제는 다음과 같은 가설들로 정의할 수 있다.

귀무가설 H_0: $\mu_1 = \mu_2$, $(\mu_1 - \mu_2 = 0)$

대립가설 H_1: $\mu_1 \neq \mu_2$(혹은 $\mu_1 > \mu_2$, $\mu_1 < \mu_2$) .

두 모평균을 비교하는 문제는 두 모집단의 분산이 서로 같은지 다른지에 따라 차이가 있다. 따라서 이들을 별개의 시스템으로 구성해볼 예정이다.

8.1.1 등분산($\sigma_1^2 = \sigma_2^2 = \sigma^2$)인 경우

두 모평균의 차인 $(\mu_1 - \mu_2)$에 관한 추론에 사용될 통계량은 $(\overline{X} - \overline{Y})$임은 직관적으로 당연하며, 이에 대한 표준화 통계량이

$$Z = \frac{(\overline{X} - \overline{Y}) - (\mu_1 - \mu_2)}{\sigma\sqrt{1/n_1 + 1/n_2}} \sim N(0,1)$$

이다. 또한 S_1^2 과 S_2^2 을 각각 X-표본과 Y-표본에서 계산된 표본분산이라고 할 때, σ^2 에 대한 **합동추정량(pooled estimator)**인 S_p^2 을

$$S_p^2 = \frac{(n_1 - 1)S_1^2 + (n_2 - 1)S_2^2}{n_1 + n_2 - 2}$$

와 같이 정의하면

$$\chi^2 = \frac{(n_1 + n_2 - 2)S_p^2}{\sigma^2} \sim \chi^2(n_1 + n_2 - 2)$$

이 성립한다. 따라서 t-분포의 정의로부터

$$T = Z/\sqrt{\chi^2/(n_1 + n_2 - 2)} = \frac{(\overline{X} - \overline{Y}) - (\mu_1 - \mu_2)}{S_p\sqrt{1/n_1 + 1/n_2}} \sim t(n_1 + n_2 - 2)$$

이며, 이를 이용하면 $(\mu_1 - \mu_2)$에 대한 100(1-α)% 신뢰구간은

$$(\overline{X} - \overline{Y}) \pm t_{\alpha/2}(n_1 + n_2 - 2)S_p\sqrt{1/n_1 + 1/n_2}$$

와 같이 됨을 알 수 있다. 또한, 가설의 형태에 따라 유의수준 α 인 기각역과 유의확률의 계산법을 정리하면 다음의 <표 8-1>과 같다.

‖ 표 8-1 ‖ 두 모평균의 차에 대한 검정(등분산인 경우)

※ 검정통계량 : $T = \dfrac{(\overline{X} - \overline{Y})}{S_p\sqrt{1/n_1 + 1/n_2}}$, T의 실제 관측값을 t

귀무가설	대립가설	유의수준 α 인 기각역	유의확률
$H_0 : \mu_1 \leqq \mu_2$	$H_1 : \mu_1 > \mu_2$	$t > t_\alpha(n_1 + n_2 - 2)$	$\Pr(X \geq t)$
$H_0 : \mu_1 \geqq \mu_2$	$H_1 : \mu_1 < \mu_2$	$t < -t_\alpha(n_1 + n_2 - 2)$	$\Pr(X \leq t)$
$H_0 : \mu_1 = \mu_2$	$H_1 : \mu_1 \neq \mu_2$	$\lvert t \rvert > t_{\alpha/2}(n_1 + n_2 - 2)$	$\Pr(\lvert X \rvert \geq \lvert t \rvert)$

여기서 $X \sim t\,(n_1 + n_2 - 2)$

예 8-1

<그림 8-1>과 같이 두 모평균의 차에 대한 검정을 위한 폼을 설계한다. 분석할 자료가 있는 워크시트가 선택된 상태에서 모듈에 있는 서브 프로시저 'ex1()'을 실행하면 <그림 8-2>와 같이 데이터 입력부분과 가설의 설정부분만 보이는 축소된 폼이 실행된다. 여기에서 두 그룹의 자료영역을 입력하고 대립가설의 유형을 선택한 후 [자료분석] 버튼을 누르면 <그림 8-3>과 같이 폼의 높이와 너비가 늘어나고 결과들이 출력된다. <표 8-2>는 폼의 코드 창에 기술된 [자료분석] 버튼의 이벤트 프로시저이다.

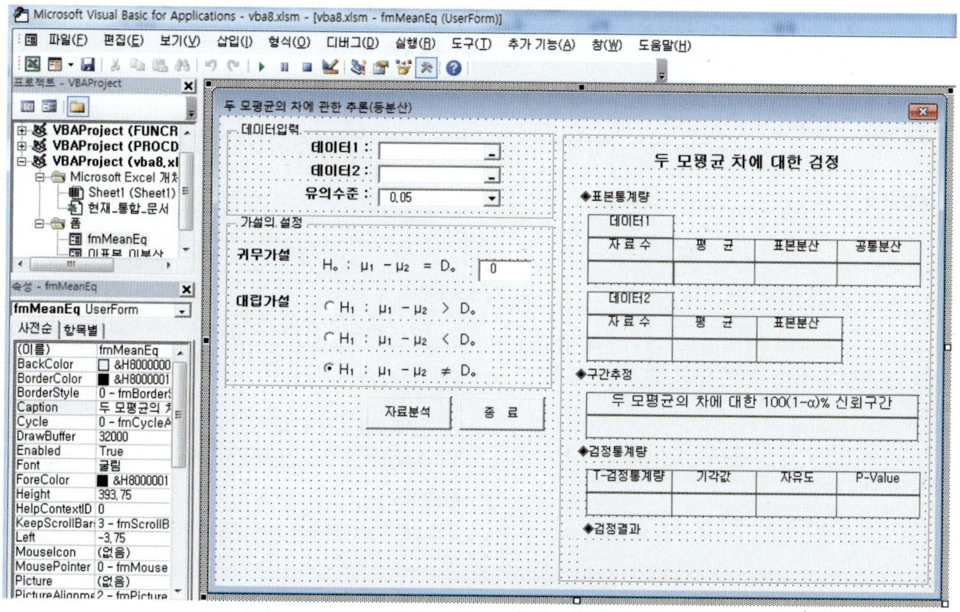

‖ 그림 8-1 ‖ 두 모평균의 차에 대한 검정(등분산)을 위한 폼

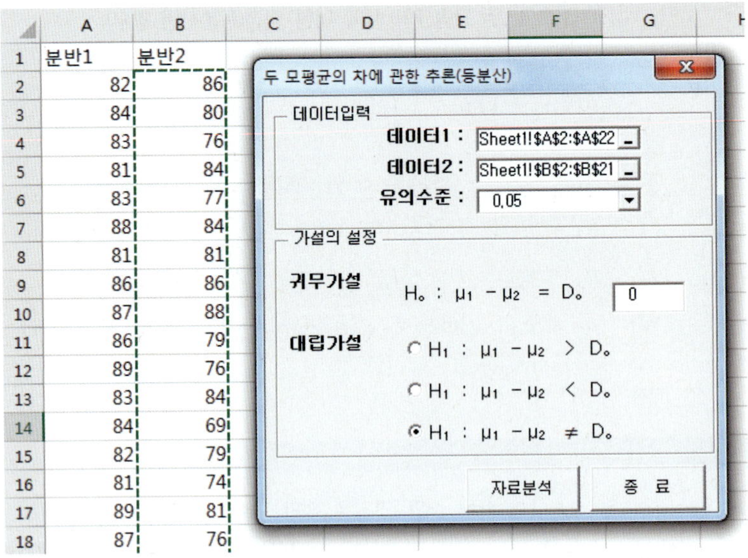

‖ 그림 8-2 ‖ 워크시트 위에 입력부분만으로 축소된 폼이 실행된 화면

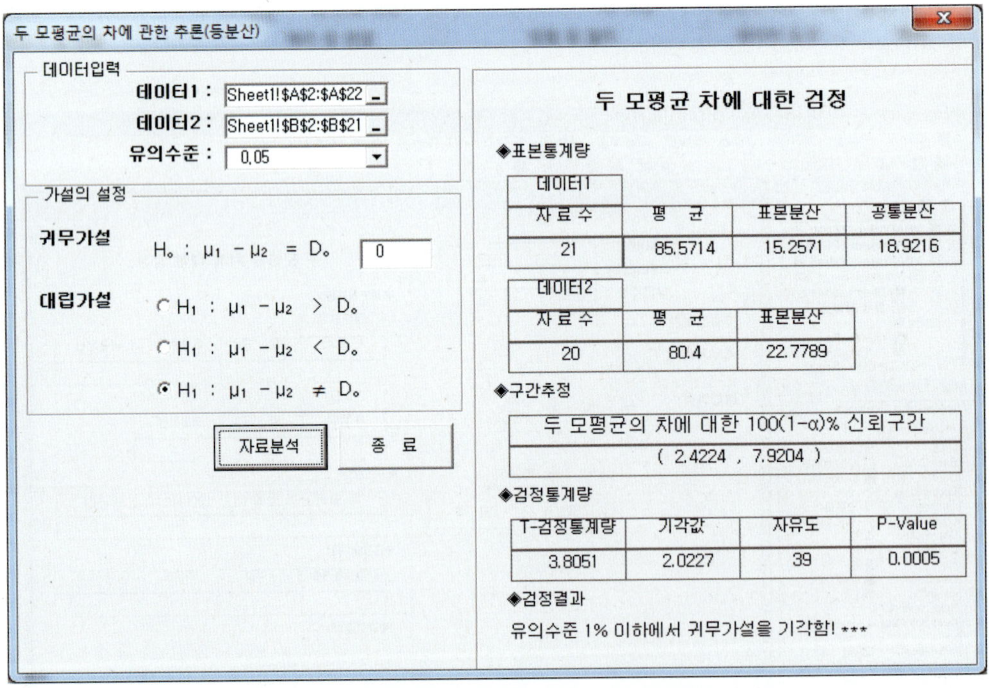

‖ 그림 8-3 ‖ 폼의 높이와 너비가 늘어나 결과 출력된 모습

‖ 표 8-2 ‖ 폼의 코드 창에 입력한 [자료분석] 버튼의 이벤트 프로시저

```
Private Sub CommandButton1_Click()
    xrng = RefEdit1.Value :     yrng = RefEdit2.Value
    Set xdta = Range(xrng) :    Set ydta = Range(yrng)
    alpha = Val(ComboBox1.Value):    d0 = Val(TextBox1.Text)
    xn = WorksheetFunction.COUNT(xdta)
    yn = WorksheetFunction.COUNT(ydta)
    xmean = WorksheetFunction.Average(xdta)
    ymean = WorksheetFunction.Average(ydta)
    xvar = WorksheetFunction.Var_S(xdta)
    yvar = WorksheetFunction.Var_S(ydta)
    df = xn + yn - 2
    sp2 = ((xn - 1) * xvar + (yn - 1) * yvar) / df
    sterr = Sqr(sp2 * (1 / xn + 1 / yn))
    testst = ((xmean - ymean) - d0) / sterr
    If OptionButton1.Value = True Then
        X = WorksheetFunction.T_Inv(1 - alpha, df)
    … 중간생략
    End If
    t_q = WorksheetFunction.T_Inv(1 - alpha / 2, df)
    conf = t_q * sterr
    ci_low = Format((xmean - ymean) - conf, "0.####")
    ci_up = Format((xmean - ymean) + conf, "0.####")
    P = 1 - WorksheetFunction.T_Dist(testst, df, True)
    If OptionButton1.Value = True Then
        p_value = P
    … 중간생략
    End If
    TextBox2.Text = xn
    … 중간생략
    TextBox14.Text = Format(p_value, "0.####")
    If p_value < 0.01 Then
        res = "유의수준 1% 이하에서 귀무가설을 기각함! ***"
    … 중간생략
    End If
    Label27.Caption = res
    Me.Height = 386.25
    Me.Width = 561
End Sub
```

<표 8-2> 코드의 라인별 설명

① 02~14 라인 : 영역개체 생성 및 기초통계량 계산

자료가 있는 영역을 마우스로 드래그하여 RefEdit의 value 속성을 Range 개체로 만들어 각각 개체변수 xdta와 ydta에 저장하였다. 이 개체변수를 각종 통계관련 함수들에 인수로 전달해 기초통계량들을 계산하였다. 특히, 12 라인의 변수 sp2는 모분산의 합동추정량 S_p^2, 13 라인의 변수 sterr은 표준오차 $S_p\sqrt{1/n_1+1/n_2}$, 14 라인의 변수 testst은 검정통계량 T를 각각 계산한 것이다.

② 15~18 라인 : 유의수준 α 인 기각역을 위한 기각값 계산

<표 8-1>에서 정리한 바와 같이 대립가설의 형태에 따라 기각값인 $t_\alpha(n_1+n_2-2)$와 -$t_\alpha(n_1+n_2-2)$를 구하며, 양측검정인 경우 $t_{\alpha/2}(n_1+n_2-2)$를 구한다.

③ 19~22 라인 : 신뢰구간의 계산

t_q는 $t_{\alpha/2}(n_1+n_2-2)$이며, 'conf=t_q*sterr'는 $t_{\alpha/2}(n_1+n_2-2)S_p\sqrt{1/n_1+1/n_2}$ 로 오차한계이다. 이 값을 $(\overline{X}-\overline{Y})$에서 빼거나 더해 신뢰구간을 완성한다.

④ 23~27 라인 : 유의확률 계산

<표 8-1>의 첫 번째 형태인 단측검정의 유의확률을 구해 변수 p에 저장하였다. 즉, $T\sim t(n_1+n_2-2)$일 때 유의확률은 $\Pr(T\geq$ 검정통계량$)$에 의해 구해진다. 대립가설의 형태에 따라 단측검정의 유의확률은 상위확률 또는 누적확률 형태이며 양측검정의 유의확률은 단측검정의 유의확률을 2배 하되 1을 넘지 않는 쪽을 선택하면 된다. 최종적인 유의확률을 변수 p_value에 저장한다.

⑤ 28~30 라인 : 폼에 결과 출력

계산된 통계량들을 폼의 텍스트박스에 출력한다.

⑥ 31~35 라인 : 유의확률의 크기에 따른 출력

유의확률의 크기에 따라 출력할 메시지를 변수 res에 저장하였다가 이를 라벨에 caption 속성을 이용해 출력한다.

⑦ 36~37 라인 : 폼의 크기 환원

폼이 처음 실행될 때 폼의 활성화 이벤트 프로시저에서 축소했던 폼의 크기를 원래대로 환원한다.

다음의 <그림 8-4>는 엑셀의 데이터 분석 도구에서 't-검정: 등분산 가정 두 집단'을 이용한 결과이다. 우리가 작성한 프로그램의 결과(<그림 8-3>)의 결과와 비교해보라.

H	I	J
t-검정: 등분산 가정 두 집단		
	분반1	분반2
평균	85.57143	80.4
분산	15.25714	22.77895
관측수	21	20
공동(Pooled) 분산	18.92161	
가설 평균차	0	
자유도	39	
t 통계량	3.805083	
P(T<=t) 단측 검정	0.000244	
t 기각치 단측 검정	1.684875	
P(T<=t) 양측 검정	0.000488	
t 기각치 양측 검정	2.022691	

‖ 그림 8-4 ‖ 엑셀의 데이터 분석 도구의 't-검정: 등분산 가정 두 집단'의 결과

8.1.2 등분산이 아닌 경우(이분산)

$\sigma_1^2 \neq \sigma_2^2$인 경우에는 표본분산 S_1^2 과 S_2^2 을 각각 σ_1^2 과 σ_2^2 의 추정량으로 사용한 다음과 같은 검정통계량

$$T^* = \frac{\overline{X} - \overline{Y}}{\sqrt{S_1^2/n_1 + S_2^2/n_2}}$$

를 사용하며, 귀무가설 하에서 T^*의 분포는 자유도가 ϕ인 t-분포를 근사적으로 따른다고 알려져 있다. 자유도 ϕ는 Satterthwaite에 의한 것으로 다음과 같이 계산된다.

$$\phi = \frac{(S_1^2/n_1 + S_2^2/n_2)^2}{(S_1^2/n_1)^2/(n_1-1) + (S_2^2/n_2)^2/(n_2-1)} \ .$$

일반적으로 등분산에 대한 확신이 없을 때에는 $\sigma_1^2 = \sigma_2^2$을 검정하는 F-검정을 수행하여 그 결과에 따라 모평균에 대한 검정을 행하는 것이 순서이다. F-검정에 대해서는 다음 절에서 설명하고 시스템으로 구현할 예정이다. 일반적으로 등분산의 여부를 먼저 검정하고 그 결과에 따라 평균의 차에 대한 검정을 진행한다.

예 8-2

<그림 8-5>와 같이 두 모평균의 차에 대한 검정을 위한 폼을 설계한다. 분석할 자료가 있는 워크시트가 선택된 상태에서 모듈에 있는 서브 프로시저 'ex2()'를 실행하면 <그림 8-6>과 같이 데이터 입력부분과 가설의 설정부분만 보이는 축소된 폼이 실행된다. 여기에서 두 그룹의 자료영역을 입력하고 대립가설의 유형을 선택한 후 [자료분석] 버튼을 누르면 <그림 8-7>과 같이 폼의 높이와 너비가 늘어나고 결과들이 출력된다. <표 8-3>에는 폼의 코드 창에 기술된 코드들 중 앞의 프로그램과 중복되지 않는 부분만 실었다.

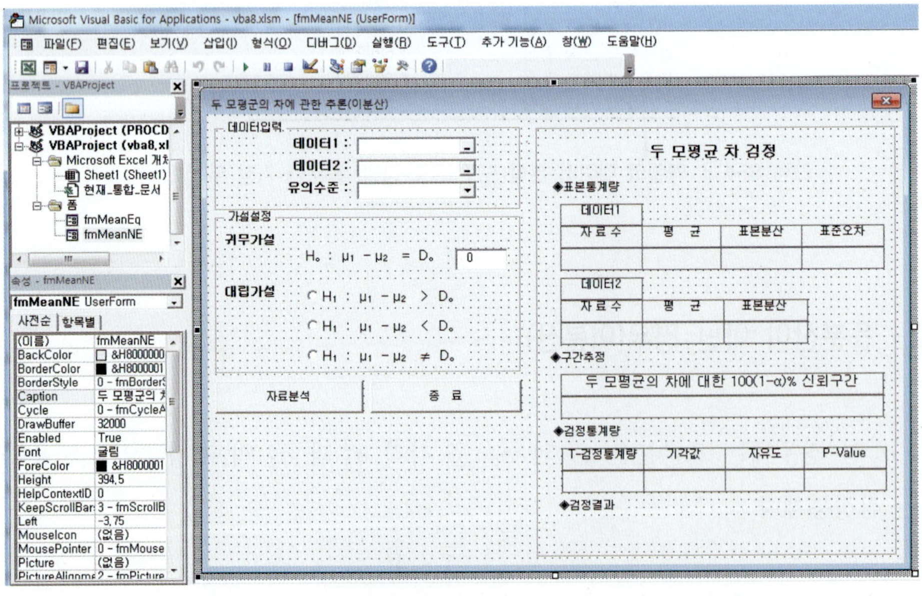

‖ 그림 8-5 ‖ 두 모평균의 차에 대한 검정(이분산)을 위한 폼

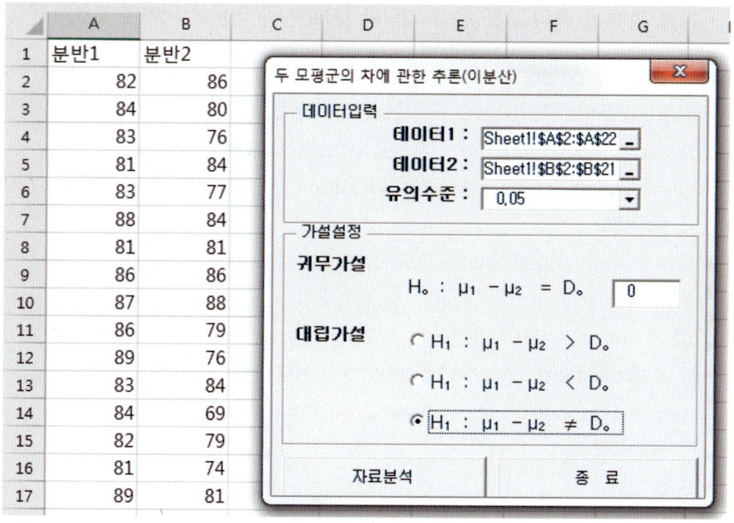

‖ 그림 8-6 ‖ 데이터 입력과 가설설정 부분만 펼쳐진 폼

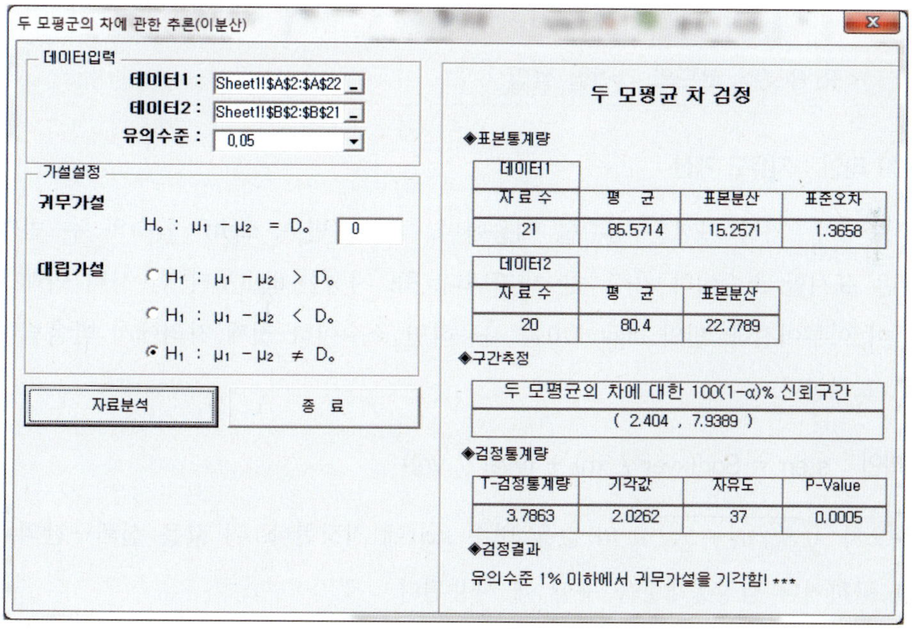

‖ 그림 8-7 ‖ 폼의 너비와 높이가 증가된 폼의 실행 결과

‖ 표 8-3 ‖ 폼의 코드 창에 입력한 [자료분석] 버튼의 이벤트 프로시저

```
01 Private Sub CommandButton1_Click()
02     xrng = RefEdit1.Value :      yrng = RefEdit2.Value
03     Set xdta = Range(xrng):     Set ydta = Range(yrng)
04     xn = WorksheetFunction.COUNT(xdta)
05     … 중간생략
06     yvar = WorksheetFunction.Var_S(ydta)
07     df1 = ((xvar / xn) + (yvar / yn)) ^ 2
08     df2 = ((xvar / xn) ^ 2 / (xn - 1)) + ((yvar / yn) ^ 2 / (yn - 1))
09     df = WorksheetFunction.Round(df1 / df2, 0)
10     sterr = Sqr((xvar / xn) + (yvar / yn))
11     … 중간생략
12 End Sub
```

<표 8-3> 코드의 라인별 설명

① 07~09 라인 : 자유도 계산

자유도 ϕ 는 가장 가까운 정수를 이용한다. **'Round(변수, digit)'** 함수의 두 번째 인수 digit은 표시할 소수이하 자릿수를 나타낸다. 즉, 지정한 digit보다 한 자리 아래에서 반올림이 이루어진다. 만약 digit에 0을 사용하면 소수이하 첫째 자리에서 반올림하여 정수로 표시한다.

② 10 라인 : sterr = Sqr((xvar / xn) + (yvar / yn))

표준오차 $\sqrt{S_1^2/n_1 + S_2^2/n_2}$ 의 값을 변수 sterr에 저장한다. 이 값은 신뢰구간의 오차한계를 구하거나 검정통계량을 구할 때 사용된다.

<그림 8-8>은 엑셀의 데이터 분석 도구에서 't-검정: 이분산 가정 두 집단'을 이용한 결과이다. 이 결과와 우리가 작성한 <그림 8-7>의 결과를 비교해보라.

t-검정: 이분산 가정 두 집단		
	분반1	분반2
평균	85.57143	80.4
분산	15.25714	22.77895
관측수	21	20
가설 평균차	0	
자유도	37	
t 통계량	3.786304	
P(T<=t) 단측 검정	0.000272	
t 기각치 단측 검정	1.687094	
P(T<=t) 양측 검정	0.000544	
t 기각치 양측 검정	2.026192	

‖ 그림 8-8 ‖ 엑셀의 데이터 분석 도구의 't-검정: 이분산 가정 두 집단'의 결과

8.1.3 대응표본 t-검정(쌍체비교)

두 처리를 비교할 때 동질적인 실험단위끼리 묶어서 두 처리를 랜덤하게 적용시키거나, 한 실험단위에 두 처리를 적용시켜 처리효과의 유의성을 검정하는 비교를 **대응비교(paired comparison)**이라 한다. 전체 실험단위들이 동질적이지 못할 때에는 대응비교가 독립표본에 의한 비교보다 유용하다.

대응비교서는 $n_1 = n_2 = n$ 이고 각 조의 두 실험단위에 대한 반응측정값의 차이 $d_i = X_i - Y_i$, $(i = 1,2,\cdots,n)$를 택하고 d_i 들을 서로 독립인 정규분포에서 얻어진 확률표본들로 생각하면 모평균의 차 $\delta = \mu_1 - \mu_2$ 에 관한 추론 문제를 다룰 수 있다. $\bar{d}$ 와 S_d 를 각각 d_i 들로부터 계산된 표본평균과 표본표준편차라고 하면 단일표본에서와 같이 $\delta = \mu_1 - \mu_2$ 에 대한 100(1-α)% 신뢰구간은

$$\bar{d} \pm t\,(n-1\,;\alpha/2)S_d \,/\, \sqrt{n}$$

과 같이 주어지며, $\mu_1 = \mu_2$ 인지는 귀무가설 H_0: $\delta = 0$ 로 표현할 수 있다. 이 가설을 검

정하기 위한 검정통계량은 단일표본에서 t-검정과 같이

$$T = \frac{\overline{d}}{S_d / \sqrt{n}}$$

를 이용하면 될 것이다.

예 8-3

대응비교(쌍체비교)인 경우는 <그림 8-9>와 같이 워크시트에 두 변수의 차이를 계산한 후 [예 7-4]에서 만든 '단일 모평균의 추론' 프로그램을 이용하면 된다. 교육 전 후에 평균값의 차이가 있는지의 여부는 <그림 8-9>와 같이 데이터 영역에 차이가 입력된 영역을 드래그하고 μ 0 에 0을 설정하면 된다. 결과는 <그림 8-10>과 같으며 이는 엑셀의 데이터 분석 도구 't-검정: 쌍체 비교'의 결과인 <그림 8-11>과 일치한다.

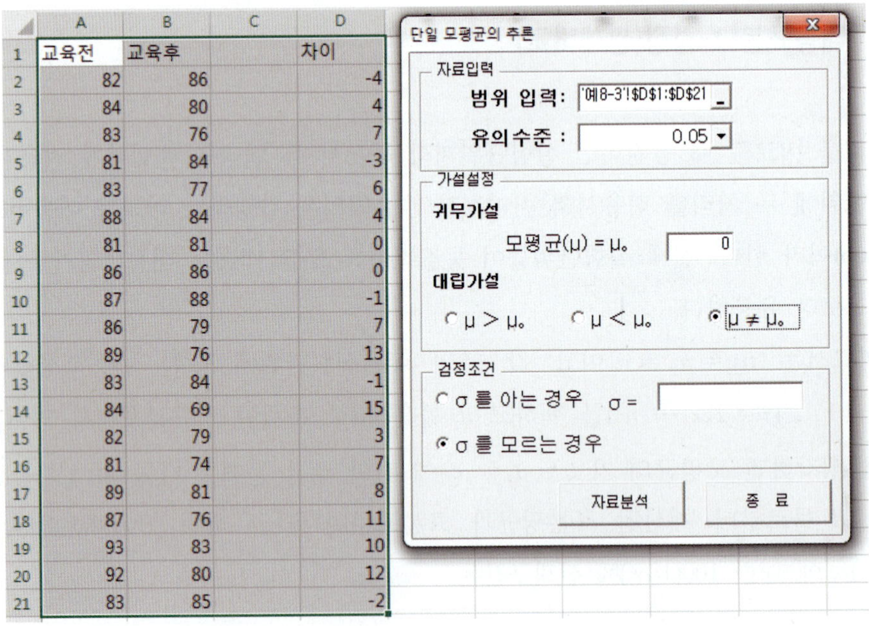

‖ 그림 8-9 ‖ 두 변수의 차에 [예 7-4]에서 만든 '단일 모평균의 추론' 프로그램 적용

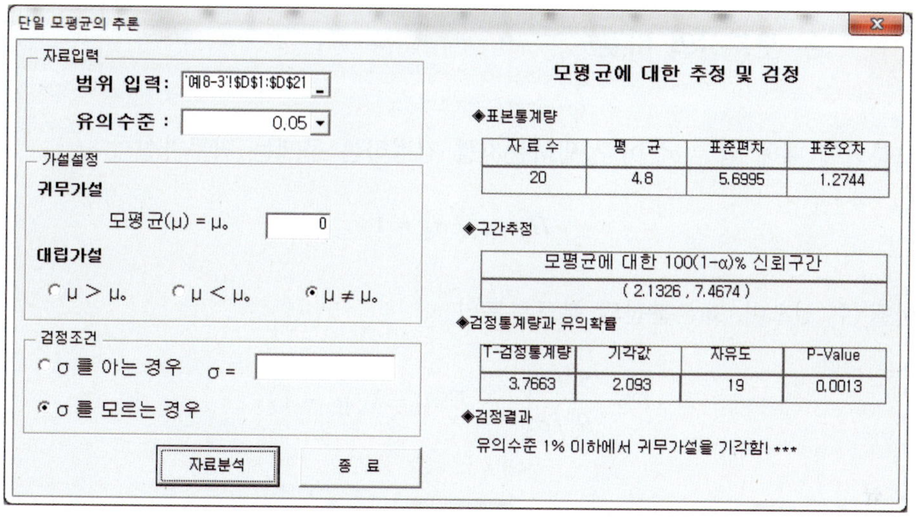

‖ 그림 8-10 ‖ '단일 모평균의 추론' 프로그램의 실행 결과

t-검정: 쌍체 비교		
	교육전	교육후
평균	85.2	80.4
분산	13.01053	22.77895
관측수	20	20
피어슨 상관 계수	0.095998	
가설 평균차	0	
자유도	19	
t 통계량	3.766345	
P(T<=t) 단측 검정	0.000653	
t 기각치 단측 검정	1.729133	
P(T<=t) 양측 검정	0.001306	
t 기각치 양측 검정	2.093024	

‖ 그림 8-11 ‖ 엑셀의 데이터 분석 도구의 't-검정: 쌍체 비교'의 결과

8.2 두 모분산의 비교

두 모분산에 대해 $\sigma_1^2 = \sigma_2^2$ 이 성립하는지를 검정하는 문제는 귀무가설

$$H_0 : \sigma_1^2 / \sigma_2^2 = 1$$

로 표현될 수 있으며, 표본분산의 분포로부터

$$F = \frac{S_1^2/\sigma_1^2}{S_2^2/\sigma_2^2} \sim F(n_1 - 1,\ n_2 - 1)$$

임을 할 수 있다. 또한, F-분포의 성질로부터

$$F_{1-\alpha/2}(n_1 - 1, n_2 - 1) = \frac{1}{F_{\alpha/2}(n_2 - 1, n_1 - 1)}$$

이 성립하므로 모분산의 비 σ_1^2 / σ_2^2 에 대한 100(1-α)% 신뢰구간은

$$\left(\frac{S_1^2}{S_2^2} / F_{\alpha/2}(n_1 - 1, n_2 - 1),\ \frac{S_1^2}{S_2^2} / F_{\alpha/2}(n_2 - 1, n_1 - 1) \right)$$

와 같다.

<표 8-4>는 검정통계량 $F = S_1^2 / S_2^2$ 을 이용하여 귀무가설 $H_0 : \sigma_1^2 / \sigma_2^2 = 1$ 에 대해 대립가설의 형태에 따른 검정법을 정리한 것이다.

‖ 표 8-4 ‖ 등분산 여부에 대한 검정

※ 귀무가설 : $H_0 : \sigma_1^2 / \sigma_2^2 = 1$

※ 검정통계량 : $F = S_1^2 / S_2^2$, F의 실제 관측값을 f

대립가설	유의수준 α 인 기각역	유의확률
$H_1 : \sigma_1^2 / \sigma_2^2 > 1$	$f \geqq F_{\alpha}(n_1 - 1, n_2 - 1)$	$\Pr(X \geqq f)$
$H_1 : \sigma_1^2 / \sigma_2^2 < 1$	$f \leqq F_{1-\alpha}(n_1 - 1, n_2 - 1)$	$\Pr(X \leqq f)$
$H_1 : \sigma_1^2 / \sigma_2^2 \neq 1$	$f \geqq F_{\alpha/2}(n_1 - 1, n_2 - 1)$	$2\Pr(X \geqq f)$
	또는 $f \leqq F_{1-\alpha/2}(n_1 - 1, n_2 - 1)$	또는 $2\Pr(X \leqq f)$
		여기서 $X \sim F(n_1 - 1, n_2 - 1)$

모평균에 관한 추론은 중심극한정리에 의해 표본크기가 클 때에는 정규모집단이라는 가정이 어느 정도 무시될 수 있으나 모분산에 대한 추정과 검정 문제는 정규모집단이라는 가정에 깊게 의존함을 유의하기 바란다.

예 8-4

먼저 <그림 8-12>와 같이 폼 위에 컨트롤들을 배치한다. 분석할 자료가 있는 워크시트가 선택된 상태에서 모듈에 있는 서브 프로시저 'ex4()'를 실행하면 <그림 8-13>과 같이 데이터 입력부분과 가설의 설정부분만 보이는 축소된 폼이 실행된다. 여기에서 두 그룹의 자료영역을 입력하고 대립가설의 유형을 선택한 후 [자료분석] 버튼을 누르면 <그림 8-14>와 같이 폼의 높이와 너비가 늘어나면서 결과들이 출력된다. <그림 8-15>는 단측검정에 대한 결과이며 엑셀의 데이터 분석 도구 'F-검정: 분산에 대한 두 집단'의 결과인 <그림 8-16>과 일치하는 것을 알 수 있다. 이들 결과로부터 귀무가설(등분산)을 기각하지 못하므로 두 자료의 분산은 등분산이라 볼 수 있다. 앞에서 설명한 두 모평균의 차에 대한 검정을 시행할 때 등분산인 경우를 이용하면 되겠다. 폼의 코드 창에 기술된 이벤트 프로시저들의 내용은 이전의 프로그램들과 크게 다르지 않으므로 설명을 생략한다.

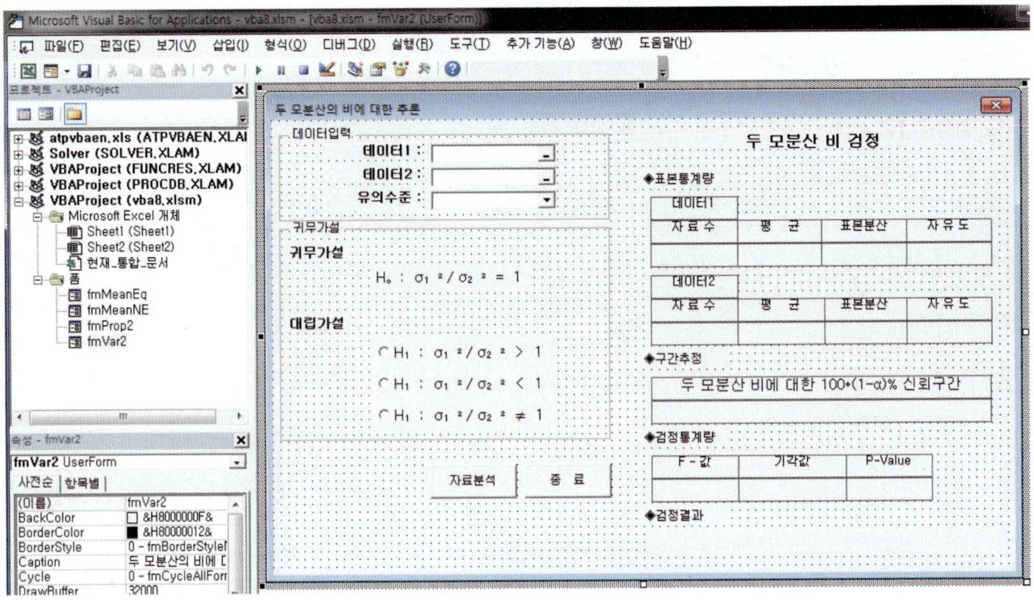

|| 그림 8-12 || 두 모분산의 비에 대한 추 · 검정에 사용될 폼 작성

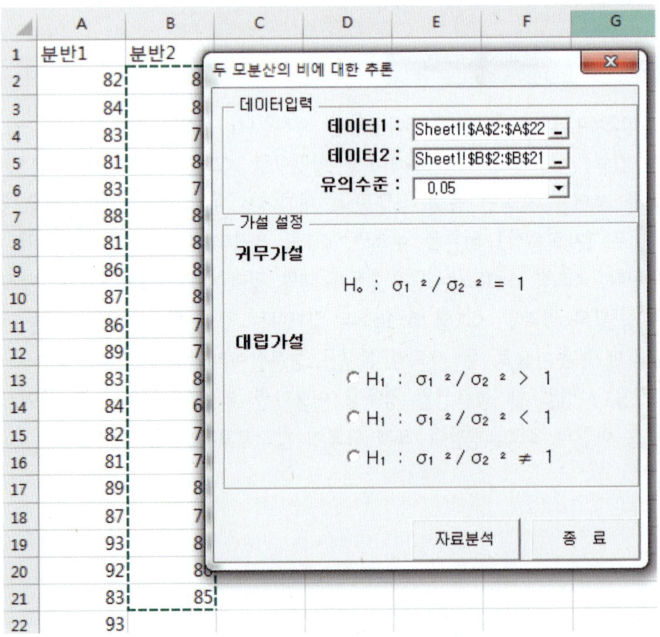

|| 그림 8-13 || 데이터 입력부분과 가설의 설정부분만 보이는 축소된 폼

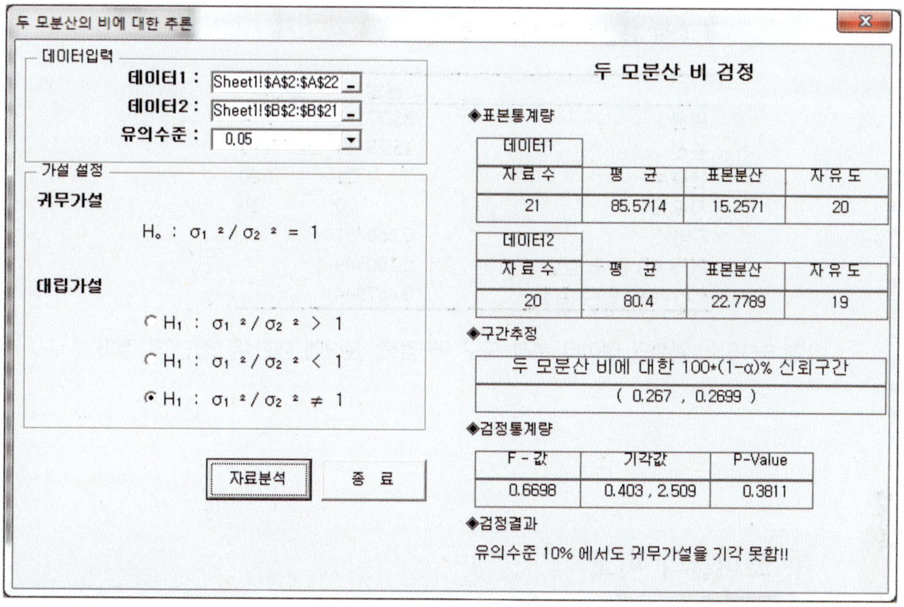

‖ 그림 8-14 ‖ 두 모분산의 비에 대한 추 · 검정 시스템의 실행 결과(양측검정)

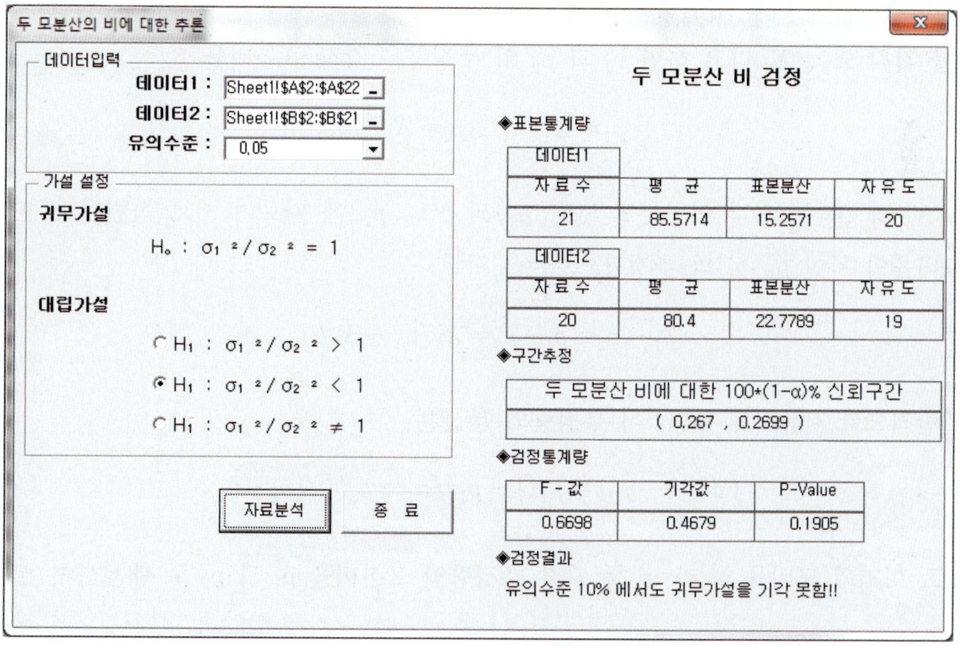

‖ 그림 8-15 ‖ 두 모분산의 비에 대한 추 · 검정 시스템의 실행 결과(단측검정)

F-검정: 분산에 대한 두 집단		
	분반1	분반2
평균	85.57143	80.4
분산	15.25714	22.77895
관측수	21	20
자유도	20	19
F 비	0.669791	
P(F<=f) 단측 검정	0.190549	
F 기각치: 단측 검정	0.467944	

‖ 그림 8-16 ‖ 엑셀의 데이터 분석 도구 'F-검정: 분산에 대한 두 집단'의 결과

8.3 두 모비율의 비교

두 모집단에서 각각 n_1 과 n_2 개의 랜덤표본을 서로 독립적으로 추출한 경우에 두 모비율 p_1 과 p_2 의 비교 방법을 생각해보자. 관심의 대상인 속성이 두 표본에서 나타나는 도수를 각각 X_1 , X_2 라고 하면 p_1 과 p_2 의 추정량은 각각 표본비율

$$\widehat{p_1} = X_1/n_1 \ , \ \widehat{p_2} = X_2/n_2$$

이다. X_1 과 X_2 는 각각 이항분포 $b(n_1, p_1)$과 $b(n_2, p_2)$에 따르며 서로 독립이다. 따라서 두 모비율의 차인 p_1 -p_2 의 추정량으로는

$$\widehat{p_1 - p_2} = \widehat{p_1} - \widehat{p_2} = X_1/n_1 - X_2/n_2$$

을 일반적으로 사용하게 된다. 이 추정량의 분산은

$$Var(\widehat{p_1 - p_2}) = p_1(1-p_1)/n_1 + p_2(1-p_2)/n_2$$

이므로, 미지의 모비율 p_1 과 p_2 를 각각 추정량인 표본비율 $\widehat{p_1}$ 과 $\widehat{p_2}$ 로 대체하여

$$\widehat{S.E}(\widehat{p_1 - p_2}) = \sqrt{\widehat{p_1}(1-\widehat{p_1})/n_1 + \widehat{p_2}(1-\widehat{p_2})/n_2}$$

와 같이 그 표준오차를 추정한다.

또한, 표본크기가 충분히 큰 경우에 근사적으로 다음이 성립한다.

$$\frac{(\hat{p_1}-\hat{p_2})-(p_1-p_2)}{\sqrt{\hat{p_1}(1-\hat{p_1})/n_1+\hat{p_2}(1-\hat{p_2})/n_2}} \sim N(0,\ 1)\quad ,\ (\text{근사적으로})$$

이를 이용하면 두 모비율의 차인 $(p_1 - p_2)$에 대한 $100(1-\alpha)\%$ 근사신뢰구간은 다음과 같다.

$$\left((\hat{p_1}-\hat{p_2})-z_{\alpha/2}\cdot \widehat{S.E}(\hat{p_1}-\hat{p_2}),\quad (\hat{p_1}-\hat{p_2})+z_{\alpha/2}\cdot \widehat{S.E}(\hat{p_1}-\hat{p_2})\right)$$

한편, 귀무가설 $H_0\ :\ p_1=p_2$ 가 사실일 때, 공통인 $p_1=p_2=p$ 에 대하여

$$Var(\hat{p_1}-\hat{p_2})=p_1(1-p_1)/n_1+p_2(1-p_2)/n_2=p(1-p)(1/n_1+1/n_2)$$

임을 알 수 있고, p 는 두 모집단에서의 공통인 모비율이므로 두 표본을 합하여 모두 (n_1+n_2)개의 표본에서 (X_1+X_2)개가 대응되는 속성을 가진 것으로 나타났다고 생각할 수 있다. 따라서 p 의 추정량으로는

$$\hat{p}=(X_1+X_2)/(n_1+n_2)$$

로 정의되는 **합동표본비율(pooled sample proportion)**을 사용하게 되고, 이 때 분산의 추정량은

$$\widehat{Var}(\hat{p_1}-\hat{p_2})=\hat{p}(1-\hat{p})(1/n_1+1/n_2)$$

와 같다.

따라서 귀무가설 $H_0\ :\ p_1=p_2$ 가 사실일 때, 이항분포의 정규근사를 이용하면

$$\frac{(\hat{p_1}-\hat{p_2})-(p_1-p_2)}{\sqrt{\widehat{Var}(\hat{p_1}-\hat{p_2})}}=\frac{(\hat{p_1}-\hat{p_2})-0}{\sqrt{\hat{p}(1-\hat{p})(1/n_1+1/n_2)}} \sim N(0,\ 1)\quad ,\ (\text{근사적으로})$$

이 성립하고, 이를 이용하여 다음의 <표 8-5>와 같이 가설검정을 행할 수 있다.

‖ 표 8-5 ‖ 두 모비율의 비교를 위한 근사적인 검정(표본크기가 큰 경우)

※ 귀무가설 H_0 : $p_1 = p_2$ 가 사실일 때, $\hat{p} = (X_1 + X_2)/(n_1 + n_2)$

※ 검정통계량 : $Z = \dfrac{\hat{p_1} - \hat{p_2}}{\sqrt{\hat{p}(1-\hat{p})(1/n_1 + 1/n_2)}}$, Z의 실제 관측값을 z

대립가설	유의수준 α 인 기각역	유의확률(근사)
H_1 : $p_1 > p_2$	$z \geq z_\alpha$	$P(X \geq z)$
H_1 : $p_1 < p_2$	$z \leq -z_\alpha$	$P(X \leq z)$
H_1 : $p_1 \neq p_2$	$\lvert z \rvert \geq z_{\alpha/2}$	$P(\lvert X \rvert \geq \lvert z \rvert)$

여기서 $X \sim N(0, 1)$

예 8-5

먼저 <그림 8-17>과 같이 폼 위에 컨트롤들을 배치한다. 모듈에 있는 서브 프로시저 'ex5()'를 실행하면 <그림 8-18>과 같이 데이터 입력부분과 가설의 설정부분만 보이는 축소된 폼이 실행된다. 여기에서 각 그룹의 표본 수와 성공 횟수를 입력하고 대립가설의 유형을 선택한 후 [자료분석] 버튼을 누르면 <그림 8-19>와 같이 폼의 높이와 너비가 늘어나면서 결과들이 출력된다. 이 과정은 충분히 큰 표본수를 이용할 경우에 성립하는 근사적인 절차임을 잊지 말자. <표 8-6>에는 폼의 코드 창에 기술된 [자료분석] 버튼의 이벤트 프로시저에서 설명이 필요한 부분만 발췌해서 실었다.

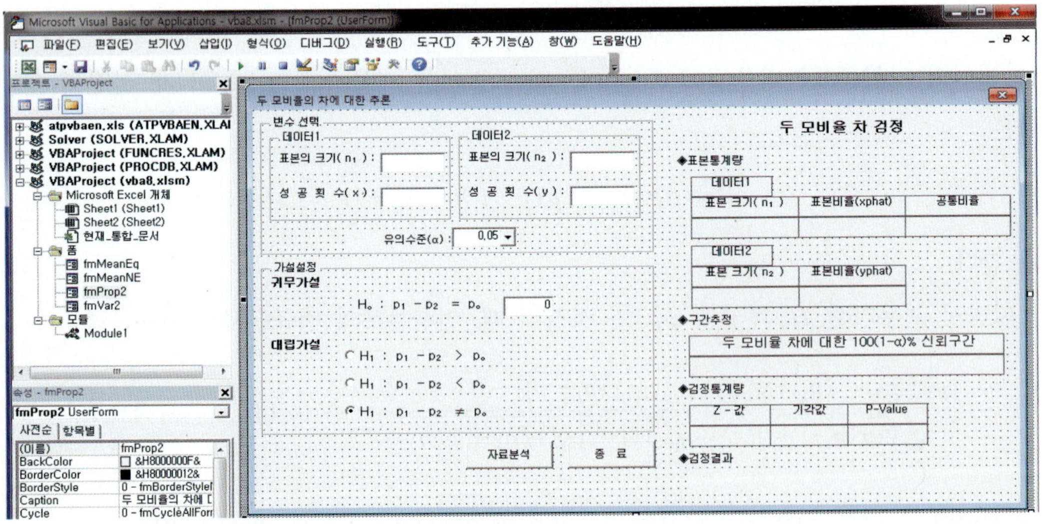

‖ 그림 8-17 ‖ 두 모비율의 차에 대한 추론을 위한 폼

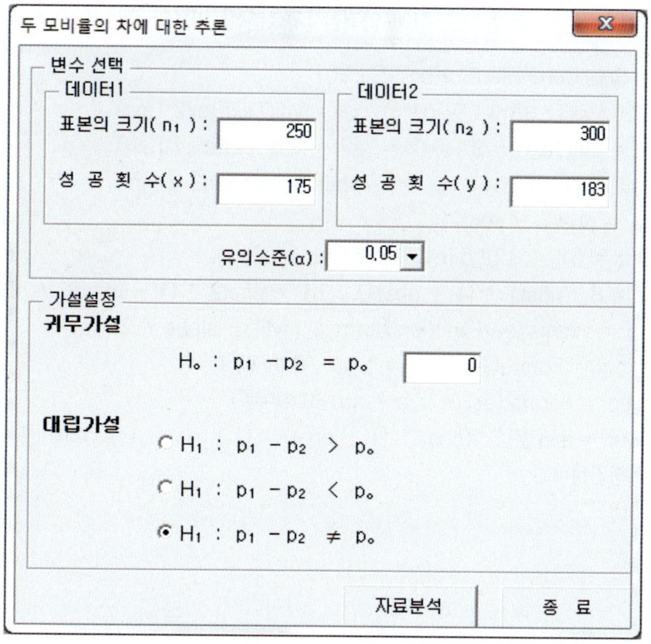

‖ 그림 8-18 ‖ 두 모비율의 차에 대한 추론을 실행한 결과

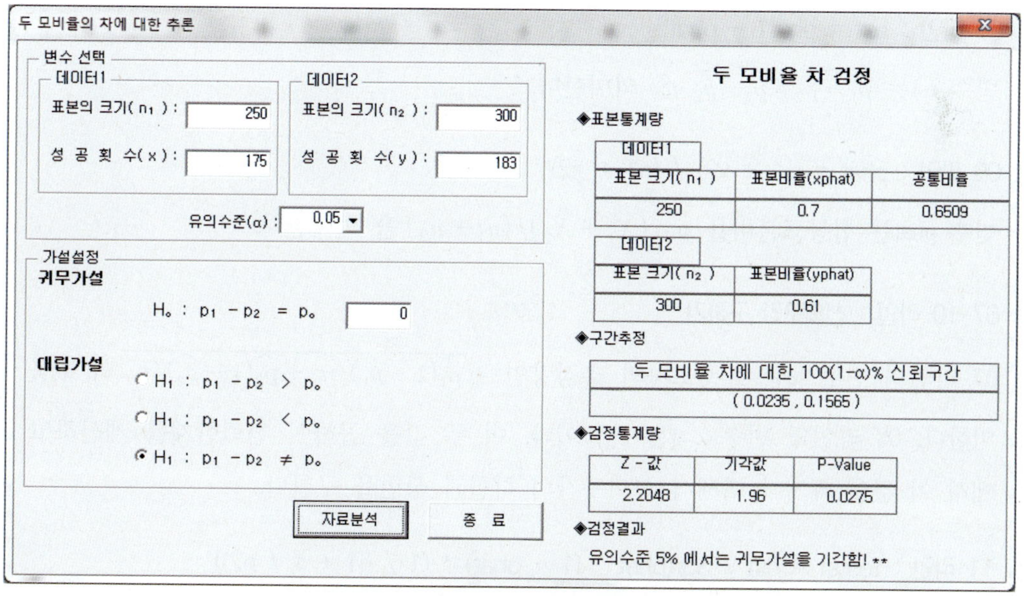

‖ 그림 8-19 ‖ 두 모비율의 차에 대한 추론을 실행한 결과

‖ 표 8-6 ‖ 폼의 코드 창에 입력한 [자료분석] 버튼의 이벤트 프로시저

```
01  Private Sub CommandButton1_Click()
02      n1 = Val(TextBox1.Text):     x1 = Val(TextBox2.Text)
03      n2 = Val(TextBox3.Text):     x2 = Val(TextBox4.Text)
04      phat1 = x1 / n1:             phat2 = x2 / n2
05      est = phat1 - phat2
06      phat = (x1 + x2) / (n1 + n2)
07      se = Sqr(phat1 * (1 - phat1) / n1 + phat2 * (1 - phat2) / n2)
08      z_q = WorksheetFunction.Norm_S_Inv(1 - alpha / 2)
09      ci_low = Format(est - z_q * se, "0.####")
10      ci_up = Format(est + z_q * se, "0.####")
11      testst = est / Sqr(phat * (1 - phat) * (1 / n1 + 1 / n2))
12      … 중간생략
13  End Sub
```

<표 8-6> 코드의 라인별 설명

① 05 라인 : est = phat1 - phat2

변수 est는 $\widehat{p_1 - p_2} = \hat{p}_1 - \hat{p}_2$ 을 의미한다.

② 06 라인 : phat = (x1 + x2) / (n1 + n2)

변수 phat는 합동표본비율 $\hat{p} = (X_1 + X_2)/(n_1 + n_2)$ 을 의미한다.

③ 07~10 라인 : 신뢰구간 구하기

07 라인의 변수 se는 표준오차의 추정량인 $\sqrt{\hat{p}_1(1-\hat{p}_1)/n_1 + \hat{p}_2(1-\hat{p}_2)/n_2}$ 의 값을 의미한다. 08 라인의 변수 z_q는 $z_{\alpha/2}$이다. 이 두 값을 곱하여 신뢰한계를 계산하고 est에서 이 값을 빼거나 더해서 신뢰구간의 하한과 상한을 구한다.

④ 11 라인 : testst = est / Sqr(phat * (1 - phat) * (1 / n1 + 1 / n2))

변수 testst은 검정통계량 $Z = (\hat{p}_1 - \hat{p}_2)/\sqrt{\hat{p}(1-\hat{p})(1/n_1 + 1/n_2)}$ 을 의미한다.

8.4 상관분석

두 확률변수 X 와 Y 의 상관계수(correlation coefficient) ρ 는 다음과 같이 정의된다.

$$\rho = \frac{\mathrm{Cov}(X, Y)}{\sqrt{\mathrm{Var}(X)} \cdot \sqrt{\mathrm{Var}(Y)}},$$

여기서 $Cov(X, Y) = E\{(X-\mu_x)(Y-\mu_y)\}$ 는 X 와 Y 의 공분산(covariance)이라 하며 확률변수 X 의 증감에 따른 확률변수 Y 의 증감의 경향에 대한 측도이다.

모상관계수가 ρ 인 이변량 분포에서 n 개의 표본 $(x_1, y_1), (x_2, y_2), \cdots, (x_n, y_n)$ 을 얻었을 때, 상관계수 ρ 는 표본으로부터 다음과 같은 표본상관계수 r 로 추정한다. r 의 값은 엑셀의 워크시트함수 'CORREL'을 이용하여 계산한다.

$$r = \frac{\sum_{i=1}^{n}(x_i - \overline{x})(y_i - \overline{y})}{\sqrt{\sum_{i=1}^{n}(x_i - \overline{x})^2} \cdot \sqrt{\sum_{i=1}^{n}(y_i - \overline{y})^2}}.$$

이제 두 변수사이에 상관관계를 검정하는 문제를 생각해 보자. 두 변수 간에는 상관이 전혀 없다는 귀무가설과 두 변수 간에 상관이 존재한다는 대립가설은 다음과 같이 나타낼 수 있다.

$$\text{귀무가설 } H_0:\ \rho = 0 \quad , \quad \text{대립가설 } H_1:\ \rho \neq 0 \quad .$$

통계적으로 모집단의 분포가 이변량정규분포이고 $\rho = 0$ 이 성립하면

$$\sqrt{n-2} \cdot \frac{r}{\sqrt{1-r^2}} \sim t\,(n-2)$$

가 성립함이 알려져 있으며 이를 이용하여 모상관계수에 관한 검정을 정리하면 <표 8-7>과 같다.

‖ 표 8-7 ‖ 모상관계수에 관한 검정

※ 검정통계량 : $T=\sqrt{n-2}\cdot\dfrac{r}{\sqrt{1-r^2}}$, T의 관측값을 t라 할 때

귀무가설	대립가설	유의수준 α 인 기각역	유의확률
$H_0: \rho \leq 0$	$H_1: \rho > 0$	$t \geq t_{\alpha}(n-2)$	$\Pr(T \geq t)$
$H_0: \rho \geq 0$	$H_1: \rho < 0$	$t \leq -t_{\alpha}(n-2)$	$\Pr(T \leq t)$
$H_0: \rho = 0$	$H_1: \rho \neq 0$	$\lvert t\rvert \geq t_{\alpha/2}(n-2)$	$\Pr(\lvert T\rvert \geq \lvert t\rvert)$
			여기서 $T \sim t(n-2)$

예 8-6

먼저 <그림 8-20>과 같이 폼 위에 컨트롤들을 배치한다. 폼의 오른쪽 상단에는 산점도를 차트로 작성하기 위해 이미지 컨트롤을 사용하였다. 모듈에 있는 서브 프로시저 'ex6()'를 실행하면 <그림 8-21>과 같이 데이터 입력부분과 가설의 설정부분만 보이는 축소된 폼이 실행된다. 여기에서 각 그룹의 데이터 영역과 대립가설의 유형을 선택한 후 [자료분석] 버튼을 누르면 <그림 8-22>와 같이 폼의 사이즈가 원래대로 환원되면서 산점도를 포함한 결과들이 출력된다. <표 8-8>에는 폼의 코드 창에 기술된 [자료분석] 버튼의 이벤트 프로시저에서 설명이 필요한 부분만 발췌해서 실었다.

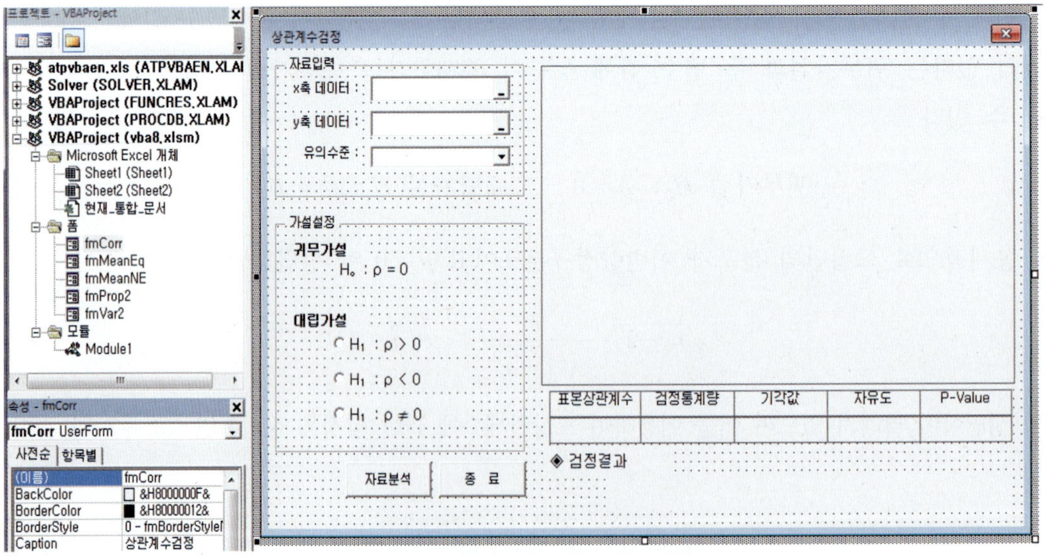

‖ 그림 8-20 ‖ 상관분석에 사용될 폼

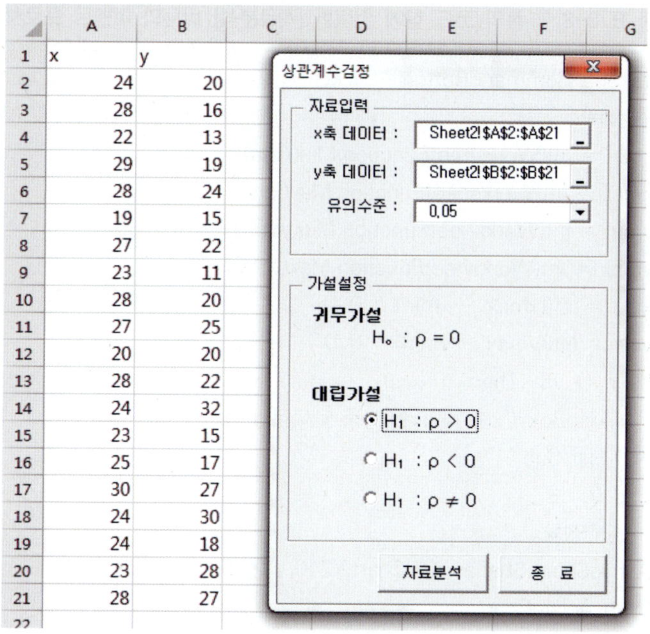

‖ 그림 8-21 ‖ 입력을 위한 상관분석 시스템의 실행 결과

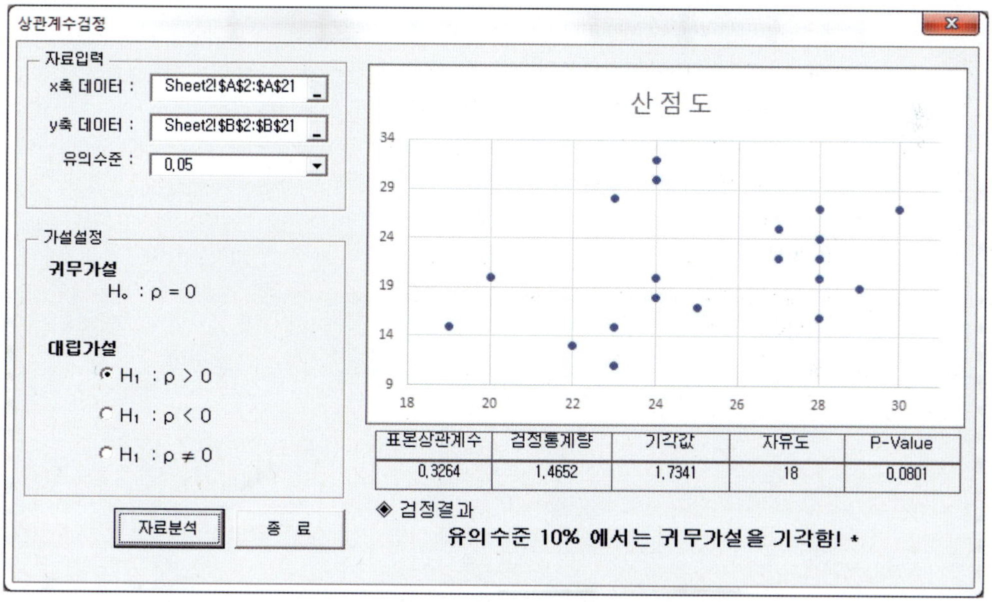

‖ 그림 8-22 ‖ 상관분석 시스템의 실행 결과

‖ 표 8-8 ‖ 폼의 코드 창에 입력한 [자료분석] 버튼의 이벤트 프로시저

```
Private Sub CommandButton1_Click()
 … 중간생략
    xmin = Int(WorksheetFunction.Min(xdta))
    xmax = Int(WorksheetFunction.Max(xdta))
    ymin = Int(WorksheetFunction.Min(ydta))
    ymax = Int(WorksheetFunction.Max(ydta))
    xinc = Int((xmax - xmin) * 0.1)
    yinc = Int((ymax - ymin) * 0.1)
    If xn <> yn  Then
        MsgBox ("x축 데이터와 y축 데이터의 개수가 다릅니다.")
        Exit Sub
    End If
    … 중간생략
    ActiveSheet.Shapes.AddChart2(240, xlXYScatter).Select
    With ActiveChart
        .SetSourceData Source:=ydta
        .ChartTitle.Text = "산 점 도"
        .FullSeriesCollection(1).XValues = xdta
        .Axes(xlValue).MinimumScale = ymin - yinc
        .Axes(xlValue).MaximumScale = ymax + yinc
        .Axes(xlCategory).MinimumScale = xmin - xinc
        .Axes(xlCategory).MaximumScale = xmax + xinc
        .Export ("scatter.jpg")
        .Parent.Delete
    End With
    Image1.Picture = LoadPicture("scatter.jpg")
 … 중간생략
End Sub
```

<표 8-6> 코드의 라인별 설명

① 03~08 라인 : 산점도의 x축과 y축 범위설정을 위한 준비

산점도에 사용되는 엑셀의 분산형 차트는 자동으로 좌표축에 원점을 포함하기 때문에 차트를 완성하면 점들이 어느 한쪽에 치우치게 그려진다. 그래서 각 데이터의 범위를 구하고 그 범위의 약 10% 정도를 추가해서 축의 양 끝점을 잡으려고 한다. xinc, yinc는 이를 위한 값들이다.

② 09~12 라인 : 각 데이터의 개수가 다르면 안내하기

상관분석은 데이터를 쌍으로 획득한 것이므로 각 축에 사용된 데이터의 개수가 같아야 한다. 만약 각 축의 데이터 개수가 다르면 메시지박스로 이를 안내하고 해당 프로시저를 벗어난다.

③ 14~26 라인 : 산점도 그리기

14 라인의 명령에 의해 분산형 차트(xlXYScatter)를 그린다. y축 데이터는 16 라인의 'SetSourceData' 속성을, x축 데이터는 18 라인의 'FullSeriesCollection(1)'에 각각 전달한다. 'Axes(xlValue)'는 y축을 의미하며, y축의 최솟값과 최댓값으로 축 범위의 10%인 yinc 값만큼을 추가해 설정하였다. 마찬가지로 'Axes(xlCategory)'는 x축을 의미하며, x축의 최솟값과 최댓값으로 축 범위의 10%인 xinc 값만큼을 추가해 설정하였다. 23 라인의 명령에 의해 생성된 차트를 파일로 저장하며, 24라인의 명령으로 워크시트 안에 생성된 차트는 삭제한다. 26라인의 명령에 의해 저장된 차트이미지를 이미지 컨트롤에 표시한다.

연 . 습 . 문 . 제

1. 두 정규모집단의 분산 σ_1^2과 σ_2^2을 모두 알고 있는 경우에 모평균의 차에 대한 추론에 사용할 프로그램을 [예 8-1]과 [예 8-2]를 참고하여 작성하라. 다음과 같은 통계적 내용을 참고하라.

   1) $(\mu_1 - \mu_2)$에 대한 100(1-α)% 신뢰구간은 다음과 같다.

$$(\overline{X} - \overline{Y}) \pm z_{\alpha/2}\sqrt{\sigma_1^2/n_1 + \sigma_2^2/n_2}$$

   2) 가설의 형태에 따른 유의수준 α인 기각역과 유의확률의 계산법

※ 검정통계량 : $Z = \dfrac{(\overline{X} - \overline{Y})}{\sqrt{\sigma_1^2/n_1 + \sigma_2^2/n_2}}$, Z의 실제 관측값을 z

귀무가설	대립가설	유의수준 α인 기각역	유의확률
$H_0 : \mu_1 \leq \mu_2$	$H_1 : \mu_1 > \mu_2$	$z \geq z_\alpha$	$\Pr(X \geq z)$
$H_0 : \mu_1 \geq \mu_2$	$H_1 : \mu_1 < \mu_2$	$z \leq -z_\alpha$	$\Pr(X \leq z)$
$H_0 : \mu_1 = \mu_2$	$H_1 : \mu_1 \neq \mu_2$	$\lvert z \rvert \geq z_{\alpha/2}$	$\Pr(\lvert X \rvert \geq \lvert z \rvert)$
			여기서 $X \sim N(0, 1)$

2. 동일한 데이터를 이용해 문제1에서 작성한 프로그램의 결과와 엑셀의 데이터 분석 도구의 'z-검정: 평균에 대한 두집단'의 결과와 비교해보라.

3. 엑셀의 워크시트 함수인 'T.TEST'는 두 모평균에 대한 검정의 유의확률을 계산해주는 함수이다. [예 8-1], [예 8-2], [예 8-3]의 프로그램에서 유의확률을 계산한 부분을 이 함수를 이용해 수정해보라. 이 함수의 사용법은 다음을 참고하라.

함 수 명	T.TEST
사용 목적	두 정규모집단의 모평균 차에 대한 검정의 유의확률을 구함
사용 형식	T.TEST(array1, array2, tails, type)
인수 설명	① array1 - X표본의 데이터 입력범위 ② array2 - Y표본의 데이터 입력범위 ③ tails - 유의확률이 단측인지 또는 양측인지를 결정함 (1이면 단측, 2이면 양측검정의 유의확률을 출력함) ④ type - 검정의 종류를 지정 (1이면 대응비교, 2이면 등분산, 3이면 이분산인 t-검정)

찾아보기

INDEX

도서출판
그린

VBA(Visual Basic for Application)로
통계분석시스템 만들기

초판인쇄 ▶	2017년 8월 25일
초판발행 ▶	2017년 8월 28일
저 자 ▶	신봉섭
발 행 처 ▶	도서출판 그린
발 행 인 ▶	윤 덕 우
출판등록 ▶	제8-161호(1995. 5. 3.)
주 소 ▶	서울시 서대문구 연희로5길 50 (우)03716
전 화 ▶	02)333-2574, 2575
팩 스 ▶	02)333-2561
메 일 ▶	greenpress@greenpress.co.kr
홈페이지 ▶	http://www.greenpress.co.kr

정가 : 22,000원

ISBN : 978-89-5727-256-5 (93310)